Dokumente unserer Zeit Band 1
Jering: Überleben und Neubeginn

Dokumente unserer Zeit

Band 1	Karl Jering: Überleben und Neubeginn — Aufzeichnungen eines Deutschen aus den Jahren 1945/46
Band 2	Wolfgang Bergsdorf/Uwe Göbel: Bildungs- und Wissenschaftspolitik im geteilten Deutschland
Band 3	Martin Kornrumpf: In Bayern angekommen

DOKUMENTE UNSERER ZEIT

herausgegeben von Rudolf Birkl und Günter Olzog

Band 1

KARL JERING

Überleben und Neubeginn

Aufzeichnungen eines Deutschen aus den Jahren 1945/46

GÜNTER OLZOG VERLAG MÜNCHEN — WIEN

Uxori optimae

Gebundene Ausgabe ISBN 3-7892-9839-5
Kartonierte Ausgabe ISBN 3-7892-9840-9

 — Umschlagentwurf: Konrad Wacker, München — Druck: Franz Wedl OHG, Melk-Wien

Inhalt

Vorwort der Herausgeber

Seit dem Ende des Zweiten Weltkrieges ist ein Zeitraum vergangen, unter dem man damals noch den Erfahrungszeitraum einer Generation verstand. Heute wissen wir, daß der Mensch in unseren Breiten länger lebt und der Erfahrungszeitraum der Generationen dank rapider Zunahme wißbaren Wissens und enger werdender Kommunikation kürzer geworden ist. Um so notwendiger schien es uns, Ereignisse, Entwicklungen und Beobachtungen aus der Zeit seit 1945 bis in unsere Tage festzuhalten.

Wenn wir dieser Buchreihe, in der wir als Herausgeber diese Absicht verwirklichen wollen, den Titel „Dokumente unserer Zeit“ gaben, so waren wir uns der möglichen Einschränkung des Begriffs „Dokument“ bewußt, die aber hingenommen wird. Als „Dokument“ im amtlichen Wortsinn mag manches hier Veröffentlichte kaum zu verstehen sein. Aber ein Zeit-Dokument sind die Tagebuchaufzeichnungen eines Deutschen aus den Jahren 1945 und 1946 für uns und unsere Nachfahren allemal. Uns schien gerade ein Dokument unserer Zeit, der Zeit, die wir als Herausgeber und Verfasser als aus dem Krieg heimgekehrte junge Männer erlebten, zum Beginn dieser Reihe besonders geeignet.

Von der Sehnsucht jenes Punktes Null, den es in Wahrheit nie gab, von der Sorge um das nackte Überleben waren unsere ersten Jahre geprägt. „Wohlstand für alle!“ war noch keine Parole, allenfalls blanker Hohn. Dreieinhalb Jahrzehnte später blicken wir zurück. Mancher erinnert sich ziemlich genau, mancher scheut sich, die Jüngeren fragen. Hier soll unsere Reihe „Dokumente unserer Zeit“ mithelfen, Antwort zu geben, Gewesenes und Gewachsenes mitteilen und einsichtig machen.

München, im Mai 1979.

Rudolf Birkl *Günter Olzog*

Damals bei Kriegsende

Auf der Suche nach Rentenunterlagen stieß der Verfasser auf einige vergessene Ordner. Beim Durchblättern der Seiten, der alten Briefe, Aufsätze, Presse-Ausschnitte erkannte er nicht ohne Betroffenheit, wie weit die Spuren des Krieges in die unmittelbare Nachkriegszeit hineinreichen und wie sehr dieser zweite, noch schrecklicher verlorene Krieg damals unser Sprechen und Denken weiter bestimmte, so froh die ihm Entronnenen auch immer sein mochten, von ihm befreit zu sein. Wie völlig ist vergessen worden, daß neben den engsten Angehörigen, die wieder aufzufinden oft Monate und Jahre dauerte, die nächsten Menschen auf einer guten Strecke des Weges die Gefährten der Kriegsjahre gewesen sind! Waren damals nicht auch die dem Krieg so abholden Amerikaner von ihm geprägt? Und wer erinnert sich noch der Opfer, die in dieser größten und verlustreichsten Völkerwanderung Mitteleuropas damals auf der Strecke blieben?

Der mühselige Alltag eines Durchschnittsdeutschen jener Jahre ohne viel Glück und Eignung wird in diesen Aufzeichnungen in Zeitlupe deutlich, der Kampf gegen Obdachlosigkeit, Hunger, Kälte, die Bewährung in Ruinen und Kollektivschuld, auf einem Boden, der immer wieder einbrach. Daß in jenen Monaten Unwiderrufliches geschah und hinter ihm 700 Jahre Geschichte im Abgrund versanken, erkannte der Verfasser wohl klarer als die meisten der davon unmittelbar Betroffenen. Daß unsere Geschichtslosigkeit etwas Vorübergehendes sein werde, gehörte für ihn, den Schüler des deutschen Historismus, zu den Grundüberzeugungen. Wie die Elemente der kommenden Welt aussehen werden, weiß man es heute besser als vor 30 Jahren? Und ist das Europa der inzwischen neu herangewachsenen Generationen kräftiger, gesünder?

Der Verfasser nahm seinen Stoff, seine Fragen aus der Zeit, die ihn trug. Es wäre unverantwortlich gewesen, an der vorliegenden Auswahl andere als die Retouchen vorzunehmen, wie sie Pflicht und Arbeit jedes Lektors sind. Interessanter als das Einzelwesen, das in lichtloser Gewöhnlichkeit dem Alltag das Notwendige für seine Familie abgewann, ist das Geflecht der Eindrücke, die in ihm zusammentrafen und in denen sich die Vorurteile, Ängste und Sorgen der Nachkriegsgesellschaft widerspiegeln. Wer in diese Unbehaustheit hineingeworfen wurde, die ein früher Gedichtband Holthusens beschwört, konnte keinen besonderen Anspruch auf Achtbarkeit erheben. Bei allem unbedachten Schneid eines jungen Mannes lag es nicht in der Absicht des Schreibers, Menschen abzuurteilen. Die meisten, die in diesen Seiten vorkommen, sind tot, von andern hat ihn das Leben weit weggeführt. Sie entschwanden seiner Sicht und sind Stoff des Vergessens geworden. Aber sie haben damals intensiv gelebt, Erfolge und Niederlagen erlitten und das Leben bestanden, jeder auf seine Weise. Soweit sie der Zeitgeschichte angehören, werden die Namen erläutert.

Wohl jeder, der diese Jahre ähnlich oder reifer erlebt hat, wird von der Distanz, die uns von ihr trennt, betroffen sein. Der Verfasser unterbreitet das Material wie einen fremden Lebensstoff der Öffentlichkeit. Aber gerade der Abstand zwischen dem hier festgestellten authentischen Alltag von 1945/46 und unserem heutigen Zustand kann im Leser vielleicht Verständnis wecken für die Belastung, mit der die nun im Ruhestand Lebenden damals, gewissermaßen zum zweiten Mal geboren, ins Leben traten. Hier wird Zeitgeschichte, Wandel der Anschauung und Orientierung am Einzelfall verdeutlicht und Verwaltungsgeschichte von innen erzählt. Die Schlagworte der Zeit bekommen ein individuelles Gesicht. „Wenn Du mich diese Ordner früher hättest lesen lassen, wäre mir viel Arbeit erspart geblieben“, schrieb Hans Lipinsky-Gottersdorf dem Verfasser, der ihm diese zur Einsicht überlassen hatte und dem er die Ermunterung zu dem Buche verdankt.

Der Erzähler war zu Ende des Zweiten Weltkrieges Feldwebel der Luftwaffe. Er kam mit seinem Horchtrupp, als die Fronten der Elbe näher rückten, vom Harz nach der Schneegrubenbaude im Riesengebirge und von dort zu seiner Einheit bei München, wo sich als Luftwaffenhelferin seine Frau Marianne (M.) befand. Da sich die Wehrmacht auflöste, entließ er seinen Trupp und verbarg sich mit einem Unteroffizier in den Wäldern zwischen Würm und Ammersee, in der Hoffnung, nach der amerikanischen Besetzung Oberbayerns zu seiner Frau zurückkehren zu können, die er in einem Dachkämmerchen eines Bauernhauses in Deisenhofen untergebracht hatte.

Die Aufzeichnungen beginnen mit dem Marsch ins Waldgebiet und der Beschießung Deisenhofens durch die SS. Am Tage des Einmarsches fiel der Verfasser einem Amerikaner in die Hände. Auf das Verbergen eines Soldaten stand Todesstrafe, wie auf den Anschlägen zu lesen war, die plötzlich die Hauswände bedeckten. Lastwagenweise wurden Männer nach der Sammelstelle Fürstenfeldbruck gebracht. 75 000 kampierten dort auf offenem Feld und dem Flugplatzgelände, darunter auch zwei ungarische Divisionen. Nachts legten Scheinwerfer Lichtschneisen durchs Gelände. In Feuerabständen sicherten Maschinengewehrnester die Grenzen gegen Ausbruchsversuche. Nachts schneite es; immer tiefer versanken die Gefangenen in den morastigen Boden ein. Erst am vierten Tage gab es die erste Verpflegung.

Dank seiner Sprachkenntnisse wurde der Verfasser Dolmetscher des deutschen Generals. Damit konnte er das offene Feld mit dem Keller des Fliegerhorstes vertauschen. Am vierten Tage hörte er, wie ein amerikanischer Oberst nach Luftwaffen-Horchpersonal suchte Nach Rücksprache mit dem General stellte er sich dem Amerikaner zur Verfügung, der ihn gleich mitnahm. Col. S. war vom US-Luftwaffenführungsstab beauftragt, den deutschen Luftwaffen-Abhördienst auszuwerten. Noch befanden sich die USA mit Japan im Kriege.

Am 5. Mai 1945 fuhren sie in München ein. In den Straßen plünderten Fremdarbeiter Geschäfte und Wohnungen. Im Haus der Kunst war das Hauptquartier der Besatzungstruppe. Alliierte Offiziere gingen aus und ein. Vor dem Portal standen zwei riesige Neger Wache. Col. S. schärfte seinem Fahrer ein, niemanden an den Wagen heranzulassen und seinem Schützling, sich schon um der eigenen Sicherheit willen nicht vom Fleck zu rühren. Ihr Quartier war eine unzerstörte Wohnung im vierten Stock gegenüber dem Prinzregentenstadion; nach den Büchern zu schließen mußte sie einem Kunsthistoriker gehören.

Welch unwahrscheinliches Glück ihm geschah, erfuhr der Verfasser am nächsten Tage, als sich Col. S. erbot, ihn nach Deisenhofen zu seiner Frau zu fahren. Der Mai hatte inzwischen mit strahlendem Wetter eingesetzt und Col. S. fühlte sich ganz in seine ländliche Heimat nach Pennsylvania versetzt, als er im bayerischen Dorf eintraf. Er gab der jungen Frau einen Schutzbrief, hinterließ Proviant für die nächsten Wochen und versprach, sie zu sich zu nehmen, sowie er den Standort seiner Arbeit wisse. Alles übrige ergibt sich aus den folgenden Seiten.

Sieger und Besiegte

Der Zusammenbruch

Freitag, 27. 4. 1945

Nach schmerzvollem Abschied von M. marschierten wir in den trüben Tag. Mein Plan steht fest — möglichst in der Nähe Deisenhofens[1]) zu verweilen, zu diesem Zwecke immerzu kreuz und quer zu laufen, Fahrzeuge zu meiden, lange Ruhepausen einzulegen, damit ich in einem Halbtagesmarsch jederzeit wieder bei M. sein kann. Ich fürchte nur, daß sich die Amerikaner viel Zeit lassen werden. Ihr Vorstoß längs der Donau wird ihnen wichtiger sein. München und Stuttgart, diese Ruinenhalden, werden sie zunächst umgehen.

In Sauerlach suche ich den Papierhändler in der Wohnung auf, um mir eine Karte zu besorgen. Sein Laden ist geschlossen. Ich muß daher durchs ganze Dorf gehen; überall Zeichen von Auflösung. Die Truppen, die hier lagern oder durchziehen, kämpfen nicht mehr. Gruppen heimwandernder Italiener, auch sie abgerissen und verelendet — haben wir diesen Krieg nötig gehabt, hätte ich ihnen am liebsten zugerufen. Ihr Anblick bedrückt mich; mit wieviel Pomp waren sie vor Jahren ins Reich geholt worden!

Als die Sonne tief steht, gehen wir weiter. Eine Uhr besitzt keiner von uns; die Zeit hat wenig Bedeutung in dieser Situation. Wenn wir nur zum Melken zurecht kommen! Die Dörfer sind vollgestopft mit Soldaten und Fahrzeugen. Ich bin dafür, daß wir in Einzelgehöften übernachten. Wir gehen fast immer durch Wald. Er wirkt kräftig, wie die Menschen und Tiere in diesem kargen Land.

Diese Nacht finden wir in einem schönen, ausladenden Bauernhof Unterschlupf. Wir besitzen keine Verpflegung mehr und sind darauf angewiesen, daß die Bauern uns unterstützen. Auf unser Klopfen an der verschlossenen Tür öffnet eine alte Frau das Oberfenster. Ich bitte um Quartier. Die mißtrauische Alte ruft den Bauern herbei. Er ist ein wenig älter als ich, kurz, stiernackig und sehr aufrecht. Nach kurzer Prüfung läßt er uns ein. Wir laden in der Küche unsere Rucksäcke ab und setzen uns unaufgefordert nieder.

Der Bauer und sein Knecht sind beim Abendbrot. Sie essen aus einer Schüssel, in die der Bauer Leberknödel in kleine Stücke schneidet und mit Essig versetzt. Vor beiden steht eine Maß Bier, das hier zu keiner Mahlzeit fehlen darf. Überall vor den Häusern stehen Bierkästen. In einer Stubenecke beschäftigt sich eine Ukrainerin mit einem Kleinkind. Die wild und schmutzig aussehende Haushälterin werkt am Herd. Wir nehmen die freie Tischseite ein.

1) Oberbayerisches Dorf bei München.

Die Männer essen mit ruhiger Hingabe. Von keiner Seite fällt ein Wort. Eine Stunde dürfte über der Mahlzeit hingegangen sein. Endlich macht der Bauer Schluß, spült am Hahn die Biergläser aus und stellt sie auf den Fenstersims, während die Haushälterin oberflächlich über den Platz wischt. Nun setzen sich die Frauen zu Tisch. Bei ihnen geht es einfacher zu. Sie brocken sich in ihre Kaffeenäpfe trokkenes Brot. Wieder räumt die Alte ab. Unser wird nicht gedacht. Der Tag neigt sich dem Abend zu. Trüb zieht die Nacht herauf; müssen wir heute mit dem letzten Stück Brot aus unserem Ranzen zu Bett gehen?

Da deckt die Alte ein drittes Mal. Auf einem rohen Brett bringt sie zwei Stücke Wurst, dazu ein Stück kostbaren Bauernbrots. „Wollen Sie Milch oder Kaffee?“, spricht sie zum ersten Mal. Natürlich sind wir auf Milch erpicht und als das erste Glas geleert war, füllt es der ukrainische Knecht ein zweites Mal. „So hat sich unsere Sturheit doch gelohnt“, sagt O. strahlend, als wir uns im Nebenraum zur Ruhe begaben, ich auf einem Matratzen- und Bettenhaufen am Fußboden und O. auf einer etwas kurz geratenen Ottomane.

Ein seltsames Volk wohnt in diesem Einödhof; Menschen, die kaum ihre Sprache benutzen. Der Bauer, obwohl im besten Alter, ist einspännig, der ukrainische Knecht hat seiner Landsmännin hier schon zwei Kinder gezeugt. Auch das ist Deutschland, aber wir kommen uns reichlich fremd darin vor. Nachts träumte ich von den Tieren, die es in diesem Hause gab. Ein Gewitter ging nieder, das sich in Landregen auflöste. Mir soll es recht sein; wir warten auf das Ende des Krieges und sind nicht in Eile.

Samstag, 28. 4. 1945

Ein Landregen kann hier eine Woche dauern. Die Magd stellt uns das Frühstück auf den Tisch und wartet auf unseren Aufbruch. Aber da es Schraffen regnet, bleiben wir trotz ihrem unfreundlichen Gesicht, blättern in alten Illustrierten, schlagen die Zeit tot. Um 9 Uhr hören wir englische Nachrichten. Russische und amerikanische Truppen sind bei Wittenberge an der Elbe zusammengetroffen; die Russen haben Potsdam und Spandau eingenommen, die Amerikaner Ingolstadt und Regensburg, die Franzosen Konstanz. Nun kann es nicht mehr weit bis zum Ende sein.

Vorläufig stecken wir ganz gut zwischen den Seen und mein Begleiter ist hoch zufrieden, wenn ich nur genug Futter auftreibe. An einem Marsch im Schnürlregen hätte auch er kein Interesse. Wir wollten das Mittagessen abwarten. Da wir nichts mehr bekamen, brachen wir so rechtzeitig auf, daß wir im nächsten Gasthaus noch an den Restbeständen des Mittagessens teilnehmen können. Wie beim lieben

Vieh hält das bißchen Nahrung den ganzen Menschen in Atem. Im Regen traben wir zum nächsten Dorf. Im Gasthaus liegt eine Fliegerstaffel, zwischen Evakuierten und heimatlosen Luftwaffenmädchen. Auch an die Auflösung gewöhnt man sich, nichts gewinnt mehr besondere Bedeutung. Die Wirtin, alt, gütig, verteilt an uns den Rest der Mittagssuppe.

Wie in jedem Gasthaus hängt auch hier eine genaue Karte der Gegend. Ich finde darauf einen aus zwei Häusern bestehenden Weiler ganz in der Nähe. Dahin führt unser Weg. Wir sehen hinlänglich bemitleidenswert aus in unseren vom Regen durchtränkten Windjacken. Wieder treffen wir die richtige Tür. Der einarmige Bauer nimmt uns freundlich auf, seine Frau ein dunkler Typ; sieben noch kleine Kinder wimmeln in der Stube. Wir schlafen nach gesundem Abendbrot in einer schmalen Kammer unter dicken Decken; im Balken über unseren Köpfen ist die Jahreszahl 1803 eingekerbt.

Sonntag, 29. 4. 1945

Die Nachrichten sind eindeutig. München fiel gestern nachmittags; amerikanische Panzer sind, ohne Widerstand zu finden, von Augsburg kommend, in die Stadt eingedrungen. Die italienische Front brach völlig zusammen; ganze Divisionen ergaben sich den Amerikanern oder Aufständischen-Verbänden. Nur Graz und Innsbruck senden noch in deutscher Sprache. Finis Germaniae.

Montag, 30. 4. 1945

Bis tief in die Nacht hörte ich BBC. Der Wehrmachtsbericht von gestern schien der letzte gewesen zu sein; es gibt kein OKW mehr. In Berlin tobt der Todeskampf des Reiches. Hitler hockt in der Reichskanzlei, er, der für Deutschland und die Welt solch ein riesenhaftes Unglück war, daß neben ihm Napoleon wie ein Vollender eines Zeitalters erscheint. Zunächst aber geht das Leben weiter. Ich muß für die Marken so viel Lebensmittel wie möglich besorgen. Jedes Pfund kann für M. ausschlaggebend sein. Gestern hatte ich mir die Karte der Gegend abgezeichnet. Wir werden unsere Beine nicht schonen und von Laden zu Laden ziehen. Ich will M. einen prall gefüllten Rucksack Lebensmittel mitbringen.

Dieses endlose, müßig herumstehende Militär in den Dörfern! Dazu die Evakuierten aus Rumänien und dem Banat, die wie Vieh zusammengepfercht in den Schulen liegen! Und doch, wie vornehm hebt sich die schöne ernste Tracht ihrer Frauen, die allen angeborene Freundlichkeit und Hilfswilligkeit von der verschlossenen Bärbeißigkeit der hiesigen Bauern ab! Da lief ein hinkender, kriegsversehrter

Siebenbürger trotz meiner Vorstellungen mit mir durchs ganze Dorf, um mir die Kartenstelle zu zeigen. Ich bekomme die Marken auf den vorgezeigten Marschbefehl und überrede die Krämerin, mir ihr letztes Kilo Gries und das Doppelte an Zucker zu geben.

Heut trennte ich mich von meinem Begleiter. Ich erklärte ihm, daß ich den ersten Besatzungstag um jeden Preis bei meiner Frau verbringen wolle; im übrigen machten wir als Treffpunkt ein Einzelgehöft aus. Am 4. Mai wollte ich dort sein. Aber jeder wußte, daß wir einander nie wiedersehen würden.

Schwer bepackt trete ich den Rückmarsch an. Obwohl ich heute schon einen tüchtigen Weg zurückgelegt habe, wachsen mir mit jedem Schritt Kräfte zu. Ich meide die befahrenen Straßen. Um keinen Preis darf ich jetzt irgendwelchen Fanatikern in die Hände fallen. Der Tag ist trübe. Die Bauern arbeiten mit ihren Hilfskräften auf dem Felde. Die Dörfer liegen lieblich im Grün der Wiesen, die dunklen Wälder atmen Kühle. Nur selten treffe ich Soldaten. Sie alle ziehen nach Süden. Es sind Österreicher, viele Lazarett-Entlassene darunter, die sich ausweislos durchschlagen.

Vor mir höre ich Artilleriefeuer. Der Weg von Altkirchen nach Deisenhofen dehnt sich endlos. Das Schießen verstärkt sich. Die Entgegenkommenden warnen; ich liefe geradewegs den Amerikanern in die Arme. Aber ich lasse mich nicht abhalten. Auf dem Rücken trage ich den Nahrungsvorrat für die nächsten vier Wochen für M. Ich weiß, daß mich kein Ami erwischen wird. Es gibt für mich keine Pflicht mehr außer der elementaren, die mich an meine Frau bindet.

Der dunkle Wald, durch den sich weiß der Weg schlängelt, nimmt kein Ende. Zuweilen brausen Jabos über die Wipfel hinweg, dann dringt das Artilleriefeuer bis an die Straße. Jeden Augenblick kann ein Jeep auftauchen. Überall Bombenkrater; die ganze Umgebung Münchens ist damit besät. Ich fühle mich nicht beklemmt; die Kraft, die mich vorwärts treibt, ist viel zu stark.

M. ist nicht daheim. Ich packe in ihrer kleinen Höhle meine Sachen aus; sie hat sie in der Zwischenzeit sauber gemacht, auch einige Dinge dazu erworben. Ich fühle körperlich, daß wo sie weilt, für mich Heimat ist, wie verwüstet und zerstört unser Leben auch werden mag. Endlich kommt sie, mit Krug und Eimer in der Hand, die sie in den verlassenen Baracken gefunden hat. Mit einem Jubelschrei fliegt sie mir an den Hals; den ganzen Tag hatte sie das Gefühl gehabt, daß ich zurückkehren würde.

Es wurde eine traurige Nacht. Wir wußten, daß wir keine Ruhe finden würden. Wir sprachen im kalten Dämmer der Stube — es begann wieder zu schneien — die Möglichkeiten unserer Zukunft durch. Ich sah voraus, daß sie auf mich würde verzichten müssen, in naher und vielleicht auch entfernterer Zeit. Sie würde auf sich allein gestellt sein und selbst den Schutz jener Gesetze entbehren, unter denen wir bislang gelebt hatten. Vielleicht würde sie sogar Gewalt leiden. Im übrigen begann, sowie die Nacht eingefallen war, Artilleriebeschuß, der eindeutig aufs Dorf gerichtet war. Wir gingen in den Keller.

Die Hausbewohner sitzen längst im Schutzraum, wo sich im schmalen Gang Frauen und Kinder zusammendrängen. Säuglinge schlafen in großen Körben. Aber die Drei- bis Siebenjährigen wimmern, an ihre Mütter geschmiegt, wenn die Geschosse über's Dach pfeifen. Granaten schlagen in Nachbarhäuser ein und setzen sie in Brand. Glasscheiben splittern. Doch scheint unser Keller stabil genug, um unser Leben zu schützen.

Die Männer sind fast ständig unterwegs, ungeachtet des Beschusses. Von Zeit zu Zeit kommen sie mit einer Nachricht — daß es SS wäre, die schießt, ein Racheakt des Ortsgruppenleiters, weil die Gemeinde weiße Flaggen herausgehängt hat. Plötzlich, gegen 5 Uhr, kommt einer zu mir und sagt, ich solle sofort Zivilkleider anziehen. Der Ort sei eine offene Stadt, alle Soldaten müssen ihn verlassen.

Ich bin halb so aufgeregt wie die Leute; ich hatte schon Schlimmeres überstanden. Die Entscheidung ist da, die Spannung gewichen, die Müdigkeit riesengroß. Nur ein Wunsch erfüllt mich: schlafen. Und nun zeigt sich der gute Kern dieser Bayern. Plötzlich bringt mir eine Frau den Anzug ihres im Krieg gefallenen Mannes und als ich mich nach einer Kopfbedeckung umsehe, stülpt mir ein schwarzhaariger Bierbauch seinen Speckdeckel über. Ich muß darin komisch aussehen, denn M. lachte, als ich kostümiert vor sie hintrete. In den Morgenstunden hört die Beschießung auf und wir begeben uns schnell zur Ruhe. Es beginnt zu schneien; als wir aufwachen, ist die Gegend weiß.

Dienstag, 1. 5. 1945

Aus allen Fenstern des Dorfes hängen weiße Laken. Oberhaching hat kapituliert und erwartet die Besatzer. Gegen Mittag kommen sie; zwei, drei Kompanien, aber ein Heerwurm von Fahrzeugen, wie ich ihn in den besten Zeiten des Dritten Reiches bei keiner unserer Divisionen gesehen habe. Jeeps, Lastwagen jeder Größe, und auf jedem Wagen nur drei, vier Mann, z. T. in dicken Sesseln, die sie sich unterwegs organisiert haben, gut ausgerüstet und genährt und mit jenem etwas abwesenden Blick, mit dem Sieger in Feindesland einfahren. — Schau sie dir nur genau an, sage ich mir. Gegen die hat der Wahnsinnige Krieg geführt. Präg es dir ein; so einen Tag erlebst du nicht wieder.

Auf der Gemeindeverwaltung sind die ersten Proklamationen ausgehängt. Wir wurden besiegt, nicht befreit, heißt es darin. Dann folgen lange Verzeichnisse, was uns alles in Zukunft verboten ist. Und jeder Verstoß gegen solch ein Verbot kann mit Todesstrafe geahndet werden. Ich sehe förmlich die Angst, die in den Leuten hochkriecht und wie Mißtrauen und Haß sich ausbreiten. „Waren Sie nicht Soldat?“ fragte mich ein Alter. „Gestern habe ich Sie noch in Uniform gesehen. Sie müssen sich melden. Sofort, sonst zeige ich Sie an. Lesen Sie: Wenn jemand Soldaten versteckt, steht darauf Todesstrafe!“

Ich ließ ihn zetern und verschwand. Aber ich kam nicht weit. Als ich über eine Kreuzung huschen wollte, trat hinter einem Baum ein Amerikaner hervor und winkte mit der Maschinenpistole: „Come on, boy.“ Mein bayerisches Gewand machte keinen Eindruck auf ihn. Schade, nun blieb keine Zeit, mich von M. zu verabschieden. Der Soldat führte mich zu einem Dreitonner, auf dem, von Negern bewacht, schon ein paar Schicksalsgenossen standen. Er füllte sich rasch; wir brauchten nicht lange zu warten. Dann spannten die Schwarzen ein Netz über uns, das sie am Kasten festzurrten. Mit der lässigen Leichtigkeit, mit der sie den Krieg geführt, raste der Fahrer mit seiner Menschenfracht los. Aber er nahm die Kurven sanft und wir dankten es ihm; wäre er rücksichtslos gefahren, hätte er den am Kastenrand Stehenden die Knochen gebrochen.

Wende

Wiesbaden, 10. 5. 1945

Ich bin hier nicht wenig eingespannt, da ich die Grundlagen für unsere künftige Arbeit schaffen soll. So kann ich lediglich in großen Strichen festhalten, was sich seit der wundersamen Wendung am 6. Mai 1945 zugetragen hat. Nach unserem Besuch in Deisenhofen kehrten wir in die Wohnung des Kunsthistorikers zurück. Es war der Tag der deutschen Kapitulation[2]). Am Abend veranstalteten die GI's[3]) mit den Resten ihrer Leuchtspurmunition vor unseren Fenstern ein Feuerwerk, daß die letzten heilen Fensterscheiben zersprangen. Für Deutsche herrscht Ausgehverbot; nur amerikanische Soldaten waren auf den Straßen. Der Oberst hat mir einige Uniformstücke seiner Offiziere gebracht, da die geschenkte Kluft im Gefangenenlager in Fetzen ging.

Gestern fuhren wir nach Wiesbaden. Schauderhaft zerstörte Dörfer auf der Strecke, von den Städten zu schweigen! Nie werde ich das

2) 8. Mai 1945.
3) general enlisted men — Bezeichnung für die amerikanischen Soldaten.

völlig in Ruinen daliegende Augsburg vergessen, das zerstörte Aschaffenburg, Frankfurt. In Wiesbaden krochen wir zunächst bei der 9. USAAF[4]) unter. Mich steckte man in einen kleinen ärztlichen Untersuchungsraum, den ich mit einem deutschen Obergefreiten teilte, der irgendwelche Dokumente besaß, die sich auf Japan bezogen. Heut soll er nach Paris und morgen nach Washington ausgeflogen werden. In den Nebenzimmern haust ein halbes Dutzend gefangener deutscher Generale.

Wiesbaden, 15. 5. 1945

Die Stadt ist unzerstört und daher voller Stäbe. Der Oberst, sein Major, ein junger Oberleutnant und ich sind gestern in eine große Bierbrauervilla übersiedelt und bekamen auch Personal: einen französischen Koch, der vorgibt, für Laval gearbeitet zu haben und als Einführung eine Flasche Möbelfirnis aussoff, weil er darin Cognac vermutete; eine resche Französin, die schwanger aussieht und eine mannstolle Russin, die, da sie niemand mag, geschlechtsgequält im Hause herumschleicht, daß einem übel wird, sie anzusehen.

Wieviel ist uns verschwiegen worden! Ich erfahre es aus Gesprächen, die sich oft über Stunden hinziehen. Daß wir Rotterdam in Grund und Boden bombten[5]), lange bevor die Briten und Amerikaner ihre Luftflotten besaßen. Daß wir bei der Ardennen-Offensive am 14. Dezember 1944 schon den Sprit einkalkulierten, den unsere Kampfkeile beim Gegner erbeuten würden und die Gefangenen einfach niederschossen, weil es lästig wurde, sie zurückzutransportieren — täglich erfahre ich solch bittere Dinge, die mich mehr entsetzen als die KZs in Dachau und Ohrdruf und Buchenwald, über die jetzt allen amerikanischen Einheiten Filme gezeigt werden.

Als ich dem Oberst erzählte, daß ich in Eichsfeld (Thüringen) mein Cello und eine Schreibmaschine bei Freunden verwahrt habe und in der Nähe meine Schwägerin mit drei Kindern evakuiert ist, schlug er mir vor, diese zu besuchen und die in nächster Zeit kaum ersetzbaren Gegenstände an mich zu nehmen. Meine Freunde in B., ein kinderloses Zahnarztehepaar, besitzen dort ein Haus. Angesichts des voraussehbaren Verlustes unserer Ostgebiete hatten sie mir angeboten, was mir an meiner Habe wertvoll schien, bei ihnen aufzubewahren. Für die Verlagerung meiner Bibliothek war es schon zu spät, aber das Instrument und die Schreibmaschine führte ich mit mir, seit ich das Kommando über den Zug erhielt. Sie schienen mir bei den beiden auch heute noch sicherer als bei einer amerikanischen Einheit.

4) 9. US Army Air Force.
5) Am 14. Mai 1940.

Da ich mir angesichts der Fragwürdigkeit der Verhältnisse gegenüber meinem Patron rücksichtslose Aufrichtigkeit zur Pflicht gemacht hatte, gestand ich es ihm freimütig. Er biß sich auf die Lippen. „Ich dürfte es Ihnen nicht sagen", begann er, „denn es ist noch militärisches Geheimnis. Aber in wenigen Tagen werden unsere Truppen Sachsen und Thüringen räumen und den Russen übergeben." „Are you crazy, you Americans", brach es aus mir heraus. „It seems so", meinte er bitter. Er hat eine Angestellte der ehemaligen zaristischen Botschaft in Washington zur Frau und daß sein Realismus bezüglich der Beurteilung Stalins von dem seiner Landsleute aufs angenehmste abstich, hatte ich bald bemerkt. — „Ob er sich klar darüber sei, daß der Besitz des hochindustrialisierten Sachsen und Thüringens die Russen in die Lage versetze, einen leistungsfähigen deutschen Staat sowjetischer Prägung zu schaffen, zu dem ihnen erst die Amerikaner durch dies wahnwitzige Abkommen die Voraussetzungen liefern, fragte ich. „Daran zweifle ich nicht", erwiderte er traurig; leider sei vieles ganz wahnwitzig in dieser Welt. Aber gerade deshalb habe er mir dies Angebot gemacht. Wann ich fahren solle? Sogleich, sagte er; sein Major werde mich begleiten.

Bad Kissingen, 25. 5. 1945

Ich bin in B. und E. gewesen. Meine Freunde und die Schwägerin staunten nicht schlecht, als ich völlig unvermutet in so seltsamer Verkleidung und Begleitung auftauchte. Die Freunde in B. waren bestürzt über die Eröffnung, die ich ihnen zu machen hatte. Aber auch ich hatte Grund zum Staunen, denn das Gefühl der Erleichterung über das Ende der Nazi-Herrschaft überwog bei ihnen weitaus das Grauen vor der demnächst einsetzenden sowjetischen Besatzung. Daß sie vom Nationalsozialismus unberührt geblieben waren, fühlte ich nach unseren ersten Kontakten. Schließlich war das Eichsfeld immer gut katholisch und schon Bismarck dürfte dort kaum viel Anhänger gehabt haben. Aber daß sie die letzten 12 Jahre als Ausbruch des radikal Bösen in uns empfanden, dessen Vernichtung für sie Befreiung bedeutete, was nun immer kommen möge, war für mich als Auslandsdeutschen ein Erlebnis, das mir lange zu denken gab. Sie waren mit dem Jahrhundert geboren, also anderthalb Jahrzehnte älter als ich, dessen unmittelbarer Kontakt mit dem „Reich" mit der „Heimholung" der Sudetengebiete einsetzte. Meiner Eltern und meine politischen Erlebnisse waren bestimmt vom Nationalitätenhader in der Tschechoslowakei, wenn wir auch unsere Erfahrung während des kurzen Jahres vor Ausbruch des Zweiten Weltkrieges mit mancherlei Trübsal durchsetzt empfanden. Aber die Dankbarkeit, das Nationalitätengezänk los zu sein, unangefochten als Deutscher unter Deutschen leben zu können, verdrängte manches Erschrecken. „War es tatsächlich so schlimm"?, wollte ich wissen. „Es war die Hölle", versicherten meine Gastgeber. „Nun kann nichts mehr kommen, das uns mehr erschütterte."

In den letzten Tagen war ich damit beschäftigt, den Arbeitsplan zu entwerfen, den mein Oberst seinen vorgesetzten Stellen unterbreiten will. Außerdem verlangte er von mir eine ausführliche Lebensbeschreibung und meine Gedanken zur Lage der Deutschen nach der Kapitulation. Nach den Strapazen der letzten Wochen sind dies Aufgaben, die mir eine starke Konzentration abfordern. Natürlich gehen meinen Niederschriften lange Unterhaltungen voraus. Außerdem ist für meinen Komfort gesorgt. Jeder Tag beginnt mit einem Bad; als Arbeitsraum steht mir der düster prunkvolle Salon der Villa zur Verfügung, der fast eine Aula ist, und natürlich hat auch die Hungerleiderei ein Ende. Der Oberst staunte nicht schlecht, als ich, frisch aus dem Lager geholt, zunächst drei Fleischrationen verschlang, wobei ich spürte, wie von Büchse zu Büchse das Blut wieder kräftiger durch meine Adern rollte und die alte Vitalität und Spannkraft in meinen Körper zurückkehrte.

Gestern sind wir nach unserem endgültigen Standort Bad Kissingen übersiedelt. Wieder ist's eine Bierbrauervilla aus der Gründerzeit, mit Türmchen, Erker, Wendeltreppen und pseudogotischem Holzgetäfel, selbst Butzenscheiben fehlen nicht. In die zehn Räume teilen sich vier Offiziere, drei Mannschaften, ich und vier Dienstboten. Mit dem Oberst wohne ich Tür an Tür. In meinem Englisch hilft mir Peter weiter, einige Jahre jünger als ich, Oberleutnant mit zwei Jahren Studium in Heidelberg, begeisterter Flötenspieler und Kammermusiker, was zwischen uns beiden eine weitere Gemeinsamkeit schafft. Er hat kritisches Sprachgefühl und ich kann von ihm sehr viel lernen, was mein Englisch angeht und muß ihm dankbar sein für die Härte und Ungeduld, die mich allzeit zu Wachheit und Konzentration zwingt. Eine legere Lehrzeit kann ich mir hier nicht leisten.

Gestern begleitete ich ihn, der sein Auto, natürlich einen Beutewagen, nachsehen lassen mußte, zu einem motor pool[6]), der von einer schwarzen Einheit betrieben wird. Die Kleidung der Neger verriet ungewöhnliche Sorgfalt; selbst ihre Hemden zeigten scharfe Bügelfalten. Während die Mannschaften an dem Wagen herummanipulierten, unterhielten wir uns mit ihrem Chef, der gerade auf einem deutschen Motorrad des Weges kam. „Sie sind sauberer als die weißen Soldaten", sagte Peter in mein Staunen „und sie legen auf ihr Äußeres größeren Wert. Sie scheuen beispielsweise keine Mühe, sich täglich heißes Wasser zu besorgen." Ich beobachtete den Mann, der die

6) Autowerkstatt einer US-Einheit.

Schrauben nachzog. Seine Hände sahen übertrieben gepflegt aus für die Arbeit, die er tat, sauber geschnittene Fingernägel. Am rechten Handgelenk trug er einen Silberreif, in dem ein großer Halbedelstein steckte. Die Herkunft des Schmuckstücks wie der Uhr, die er am andern Handgelenk trug, war zu erraten.

Als er kürzlich in Frankreich war, erzählte er, hätten ihm die Mädchen für den Reif viel geboten. Aber er möchte dies Souvenir aus Europa behalten. Sein Englisch hatte den leichten Singsang des Südens; wenn er die dicken Lippen öffnete, war seine rote Zunge zu sehen, wenn er lachte, schöne Zahnreihen. Mich beeindruckt die legere Art, in der bei ihnen Offiziere und Mannschaften miteinander verkehren. Ohne vorschnell verallgemeinern zu wollen, finde ich bei der US-Kampftruppe die menschlichen Verhältnisse lockerer und erfreulicher als bei der Wehrmacht. Auch die Behandlung, die mir, dem Gefangenen, zuteil wird, kann ich nur loben. Sie spüren meinen Lerneifer, meine Unvoreingenommenheit und unterhalten sich gern mit mir. Gestern stellte sich heraus, daß ich in Sizilien unserem Major gegenüber gelegen habe. Vieles, was ich erfahre, ist für mich recht deprimierend und manchmal ertappe ich mich, in die Verwünschungen einzustimmen, die heut dem untergegangenen Regime nachzurufen zur Pflichtübung wird. Aber hilft es, in die Gräber zu fluchen?

Gerade erzählte unser tschechischer Koch von seiner Heimat. Er ist glücklich, endlich jemanden gefunden zu haben, mit dem er sich in seiner Muttersprache unterhalten kann. Nach dem BBC-Bericht, den er gehört hat, ist in der Tschechoslowakei das Paradies eingekehrt. Alles wird wieder wie früher; der Staat der Tschechen und Slowaken ersteht in den alten Grenzen. Nicht ganz; die Sowjets haben die Karpaten-Ukraine annektiert. Und die Deutschen werden ausgetrieben, zunächst die Nationalsozialisten, heißt es, aber man wird diesen Begriff schon sehr weit auslegen. Ich sorge mich um meine Eltern.

Freitag, 1. 6. 1945

Ich habe meiner holländischen Schreibkraft, einer mächtigen Zwanzigjährigen, die wie einer der weniger attraktiven Singengel des Genter Altars aussieht, meine Auffassung von einer vernünftigen amerikanischen Deutschlandpolitik herunterdiktiert, denn eine eigene werden wir in absehbarer Zeit kaum machen dürfen. Ich begann damit, daß in einem verhungerten Volk und einem zerstörten Land das obligate Gerede über Freiheit, mit dem sich die Amerikaner einführen, witzlos ist, zumal wenn sie laut Eisenhower die Absicht haben, uns mindestens 25 Jahre besetzt zu halten. Wichtiger erschiene mir, daß sie Leute fänden, die etwas vom Regieren verstehen. Mit der alten

Generation werden sie es schwer haben, weil diese durch die schrecklichen Erlebnisse zweier Weltkriege weitgehend aufgerieben wurde. Ebenso sind die Indoktrinierten des Dritten Reiches auszuschalten, da wir und die Welt ihrem Wahn die Katastrophe zu verdanken haben. Bleiben jene Jahrgänge, die noch die liberale Erziehung der Weimarer Jahre mitbekamen und die elastisch genug sind, die Konsequenzen der Niederlage aufzuarbeiten. Freilich sind auch sie sehr dezimiert, da sie die meisten Blutopfer dieses Krieges brachten.

Ferner sollten sie das deutsche Volk in seiner Wirklichkeit sehen und nicht nur im Zerrspiegel, den ihnen ihre Propagandisten vorhalten. Schließlich handelt es sich um 70 000 000 mit einer nicht 12- sondern 1000jährigen Geschichte. Gewiß, wir werden, soweit es möglich ist, gutmachen müssen, was wir angerichtet haben. Aber es wäre töricht, dem ungeheuren Kapital an Intelligenz, Leistungsfähigkeit und Energie, das in diesem zerstörten Volk immer noch steckt, keine Chance zu geben, wie es zunächst aus den Proklamationen herausklingt, und seine Fähigkeiten zum Wiederaufbau des geschundenen Kontinents nicht zu verwenden. Europa kann sich kein Elendsgebiet dieser Größe in seiner Mitte leisten, wenn es seine Rolle in der Politik, in der Wirtschaft, in der Kultur wieder einnehmen soll.

Im eigenen Interesse täten die USA gut daran, sich jeder separatistischen Lösung, ob sie nun von den Franzosen oder von gewissen Deutschen an sie herangetragen wird, energisch zu versagen. Das bereits um ein Viertel verkleinerte Deutschland darf nicht geteilt werden, wenn es seine Wirtschaft wieder in Gang bringen und seinen Beitrag zum europäischen Aufbau leisten soll. Es ist schlimm genug, daß die Amerikaner nach ihrem Sieg in Europa dem Wiedererstehen von Kleinstaaten zugestimmt oder zumindest versäumt haben, Föderationen zu erzwingen, wie sie sich angeboten hätten.

Nach dem Zusammenbruch des Nazismus und seiner Ächtung für alle Zeiten müßten unverzüglich die Schulen in Betrieb genommen und den gereinigten Universitäten sowie den Massenmedien der Anschluß an das westliche Geistesleben gestattet werden. Wir sind praktisch seit 12 Jahren von der internationalen Entwicklung isoliert gewesen und die Verfolgung und Ausmordung der Juden sowie die Vertreibung der liberalen Kräfte hat uns wesentlicher Teile unserer Intelligenz beraubt. Auf die Erneuerung der Bildungsarbeit und die Wiederbelebung des kulturellen Lebens wäre größter Wert zu legen. Dabei ist nicht nur den Emigranten, sondern auch liberalen wie konservativen Kräften eine Chance zu geben. Auch der Regionalismus und Traditionalismus hat seine Berechtigung.

Die Amerikaner sollten sich von ihrer Kriegspropaganda möglichst bald frei machen. Gewiß, um einen Kampf dieses Ausmaßes zu führen, war es notwendig, gegen den Gegner Erbitterung und Abscheu hervorzurufen. Da er nun aber niedergerungen ist und Deutschland, wenigstens auf ein bis zwei Generationen, keine Gefahr mehr darstellt, ist diese Haßpropaganda einer vernünftigen Beurteilung der Dinge nur im Wege. Denn im Interesse des reduzierten Erdteils, der zu seiner Genesung des deutschen Beitrags bedarf, liegt auch eine positive Deutschland-Politik. Dies schließt die Bestrafung der Schuldigen nicht aus; nur sollte man diesen Begriff juristisch präzise fassen und nicht von einer Kollektivschuld ausgehen.

Kurz — mit dem Sieg über die Achsenmächte hat eine Umverteilung der Weltgewichte stattgefunden. Das amerikanische Volk wird sich in der Henkerrolle schwerlich lange wohlfühlen, die ihm seine Propaganda einreden möchte. Mit dem Verschwinden der Gegner, der Übernahme der Verantwortung für die Besiegten ist eine neue Situation entstanden. Die USA als die führende Macht des Westens sollte ihr Rechnung tragen.

Samstag, 2. 6. 1945

Eine Menge Zeitungen kommen ins Haus. Der Oberst bringt sie mir, nachdem er sie überflogen hat, denn er weiß, wie ausgehungert nach Welt ich bin. Ihre Aufmachung, ihre Schlagzeilen, ihre Sensationen, ihre plakative Sprache erinnern mich an den Ausspruch des Abbé Galiani[7]), der das Ende des guten Geschmacks voraussagte, wenn die Zensur aufgehoben werden sollte.

Die Russen ziehen jetzt ihre 15- und 16jährigen ein, während die Amerikaner hier an nichts anderes als die Demobilisierung denken. Arglos zitieren die amerikanischen Zeitungen, um gutes Wetter für ihre östlichen Verbündeten in der US-Öffentlichkeit bemüht, dafür die Begründung der Russen: Nach der Schlacht binde den Helm fester! Müßte man diesen Satz aus dem Deutschen übersetzen, wär's wildester Nazismus. Aber quod licet Jovi non licet bovi[8]). Im übrigen vertreibt die Army immer noch die schwachsinnigen Werbeheftchen unter ihren Soldaten, in denen der Ivan[9]) als der zwar ärmere, aber dafür desto zähere und in keiner Weise weniger demokratische Bruder des GI vorgestellt wird und Genosse Stalin als ein besonders effizienter Demokrat. Der Oberst lächelt, als ob er Zahnweh hätte, wenn er mich über diese Heftchen gebeugt findet.

In der 2. US-Luftflotte, wo ich als der verantwortliche Sekretär für die Arbeit über die Geschichte des deutschen Luftwaffen-Horch-

7) *Ferdinando Galiani* (1728—1787), Nationalökonom und einer der geistreichsten Aufklärer in Paris, wo er 1759—1769 Sekretär der napolitanischen Gesandtschaft war. Er starb in Neapel. Berühmt wurde seine Jugendschrift Della Moneta (1750) sowie sein Briefwechsel mit Madame d'Epinay.

8) Was Jupiter recht ist, ziemt sich nicht für einen Ochsen.

9) Die damals geläufige Bezeichnung für den russischen Soldaten.

dienstes vorgestellt wurde, versicherte mir ein Major Silberstein, seines Zeichens Geschichtsprofessor in Harvard, daß die Amerikaner an soldatisches Heldentum nicht glaubten. Als Helden bezeichnen sie ausschließlich Entdecker, Erfinder, vielleicht auch Dichter, auf keinen Fall Menschen, deren Beruf das Töten ist. Er war sehr höflich zu mir und daher blieb ich's auch und ersparte ihm meine Frage, warum die gleichen Amerikaner Washington, Lee[10]) und Grant[11]) Denkmäler errichten, die doch meines Wissens Generale gewesen sind.

Cecil Brown, ein amerikanischer Kriegsberichterstatter, war dabei, als die Japaner das größte Schlachtschiff des letzten Krieges, die Repulse, versenkten. Dabei verwunderte ihn am meisten, daß die aus dem Wasser geretteten britischen Soldaten voller Bewunderung für die japanischen Piloten waren. Die Japaner reagierten ähnlich, als sie über den Tod Roosevelts berichteten. Er sei ein großer Mann gewesen, las man in ihren Zeitungen, dem die USA viel von ihrer heutigen Weltgeltung verdanken.

Der Oberst hat seinen großen Horch gegen einen riesigen französischen Sechssitzer eingetauscht und lud mich zur Probefahrt nach Würzburg ein. Das Stadtinnere ist bei einem einzigen Angriff vor wenigen Wochen ausgelöscht worden und wenn man langsam durch die Straßen geht, riecht man aus den Ruinen die Leichen. Nur am Stadtrand stehen einige intakte Häuserzeilen. Auch die Seitenflügel der Residenz liegen in Trümmern, aber das gewaltige Treppenhaus mit Tiepolos Fresko ist nur leicht beschädigt. Ich erzählte meinem Chef, wie lange der größte italienische Maler des 18. Jahrhunderts mit seinem Sohn daran gearbeitet und welch Vermögen er dabei verdient hat. „Hoffentlich wird bald das Dach gerichtet, damit sich der Schaden nicht ausbreiten kann", meinte er.

Unterwegs unterhielten wir uns über Rußlands Vordringen in Europa. Auch er sieht darin eine große Gefahr. Die Bolschewisten besaßen gegenüber den Nazis zwei große Vorteile, sagte er. Sie waren verschwiegener und hatten die Juden für sich. Er schilderte mir anschaulich, wie die öffentliche Meinung in den USA gegen uns mobilisiert wurde. Zuerst kamen die Filme über die Zerstörung Rotterdams, dann Frankreich-Greuel, später Ausschnitte aus dem Rußland-Bilderdienst und zuletzt die Todesfabriken in Polen. Die Amerikaner suchen der russischen Drohung mit Freundlichkeit, aber ohne Selbstaufgabe zu begegnen.

10) *Robert Edvard Lee* (1809—1870), legendärer US-General, der im amerikanischen Bürgerkrieg Oberkommandierender der Südstaaten war.

11) *Ulysses Simpson Grant* (1822—1885), im amerikanischen Bürgerkrieg zuletzt Oberkommandierender der Armeen der Nordstaaten, 1869—1877 der 18. Präsident der USA.

Schließlich besprachen wir die Fahrt nach Oberbayern, wo wir in den Gefangenenlagern unsere Mitarbeiter zu finden hoffen. Mir geht außerdem mein Herzenswunsch in Erfüllung; der Oberst versprach, M. ins Haus zu nehmen.

Oberhaching, 5. 6. 1945

In aller Frühe fuhren wir von Bad Kissingen los. Es dauerte lange, ehe wir zur Autobahn kamen. Alle Brücken sind, ehe die Amerikaner eintrafen, in die Luft gejagt worden. Nun arbeiten deutsche Gefangene an der Behebung der ärgsten Schäden.

Würzburg und Schweinfurt sind praktisch unbewohnbar geworden. Ein Glück, daß wir nicht nach Nürnberg hineinfahren mußten. Wir waren in Stadtnähe, als ein Reifen platzte. Mit Hilfe zweier GI's wechselten wir ihn auf offener Strecke. In der amerikanischen Reparaturwerkstatt gab es nicht nur ein gutes Essen, sondern auch ein ausgezeichnetes Fleckputzmittel.

Oberhaching, 6. 6. 1945

Wir machten einen Abstecher nach Augsburg. Die Stadt liegt derart in Trümmern, daß es schon eines archäologisch geschulten Auges bedarf, ihre alte Schönheit zu erahnen. Auf dem Verwaltungsgebäude wehte neben der amerikanischen auch die britische und die französische Fahne. Vor fünf Jahren haben wir die Franzosen so gründlich geschlagen, daß es damals wohl niemand für möglich gehalten hätte, französische Soldaten könnten nochmals einen Fuß auf deutschen Boden setzen. Jetzt sollen sie sich in ihrer Zone, im Badischen, der Rheinpfalz und an der Saar herrischer als 1923 aufführen. Ob de Gaulle wirklich so klug und vorsichtig manövriert, wie der Oberst behauptet?

Oberhaching, 7. 6. 1945

Mitarbeitersuche. Der Tag war heiß, die Wege staubig. Zum Überfluß gerieten wir in einem Dorf in eine deutsche Truppenkolonne, die kein Ende nehmen wollte. Im ganzen letzten Kriegsmonat habe ich nicht so viel deutsche Fahrzeuge wie hier gesehen.

Oberbayern ist ein einziges großen Heerlager. In jedem Dorf liegen Hunderte von Soldaten. Deutsche unter Selbstverwaltung, heißt es. Das enthebt die Amerikaner der Mühe, für die Gefangenen zu sorgen.

Bad Tölz wimmelte von Amerikanern, die NS-Junkerschule ist ein US-Armee-Hauptquartier. Ein Jeep schleppte unseren Wagen ab. Ein hühnenhafter Major empfing uns in einer Villa. Sie war bequem ein-

gerichtet. Wir erhielten ein prachtvolles Abendessen. Wieviel Familien mögen die Amerikaner aus ihren Häusern hinausgesetzt haben? Man verliert nicht umsonst einen Krieg. Aber je mehr die Dinge drunter und drüber gehen, um so verzweifelter klammert sich der einzelne an das ihm Verbliebene.
Den Abend beim Ortskommandanten verbracht. Dort lernte ich einen Leutnant kennen, der mit der ganzen europäischen Vorkriegs-Elite Beziehungen unterhalten hatte. Die Fenster des Raumes, den ich mit dem Oberst teilte, gaben den Blick zu den Bergen frei. Ich fühlte mich wie im Märchen. Morgen muß ich Hunderte von Gefangenen des großen Lagers überprüfen, ob sich darunter brauchbare Mitarbeiter finden.

Bad Aibling, 8. 6. 1945

Mittagessen im Fliegerhorst. Die Offizierskantine war aufwendig eingerichtet, Holztäfelung, schöne schmiedeeisenere Lüster. Auch beim amerikanischen Militär herrscht strenge Rangordnung; am Kopfende saßen die Obristen, mir wies man einen Sitz am Ende der Tafel zu. Um die Gänge nicht stumm in mich hinein zu essen, war ich so töricht, meinen Tischnachbarn auf die Raumausstattung hinzuweisen. Da kam ich übel an. „Dazu habt ihr Deutschen das Geld verwendet", sagte er giftig. „In ganz Amerika werden Sie in keiner Kaserne solch einen Luxus finden. Wir legen unsere öffentlichen Mittel auf anständigere Weise an."

Nach diesem Rüffel hielt ich den Mund und beobachtete die Gesichter. Es waren gute Köpfe darunter; keine unserer Artillerie-Abteilungen dürfte auch in besseren Zeiten sympathischere aufzuweisen gehabt haben.

Aschach, 10. 6. 1945

Der Oberst ist nach Kaufbeuren zu einem Stab gefahren und überließ mich meinen Erledigungen. So sah ich mich weiter im Lande um, das ein einziges Gefangenenlager ist. Welch unverdientes Glück, daß ich dieser Wehrmacht im Auflösungsstadium nicht mehr angehöre! Die einfachen Soldaten helfen sich damit, daß sie zu den Bauern arbeiten gehen und dafür zu essen bekommen. Aber die Offiziere stelzen in seelenloser Langeweile durch den Regen. Die wenigsten wissen, wie ihre Angehörigen den Zusammenbruch erlebt haben und viele, namentlich die aus dem Osten, haben nun, nachdem der Krieg ausgestanden ist, um ihr Leben zu fürchten. In nicht wenigen, und es sind nicht die Schlechtesten, staut sich gegen diesen Beruf ein gewaltiger Haß an.

Der Forschungsauftrag

Bad Kissingen, 13. 6. 1945

Gestern fuhren wir nach Kissingen zurück. Der Oberst hat M. mitgenommen. Sein Besuch am Vortag bei ihr war nicht ganz selbstlos. Sie hat seinen Wunsch erfüllt und ihm einen Dackel besorgt, einen ganz jungen, der während der Tagesfahrt in ihrem Schoße schlief. Eine Stange amerikanischer Zigaretten hat er gekostet. Dackel gehören in der amerikanischen Vorstellung zu Deutschland wie Altheidelberg, das Münchner Hofbräuhaus und die Burgen am Rhein.

Heute gab mir der Oberst meinen Lebenslauf zurück, den ich in Wiesbaden geschrieben hatte. Er ließ fast alles unverändert und wollte auch keine Kürzungen vornehmen. Nur den Schluß fand er zu abrupt und führte daher im letzen Kapitel sich selber ein. Vermutlich braucht er das Papier für seine Stäbe.

Kissingen ist eine amerikanische Garnisonstadt, in der deutsche Männer eine kleine Minderheit darstellen — was nicht allen weiblichen Personen unsympathisch ist, wie der Augenschein lehrt.

Unsere Mitarbeiter, einige zwanzig, sind nicht weit von uns in einem eigenen Haus einquartiert. M. fungiert als meine Sekretärin. Wie beiläufig erwähnte der Oberst, ich täte gut daran, unsere Leute zur Diskretion zu verpflichten. Er würde sich nicht wundern, wenn in unserem Haus eine russische Bombe hoch ginge.

Eisenhower[12]) hat gestern in einem Interview sein Verbrüderungsverbot mit Deutschen abgemildert. Er sieht keine strafwürdige Handlung mehr darin, wenn sich Amerikaner mit deutschen Kindern abgeben. Als das der Oberst seinem Kraftfahrer erzählte, sagte dieser: „I am not interested in babies, Sir."

Samstag, 16. 6. 1945

Mein Englisch ist nun so geschmeidig geworden, daß mir nur ein feines Ohr den kraut[13]) anmerkt, was die Amerikaner verunsichert, die sich mit mir anlegen wollen. Dazu kenne ich mich dank dem intensiven Kontakt im Offiziershaus im US-Kommiß nun so gut aus, als hätte ich den Krieg auf der richtigen Seite mitgemacht. Aber wichtiger als die Äußerlichkeiten ist die Bewußtseinsänderung, die der dauernde Umgang mit der Welt der Sieger bewirkt. Das letzte Amerika-Buch, das mir in die Hand fiel, war Arnaldo Cecchi's „Ame-

12) *Dwight Eisenhower* (1890—1969), amerikanischer General, 1944 Oberbefehlshaber an der Westfront, 1945/46 US-Oberbefehlshaber in Deutschland, 1952—1961 39. Präsident der USA.

13) Angelsächsische Bezeichnung für deutsche Soldaten.

rica amara", das ich vor einem Jahr in einer Buchhandlung in Marseille fand. Cecchi, ein brillanter italienischer Reisejournalist, der keineswegs ein Schwarzweißbild der Vereinigten Staaten zeichnet, sondern deren gewaltige Größe eindrucksvoll herausarbeitet, wählte aus dem Haß des Europäers auf diese uns überschattende Macht den Buchtitel nach seinem Kapitel über die mexikanischen Bordelle.

Wie miserabel wurden selbst die, die außerhalb Deutschlands Anglistik studierten, über diese neue angelsächsische Welt orientiert! In Wahrheit waren die USA für Anglisten kein Prüfungsstoff, Aelfric[14]) und Chaucer[15]) mußten wir lesen können! Nun erfahre ich, daß Europa für die USA ein Nebenkriegsschauplatz gewesen ist, daß Eisenhowers Leistung sich neben der McArthurs[16]) bescheiden ausnimmt, daß nicht die Materialwalze, die sie über unseren erschöpften Erdteil niederprasseln ließen, sondern der Sprung von Insel zu Insel im Pazifik und das Bezwingen der Japaner ihr Stolz in diesem Kriege ist. Sie verfahren hier so lässig, weil ihnen das greise gewordene, der Selbstzerfleischung anheimgefallene Europa lästig ist, weil sie nicht in diesem Kontinent, sondern in der doppelten Menschenmilliarde Asiens die Zukunft herandämmern sehen, nach deren Markt ihre Geschäftsleute gieren.

Die USA sind keine atlantische sondern eine pazifische Macht, bläut mir der Oberst in jedem unserer Gespräche ein, wenn ich ungeduldig frage, warum die Amerikaner all die Monacos und Luxemburgs wieder erstehen lassen, statt eine pax Americana zu verkünden, wie es Stalin in seinem Block tut, in dem fortab nur der Kommunismus Zukunft haben wird. Warum bieten die Amerikaner nicht allen überdurchschnittlich fähigen Europäern ihre Staatsangehörigkeit an? Haben sie während der faschistischen Ära mit den italienischen und deutschen Emigranten nicht die besten Erfahrungen gemacht? Warum organisieren sie unseren Erdteil nicht, statt einer neuen Völkerbundillusion nachzulaufen, sie, die die Völkerbundidee als erste aufgegeben haben? Sie sind den Karthagern verwandter als den Römern, fürchte ich, und es ist nicht ausgeschlossen, daß sich ihr Fernosttraum als Illusion erweist.

Die Verbrechen der Nazis — ihre unverzeihliche Ideologie, ihr Ignorieren grundlegender wirtschaftlicher und demographischer Tatsachen, ihr stumpfsinniger Biologismus, der ihnen das Verständnis

14) *Aelfric* (955—1020), angelsächsischer Mönch, der als Abt des Klosters Eynsham die angelsächsische Sprache pflegte, Heiligenleben schrieb sowie Beda Mirabilis und Alcuin übersetzte.
15) *Geoffrey Chaucer* (1343—1400), der bedeutendste mittelenglische Dichter.
16) *Douglas McArthur* (1880—1964), amerikanischer General. Er gewann die Schlacht im Pazifik und war nach der Kapitulation Japans Oberbefehlshaber und Diktator des Landes. 1951 enthob ihn Truman wegen Differenzen über die Kriegführung in Korea seines Postens.

selbst für die technische Entwicklung verschloß, ihr chiliastischer Knechtsinn, der sich einen pathologischen Spinner und Mörder zum Heiland erkor ...

Sonntag, 17. 6. 1945

Ich wollte M. in Bad Kissingen anmelden, aber der Major meinte, sie würden es selbst tun, wenn sie es für richtig hielten. Mein Offiziershemd erregt Aufmerksamkeit, wenn ich mich mit ihr draußen zeige. Jeden Tag warte ich, daß mich eine Streife anhält und kontrolliert. Aber die Amerikaner, sonst so mißtrauisch gegen alles Deutsche, sind zugleich seltsam gleichgültig, ja widerstrebend, fremden Dingen auf den Grund zu gehen. Von den GI's auf den Feldern ist vollends nichts zu befürchten. Die kümmern sich nur um die Mädchen, mit denen sie dort herumliegen.

In der Stadt werden jetzt alle Beamten und Angestellten entlassen, die der NSDAP angehört haben. Die Amerikaner sollen in ihrem Entnazifizierungseifer viel unerbittlicher als die Briten und Franzosen, ja sogar die Russen sein.

Abends erzählte Cpt. B., der aus Foggia[17]) zu uns stieß, daß sich die Verhältnisse in Italien seit 1944 wesentlich gebessert haben. Badoglios[18]) Übergang ins Lager der Sieger zahlte sich aus; die Amerikaner behandeln die Italiener als „befreundete" Nation.

Montag, 18. 6. 1945

Immer wieder bringt die Soldatenzeitung „Stars and Stripes" Hetzartikel gegen uns Deutsche, wenn sich auch das Hauptinteresse nun, da wir bedeutungslos geworden sind, längst anderen Sensationen zugewandt hat. Aber die Willfährigkeit, mit der ihre Massenmedien auf jede negative Meldung über uns reagieren, sollte uns Vorsicht lehren. Mehr als alles andere nehmen sie uns übel, daß wir nicht rechtzeitig einzulenken verstanden. Bei ihrer pragmatischen Denkweise will es ihnen nicht in den Sinn, daß sich ein großes Volk bis zum letzten Halbwüchsigen verheizen lassen konnte. Sie halten nichts von Weltuntergangsstimmungen, die in unserer Literatur seit alters her einen so großen Raum einnehmen. Außerdem sind sie überzeugt, daß sie sich uns gegenüber unverdient anständig und generös benehmen. Sie

17) Stadt in Apulien; der Flugplatz Foggia war nach der Landung der Alliierten in Italien die große Luftbasis, von der amerikanische Fernbomber Zerstörungsangriffe auf süddeutsche Städte und Versorgungsflüge nach Rußland flogen.

18) *Pietro Badoglio* (1871—1956), italienischer Marschall, war im Abessinienkrieg Oberbefehlshaber; nach der Absetzung Mussolinis machte ihn der König zum Ministerpräsidenten. Er schloß am 3. 9. 1943 in Brindisi mit Amerikanern und Briten einen Waffenstillstand.

ahnen nicht, daß ihr moralischer Dilettantismus verheerender wirken kann als die russische Knute.

Konrad Henlein[19]) beging Selbstmord, als ihn die Amerikaner gefangen nahmen, ebenso Himmler[20]), als er den Briten in die Hände fiel. Karl Hermann Frank[21]) wurde in Berchtesgaden festgenommen. Kesselring[22]) ist amerikanischer Gefangener.

Wie Lilien auf dem Felde

Montag, 25. 6. 1945

Die Tage sind schwül. Wir leben wie die Lilien auf dem Felde. Im Augenblick weiß ich für uns nichts Besseres und Wünschenswerteres. Ob unsere Besatzung tatsächlich zu einer europäischen Institution wird, wie die Sieger einander und uns versichern? Ich zweifle daran; ihre Interessen sind zu verschieden, als daß ihr Bündnis Bestand haben könnte. Natürlich dürfen am wenigsten wir auf den nächsten Krieg spekulieren, denn wir wären sein erstes Schlachtfeld. Uns bleibt nur übrig, mit unseren Leibern und Leichen ans Weltgericht zu appellieren.

M. erfuhr aus Berlin: Die Lebensmittelversorgung ist zwar wieder in Gang gekommen, aber die Häuser dürfen nachts nicht abgeschlossen werden und die Sowjetsoldaten kommen in die Betten der Frauen, so daß diese es vorziehen, selbst bei Regen im Freien zu nächtigen. Ich kann mir nicht vorstellen, daß ich diesen Vergewaltigungen zusähe, ohne etwas zu unternehmen. Die Angloamerikaner nennen uns abgestumpft; welchen Ausdruck sollte man für die Deutschen in der russischen Zone gebrauchen?

Gespräch mit unseren Auswertern des sowjetischen Funkdienstes. Beide betonten übereinstimmend die Primitivität der russischen Luftkriegführung. Ihr in Ost und West herausgestellter Angriff auf De-

19) *Konrad Henlein* (1898—1945), Turnlehrer in Asch, 1933 Gründer der Sudetendeutschen Partei, die bei den Wahlen von 1935 in der Tschechoslowakei die meisten Stimmen erhielt. Nach dem Münchner Abkommen 1938 ernannte ihn Hitler zum Gauleiter und Reichskommissar im Sudetengau.

20) *Heinrich Himmler* (1900—1945), wurde von Hitler zum „Reichsführer" der SS ernannt, 1933 übernahm er die politische Polizei. Er war für die Konzentrationslager und für die Menschenvernichtung des Regimes der unmittelbar Verantwortliche. Himmler beging in britischer Gefangenschaft Selbstmord.

21) *Karl Hermann Frank* (1900—1945), Buchhändler aus Karlsbad, Stellvertreter Henleins, Staatsminister im Protektorat. Frank wurde von den Amerikanern an die Tschechen ausgeliefert und in Prag aufgehängt.

22) *Albert Kesselring* (1885—1960), deutscher Generalfeldmarschall. K. war am Aufbau der Luftwaffe führend beteiligt. Seit 1942 Oberbefehlshaber an der Südfront. Wegen Erschießung italienischer Geiseln verurteilte ihn ein italienisches Gericht zu lebenslangem Kerker. 1952 wurde er aus gesundheitlichen Gründen entlassen.

brecen[23]) im August 1944, dessen Folgen ich einige Tage später sah, war nichts als ein planloses Abwerfen von Brandbomben. Während sie starteten, konnten wir über jedes einzelne Flugzeug Strichlisten führen. UKW-Geräte kannten die Sowjets nicht.

Benesch[24]) ordnete gestern die Beschlagnahme aller Häuser und Grundstücke sowie allen Vermögens an, das Deutschen, Madjaren sowie „Verrätern und Nazi-Kollaborateuren" gehört.

Nachdem er zwei Weltkriege mitgemacht und erlebt habe, wie schrecklich es für einen Kommandeur sei, halb ausgebildete Soldaten ins Feuer zu schicken, hält es General Patton[25]) für einen Wahnsinn, auf einen neuen Krieg unvorbereitet zu sein. Man schaffe Feuersbrünste nicht dadurch ab, daß man die Feuerwehren auflöse.

Dienstag, 26. 6. 1945

In den nächsten Tagen soll unsere Regierung, die Interalliierte Kommission, zusammentreten. Sie hat die Aufgabe, die Maßnahmen der einzelnen Zonenmachthaber zu koordinieren, die übrigens mit den Unterworfenen sehr selbstherrlich und willkürlich umspringen. Beim Lesen amerikanischer Zeitungen habe ich das Gefühl, daß es die USA langsam als blamabel empfinden, von den Sowjets politisch überrundet zu werden. Nicht nur fehlt den Amerikanern eine operative Internationale, wie sie die Russen in den kommunistischen Parteien der anderen Länder besitzen, außer Strafmaßnahmen haben sie sich bisher zu Deutschland nichts einfallen lassen, während das Ziel der anderen Seite klar ist — die Bolschewisierung der Lebens- und Herrschaftsformen der Unterworfenen.

Nachmittags legten wir uns an den Fluß und ich habe M. Gedichte von Keats[26]) vorgelesen, die ich in Peters Büchern fand. Wie verschüttet wurde uns diese Welt vollkommener Empfindung, die andern aufzuschließen mein Beruf hätte werden sollen! Wozu haben eigentlich die Generationen zwischen Keats und uns gelebt? Um in zwei selbst-

23) Universitätsstadt im östlichen Ungarn. Vorort des madjarischen Calvinismus.

24) *Edvard Beneš* (1884—1948), tschechischer Politiker, von 1918—1935 Außenminister der ersten Tschechoslowakei, an deren Entstehung er neben Masaryk den größten Anteil hatte, 1935—1938 Staatspräsident. Nach der Abtrennung der deutschen Randgebiete der böhmischen Länder ging er ins Exil, trat 1939 an die Spitze einer tschechoslowakischen Exilregierung und setzte bei den Alliierten die Austreibung der Deutschen und Madjaren aus der wieder zu errichtenden Tschechoslowakei als Kriegsziel durch. 1945 kehrte er als Präsident des wiedererstandenen Staates zurück; einige Wochen nach dem kommunistischen Handstreich vom Februar 1948 resignierte er und starb am 3. 9. 1948.

25) *George Smith Patton* (1885—1945), US-General, kommandierte die 7. US-Armee, die Sizilien eroberte und die 3. US-Armee an der Westfront und wurde der erste Militärgouverneur in Bayern. Wegen seiner Weigerung, die Entnazifizierung rigoros durchzuführen, enthob ihn Eisenhower seines Postens. Er starb nach einem mysteriösen Autounfall bei Mannheim am 21. 12. 1945.

26) *John Keats* (1795—1821), einer der größten englischen Lyriker.

zerstörerischen Kriegen zwei Mammutreiche hervorzubringen, die alles, was zwischen ihnen liegt, in einen gleichförmigen menschlichen Brei verwandeln?

Donnerstag, 28. 6. 1945

Die Arbeit unseres Forschungs-Teams, wie es in der Sprache der Sieger heißt, läuft nun auf vollen Touren. Die Produktion an beschriebenem Papier, deren Steuerung meine Aufgabe ist, schwillt lawinenartig an. Aber vielleicht ist es ganz gut, daß ich keine Zeit zum Nachdenken finde. In diesen Tagen hat die Austreibung der Deutschen überall aus dem Osten eingesetzt. Die Tschechen wollen sich der 3 000 000 Deutschen auf ihrem Territorium angeblich in vierzehn Tagen entledigen! In Ost- und Westpreußen, in Ostbrandenburg, in Schlesien und Pommern östlich der Oder werden alle Deutschen aus dem Lande gejagt. Die Polen erhalten die 104 000 qkm deutschen Territoriums östlich der Oder/Neiße für die 120 000 qkm ihrer ehemaligen östlichen Landstriche, die sich die Sowjetunion einverleibt.

Meine amerikanischen Gesprächspartner verstehen meine Beklommenheit nicht. Was bedeuten für die USA schon 104 000 qkm? Stalin bricht in absehbarer Zeit keinen Krieg vom Zaun. Und wer könnte ihnen sonst noch gefährlich werden? Der kommende russisch-amerikanische Konflikt wird unblutig sein. Für diese Großräume gibt es noch keine Massenbewegungsmittel. Schließlich denken die Amerikaner, die einzigen, die angesichts der schrecklichen Erschöpfung und Zerstörung ein überschüssiges Kräftepotential haben, nicht an die Weltherrschaft sondern an das Weltgeschäft.

Ungarn droht eine Hungerkatastrophe, da infolge der Kriegshandlungen im Frühjahr nur ein Zehntel der Felder bestellt werden konnte. Nun, die Russen sind Elend gewohnt, sie werden es nicht tragisch nehmen. Sie halten es mit La Rochefoucauld[27]): „Wir sind alle stark genug zu ertragen, was anderen zustößt.“

Wien soll in vier Sektoren geteilt werden und eine russische, amerikanische, britische und französische Besatzung bekommen. Vorläufig ist Österreichs Eigenstaatlichkeit eher ein verbales Geschenk; es ist wie unser Land in vier Zonen aufgeteilt worden.

Samstag, 31. 6. 1945

Der Morgen trüb. Gleich nach dem Frühstück erzählte mir der Oberst von seinen Verhandlungen im Pariser Hauptquartier. Der General war nicht da, nur den Stabschef hätte er gesprochen, der als

27) *François La Rochefoucauld* (1613—1680), Herzog, einer der großen französischen Moralisten und Aphoristiker.

ein bekannter Multimillionär nicht gerade philosowjetisch ist. Ihm habe er unsere Pläne unterbreitet und sei dabei auf viel Aufmerksamkeit und Interesse gestoßen. — „Als ich das merkte, bearbeitete ich ihn wie Jago den Othello", sagte er mit listigem Lächeln. So braucht er keinen unserer Mitarbeiter zu entlassen, der in der russischen Zone wohnt.

Nachmittags begleite ich M. in die Stadt. Ich bin hier derart mit Arbeit eingedeckt, daß ich noch keine Zeit dazu gefunden habe, mir Bad Kissingen anzusehen. Nein, das volle Ausmaß unserer Niederlage spüren wir in unserer geschützten Stellung nicht. Schon das Bild dieser von US-Soldaten und -Wagen wimmelnden Kurstadt ist so bedrückend, daß man sich fast wünschte, auch sie wäre zerstört worden.

Hat dieses Restleben noch einen Sinn? Die meisten Läden sind geschlossen, in den wenigen offenen begegnet man nur einem mitleidigen Lächeln, wenn man auf seine Bezugsscheine etwas kaufen will. Dabei zehren wir immer noch von den Vorräten. Die Paralysierung wird erst eintreten, wenn diese Reserven aufgebraucht sind und der Nachschub ausbleibt.

Die amerikanischen Zeitungen bringen zunehmend Berichte über unsere sogenannten Geheimwaffen, mit denen Goebbels[28]) bis zum letzten Augenblick viele Gutgläubige verdummte. Hoffentlich wissen sich die Amerikaner unsere Spezialisten zu sichern, damit diese nicht den Sowjets in die Hände fallen!

Der Monat endet glücklich für mich. Ich habe M. bei mir, meine Stellung innerhalb unserer Gruppe hat sich durch die Inangriffnahme des vielbändigen Werkes gefestigt, die nächsten Monate sind für uns gesichert. Völlig unklar ist das Schicksal unserer Eltern, meines Bruders, der Schwestern meiner Frau, deren Männer in den letzten Kriegstagen eingezogen wurden und seither verschollen sind. Um meine Freunde im Eichsfeld tut es mir leid. Der Oberst bekam nun die Karte, auf der die neuen Zonengrenzen eingetragen sind. Rechnet man unsere Ostgebiete hinzu, kontrolliert die Sowjetunion die Hälfte des ehemaligen Reichsgebiets. Die Grenzen Europas verengen sich auf das Territorium Karls des Großen.

Sonntag, 1. 7. 1945

Manchmal werden auch die Amerikaner daran erinnert, daß sie in einem zerstörten Lande leben. So kommt es häufig vor, daß wir stun-

28) *Joseph Paul Goebbels* (1897—1945), studierte in Heidelberg bei Friedrich Gundolf, stieß 1922 zu Hitler, der ihn 1926 zum Gauleiter von Berlin ernannte. 1933 wurde er Propagandaminister, Herr der deutschen Medien und der Kunstkammer. Eine der verhängnisvollsten Gestalten des Dritten Reiches. Beim Einmarsch der Russen vergiftete er sich und seine Familie.

denweise ohne Strom und Wasser sind. Im übrigen herrschte heute trotz diesem Ausfall strahlendes Glück bei unserem deutschen Personal. Der Oberst besorgte drei Laster, so daß die in Leipzig und dem amerikanisch besetzten Teil Böhmens Beheimateten einen Teil ihrer Sachen werden retten können.

Montag, 2. 7. 1945

Unsere Fernausflügler sind zurückgekommen, der eine aus dem ehemals deutschen Teil Böhmens, der andere aus Bernburg. Sie konnten ihre Familien besuchen und erlebten den Einzug der Russen und den Rückzug der Amerikaner. Hauptmann H., unser Auswertungsspezialist für den russischen Funkverkehr, der in Bernburg eine kleine Fabrik besaß, fand die Russen in Ausrüstung und Disziplin den Amerikanern weit unterlegen. Und die Bevölkerung? Frauen und Kinder kamen den neuen Herren zitternd mit Blumen entgegen, selbsternannte Ordner mit roten Armbinden regelten den Verkehr. In den Dörfern entstanden rote Komitees — schlotternde Angst vor dem Kommenden im Herzen.

Weit trüber war der Bericht aus Böhmen. Im russisch besetzten Teil der deutschen Gebiete morden und plündern die Tschechen wie zur Hussitenzeit. Die Bevölkerung ganzer Kreise lebt in den Wäldern, da die „Zlatokopci"[29]) aus Innerböhmen die Deutschen aus ihren Wohnungen gejagt haben, während sie die Russen nicht in ihre Zone lassen.

Das Entlassungslager

Mittwoch, 4. 7. 1945

Heute ist es so kalt, daß der Oberst, als wir uns früh zur gemeinsamen Arbeit setzten, zunächst die gut funktionierende Heizung der Villa lobte. Im übrigen eröffnete er mir, daß er uns alle morgen zur Entlassung nach Würzburg schicken wolle. Das Lager schließe an diesem Tage, und die Entlassungsprozedur sei nun einmal unvermeidlich. Er habe vorgesorgt, daß sie schnell und schmerzlos geschehe. Er halte es für das Beste, wenn ich mich den Offizieren anschließe. Es schade nie, wenn man die Personalpapiere in Ordnung habe. Ich war nicht übermäßig erfreut über die Aussicht, gerüffelt und angeschnauzt zu werden. Aber nachdem ich in den letzten Wochen unverdientermaßen so viele Privilegien genossen habe, ist es nur recht und billig, wieder einmal in Reih und Glied den Kopf hinzuhalten.

29) Tschechisches Wort für „Goldgräber" — so nannten die anständigen Tschechen ihre Landsleute, die nach der Kapitulation zur Ausplünderung in die deutschen Gebiete strömten.

Donnerstag, 5. 7. 1945

Auch dieser Tag war rauh und neblig und ich leistete beim Frühstück diesmal Cpt. N. Gesellschaft, der die Woche unseretwegen schon zum dritten Male unterwegs ist und zurecht behauptet, sein knochiges Hinterteil für uns durchscheuern zu müssen. Wir saßen auf Küchenstühlen in zwei Reihen auf unserem deutschen Lastkraftwagen.

Im Entlassungslager herrschte Hochbetrieb, aber wir wurden sofort drangenommen. Zunächst nahmen deutsche Hiwis[30]) verschiedensten Alters und Bildungsstandes unsere Personalien auf zwei Doppelbögen mit Durchschlag auf. Dabei wurden uns die Soldbücher abgenommen und in einen Abfallkasten geworfen. Mit diesen Bögen begaben wir uns zu einem US-Oberleutnant, der in einem Stoß alphabetisch beschrifteter Hefte nachsah, die wahrscheinlich die Namen der Kriegsverbrecher enthielten. Denn er verglich jeden Durchgeschleusten mit seinen Listen, sah sich den Mann kurz an und malte ein geheimnisvolles Zeichen mit Paraphe auf dessen Papiere. Die Prozedur dauerte eine halbe Minute.

Nun mußten auch wir warten, bis eine der Vernehmungszellen frei wurde. Ich kam zu einem blonden Juden, der mich nach eingehendem Studium meines Bogens in ein Gespräch verwickelte. Ich gab mich selbstsicherer als ich mich fühlte, denn der Kerl wußte gut Bescheid; hinter seiner freundlichen Maske saß dick der Argwohn.

Zum Schluß war nur noch ein Feldwebel zu passieren, aber neben dem hatte schon unser Cpt. B. Aufstellung bezogen. Was mich bewogen habe, der Henleinpartei beizutreten, knurrte er in gebrochenem Deutsch. Unsere Aushungerung durch die Tschechen, tönte ich gleichermaßen unfreundlich zurück. Die Prinzipien dieser Partei dürften von der Hitlers nicht allzu verschieden gewesen sein. Ob ich glaube, daß sie unter veränderten Umständen wieder aufleben werde? Sollte ich ihm ein Kolleg darüber halten, daß sich im Leben die gleiche Situation nicht wiederholt? Wußte Henlein, als er sich im November 1937 in Hitlers Hände begab, daß er acht Jahre später werde Gift nehmen müssen, um dem Strang zu entgehen? War der Henlein von 1934 mit dem von 1938 politisch identisch? Cpt. B., der mich inzwischen genügend kennen gelernt hatte, griff ein und befreite mich von dem Zeitgenossen.

In der Entlassungsstelle sammelten wir uns. Zuerst brüllte uns ein KZ-Offizier an, der es namentlich auf die alten Obristen abgesehen hatte, denen auch keine Entlassungs-Papiere ausgehändigt worden waren. Die Gegenwart unserer Begleiter ersparte uns die obligate

30) Hilfswillige nannte man damals die fremdvölkischen Angehörigen, die bei der Wehrmacht dienten.

Abschiedsrede, die ein radebrechender Schnösel sonst zu halten pflegt: „Nun Sie back, nichts Hitler, nichts Nationalsocialism, nichts HJ[31]), nichts SS"[32]). Wie geprügelte Hunde marschierten wir, wiederum in Zweierreihe, wie die Disziplin des Ortes es verlangte, hinter unseren beiden Captains zu unserem Lastwagen zurück; der Ex-Oberst neben dem Ex-Gefreiten, der Schreiber an der Seite seines Ex-Kommandeurs, alle in die gleiche triste, aussichtslose deutsche Wirklichkeit.

Am Abend verriet mir mein Chef, warum er in Paris so wenig ausrichten konnte. Die Stabsleute hatten nur eines im Sinn, so rasch wie möglich von Europa loszukommen. Daher sieht er die Grenzen seines Auftrags sehr deutlich und bemüht sich aus ganzer Kraft, ihn abzuschließen und seine Leute loszuwerden.

Das war der Punkt, an dem ich einhakte: „Wohin sollen sie sich wenden? Die meisten haben ihre Familie in der russischen Zone. Gesetzt den Fall, Sie setzen sie dahin in Marsch; wer gibt Ihnen die Gewähr, daß sie nicht in und über den Ural weitermarschieren müssen?"

Ich kannte Col. S. inzwischen gut genug, um zu wissen, daß er sich diese Frage schon selbst gestellt hatte. „Wenn sich Ihre Leute zusammentäten und einen Vertrauensmann die Lage sondieren ließen", fragte er.

„Wovon sollen sie aber in der Zwischenzeit leben? Hat Ihre Besatzung unser soziales Leben nicht so reduziert, daß für unsere Intelligenz kaum eine Chance bleibt, als zu den Bauern als Knechte zu gehen oder Straßenarbeiter zu werden? Sie mögen erwidern, daß wir Not und Drangsalierungen vom vergangenen Regime gewohnt sind. Das war der selbstverschuldete Sündenfall. Aber nun sollen die NS-Zustände doch vorbei sein! Welche Interessengemeinschaft besteht zwischen uns und den USA? Was macht es Ihnen schon aus, wenn Sie aus Europa hinausfliegen? Sie behalten dann immer noch einen Kontinent, die Herrschaft über den Pazifik, die Luftsuprematie über die Erde, was schert Sie im Grunde das Ruinenfeld Europa? Sie sehen, welche historischen Ladenhüter Sie in Italien, Frankreich, Holland eingerichtet haben. Stand da eine Konzeption dahinter? Sie sind doch ein Liebhaber der Geschichte; lesen Sie nach, wie sich die Römer nach dem dritten Punischen Krieg verhalten haben. Es wird Ihnen dann eingehen, wie wenig Ihr Land der Rolle, die ihm zugefallen ist, entspricht!"

Ich hatte mich in Wut geredet und es ehrt Col. S., daß er mich meinen Freimut nicht entgelten läßt. Mit welchem Recht fordere ich von den Amerikanern mehr historische Vernunft, als wir sie bewie-

31) Hitlerjugend, Organisation der NSDAP.
32) Schutzstaffel, von Himmler kommandiert, zunächst zur Bewachung Hitlers gegründet, im Kriege eine Sondertruppe, die der Wehrmacht nicht unterstand.

sen haben? Außerdem vermute ich, daß ich nichts anderes aussprach, was er selbst seit langem in seinem Herzen bewegt.

Freitag, 6. 7. 1945

Drei unserer Mitarbeiter wurden heute entlassen. Der Oberst hat den ganzen Vormittag an ihren Empfehlungsbriefen gearbeitet. Für mich will er sich bei der Militärregierung für Bayern verwenden. Mit welchen Leuten werde ich es dort zu tun haben? Haben nicht die Tüchtigen unter den Amerikanern nur Interesse daran, schleunigst heimzukehren? Nimmt zudem nicht der Sieger die Laster der Besiegten an? Was ich an deutscher Besatzung in Frankreich erlebt habe, war mehr als unerfreulich. Am liebsten wanderten wir aus, aber welcher Deutscher will das nicht unter den gegenwärtigen und kommenden Verhältnissen?

In einer der letzten Nummern der TIME[33]) steht der erste sachliche Bericht über uns, den ich in der amerikanischen Presse gefunden habe. Nachdem man bisher nur über die KZs und die Untaten der Nazis geschrieben hat, beginnt endlich ein Journalist, sich mit dem deutschen Alltag zu beschäftigen. Zutreffend berichtet er über unsere Lebensmisere, die deprimierende Hoffnungslosigkeit unserer Trümmerexistenz, über das Darniederliegen unserer Industrie. Als Amerikaner weiß er instinktiv, daß es so nicht bleiben kann, daß auch hier etwas geschehen muß, das Leben wieder in Gang zu bringen. Aber bei all den Überlegungen, die er anstellt, hört man die Frage heraus — werden sich die Besatzungsmächte einigen, wie Deutschland zu verwalten ist? Großes Vertrauen setzt er nicht in das gemeinsame Experiment.

Sonntag, 8. 7. 1945

Beim Abendspaziergang erzählte mir mein alter Freund Sch., der zur deutschen Außenwelt über bessere Beziehungen verfügt als wir, wie die von den Amerikanern so gerühmte Aufräumarbeit der Sowjets in ihrer Zone aussieht. Danach demontieren sie ganze Industrieanlagen und verschleppen sie samt dem Personal nach Rußland. Nach dem Urteil eines die deutschen Zonen bereisenden US-Senators haben sie die bürgerliche Schicht ihrer Zone bereits zerkrümelt. Keinen Augenblick zweifle ich an ihrer Begabung, aus ihren Deutschen eine gehorsame Masse gedrückter Kleinbürger zu machen.

Über unsere Intelligenz sagte Sch. folgendes: Die Techniker sind vorzugsweise zu den Amerikanern geflüchtet, die sich ihrer auch bedienen, sofern sie ihnen etwas Neues zu bieten haben. Aber nur Spit-

33) Die bekannte amerikanische Wochenzeitung, die noch heute erscheint.

zenkönnern wird es glücken, sich drüben zu assimilieren. Von den Künstlern haben die Russen einige für sich gewonnen. Stalinpakete[34]) spielen dabei keine geringe Rolle. In der britischen Zone sollen sich die Kieler Schnellbootbesatzungen ob der Behandlung, die ihnen die neuen Territorialherren angedeihen ließen, mit ihren Booten zu den Russen abgesetzt haben.

Montag, 9. 7. 1945

Deutschland — wie oft kommt das Wort bei mir vor — verlor im letzten Kriege 98 000 Flugzeuge. Die Verluste an fliegendem Personal sind glücklicherweise nicht viel höher. Die Alliierten sind beeindruckt von der Menge an Rohstoffen und Kriegsgerät, die sie vorfanden. Außer Treibstoff schienen wir noch genügend Material zur weiteren Kriegführung zu besitzen, meint die US-Zeitschrift, der ich diese Daten entnehme. Sie irrt; wir hatten keine kampffähigen Männer mehr, und was noch entscheidender war, auch kein Territorium. Diesmal war die Niederlage vollständig; für eine zweite Dolchstoßlegende gibt es nicht den geringsten Anhaltspunkt.

Was unsere Lage so heillos macht, ist der Umstand, daß ein Landkreis vom andern nichts mehr weiß, daß wir das Opfer vier sehr unterschiedlicher Mächte sind, daß es keine Instanz mehr gibt, die für unsere Interessen spricht. Wir sind vogelfrei, jeder für sich ein Beutestück. Für Verbrechen an Deutschen fehlt der Kläger. Noch ehe eine Vereinbarung über unser Restterritorium getroffen ist, räumen die Russen ihre Zone auf wie eine gute Hausmutter, wenn hoher Besuch eintrifft, schrieb neulich halb beschönigend, halb bewundernd eine amerikanische Zeitschrift.

Nach Zeitungsberichten wollen die Russen in absehbarer Zeit ihre Truppen aus der Tschechoslowakei abziehen. Die Kommunisten müssen drüben fest im Sattel sitzen, sodaß ihnen Stalin das weitere Geschäft anvertrauen kann. Mit dem Truppenabzug zwingt er die Amerikaner, den von ihnen besetzten schmalen Streifen Westböhmens gleichfalls zu räumen. Wehe den Deutschen, die sich bis dahin nicht nach Bayern abgesetzt haben!

Der „fraternization ban“[35]) ist aufgehoben. Früh kam der stattliche amerikanische Fahrer des Obersten zu meiner Frau und bot ihr strahlend einen guten Morgen.

34) Pakete mit hochwertigen Lebensmitteln, die es für die Allgemeinheit schon lange nicht gab und die im letzten Stadium des Krieges bei uns unter dem Namen „Hitler-Pakete“ ausgegeben wurden.

35) Das Verbot, andere denn offizielle Beziehungen zu Deutschen zu unterhalten.

Dienstag, 10. 7. 1945

Täglich kommt eine Tasche voll Post ins Haus; Col. S. bekommt manchmal fünf Briefe. Wann werden wir Nachricht von uns Nahestehenden empfangen? In der britischen Zone soll der Postverkehr längst in Gang gesetzt worden sein. Leute, die uns von drüben besuchen, staunen, wie wenig seit der Kapitulation bei uns in Gang gekommen ist. Die Amerikaner scheinen ausschließlich mit sich selbst beschäftigt zu sein; wir sind für sie kaum mehr als ein notwendiges Übel. Die GI's fragen unausgesetzt, was sie eigentlich mit den verdammten Deutschen zu tun haben.

Sch. erlebte in Berchtesgaden die Kapitulation unseres Generalstabs. Er kam mit General Harper zusammen; unser Oberst erinnert ihn lebhaft an diesen General, der wegen seiner ritterlichen Haltung zu den Gefangenen bald abgelöst wurde. Sch. glaubt an den Sieg des Kommunismus in Europa und ergeht sich in düsteren Zukunftsprognosen. Wie wir alle, weiß er nichts von seinen Angehörigen. Er hat die Hoffnung aufgegeben, sie je wiederzusehen.

Die Masse der aus den Lagern entlassenen Soldaten, untermischt mit heimatlos gewordenen Ostdeutschen, stromert auf den Landstraßen hin und her. Jede Gemeinde ist verpflichtet, den Rückkehrern und Flüchtlingen für eine Nacht Nahrung und Unterkunft zu gewähren. An eine Arbeitsaufnahme ist nicht zu denken, es sei denn, man reiht sich in die Arbeitskompanien ein, welche die Amerikaner zu Straßenausbesserungen verwenden. Aber da sie sich um Unterkunft und Verpflegung der Leute nicht kümmern, bedeutet das für die Masse der Heimatlosen keine Lösung. Doch der Schwarzhandel gedeiht, der sich früher wegen der drakonischen Strafen nicht ans Tageslicht wagte. In Stuttgart sollen die Gast- und Vergnügungsstätten überfüllt sein.

Ich bin mit meiner Redaktionsarbeit, den Übersetzungen, dem Entwerfen von Skizzen und Grafiken für die einzelnen Beiträge so angespannt tätig, daß ich von der Unruhe kaum etwas merke, die unser Offiziershaus erfüllt. Die ersten sind mit ihrem Pensum fertig geworden und müssen sich auf den Übergang ins deutsche Leben vorbereiten. Die Briten haben von unserem Unternehmen Wind bekommen und fordern zwei unserer Leute an, die mich bestürmen, ihre Auslieferung zu verhindern.

Dienstag, 31. 7. 1945

Der Juli brachte keine Veränderungen in unsere kleine Welt. Die Felder sind nun abgeerntet, die kühlen Abende mit den blauen Straßen und dem Dunkel der Parks, in denen überall Pärchen rascheln, erinnern daran, daß der Sommer zur Neige geht.

Die Franzosen plündern ihre Zone nicht nur wie die Russen aus, sondern verschleppen arbeitsfähige Männer gleichfalls zur Zwangsarbeit. In US-Lagern warten noch 1 000 000 Gefangene auf ihre Entlassung. Sie werden wie die Tiere gehalten, versicherte Clays[36]) Beauftragter für das Gefangenenwesen US-Journalisten, die voller Sorge waren, daß es unseren Leuten gut gehen könne. Zweimal am Tage bekommen sie Verpflegung, wobei man sich Mühe gibt, diese möglichst geschmacklos zu halten. Das Essen müssen sie mit den Fingern aus weggeworfenen Konservendosen fischen, geschlafen wird auf Holzpritschen oder nacktem Boden.

Abends trat bei uns eine Sängerin auf, die Peter irgendwo aufgetrieben hatte. Sie sang Lieder von Brahms und Hugo Wolf mit ganz angenehmer Stimme, die freilich weder sonderlich groß noch entwickelt war. Mit uns wollte sie nicht musizieren. Ich verdenke es den armen Leuten nicht, wenn sie ihr Können mit eifersüchtiger Professionalität umgeben. Aber es wäre gemütlicher, wenn dieser Ehrgeiz wegfiele. Aber kann man unter heutigen Vorzeichen einen gelassenen Umgang mit Kunst fordern?

Sonntag, 5. 8. 1945

Wir fuhren abermals nach Würzburg. Das Treppenhaus der Residenz trägt nun ein Notdach, so daß der Schaden am Tiepolo-Fresko nicht weiter frißt. Ein Polizist, den ich herbeiwinkte, erzählte uns vom Großangriff, der diese wunderbare Stadt drei Wochen vor Kriegsende in eine Todeslandschaft verwandelte, schlimmer als Pompeji. Zwanzigtausend Menschen, ein Fünftel der Bevölkerung, fiel den Bomben zum Opfer. Tausende von Leichen liegen noch in den Ruinen.

Gespenstisch die Truppe verhungerter Heimkehrer in der Totenstadt, schlimmer die Krüppel auf den Landstraßen, an denen immerfort die Wagen der wohlgenährten, vergnügten Amerikaner vorbeibrausen. Warum quält mich der Anblick so? Warum kann ich mich an unsere Besiegtenrolle so schwer gewöhnen? Merkt denn niemand, daß jetzt wir allein die Rechnung für Europa bezahlen, was nimmer gute Früchte tragen kann für die, denen wir mit diesem Sklaventum aufwarten?

Im Ruhrgebiet werden Bergleute bestraft, die ihre Zusatzrationen mit ihren hungernden Familien teilen. Andere erscheinen nicht zur Arbeit, weil sie ihre Angehörigen vor Überfällen plündernder Aus-

36) *Lucius Dubignon Clay* (1897—1978), amerikanischer General, Stellvertreter Eisenhowers als Generalgouverneur der US-Zone und seit 1947 sein Nachfolger. Zuerst deutschfeindlich, dann die treibende Kraft bei der Vereinigung der Westzonen und der Errichtung eines westdeutschen Staates. Clay war der Vater der Berliner Luftbrücke.

länder nicht ungeschützt lassen wollen. Die Briten sollen jetzt diese „Befreiten“ in Lager sperren, wenn sie sie in flagranti erwischen.

In unserer Nähe, irgendwo auf dem Felde, arbeitet der Sohn von Brauchitsch[37]. Jeden Morgen wird er von den Amerikanern zum Bauer gebracht, abends abgeholt und ins Lager zurückgefahren. Wie gut, in solchen Zeiten keinen prominenten Vater zu haben.

Montag, 6. 8. 1945

Unser behütetes Leben neigt sich dem Ende zu, denn der praktische Zweck der Arbeit ist überflüssig geworden. Die Amerikaner haben über Japan zwei Atombomben abgeworfen und ihre Zeitungen sind voll von Schilderungen der angerichteten Verwüstung. Rußland hat heute Japan den Krieg erklärt und dieses scheint auf die bedingungslose Kapitulation einzugehen, welche die Alliierten fordern. Liefen nicht die Vorbereitungen zu den Nürnberger Kriegsverbrecherprozessen, würden uns die amerikanischen und britischen Zeitungen keiner Zeile würdigen.

Samstag, 10. 8. 1945

Japan bittet um Frieden, schreien in Dezimeter-Überschrift die Schlagzeigen der amerikanischen Zeitungen. Zugleich bringen sie die Richtlinien für die Behandlung der besiegten Japaner. Sie sind milder als die uns zugedachten. Den Japanern kommt zugute, daß sie ein Inselvolk sind. Wenigstens die Hauptinseln beläßt man ihnen und sie bekommen nur einen Besatzer. Wir wurden aufgeteilt. Außerdem müssen wir befürchten, daß unsere Besatzer, nachdem sie sich hier eine Weile herumgeräkelt haben, uns gegen einen handlicheren Besitz eintauschen. Je mehr wir verelenden, um so gleichgültiger wird ihnen, wer uns erbt.

Wiederum ist eine Woche in blindwütiger Arbeit vergangen. Wie lange wir uns dem deutschen Elend wohl noch fernhalten können? Der Oberst rechnet damit, in den nächsten Wochen ins Zivilleben zurückzukehren. Er ist von der Entwicklung der Dinge gar nicht erbaut, wenn er auch meint, daß die Erfindung der Atombombe kriegerischen Konflikten im Weltmaßstab ein Ende setzen wird. Cpt. M., der nichts zu tun hat, verfolgt im US-Rundfunk die Sendungen über diese Wunderwaffe. Inzwischen wurden bereits Atombomben von viel intensiverer Wirkung entwickelt. „Die Narren werden damit

37) *Walter von Brauchitsch* (1881—1948), Generalfeldmarschall. Nach der Entlassung von Fritsch wurde er 1938 Oberbefehlshaber des Heeres, 1941 seines Postens enthoben. Er starb im Gefängnis vor seiner Verhandlung als Kriegsverbrecher.

herumspielen, bis sie den Erdball in die Luft gejagt haben", schimpft der Oberst.

Auch die hiesige Entwicklung gefällt ihm nicht. Ich wies auf die Härte hin, die in den drei Monaten US-Verwaltung in Erscheinung getreten ist und zitierte Sätze aus den Proklamationen des hiesigen regional officers, eines wild gewordenen Käsehändlers aus Connecticut. „Der ist freilich ein besonders übles Beispiel", räumte der Oberst ein. „Leider läßt auch die Generallinie kaum bessere Absichten als selbstgefällige Überheblichkeit, Schadenfreude und Rachsucht erkennen", erwiderte ich. „Dabei könnten uns wenigstens die Amerikaner, die von uns wirklich nichts mehr zu fürchten haben, eine Reservation gönnen."

M. las in einer amerikanischen Zeitung über Stettin, daß die Deutschen in dieser völlig zerstörten Stadt keine Lebensmittelkarten erhalten, sondern sich die Nahrungsmittel auf dem Schwarzen Markt kaufen müssen. Elend und Typhus wüteten dort derart, daß wöchentlich hundert Menschen zugrunde gehen. Wahrscheinlich werden es im Winter sogar täglich tausend werden, setzte der US-Journalist gemütvoll hinzu.

Montag, 13. 8. 1945

Die Frage nach den Angehörigen bedrückt unsere Leute. Die meisten Familien erhalten seit dem Einmarsch der Besatzer keine öffentliche Unterstützung mehr, und die Banken dürfen keine Auszahlungen aus Sparguthaben leisten. Während des Krieges wurde wenigstens der Schein einer öffentlichen Ordnung aufrecht erhalten. Nun kümmert sich niemand um die, die in Not geraten. Wer sich nicht zu helfen weiß, kann verrecken.

Dabei ist das Millionen-Elend nicht einmal das Grausamste. Furchtbarer wirkt sich die Verhinderung der Selbsthilfe und Zukunftsvorsorge aus. In der US-Zone werden nun alle öffentlichen Bediensteten, die ein Parteibuch hatten, auf die Straße gesetzt. An ihre Stelle rükken KZler und Greise aus der Vor-Nazi-Zeit. Im übrigen werden immer mehr der noch unbeschädigten Häuser von den Amerikanern beschlagnahmt.

In Würzburg leben wiederum 45 000 Menschen. 20 000 sollen zum Verlassen der Stadt gezwungen werden, da der Landrat Seuchen befürchtet, wenn mehr als neun Personen in einem Raume hausen. An ein Wiederaufleben unserer Industrie ist nicht zu denken. Die noch intakten Anlagen werden als Kriegsbeute zur Wiedergutmachung in fremde Länder exportiert.

Im russischen Sektor von Wien müssen nach amerikanischen Presse-Berichten ganze Häuserblocks von der Zivilbevölkerung geräumt werden. Den Besatzern sind Frauen zur Triebbefriedigung zu stellen.

Montag, 13. 8. 1945

Gestern fragte ich unseren Chemiker, Vater von vier Kindern, der in einem Kriegslabor gearbeitet hat und nun für die Amerikaner gleichfalls Berichte schreibt, wieviel er monatlich verdient. — „230 RM", erwiderte er. Schreibmädchen, ungelernte Arbeiter, alle erhalten den gleichen Lohn. Angeblich geht diese treffliche Tarifordnung auf einen Befehl Eisenhowers zurück. Nur für die öffentliche Verwaltung gelten die alten Besoldungsvorschriften weiter. Allerdings sind die Steuersätze von den Amerikanern sofort verdoppelt worden. Das zeigt, daß man uns wirtschaftlich nicht hochkommen lassen will. Solange diese Praxis vorhält, wird es auch kein soziales und politisches Leben geben und erst recht keine Erziehung des Volkes, re-education, über die sie zu reden beginnen. Aber nicht sie, sondern wir müssen für ihre Stümperei Bußgeld zahlen.

Eine Denkwürdigkeit des entlegenen Städtchens vergesse ich seit Wochen zu erwähnen. Im Kriege von 1866 fand in der Nähe ein Gefecht zwischen den mit den Österreichern verbündeten Bayern und den Preußen statt. Ein kleiner Friedhof auf der Straße nach Hausen bezeugt es. 1866 — werden in diesem Jahrhundert wiederum Deutsche auf Deutsche schießen?

Japan kapituliert

Dienstag, 14. 8. 1945

Friede! Nach einem 24stündigen Bombardement Tokios hat nun auch Japan kapituliert. Die Amerikaner sind außer Rand und Band. Mich läßt das Ereignis kalt. Versicherte uns nicht Truman[38]) persönlich, daß die Vorgänge im Pazifik unser Schicksal nicht beeinflussen werden?

Mittwoch, 15. 8. 1945

Kalter Regen. Kissingen scheint keinen Spätsommer zu kennen. Die Kartoffelernte ist mißraten, da das Kraut während der Trockenperiode vergilbte und auch das Getreide hat nur dünne Ähren angesetzt. Aber dafür herrscht kein Mangel an Obst. Die US-Soldaten plündern die Obstbäume, wenn sie die fränkischen Straßen entlang

38) *Harry S. Truman* (1884—1972), 33. Präsident der USA, folgte nach dem Tode Roosevelts am 12. 4. 1945 als sein Stellvertreter in der Präsidentschaft nach und wurde 1948 wiedergewählt. Truman hat das Potsdamer Abkommen unterzeichnet, ging aber seit 1948 auf Konfrontationskurs mit der Sowjetunion (Kalter Krieg). Er gilt als einer der tatkräftigsten US-Präsidenten.

fahren und auch die Hähnchen, die wir in der vorigen Woche bis zum Überdruß bekamen, dürften kaum in den USA ausgebrütet worden sein.

Ein US-Leutnant, der uns besuchte und mit dem ich mich unterhielt, bezweifelte, daß tüchtige Leute hier bleiben würden, um sich dem häßlichen Okkupationsgeschäft, wie er es nannte, zu widmen. Wer etwas auf sich halte, der strebe seine Entlassung an, um sich daheim in den Staaten eine Existenz zu gründen.

Heute erzählte die Bäckersfrau im Laden, die ersten SS-Leute seien daheim eingetroffen. Es waren zwei verhungerte, gänzlich heruntergekommene Sechzehnjährige. Wieviel Hunderttausende unserer Gefangenen im Osten werden nie wiederkehren? Mich erfüllt bei jedem Erwachen Dankbarkeit, daß wir so friedlich und sorgenfrei leben dürfen.

Die Amerikaner sind ärgerlich darüber, daß wir uns nicht hurtig in Demokraten ihres Schlages verwandeln. Sie sehen nicht die tiefen Unterschiede, die uns von ihnen trennen; sie haben kein Gespür dafür, daß auf uns eine fünfmal ältere Geschichte lastet. Das einzige Ziel, das sie hier wirklich mit Nachdruck verfolgen, ist die Ausrottung des Nationalsozialismus. Dabei wissen sie nicht, daß es sich um eine Seuche handelte, die mit dem Aderlaß und der Ernüchterung durch die Niederlage von uns gewichen ist.

Einzelheiten über die japanische Kapitulation: „Wir haben uns der materiellen und wissenschaftlichen Überlegenheit unserer Feinde beugen müssen", sagte der Kaiser[39]. „Nehmt diese Niederlage daher wie Männer auf euch. Schließen wir uns noch enger zusammen und beginnen wir mit der Arbeit aufs Neue, um unser Volk wieder zu einer starken Nation zu machen. Geistig sind wir nicht unterlegen. Unser Glaube war nicht falsch. Natürlich war nicht alles richtig, was wir taten. Aber den Krieg verloren wir durch unsere materielle und wissenschaftliche Unterlegenheit. Diese Fehler müssen wir wettmachen."

Die Amerikaner übertrugen diese Ansprache in den japanischen Gefangenenlagern. Die Soldaten erhoben sich feierlich und verneigten sich in Richtung Tokio, als sie erfuhren, daß der Tenno zu ihnen sprechen werde. Bei der Nachricht der Kapitulation ihres Landes kamen vielen die Tränen.

Abends Spaziergang nach Hausen, einem Dorf bei Bad Kissingen. Kleine, verwinkelte Häuser, die Bäume in den Gärten schwer von Früchten. Überall Frauen auf den Feldern, da die Männer noch nicht heimgekehrt, vermißt oder gefallen sind. Scharen von Kindern; die

39) *Hirohito* (geb. 1901), 124. Kaiser Japans. Gelangte 1926 zur Regierung. Die unter amerikanischer Besatzung entworfene Verfassung entkleidete ihn aller politischen und kultischen Macht und machte ihn zu einer bloßen nationalen Symbolfigur.

größeren beginnen schlecht auszusehen. Das Dorf liegt schön in seiner herbstlichen Fruchtbarkeit.

Donnerstag, 22. 8. 1945

Tag um Tag regnet es. Die Wärme in unserem Zimmer verdanken wir der Dampfheizung. Unsere Gäste staunen, daß es so etwas heute gibt. Über Deutschland will sich keine Sonne mehr zeigen.

England und die USA haben sich angeblich verpflichtet, Frankreich zum Aufbau 50 000 Arbeitskräfte aus ihren Zonen zu stellen. In der britischen Zone fängt man die Männer auf der Straße ein; in amerikanischen Gefangenenlagern wird niemand mehr entlassen; Peter hat es gestern im Lager Ochsenfurt erfahren. Unter diesen Umständen hat unsere Freund F. den Plan aufgegeben, mit seinem ehemaligen Schirrmeister eine Autowerkstatt aufzumachen. Er will lieber bei den Amerikanern unterkriechen.

In den USA, teilweise auch in der Sowjetunion, werden die Fabriken auf Friedensproduktion umgestellt. Die UNRRA[40]) will für 12 000 000 000 Dollar Grubenmaschinerie nach Europa schaffen, damit die Kohlengruben Polens, der Tschechoslowakei und Jugoslawiens rationell genutzt werden. 600 deutsche Bergleute aus Gefangenenlagern in den USA sollen ins Ruhrgebiet verlegt werden, um dort für die Besatzung Kohle zu fördern.

Im übrigen scheinen sie den Morgenthau-Plan[41]) nicht weiter zu verfolgen. Jedenfalls stellte Col. Herrmann, Eisenhowers Landwirtschaftsberater, fest, daß unsere Bauernhöfe bereits überbesetzt sind und es auch kein Freiland für nennenswerte Neuansiedlungen gäbe.

Samstag, 25. 8. 1945

Der Oberst, der heute aus Paris kam, erzählte, wie feindselig uns gegenüber die Stimmung der Franzosen und Briten sei. Mit Frankreichs Wirtschaft stehe es ausgesprochen schlecht; ein guter Teil der für Paris bestimmten Lebensmittel lande auf dem schwarzen Markt. Die Verschleppung deutscher Gefangener zur Zwangsarbeit nach

40) *United Nations Relief and Rehabilitation Organization* — eine zur Bewältigung des Verschleppten- und Flüchtlingsproblems gegründete UNO-Organisation, die hauptsächlich von Amerikanern getragen wurde und deren Hauptaufgabe es war, die 10 000 000 Fremdarbeiter in Deutschland in ihre Heimat zurückzuführen. Sie wurde 1947 von der IRO (International Rescue Organization) abgelöst.

41) *Henry Morgenthau jun.* (geb. 1891), Finanzminister Roosevelts, der einen Deutschlandplan ausarbeitete, nach dem der Rest des uns belassenen Territoriums seiner Industrien beraubt und in einen „Kartoffelacker" umgewandelt werden sollte. Der Plan lag der Konferenz von Quebec am 15. 9. 1944 vor; Roosevelt und Churchill stimmten ihm damals mit Einschränkungen zu.

Frankreich bestätigte er. Des weiteren erzählte er, Südafrika plane, Deutsche zur Verstärkung seiner weißen Bevölkerung aufzunehmen.

Abends traf überraschend unser Schwager ein. Da ich im andern Haus arbeitete, kam ich ziemlich spät heim; ich habe den hageren Mann, der auf Ms. Sofa saß, nicht wieder erkannt. Er lächelte nur, als er mir Wohlgenährtem die Beklommenheit ansah. Der Anzug war ihm viel zu groß geworden. Seine Haltung war die eines Waffenlosen, der weiß, daß ihm jede falsche Bewegung das Ende bringen kann. Aber in der Stromerhülle steckte eine feste, zielstrebige Persönlichkeit.

Allmählich gewöhne ich mich an die amerikanische Art, Dinge anzugehen und zu betrachten. Oft finde ich an ihrem Gradsinn Gefallen; aber sicherer Geschmack, individuelle Verfeinerung sind bei ihnen selten. Zumeist zeigen sie dieselbe standardisierte Einförmigkeit, als fehlten ihrem Geist die Zwischentöne. Auch mit dem Spüren und Suchen im Moralischen geben sie sich nicht ab. Alles wissen sie fürchterlich genau. Der Sinn für die Vielschichtigkeit des Menschlichen geht ihnen ab. Daher wird sich ihre Herrschaft auf weitere Sicht ebenso einebnend auswirken wie die der Russen. Überhaupt frage ich mich, was von Europas Eigenständigkeit in einigen Jahrzehnten übrig bleiben wird.

Im Gegensatz zu ihrer Gleichgültigkeit gegenüber Europa wächst ihr Interesse an China. Der asiatische Nationalismus und Antikolonialismus entwickelt sich zu einer der stärksten vorwärtstreibenden Kräfte der Zukunft, heißt es in einem mir vorliegenden Bericht, und es wäre müßig, ihm mit westlichem Zwang zu begegnen. In den nächsten Jahren werde China von ihnen Milliarden-Kredite benötigen. Sollte sich dieses Großvolk als geeinter Nationalstaat konsolidieren, würde dies die Aussicht auf einen Ostwestkonflikt drastisch vermindern.

Dienstag, 18. 9. 1945

Der Fahrer des Obersten erzählt uns, daß nach einem neuen Heeresbefehl Amerikaner nun deutsche Mädchen heiraten dürfen. Das wird vermutlich zu nicht wenig Ehen führen, denn viele Besatzungssoldaten finden unsere Frauen attraktiver als die Amerikanerinnen.

M. war wieder einmal in der Stadt. In den Konfektionsgeschäften herrscht gähnende Leere. Angeblich werden unsere Restbestände ins Ausland gebracht. Da es aber für Deutsche streng verboten ist, Uniformstücke zu tragen, fragt man sich, was die in Fetzen aus der Gefangenschaft Entlassenen anziehen sollen, wenn sie in die Ruinen zu ihren ausgeplünderten Angehörigen zurückkehren. Aber nur sich nicht zu tief über den Abgrund beugen, der Zukunft heißt! Ich bekomme noch genug Gelegenheit, mich mit diesen Fragen anders als nur theoretisch auseinanderzusetzen.

Die Sowjets werfen ihren angelsächsischen Besatzungskollegen Unfähigkeit vor. Sie kritisieren auch die Art, in der sich McArthur als Herr Japans etabliert. Nur allzu gern möchten sie ihren westlichen Ex-Verbündeten auf diesem Gebiete Nachhilfe-Unterricht erteilen. Hoffentlich sind die Amerikaner nicht so verbohrt, darauf einzugehen.

Sonntag, 30. 9. 1945

Der Oberst ließ sich durch die tiefliegenden Wolken nicht abhalten, wiederum nach Rothenburg zu fahren. Vom Taubertal aus sieht man der Silhouette der alten Reichsstadt nicht an, daß sie zu einem Drittel zerstört ist. Da nur Brandbomben auf die Stadt fielen, gab es lediglich 30 Tote. Jetzt spricht man vom Wiederaufbau. Aber man sieht nichts davon. Die Menschen hausen in den Trümmern ärger als Tiere. Aber wo wollen sie hin angesichts des Flüchtlingsstroms, der Ostbayern bereits überflutet hat?

Nachdem die Russen deutsche Regionalverwaltungen eingerichtet haben, befahl auch Eisenhower, Länderregierungen in unserer Zone zu bilden. Die deutschen Minister, die nun ernannt werden, sind nicht zu beneiden. Nicht nur müssen sie dafür gerade stehen, was ihre Vorgänger verbrochen haben, sondern auch gehorsam all das durchführen, was ihre Herren, die Besatzungsoffiziere, anordnen, so sehr es unseren Interessen zuwiderlaufen mag.

Selbst die prüdesten und zimperlichsten Amerikanerinnen kaufen sich vor der Rückkehr ihrer Männer blaue oder schwarze Nachthemden, um den Vergleich mit den verruchten Europäerinnen zu bestehen, las M. in einer amerikanischen Zeitung.

Dienstag, 2. 10. 1945

Die USA werden von Streiks heimgesucht. Angeblich sind sie schuld an der in letzter Zeit merklich knapper gewordenen Truppenverpflegung, die auch wir verspüren. 36 Versorgungsschiffe für die Besatzung in Deutschland sollen wegen des Docker-Streiks in New York nicht auslaufen können.

Aus der uns zugänglichen amerikanischen Heimatpresse ersehen wir, daß die Leute drüben sich mehr Sorgen machen über die Bewußtseinsveränderung, die wir an ihren Söhnen und Vätern bewirken als über die re-education, der sie uns unterwerfen wollen. Die Besatzung wird deutlich als moralischer Fehlschlag empfunden und man schlägt seltsame Mittel vor, uns ihre Art von Demokratie näher zu bringen.

In der Slowakei ist es zu Pogromen gekommen. Die Prager Regierung versprach den betroffenen Juden Genugtuung. Das Glück der Völker scheint mit unserer Niederlage doch nicht angebrochen zu sein, wie manche Gutgläubige auf der Gegenseite wähnten. Das beweist auch der Laval-Prozeß[42]), dessen Start recht dramatisch war. Er artete in ein gegenseitiges Anbrüllen des Generalklägers und des sehr energischen, seiner Mittel kundigen Angeklagten aus.

Auch in Polen scheint es Pogrome zu geben, denn der Rest der dortigen Juden verläßt scharenweise das Land und flieht in die amerikanischen Sammellager, wo man sie bevorzugt als die Hauptopfer der Hitler'schen Menschenvernichtung aufnimmt. Die UNRRA widmet sich ihnen mit besonderer Fürsorge. Hitler ist nicht tot, solange er in den zahllosen Hitlern nichtdeutscher Zunge weiterlebt. Vielleicht hat er sogar nun, einige Monate nach seiner Höllenfahrt, mehr Nachahmer denn je gefunden.

Der Kommandierende des US-Besatzungsheeres versprach seinen Soldaten, ihre Frauen nach Deutschland zu holen. Das wird natürlich zu neuen Beschlagnahmungen von Wohnungen führen.

Von den 17 000 000 Deutschen der US-Zone sind 20 % Selbstversorger, 10 % teilweise Selbstversorger. Diese 30 % sollen für die restlichen 70 % die Nahrungsmittel mit erzeugen. Auf weite Sicht kann dies nur deren Hungertod bedeuten, wenn man nicht bald zuläßt, daß wir für Einfuhren mit unseren Industrieprodukten bezahlen dürfen.

Bisher stand es jedermann frei, Privatunterricht zu erteilen. Nun lese ich auf Plakaten, daß auch das private Stundengeben lizenzpflichtig ist. Um die Lizenz zu erhalten, muß der Bewerber beim Landrat eine Liste seiner Schüler, der Unterrichtsfächer, der benutzten Lehrbücher und einen ausgefüllten politischen Fragebogen einreichen.

Attlee[43]) hat Truman auf dessen Bitte, das britische Mandatsgebiet Palästina zu öffnen, eine klare Absage erteilt. Die Araber protestieren wütend gegen die amerikanische Initiative.

42) *Pierre Laval* (1883—1945), französischer Politiker, mehrmals Minister und 1931/32 Ministerpräsident. Laval leitete 1940—44 die französische Regierung in Vichy. Nach dem Zusammenbruch floh er nach Spanien, wurde von dort nach Österreich abgeschoben und von den Amerikanern an die Franzosen ausgeliefert, die ihm den Prozeß machten. Am 9. Oktober 1945 erfolgte seine Hinrichtung.

43) *Clement Richard Attlee* (1883—1967), britischer Politiker und Führer der Labour Party. 1942 Vizepremier, von 1945—1951 Premierminister. Unter ihm fand der soziale Umbau Englands und die Entkolonialisierung seines Weltreiches statt.

Sonntag, 14. 10. 1945

Der 85jährige Knut Hamsun[44]) und seine Frau haben sich vor einem norwegischen Gericht wegen ihrer Haltung im Kriege zu verantworten und sollen als Kriegsverbrecher abgeurteilt werden. Die Jagd auf Kriegsverbrecher scheint zur Psychose zu werden. Auch die Inder stellen solche Listen auf, nicht von Anhängern Boses[45]), sondern von Briten, die sich ihrer Meinung nach an ihnen vergangen haben; Kriegsverbrecher von der andern Seite also.

Heinrich Eisens „Verlorene Kompanie“ gelesen, ein Roman voll falschem Pathos und blindem Draufgängertum für eine endgültig verlorene Sache, eines der letzten Bücher, welche die NS-Propaganda gelobt hat. Trotz dieser heroisierenden Schönfärberei spiegelt er zutreffend die moralische Verwilderung unserer Führung im letzten Kriegsstadium wider, die im Volk nurmehr Landsknechte und nicht auch Frauen, Greise und Kinder sieht, nicht einmal die Millionen, die zur Dienstleistung für eine moderne Kriegführung unentbehrlich sind. Die Haltung wäre noch entschuldbar gewesen, hätten wir wie die Russen Sibirien im Rücken gehabt! Wie anders hat es Stalin verstanden, seinen Subkontinent zu mobilisieren!

Trotz größter Zurückhaltung von unserer Seite hat sich das Unternehmen des Obersten bei den Briten herumgesprochen. Wenigstens zwei unserer deutschen Offiziere schienen den Briten so interessant, daß sie mit bewährter Zähigkeit versuchten, sie ausgeliefert zu erhalten. Col. S., der sich für seine Mitarbeiter weit über das übliche Maß verantwortlich fühlt, zögerte ihre Herausgabe wochenlang mit dem Hinweis hinaus, daß sie für unsere Arbeit noch unentbehrlich wären. Aber schließlich konnte er sich dem Drängen seiner Oberen nicht versagen.

Heute sind zu unser aller Freude unsere Englandfahrer[46]) heimgekehrt, munter, wohlgenährt und recht lebendig. Anscheinend ist ihnen die Zeit hinter britischem Stacheldraht nicht schlecht bekommen, jedenfalls will keiner von beiden diese Erfahrung in seinem Leben missen.

Zunächst erzählten sie von London. Die Kriegsschäden fallen dort wenig ins Auge, weil zerstörte Gebäude sogleich eingeebnet wurden.

44) *Knut Hamsun* (1859—1952), norwegischer Erzähler, der 1920 den Nobelpreis erhielt. Da er im Kriege für Deutschland eingetreten war, wurde er von den Norwegern geächtet.

45) *Subhas Chandra Bose* (1897—1945), indischer Politiker. 1938 wurde er gegen Ghandis Widerstand zum Präsidenten der Kongreßpartei gewählt. Bei Kriegsausbruch im Fernen Osten unterstützte er die Japaner, indem er in Malaya als Ministerpräsident der Provisorischen Regierung des Freien Indien eine indische Nationalarmee aufstellte. Er starb am 18. August 1945 bei einem Flugzeugabsturz.

46) Siehe Eintragung vom 10. 7. 1945.

Nicht im entferntesten könne man sie mit denen jeder beliebigen deutschen Großstadt vergleichen. Unsere Propaganda hat die Wirkung der Bomben- und Raketenangriffe auf die britische Hauptstadt maßlos übertrieben. Lediglich die vielen zerschlagenen Fensterscheiben fielen ihnen auf, eine Wirkung der V 2[47]).

Im übrigen habe sich das Leben in England friedensmäßig eingespielt. Brot ist nicht mehr rationiert, zu Versorgungsengpässen kommt es nur aus Schiffsraummangel. Schlecht vertrugen sie das feuchte Klima. Erst allmählich gewöhnten sie sich daran.

Die britische Armee halten beide für militaristischer als die Reichswehr[48]), die für uns Rekruten des Zweiten Weltkrieges das Schreckensgespenst war. Wie vom Donner gerührt sahen sie, wie drüben Frauen exerzieren. Die Unterordnung geht so weit, daß britische Mannschaftsdienstgrade zum Säubern der Latrinen der Gefangenen abkommandiert werden. Als Beispiel für die Bürokratisierung der Armee führten sie das Haarschneiden an. Sechs Scheine mit Unterschrift waren dafür notwendig.

Kost und Unterkunft lobten sie; besonders beeindruckte, daß es stets warmes Wasser gab. Untadelig war die Haltung des Wachpersonals; nie fiel ein lautes oder unfreundliches Wort, nie wurde eine Bitte brüsk abgeschlagen. Stets hieß es: „I will see, what I can do for you." Als sie allerdings erkannten, wieviel Herzensträgheit sich hinter dieser freundlichen Fassade verbarg, waren sie in ihrer Vertrauensseligkeit so enttäuscht, daß mir beide versicherten, mit diesen Leuten nie mehr etwas zu tun haben zu wollen. Im Vergleich zu den Amerikanern hätten die Briten befangen und dürftig gewirkt. Beide waren daher froh, in Schweinfurt von unseren US-Offizieren in Empfang genommen zu werden.

Frankreich hat in seinem Wiederaufbau bedeutende Fortschritte gemacht, erklärte der US-Botschafter Bullitt[49]) in Paris. Wie stimmt es nur damit zusammen, daß die Franzosen auf amerikanische Vorwürfe, sie ließen die ihnen übergebenen deutschen Gefangenen verhungern, erklären, diese erhielten die gleichen Rationen wie ihre eigene Bevölkerung? Daß die Franzosen so viel weniger essen als wir Deutschen, ist mir in den Jahren, die ich unter ihnen lebte, nie aufgefal-

47) Vergeltungswaffen — Fernraketen, mit denen wir gegen Kriegsende London und andere Ziele in England beschossen.

48) Das 100 000 Mann-Heer, das der Versailler Vertrag dem Deutschen Reich zubilligte. Die Berufssoldaten der Reichswehr waren die Ausbilder der Wehrmacht.

49) *William Christian Bullitt* (1891—1967), amerikanischer Diplomat und Schriftsteller. Er nahm am Versailler Vertrag als US-Attaché teil und wurde von Wilson nach Moskau geschickt, wo er mit Lenin unterhandelte. 1933 wurde er US-Botschafter in Moskau, 1936—40 in Paris. Er schrieb Bücher über seine diplomatischen Erfahrungen, die Quellenwerke für die amerikanisch-russischen Beziehungen sind.

len. Im Gegenteil, in keinem Lande habe ich so viele Leute mit so viel Genuß essen sehen. Im übrigen schicken sie völlig Ausgezehrte mit der Forderung nach Ersatz den Amerikanern zurück, so daß die Leidtragenden dieses üblen Menschenhandels allemal wir sind.

Peron[50]) ist gestürzt und eingesperrt worden. Aber seine Anhänger sollen ihn befreit haben und er regiert wieder. Die US-Presse bellt wie ein wild gewordener Köter gegen ihn. Franco[51]) laviert und sucht nach allen möglichen Kompromissen. Ob die Amerikaner, wie sie es in Süddeutschland taten, für ihre Kriegspartner in Japan gleichfalls Besatzungszonen herausschneiden? Jede japanische Regierung, die McArthur ernennt, entwaffnet ihn durch ihre Arbeitswilligkeit.

„Stars and Stripes" bringen ein Bild von Josef Pfitzners Exekution; „Das Ende eines Verräters", heißt die Unterschrift. Ob einer dieser US-Journalisten die Frage beantworten kann, wen Pfitzner verraten hat? Im Grunde ihres Herzens haben die Tschechen von uns nie Loyalität erwartet; sie pochten darauf, uns im Winter 1918/19 wie eine Beute erobert zu haben. Pfitzner ist m. E. ein völlig ungeeignetes Objekt, sudetendeutsche „Schuld" zu demonstrieren. Ich habe für seinen Atlas gearbeitet und kannte seine häuslichen Verhältnisse. Als Hochschullehrer erwies er sich hilfsbereit und freundlich; jeder, der sich an ihn wandte, hat von ihm Förderung erfahren. Ich kann mich auch nicht entsinnen, daß er je durch Radikalismus auffiel. In seiner Aufstiegszeit galt er als Günstling des tschechoslowakischen Ministers Spina[52]). Und wenn das Prager Kultusministerium dem erst 31jährigen ein Ordinariat für osteuropäische Geschichte einrichtet, muß es sich auch seiner politischen Loyalität sicher gewesen sein.

50) *Juan Domingo Peron* (1895—1974), argentinischer General und Diktator. 1944 Kriegsminister und Vizepräsident, schlug er, unterstützt von seiner Frau Evita, 1945 einen Generalputsch nieder und regierte Argentinien als Diktator. 1955 mußte er einer Allianz von Großgrundbesitzern, ausländischen Investoren, verschiedenen Berufsgruppen und Militärs weichen und ging ins Exil. 1973 wurde er zurückgerufen, vermochte der widerstreitenden Kräfte im Lande aber nicht Herr zu werden und starb ein Jahr nach seiner Präsidentenwahl.

51) *Francisco Franco* (1892—1975), spanischer General und Staatschef. Er stellte sich 1936 an die Spitze des Aufstandes spanischer Generale gegen die Republik und wurde nach seinem Sieg im Spanischen Bürgerkrieg Staatschef, Ministerpräsident und Oberbefehlshaber. Er hielt sein Land aus dem Zweiten Weltkrieg heraus und machte Spanien zum Königreich mit ihm als aktiven Regenten auf Lebenszeit. Erst der in den sechziger Jahren beginnende Massentourismus verwandelte die soziale und wirtschaftliche Struktur des Landes.

52) *Franz Spina* (1868—1938), sudetendeutscher Slawist und Politiker, seit 1921 Ordinarius für tschechische Sprache und Literatur an der Deutschen Universität in Prag und mit Gerhard Gesemann Begründer der Zeitschrift „Slawische Rundschau". Seit 1920 Abgeordneter des Bundes der Landwirte im Prager Parlament, 1925 Vizepräsident des tschechoslowakischen Parlaments, 1926 Minister für öffentliche Arbeiten, bis 1938 einer der beiden deutschen Minister in den oft wechselnden Regierungen der ersten Tschechoslowakei. Leider hat dieser verdienstvolle Sudetendeutsche noch keinen Biographen gefunden.

In die Politik ging Pfitzner erst im Aufwind der Henlein-Bewegung. Seine Redner-Erfolge in der Provinz erregten die Eifersucht viel brillanterer Kollegen. In seinen Wahlreden münzte er Gelehrsamkeit in politische Argumentation um und folgte damit einer um 100 Jahre älteren tschechischen Tradition. Er setzte einen neu gebastelten sudetendeutschen gegen den tschechischen Geschichtsmythos. Die Henlein-Partei hat ihm seine Dienste im Grunde nicht hoch gelohnt; er wurde lediglich einer der beiden deutschen Stadtverordneten in Prag.

Es war sein Unglück, daß er sich 1939 nicht wieder der Wissenschaft zuwandte, sondern auf das Angebot K. H. Franks einging, als Stellvertreter des Parger Primators zu fungieren. Daß ihn sein Instinkt, sein historisches Wissen davor nicht warnten, erstaunt mich. Von seinen Professoren-Kollegen weiß ich, er habe später, als er das Unheil heranrücken sah, vergeblich versucht, in seinen Lehrberuf zurückzukehren. Aber wer auf einem Tiger reitet, kann nicht beliebig absteigen. Ich vermag mir nicht vorzustellen, daß er sich persönlich Übergriffe zuschulden kommen ließ; aber als Repräsentant deutscher Gewalt in dieser Stadt wurden mit seinem Namen auch alle Verbrechen in Verbindung gebracht, was niemand klarer hätte vorhersehen müssen als er, der Spezialist für böhmische und osteuropäische Geschichte. Was man an ihm vollzog, war Lynchjustiz, gerade Amerikaner sollten dafür ein Organ haben.

Adenauer als Oberbürgermeister abgesetzt

Donnerstag, 18. 10. 1945

Auf den ersten Blick wirkt das, was britische Zeitungen über uns schreiben, zurückhaltender als die Berichterstattung der Amerikaner. Bei letzteren habe ich das Gefühl, daß die Besatzungsleute um Eisenhower mit einem klaren Unterdrückungskonzept kamen, wobei der einzelne, wenn man ihn von der Richtigkeit des Gegenteils überzeugt hat, bereit ist, sich umzustellen und gemäß seiner neu gewonnenen Einsicht zu handeln, soweit es sein Spielraum zuläßt. Die Briten, Churchill[53]) obenan, spielen nun die Entsetzten. Zuerst waren sie es,

53) *Winston Churchill* (1874—1965), britischer Premierminister und Nobelpreisträger. In seiner Jugend Soldat und Kriegsberichtserstatter, nahm er am Ersten Weltkrieg als Erster Lord der Admiralität und Munitionsminister teil und war Finanzminister im Kabinett Baldwin 1924—29. Der Sieg der Labour Party setzte seinem politischen Wirken ein Ende; er benutzte die Jahre 1929—1939 zu umfangreichen historischen Arbeiten. Am 10. Mai 1940 wurde er Premierminister und führte England siegreich durch den Zweiten Weltkrieg. Im Juli 1945 wurde seine Regierung abgewählt und er schrieb in der Muße eine sechsbändige Geschichte des Zweiten Weltkrieges. 1953 erhielt er für seine Geschichtswerke den Nobelpreis für Literatur. Mit 77 Jahren wurde er wiederum Premierminister, gab diesen Posten 1954 an Eden ab, behielt aber sein Abgeordnetenmandat bis 1964.

die den Ausverkauf Europas bedenkenlos vorangetrieben haben. Plötzlich stellen sie fest, daß die Bestialität nun erst recht triumphiert, daß die abscheulichen Konzentrationslager der Nazis gegenüber den landweiten Grausamkeiten heute nur Enklaven der Unmenschlichkeit gewesen sind, daß die polnische Gans an Überfütterung ersticken werde. All dies sind Sprüche, die sie der Mitverantwortung an den Schrecknissen von heute in keiner Weise entheben. Im übrigen behandeln sie unsere Menschen in ihrer Zone wie wilde Eingeborene: „Aren't they nice, those natives" sagte kürzlich eine britische Gouverneursfrau.

De Gaulle[54]) widersetzt sich der Bildung einer deutschen Zentralregierung, die sowohl Russen als auch Angloamerikaner wünschen. Da zu rechtskräftigen Beschlüssen der Alliierten aber Einstimmigkeit erforderlich ist, wird es somit bei der Sonderentwicklung in den vier Besatzungszonen bleiben. Dabei verstärkt sich der Eindruck, daß die westlichen Besatzer die Verantwortung für die kommenden häßlichen Dinge gerne den Deutschen übertrügen.

In Köln setzte der britische Stadtkommandant den Oberbürgermeister Adenauer[55]) „wegen mangelhafter Leistung" ab. Mehrere andere Bürgermeister von Großstädten im Ruhrgebiet traf das gleiche Los; sie konnten in ihren Ruinenlandschaften den Menschen keine winterfesten Quartiere schaffen. Bei den Amerikanern ist „inefficiency", solange es um Deutsche geht, immer noch eine Tugend. Sie notieren es wie einen Erfolg, daß unsere Industrie zu 75 % lahmgelegt ist, und der Rest nur mit einem Drittel seiner Kapazität produzieren darf.

Abends gingen wir mit dem Obersten ins Konzert des Kissinger Kammerorchesters. Es war in dem Städtchen die erste öffentliche Veranstaltung nach dem Zusammenbruch. Obwohl uns im Raum fast fröstelte, zeigten die Damen viel von ihrer Wohlgestalt und namentlich bei mancher jungen verriet ihr Aussehen unleugbar amerikanische Zusatzverpflegung. Dafür wirkten die Männer zum Erbarmen. Den Sängern wehten die Fräcke wie Fahnen um ihren dürren Leib.

54) *Charles de Gaulle* (1890—1970), französischer General und Staatschef. De Gaulle war im Zweiten Weltkrieg Panzergeneral und Staatssekretär im Kriegsministerium, er widersetzte sich dem Waffenstillstand und rief von England die Franzosen zum Widerstand auf. Am 25. August 1944 zog er als Chef der Résistance in Paris ein und wurde zum Präsidenten gewählt. Ein halbes Jahr später trat er zurück, weil sich die französischen Parteien auf eine Verfassung seiner Vorstellung nicht einigen konnten. Auf dem Höhepunkt der Algerienkrise im Juni 1958 übertrug ihm die Nationalversammlung abermals die Macht. Er beendete den Algerienkrieg und führte die Entkolonialisierung in den ehemaligen französischen Auslandsbesitzungen durch. Am 28. April 1969 trat er zurück, weil ein Plebiszit die neuen, von ihm geforderten Vollmachten nicht bestätigte. De Gaulle ist auch als bedeutender Schriftsteller hervorgetreten.

55) *Konrad Adenauer* (1876—1967), der spätere Bundeskanzler der Bundesrepublik Deutschland.

Dem Orchester merkte man den ersten Schritt in die Öffentlichkeit an, aber das Publikum applaudierte begeistert, dankbar für den lang entbehrten Genuß.

Donnerstag, 18. 10. 1945

Die Amerikaner haben in Berlin die Hauptkartei der 1 300 000 Parteigenossen gefunden. Es wird also in den nächsten Monaten wakkere Menschenjagden geben. In Heidelberg, Frankfurt und überall dort, wo die Amerikaner ihre festen Standortquartiere einrichten, werden Zehntausende evakuiert. Dabei leisten die gefundenen Karteikarten gute Dienste.

In den Gefangenenlagern der USA werden in besonderen Kursen selected German Citizens ausgebildet, die nach ihrer Rückführung bevorzugt im öffentlichen Dienst einzustellen sind. Die Russen hatten, wie immer weitsichtiger, mit solcher Kaderschulung bereits auf dem Höhepunkt des Krieges begonnen, als noch gar nicht gewiß war, ob ihr Regime überleben würde. In den nächsten Tagen sollen die ersten Schübe dieser „ausgewählten Bürger“ eintreffen.

Vormittags meldete ich mich beim hiesigen Arbeitsamt, wo man sehr zuvorkommend behandelt wird. Ich hatte Angst, daß sie M. arbeitsverpflichten. Aber der Mann hinter dem Schalter beruhigte mich; eine Frau, die eine Karte für werdende Mütter vorweist, bleibt bis zum sechsten Lebensjahr ihres Kindes von jedem öffentlichen Arbeitsanspruch verschont. Ich selbst habe mich registrieren lassen.

Die „Chicago Tribune“ hat England, Frankreich und China aus der Liste der Großmächte gestrichen. Das „verkrüppelte und bettlerische Empire“ sei schon lange keine Weltmacht mehr und de Gaulle mit seinem Gehabe übersehe, daß sein Volk im kommenden Winter hungern und frieren müsse. „Die Chinesen aber ähneln mehr einer amorphen Masse als einer Nation.“

Freitag, 26. 10. 1945

Gestern wurde Quisling[56]) hingerichtet, nachdem der norwegische König das Gnadengesuch seiner Frau abgewiesen hatte. Quisling selbst bat nicht um Schonung.

Während die Sowjets bisher nur in den größeren polnischen Städten Garnisonen unterhielten, wird ihre Besatzung nun beträchtlich verstärkt. Die moskauhörige polnische Regierung begründet die An-

56) *Vidkun Abraham Quisling* (1887—1945), norwegischer Offizier und Politiker, 1931 Verteidigungsminister, 1933 Gründer der Nationalen Sammlungspartei, nach der deutschen Besetzung Norwegens im April 1940 Staatschef. Am 9. Mai 1945 verhaftet, am 10. September 1945 verurteilt und hingerichtet. In der Nachkriegsliteratur galt sein Name als internationales Schimpfwort.

wesenheit russischer Truppen mit dem Hinweis auf die Unsicherheit im Lande (marauder and banditry) sowie mit der Notwendigkeit, die russischen Nachschubwege zu schützen.

Samstag, 27. 10. 1945

Cpt. M., ein brillanter Kopf und ausgezeichneter Beobachter, diente fast zwei Jahre als US-Verbindungsoffizier in einem höheren Stab der RAF[57]) in Afrika. Heute erzählte er uns von seinen Erfahrungen mit den Engländern. Die britischen Mannschaften zeigten sich vorurteilslos und erkannten die amerikanische Materialüberlegenheit neidlos an. Ihre eigene Ausrüstung wirkte recht armselig dagegen und lag selbst unter dem Niveau der unsrigen. So hätten viele britische Unteroffiziere und Mannschaften die Vorteile der US-Verpflegung, der amerikanischen Fahrzeuge diskutiert und sich vorgenommen, nach dem Kriege die kümmerliche Insel zu verlassen und in den Staaten oder Kanada ihr Glück zu versuchen.

Völlig anders jedoch verhielten sich die britischen Offiziere. Sie waren von der Überlegenheit ihrer Art überzeugt und hätten diese um nichts in der Welt in Frage gestellt.

„Einmal habe ich mich darüber sehr geärgert", sagte Cpt. M. „Wir veranstalteten in Algier ein großes Festessen und luden dazu die britischen Kollegen des Hauptquartiers ein. Es gab wirklich gute Sachen — eisgekühlte Butter, frisches Fleisch und Früchte, die unsere Kühlschiffe herübergebracht hatten. Die Briten, die den ganzen Krieg über Dörrfleisch kauten, fraßen sich zum Platzen voll. Amüsiert darüber fragte ich den neben mir sitzenden RAF-Mann, wie es ihm schmecke. — „Well", erwiderte er, hochmütig näselnd und seinen vollen Mund zusammenpressend, „es ist ja ganz nett, aber wir Briten machen uns wenig daraus." Sagte es und aß weiter, als ob es sein Leben gelte.

M., ein New Yorker Bankier von Beruf, hält nicht viel von den US-Stäben, die sicherlich nicht sehr anders als die unsrigen sind. „Sehen Sie sich einmal die Abteilung Personal bei unserer Luftflotte an! Chef ist ein Oberst, weil es das Schema so fordert. Sein Stellvertreter muß ein Oberstleutnant sein, dessen Existenz wiederum ein paar Majore voraussetzt, von denen jeder mindestens zwei Hauptleute benötigt. Dabei könnten bereits die Arbeit der Majore einfache Schreibkräfte verrichten.

Auf einem Gefechtsstand hingegen kann ein Leutnant eine kampfentscheidende Funktion haben, ja sein Tun oder Unterlassen für den Einsatz eines ganzen Geschwaders schicksalhaft sein. Aber beim Militär ist keine Vernunft und daher trachtet jeder anständige Mann, so schnell wie möglich ins Zivilleben zurückzukehren."

57) Royal Air Force, britische Luftwaffe.

Der Fall „Lauterbach"

Dienstag, 30. 10. 1945

Gestern kam überraschend ein Anruf aus Lauterbach/Hessen, von K., einem bereits entlassenen Offizier. Die Kommunisten seien hinter ihm her; ob wir ihn nicht schützen könnten? Ich ging zum Oberst, schlechten Gewissens, da seine Autorität täglich weit über seine Zuständigkeit strapaziert wird. Er stellte mir einen Wagen mit Fahrer zur Verfügung. In aller Frühe brachen wir auf. Die Straße nach Brückenau war voller Schlaglöcher, der Ort ein kümmerlicher Häuserhaufen in einem Talkessel. Besser ging es auf der Hauptstraße nach Fulda weiter; die Landschaft blieb monoton, die Dörfer verwittert und unansehnlich.

Fulda ist nur mäßig zerstört; Dom und Bonifatius-Kapelle bekamen einige Treffer ab und werden restauriert. An den Hauswänden Plakate der CDU und der KPD, zu Frieden, Demokratie und Freiheit aufrufend. Die Bevölkerung verelendet; ich fand kaum einen Unterschied zu Catania im Jahre 1943 kurz vor der alliierten Invasion. Wenn man auf den Straßen noch zureichend ernährte Leute sieht, sind es fast immer Ausländer.

Wir warfen einen Blick in die beiden Kirchen und fuhren nach Lauterbach weiter. Viel Weideland, die hessischen Dörfer eng zusammengebaut, jedes Haus eine kleine Arche, welche die Sintflut überstand. Sie wirkten in ihrer Häufelung schlicht, warm, stehengebliebenes 17. und 18. Jahrhundert.

Auch Lauterbach erinnert an die Goethezeit. Es gefiel uns. Die Kreisämter sind in der Sparkasse untergebracht. Der Portier musterte mich mißtrauisch, da ich in meinem neuen Anzug, vor allem aber in meiner Wohlgenährtheit aus dem Rahmen fiel. K. saß in einem kleinen Raum, an dessen Tür „Kohlenbewirtschaftung" stand. Seine Augen leuchteten auf, als er mich sah. Leute kamen und gingen. Während er amtierte, kritzelte er auf einen Zettel: Die GPU sucht mich, ich muß verschwinden, und steckte mir ihn zu. Dann erklärte er seinem Gehilfen, er habe noch etwas auf dem Vogelsberg zu tun. Da ich ein Fahrzeug besitze, möchte er die Gelegenheit benutzen und hinfahren.

Unterwegs erzählte er. Der Kommunistenhäuptling des Orts, angeblich ein Schwager des derzeitigen sächsischen Ministerpräsidenten, habe ihn gestern barsch aufgefordert, für die GPU zu arbeiten. Sein Leben sei keinen Pfifferling wert, wenn er sich widersetze. Ihm sei nichts anderes übrig geblieben, als angesichts der naiven Amerikaner zum Schein auf das Angebot einzugehen. Aus Lauterbach müsse er nun schleunig verschwinden. Am liebsten würde er seinen Namen tauschen.

Vor dem Ortseingang trennten wir uns. Wir liefen durch die Straßen, sahen in das alte Pfarrhaus hinein; wenn man so schlicht auf der Erde lebt, fällt man nicht tief. Da es noch früh am Nachmittag war, wählten wir den Rückweg über Schleiz, in dem sich die Atmosphäre des 17. und 18. Jahrhunderts noch treuer erhalten hat. Wir fühlten uns in die Zeit des jungen Goethe zurückversetzt.

Es war spät, als wir in unserer Kissinger Villa eintrafen. Die fast überall zerstörten Brücken hatten uns immer wieder zu Umwegen gezwungen. Der Oberst war wenig erfreut über meinen Bericht. Seine zuständigen Kollegen werden es ihm kaum danken, wenn er deutschen Dingen nachgeht. Ich kann mir vorstellen, daß ihm ohnedies der Makel der Deutschfreundlichkeit anhängt. Noch immer gelten in der US-Propaganda die Russen als die großen Verbündeten und die eigentlichen Helden des europäischen Krieges. Wer diesem Mythos entgegentritt, macht sich verdächtig.

Mittwoch, 31. 10. 1945

Der Oberst hat heute seinen hier entbehrlichen Cpt. M. nach Lauterbach geschickt. Der erzählte uns im Zusammenhang mit unserer gestrigen Fahrt, daß die Amerikaner eine große Anzahl zurückgebliebener Russen beschäftigen, weil sich diese unter Androhung des Selbstmords weigern, die Zone zu verlassen und nach Hause zurückzukehren.

Foto-Hoffmann[58]), von dem ich immer schon annahm, daß er auf beiden Schultern trägt, identifiziert jetzt anhand seiner Sammlungen Parteileute für die Amerikaner. Er rühmt sich, während des Krieges über die Schweiz mit den Amerikanern lukrative Geschäfte gemacht zu haben.

Auf amerikanischen Befehl haben alle Reichsdeutschen, die sich in der US-Zone Österreichs aufhalten, das Land zu verlassen.

Aus Eisenhowers Monatsbericht: Im ganzen gesehen wäre die Führung der Bevölkerung ordentlich mit Ausnahme einiger Jugendlicher, die gegen Mädchen tätlich wurden, die mit Amerikanern gehen. Außerdem wächst der Ausländerhaß. Die Unruhe der Jugend wurde durch die vielen entlassenen Kriegsgefangenen vermehrt, von denen ein Teil keine Bleibe findet.

Die Hauptschuld an der Unruhe trügen die Ausländer. „Mord und organisierter Raub sind in diesem Monat unerfreulich häufig vorge-

58) *Heinrich Hoffmann* (1885—1957), Hitlers Leibfotograf. Hoffmann hatte das Monopol auf Bilder und Bildberichte über Hitler. Er erwarb während der Nazi-Zeit ein Vermögen, das er in Landbesitz und Gemälden anlegte. Nach dem Kriege wurde er als Hauptschuldiger enteignet und zu 10 Jahren Arbeitslager verurteilt. 1950 wurde die Strafe ausgesetzt. Er starb am 16. 12. 1957 in München.

kommen." Als Beispiel nannte er den Landkreis Aschaffenburg, wo sich die Bauern weigern, die Felder zu bestellen, da ihre Häuser von umherziehenden Ausländerbanden in ihrer Abwesenheit geplündert werden.

Donnerstag, 1. 11. 1945

Mitten in unsere Arbeit kam ein Anruf des örtlichen CIC-Chefs aus Lauterbach. Er habe einen besonders großen Fisch im Netz. „Warum handeln Sie dann nicht?", fragte der Oberst. „Für diesen Fall fehlt mir die Vollmacht; er liegt auf der politischen Ebene." So lud mein Chef den Mann nach Bad Kissingen ein. Sie unterhielten sich im Nebenzimmer etwa eine Stunde, dann fuhr der Oberst mit ihm zum Ic[59]) der Luftflotte.

Danach ging Col. S. auf den Fall nicht mehr ein, erzählte mir aber vom Widerwillen, den einsichtsvolle Amerikaner empfanden, als ihr Land an der Seite der Sowjets in den Krieg eintrat. Aber hatten die USA eine andere Wahl? Die Amerikaner konnten sich kaum anders als gegen Hitler entscheiden. Daß wir jetzt Pufferzone für die weltpolitischen Spannungen geworden sind, ist von ihrem Standpunkt aus gesehen vielleicht bedauerlich, aber nicht tragisch. Wir müssen zusehen, wie wir durchkommen.

Ich bin zermürbt von der vielen Arbeit. Draußen leuchtet der Herbst. Die Bäume sind kahl und von meinem Fenster sehe ich den Fluß glitzern. Aber noch fiel kein Reif und die Nachmittage werden so mild, daß ich immer noch meine amerikanische Sommeruniform tragen kann. Ich besitze nur einen Anzug.

Abends, als sich der Nebel legte, kamen unsere letzten Gefangenen zurück[60]). Cpt. Mc hat für sie viel getan, berichteten sie. Man soll sich nie auf ein Urteil über einen Menschen festlegen. Wir nahmen uns vor, zu ihm in den nächsten Tagen besonders freundlich zu sein. Er hat die beiden Kranken nicht nur frei bekommen, sondern auch für Unterkunft und Verpflegung der Entlassenen gesorgt und ist überdies unserem Freund F. behilflich gewesen, ein Auto zu erwerben.

Dienstag, 6. 11. 1945

Morgen fährt F. nach München. Er nimmt einen guten Teil unserer Zukunftshoffnungen mit, denn er will auch für mich und K. sondieren, wo wir unterkommen könnten. Frau F. als geborene Münchnerin und Geschäftsfrau besitzt einen großen Bekanntenkreis. Sie wird sich nach einer Bleibe für uns umsehen. Es gibt in München immer

59) Die Abteilung in höheren Stäben, die für die Nachrichten zuständig ist.
60) Sie waren zur Überprüfung im Entlassungslager festgehalten worden.

noch Familien, die über eine Dreizimmerwohnung verfügen und einen Raum lieber an Leute abgeben, die ihnen von Bekannten empfohlen werden, als vom Wohnungsamt Untermieter eingewiesen zu bekommen.

Nachmittags suchten wir einen Mechaniker auf, um Ms Bügeleisen richten zu lassen. Der ehemalige Pg ist nun arbeitslos und lebt in einem alten Haus mit Frau und Kind von Gelegenheitsarbeiten. Jeder, der eine feste Bleibe hat, ist uns überlegen, die wir nicht wissen, wo und wie wir in drei Wochen unterkommen werden. Aber wir tragen diese Ungewißheit mit Gelassenheit; die vergangenen Jahre des Barackenlebens haben uns darauf vorbereitet.

In der „Washington Post" steht ein Bericht über Polen: Äußerste Rechtsunsicherheit, Raub und Mord, die Zahlen der politischen Gefangenen schwanken zwischen 7000 und 60 000. Die Russen aber sitzen prassend über dem Elend. Weite Gebiete veröden, aus denen die Deutschen vertrieben wurden und über die der Krieg sich zerstörerisch hinweggewälzt hat. Die noch in Schlesien verbliebenen Deutschen werden zurückgehalten, wenn sie sich als Knechte verdingen.

Donnerstag, 8. 11. 1945

Cpt. M. kam auf den Fall Lauterbach zu sprechen. Zwar könne die Besatzung jeden Deutschen, der ihr nicht passe, ohne Angabe von Gründen seiner Funktion entheben. Aber im Falle des Lauterbacher Kommunistenhäuptlings wolle der CIC[61]) abwarten, bis sich der Mann selbst diskreditiere. Er sei während der Nazi-Zeit immerhin in 17 Konzentrationslagern gesessen. Sie wissen, daß er ein russischer Agent ist. Aber sie möchten ihn bei einer kriminellen Handlung erwischen.

Daraus folgt, daß ihre Einstellung noch immer ganz von dem Gedanken getragen wird, primär seien wir der Feind. Dazu gehört, daß sie instinktiv alles, was uns abträglich ist, als positiv bewerten. Daß ihre Repräsentanten, die mit unserem Alltag zu tun haben, möglicherweise anders empfinden lernen, ändert nichts an den Richtlinien der Politik, an die sie sich zu halten haben. Aber auf die Dauer werden sie gegen die Wirklichkeit nicht regieren können. Doch die Wahrheit verlangt Opfer und die müssen wir bringen.

Vormittags schrieb ich an meinem Lebenslauf, nachmittags arbeitete ich mit dem Oberst und Cpt. M. an der Endfassung des letzten Berichts. Beide sind es nun endgültig leid und haben nur ein Ziel: in einer Woche fertig zu werden. Vielleicht schaffen sie es, wenn sie so hart weiter arbeiten. Heut war der erste richtige Wintertag; kalter Regen, der fröstelnd über dem Tale hing. Ungewöhnlich früh verdämmerte das Tageslicht. Der Winter ist im Anzug; ich spüre es fast

61) Counter Intelligence Corps, Nachrichtendienst der US-Streitkräfte.

körperlich, wie er die letzten beiden Amerikaner forttreibt. Nun heißt es, sich aufs Glück abzurichten.

Ich trete zu einem Zeitpunkt ins deutsche Leben hinaus, da der Nürnberger Kriegsverbrecherprozeß beginnt. Ausländer sind die Privilegierten im Lande. Deutsche werden von Haus und Heim verjagt. Sieger sitzen über Besiegte zu Gericht, aber Millionen werden im Osten zu Tode geschunden, Freiwild im eigenen Land. Niemand fragt danach.

Der Vertreibungsbeschluß

Freitag, 9. 11. 1945

Vier von den sechseinhalb Millionen Deutschen, die noch in den ehemaligen Ostgebieten des Reiches und in der Tschechoslowakei wohnen, werden in die britische bzw. US-Zone umgesiedelt, beschloß der Alliierte Kontrollrat. Beide Zonen haben aber bereits einen Menschenüberschuß von vier Millionen aufgenommen. Wie diese Massen in einem Land ihr Leben fristen sollen, dessen Städte zerstört, dessen Industrie darniederliegt und nicht wieder aufgebaut werden darf, dessen Nahrungsmittelproduktion kaum für die Hälfte der Bevölkerung reicht, ist aus amerikanischer Sicht ein Problem, dessen Lösung sie uns überlassen.

Die erste Post nach dem Kriege traf ein; Briefe meiner Schwägerinnen. Die eine schrieb, ihr Mann habe ihr aus dem russischen Gefangenenlager bei Görlitz einen Zettel geschickt, daß er nach Dnjepropetrowsk abtransportiert werde. In meiner Antwort versuchte ich sie mit dem Hinweis zu trösten, daß die Lage der deutschen Gefangenen in der Sowjetunion sehr unterschiedlich sei. Solche, die in die Arbeitslager großer Unternehmen kämen, werden etwas besser ernährt, da diese Betriebe eine gewisse wirtschaftliche Autonomie besitzen.

Unsere Köchin, eine resolute Person, die sich aufs Überleben versteht, meinte, das einfachste für mich wäre, in eines der umliegenden nahrhaften Dörfer als Schulmeister zu gehen. Da ließen mich die Bauern bestimmt nicht verhungern. Die Idee ist nicht schlecht; es fragt sich nur, ob ich anderswo nicht von größerem Nutzen sein kann und ob ich, wenn die Wende kommt, aus einem gottverlassenen Dorf den Absprung in die meiner Ausbildung gemäße Umgebung schaffe.

Gegen 3 000 000 Sowjetsoldaten halten die von ihnen eroberten osteuropäischen Länder besetzt. Davon steht 1 000 000 in Ungarn; in Österreich ist die russische Besatzung größer als die der Amerikaner und Briten zusammengenommen. In der Tschechoslowakei sollen sich noch 300 000 Russen aufhalten, die allerdings ihren Abzug vorbereiten.

Sonntag, 11. 11. 1945

Die Franzosen haben die ersten 1500 deutschen Kriegsgefangenen den Amerikanern zurückgegeben. Sie sehen wie Leichname aus den Greuellagern aus, berichten die keinesfalls deutscher Sympathien verdächtigen Stars and Stripes. „Vor vier Monaten waren sie anständig ernährt und ausgerüstet nach Frankreich zur Arbeit verschickt worden. Zurückgekommen sind ausgemergelte, sieche Gestalten, von denen es kaum glaublich erscheint, daß sie noch lebensfähig sind. Ein 47jähriger mittelgroßer Graukopf wog 40 kg.“

Sie haben überall gearbeitet: in Bergwerken, Steinbrüchen, Bauernhöfen, Küchen usw. Im allgemeinen behandelte sie die Zivilbevölkerung freundlich, hingegen waren sie Mißhandlungen und Beraubungen durch das Wachpersonal ausgesetzt. Katastrophal wirkte sich der Hunger sowie der Mangel an ärztlicher Betreuung aus.

Der Chef des US-Gesundheitswesens, der soeben eine Rundreise durch die vier Besatzungszonen abgeschlossen hat, schlägt vor, unsere Tagesrationen von 1350 auf 1550 Kalorien zu erhöhen. Unruhen, Hungerkrawalle und Epidemien würden sonst unweigerlich die Folge sein. Für einen normal beschäftigten Erwachsenen, keinen Schwerarbeiter, gelten 2500 Kalorien als Ernährungsminimum.

30 000 Deutsche sind den Belgiern für Arbeiten in ihren Kohlengruben überlassen worden.

Liest man das, liegt die Frage nahe: Gehen die Amerikaner mit unserem verwüsteten Volk nicht ebenso bedenkenlos um wie die Russen? Ist ihnen etwas daran gelegen, in Europas Mitte stabile Zustände zu schaffen, den zerstörten Erdteil wieder aufzurichten, die Wunden des Krieges zu heilen, den Völkern friedvolle Stetigkeit zu sichern? Wir erlebten im Kriege, wie die Macht jede menschliche Verbundenheit zerstört, wie sie sich immer mehr den Schrecknissen auslieferte, die sie entfesselt hatte und in Hinrichtungen selbst derer schwelgte, die ihr bis dahin unbedenklich gedient hatten.

Ist kein Ende dieser Haltung in Sicht? Bedeutet US-Politik nichts als Rache an den Deutschen? Es heißt, daß Eisenhower abgelöst wird, aber war er hier mehr als eine Repräsentationsfigur? Ich wünschte, auf die verantwortlichen Besatzungsposten kämen bald Zivilisten. Auch wenn sie vielleicht nicht besser sind als die Militärs, der Ton wäre ein anderer. Leider nehmen Sieger, wie die Geschichte lehrt, allzu schnell die schlechten Eigenschaften der Besiegten an.

Montag, 12. 11. 1945

Die neuen Leipziger Zeitungen gelesen. Deutlich zeigt sich darin, wie sehr die deutschen Kommunisten die Erben der Nazis sind. Derselbe schlechte Ton unumschränkter Parteigewaltiger, nur noch ordinärer, die gleichen rüden Forderungen an die Unterworfenen, angeblich zu ihrem Besten. Wie in diesem Klima noch Hoffnung gedeihen soll, ist unvorstellbar.

Am liebsten hätten die Amerikaner auch Generalfeldmarschall Kesselring als Kriegsverbrecher eingestuft. Aber die Briten scheinen gegen den Befehlshaber der Italienfront etwas wie Ritterlichkeit zu empfinden und so wird er zum Verhör nach den USA gebracht. Leider haben die Engländer in diesen Monaten selten genug bewiesen, daß sie zu Europa gehören und nun dessen einzige Wortführer sind (de Gaulle mit seinem Pathos wird von den Supermächten kaum für voll genommen, wenn es um politische Tagesgeschäfte geht).

Unter amerikanischen Auspizien begann als erste Universität in der US-Zone die Heidelberger mit ihren Vorlesungen. Aus der medizinischen Fakultät wurden 44 Ordinarien, aus der theologischen sechs entfernt. Ausländische Hörer müssen bevorzugt werden.

Donnerstag, 15. 11. 1945

Heut gestand ich dem Oberst, daß ich dem Kriegsausgang nicht nachtrauere. Wenn sich ein Volk eine Führung leiste, die einen Krieg mit solchen Zielen vom Zaun bricht, dann müsse es die Konsequenzen tragen. Kein Diktator könne 70 oder 170 Millionen Menschen allein durch Terror beherrschen und zu so wahnwitzigen Leistungen zwingen. Doch habe noch keine Macht vom Blutvergießen etwas Positives gehabt.

Er erwiderte, daß die USA nichts gewinnen wollten außer der Gewißheit, Recht und Sicherheit in der Welt nicht wieder auf so furchtbare Weise bedroht zu sehen. „Auch das wurde nicht erreicht“, sagte ich, „denn ein Recht, d. h. ein faktischer Machtanspruch auf Vertreibung, der nebenbei den Tod von Millionen besiegelt, kann kein konstruktiver Gedanke in einem System der allgemeinen Sicherheit und kein Baustein für den Frieden sein.“

Freitag, 16. 11. 1945

Die Amerikaner setzen sich mit einer Nichtachtung über unsere Lebensrechte hinweg, die fast an die der Russen grenzt. Solange wir noch von den Reserven zehren, werden wir es hinnehmen. Aber unsere Leidensfähigkeit hat eine Grenze; wir werden uns, wenn alles aufgebraucht ist, wahrscheinlich nicht so still zum Sterben hinlegen, wie es die südamerikanischen Indios und vielleicht auch manche Völker Indiens tun. Natürlich können die Besatzer Verhungernde niederhalten; aber Macht, die nicht von Einsicht getragen ist, beginnt sich bald zu prostituieren. Oder wollen sie uns so behandeln, wie Hitler es mit den Polen trieb?

Die USA haben mit Argentinien ein Abkommen getroffen, wonach die dort internierte Besatzung des deutschen Kreuzers „Spee" sowie alle „Achsenspione" nach den USA deportiert werden.

Aus einer Ansprache Eisenhowers in Boston: „Mit der gleichen Umsicht, die wir während des Krieges in der Behandlung unserer Verbündeten bewiesen haben, laßt uns nun an die Weltprobleme herangehen. Jeder hat das Recht auf seine Überzeugung und wir müssen jeden gewissenhaft anhören. Amerikas Größe liegt in seiner Aufrichtigkeit; wir reden niemandem nach dem Munde. Wir gehen unsere Probleme an, jeder frei in seiner Überzeugung. Wir beugen uns Mehrheitsbeschlüssen, ohne uns darum aufzugeben."

Mittags war ich auf dem Landratsamt. Das Gedränge hungernder Menschen wirkt bedrückend. Es sah alles so unverläßlich aus. Kein Hauch von Anstand umgibt mehr eine deutsche Behörde. Sie amtiert von Gnaden der Besatzung als deren verlängerter Arm. Auf der Treppe begegnete ich einem halben Dutzend Bekannten, alle mit Sorgen- und Hungerfalten im Gesicht.

Als vom Schalterbeamten die Arbeitskartei meines Vordermannes ausgefüllt wurde, antwortete dieser auf die Frage: „Sind Sie verheiratet?" verlegen: „Vorläufig ja. Ich bin gerade erst aus der Gefangenschaft entlassen worden und will mich scheiden lassen." Unsere Scheidungsrate ist gegenüber 1942 um das Zehnfache gestiegen, stand neulich in einer amerikanischen Zeitung.

In Moskau liegt Schnee. Unsere Küchenfrauen baten mich, für sie an das Wirtschaftsamt zu schreiben, damit sie davon befreit werden, sich die Brennholzzuteilung im Walde selber zu holen. Wir selbst gehen völlig unvorbereitet in den Winter. Wir wissen nicht einmal, wo unsere Bleibe sein wird. Nur daß in einigen Monaten unser Kind kommt, ist gewiß.

Ein Unterhausmitglied fragte den britischen Staatssekretär für Luftfahrt, warum der Premier nicht in einem britischen Flugzeug nach den USA reise. „Wir glauben, daß die Sicherheit des Premiers von einiger Wichtigkeit ist", lautete die Antwort. Ein anderes Unterhausmitglied stellte die Zusatzfrage: „Halten Sie die britischen Flugzeuge für zu unsicher, um einen Premier über den Ozean zu tragen?" „Nach Meinung des Oberbefehlshabers der Transportflotte ja", erwiderte der Regierungssprecher.

Cpt. M. machte mich auf einen weiteren Zeitungsartikel aufmerksam. Darin wird die Stärke der britischen Kriegsflotte mit 484 Einheiten beziffert. „Soweit ich weiß, ist die amerikanische viermal so stark."

Dienstag, 20. 11. 1945

Dies ist unser letzter Abend in der Villa. Die sorglose Behaglichkeit hört nun auf; jedem Stückchen Brot werde ich fortab nachstellen müssen.

Dem Oberst und seinen beiden letzten Offizieren unsere Geschenke überreicht. Cpt. M. gab mir den Rat, den Amerikanern unpersönlich zu begegnen. Sie lieben es nicht, in Verhältnisse anderer hineingezogen zu werden und seien an fremden Meinungen wenig interssiert. Der Oberst und Cpt. M. hinterließen uns ihre Heimatanschrift.

Mittwoch, 21. 11. 1945

Packen, Reinemachen und Umzug fraßen fast den ganzen Tag. Wir waren rechtschaffen müde, als wir in das kleine, kalte Zimmerchen unseres Bekannten übersiedelten. Das Thermometer ist nun unter den Gefrierpunkt gefallen. M., die nicht einmal ein Strickjäckchen hat, friert jämmerlich.

Nachmittags liefen wir zur Lehrersfrau nach Nüdlingen, deren Mann im Internierungslager steckt und die wir ein wenig unter unseren Schutz genommen hatten. Sie suchte sogleich abgelegte Wäschestücke hervor, als sie von unseren Sorgen erfuhr. Empört erzählte sie, daß die US-Soldaten für ihre Mädchen wahre Hamsterfahrten unternähmen, wobei die Bauern den Besatzern Lebensmittel geradezu aufdrängen. „Wenn ich mich eines solchen Kerls versicherte", meinte die noch resche Frau, „hätte ich im Handumdrehen einige Dutzend Eier, Geflügel, Mehl und Brot beisammen."

Abends bei der Abmeldung in Hausen traf ich einen alten KZler, der mit seinem Fuhrgespann zwischen den Zonen hin und her fährt. Auch er berichtet von Beschlagnahmungen von Vieh, Verschleppung von Jugendlichen, hoher Kindersterblichkeit in der Sowjetzone. Überfluß gibt es nur an Braunkohle, weil die riesigen Betriebe voll weiterarbeiten, Exportmöglichkeiten aber fehlen. In manchen Gegenden mußten sich wie nach dem 30jährigen Kriege die Bauern selbst vor die Wagen spannen, um die Ernte einzufahren.

Montag, 26. 11. 1945

Der Morgen sehr kalt, Rauhreif stand dick in der Luft, die Menschen schienen eingehüllt darin und froren erbärmlich. Wir verabschiedeten uns von Sch., der uns erzählte, wie neulich ein Mann seine Frau durch ein Gespräch in der Straßenbahn, das er zwangsläufig mithörte, wiedergefunden hat. In Sch.s Haus soll eine Suchstelle eingerichtet werden. Ich hinterließ ihm meine Münchener Anschrift sowie die letzte uns bekannte unserer beiden Elternpaare; vielleicht erfahren wir auf diese Weise etwas von ihrem Schicksal.

Ich muß jetzt abbrechen und ins Bett kriechen. Es ist zu kalt zum Leben, geschweige zum Schreiben.

Nachtasyl

München, 5. 12. 1945

Der erste Eindruck von München: ein Viertel der Gebäude ist total zerstört, 70 % weisen schwerere bis leichtere Bombenschäden auf. Nur 5 % sind heil geblieben. Fleischer und Bäcker stellen ihre Waren wie im Frieden zur Schau. Allerdings sind unsere Zuteilungen seit dem Kriegsende stark gekürzt worden. Abgesehen von den Lebensmittelläden bleiben die übrigen Geschäfte geschlossen, seit die Amerikaner im Lande sind.

Fremde aus aller Herren Länder überschwemmen die Straßen. UNRRA, angeblich die mächtigste Organisation hierzulande, beschlagnahmt für sie in Siedlungen und Kolonien immer aufs neue Wohnungen. Die Mehrzahl ihrer Schutzbefohlenen sind Osteuropäer, die es hier unter amerikanischer Ägide nun ganz behaglich finden und nicht daran denken, die plötzlichen Privilegien gegen das harte Leben daheim einzutauschen.

Bei den US-Ämtern begegnete ich trotz meiner ungewöhnlich warmherzigen Empfehlungsschreiben freundlichem Desinteresse. Einmal wurde ich auf Grund dieser Empfehlungen die Stufenleiter so lange hinuntergereicht, bis ich beim bayerischen Wirtschaftsministerium landete, gewissermaßen dem Nullpunkt der Postensuche in US-Perspektive. Schließlich heuerte mich der Kommandeur der Münchner Militärpolizei an, ohne viel zu fragen. Unser Freund F. wartet schon die vierte Woche in seinem Pariser Liegestuhl auf einen zusagenden Posten und ich glaubte mir auch etwas Besseres als einen Dolmetscherposten bei der US-Polizei verdient zu haben.

München, 12. 12. 1945

Endlich fand ich ein heizbares Zimmerchen für uns. Es liegt hinter dem Ostbahnhof, mitten in Ruinen. Die Wohnung gehört zwei Jungfern, die einen 86jährigen Vater bei sich haben, der einst ein Riese gewesen sein muß, denn er sieht trotz seiner schrecklichen Rückgratverkrümmung noch stattlich aus, ist aber nicht mehr richtig im Kopfe. Frau F. hat M. für die Vorstellung bei den alten Mädchen ihren Pelzmantel geborgt; so merkten sie ihren Zustand nicht. Das Zimmer, ein elender Schlauch, hat ein Fenster, dessen eine Hälfte mit Brettern vernagelt ist. Durch die heilen Scheiben sieht man auf Trümmer. Ein Bett, ein Tisch, zwei Stühle machen die Einrichtung aus. Aber da wir kaum überzählige Kleidungsstücke besitzen, ist ein Schrank wirklich entbehrlich.

Freitag, 14. 12. 1945

Morgens schleppte ich einen jener überschweren Kartoffelsäcke aus Fs Keller, wo wir sie zunächst eingelagert hatten, nach unserer neuen „Wohnung“, dann holte ich unsere beiden Bücherkartons. Einer von Fs Bekannten hat M. den Kocher repariert und richtete ihr den Steckkontakt; so wurde es spät, als ich zur Militärregierung aufbrach. An der Ruine der Wörthschule mußte ich über eine Stunde auf die Elektrische warten. Als ich endlich im Hauptquartier eintraf, ließ mich der Posten nicht ein, da die Dienststunden zu Ende waren.

Ein Traum:

Nachts träumte ich von Hitler, der ja in dieser Stadt groß geworden ist. Das Gebäude, vor dem wir standen, erinnerte ans Warschauer Belvedere. Eine Menge Leute umgaben den Diktator; auch ich gehörte dazu. Wie oft habe ich unfreiwillig irgendwo dazu gehört! Zwar war es schon nach der Kapitulation und die Entnazifizierung hatte begonnen; trotzdem existierte der Mann und seine lemurenhafte Umgebung. Auch das war zeitgemäß, daß nun diskutiert wurde, über die Niederlage und wie ihr zu begegnen sei. Die Argumente verschwammen wie die Gesichter, auch die meinigen fielen ins Leere. Plötzlich begann Hitler zu reden, eindringlich, eifernd; sein Wortschaum überspülte uns, hüllte uns ein. Nichts davon blieb haften, aber als er geendet hatte, sangen alle das Deutschlandlied. Auch ich sang mit und erwachte in Scham; hatte ich damit nicht dieser abscheulichsten Gestalt unserer Geschichte meine Reverenz erwiesen?

Samstag, 15. 12. 1945

Morgens war ich zu OMGB[62]) bestellt. Der Sicherheitsbeauftragte, ein Major Vacca, dem ich meine Papiere zurückgelassen hatte, wollte mich sehen. Natürlich war er besetzt; unendlich gelangweilt blätterte in seinem Vorzimmer ein fetter Feldwebel in einer Illustrierten, während sich die deutsche Sekretärin die Nägel polierte. Plötzlich trat ein älterer Herr mit Regenschirm ein, grauer Schnauzbart, sonst noch ziemlich frisch — wo hatte ich sein Gesicht gesehen? „Ist der Herr Major zu sprechen“, fragte er das Mädchen. „Der Herr Major ist beschäftigt und hat für Sie heut keine Zeit“, erwiderte sie schnippisch.

Der ältere Herr ging. „Who was that man“, meldete sich der feiste Feldwebel. „Ministerpresident Hoegner“[63]), sagte das Mädchen gleich-

62) Office of the Military Government for Bavaria, die Militärregierung für Bayern.

63) *Wilhelm Hoegner*, geb. 1887, führender bayerischer Nachkriegspolitiker. Als sozialdemokratischer Reichstagsabgeordneter griff er 1930 die Nationalsozialisten scharf an. Die Jahre 1933—1945 verbrachte er im Schweizer Exil. 1945 riefen ihn die Amerikaner zurück und machten ihn nach der Absetzung Fritz Schäffers zum Ministerpräsidenten. Vorsitzender der bayerischen SPD. 1954—1957 wurde er zum zweiten Male bayerischer Regierungschef.

gültig. „But you can't send a Ministerpresident simply away", entsetzte sich der Amerikaner.

Endlich kam der kleine krummbeinige Silizianer aus seinem Zimmer. Anstellen könne er mich nicht, sagte er freundlich. Gerade in diesen Tagen habe er sechs sprachenkundige Soldaten erhalten. Mein Hinweis, daß ich mehr als nur Englisch könne, schien ihn zu verstimmen. Er zuckte nur mit den Achseln. Etwas anderes habe er nicht.

Montag, 17. 12. 1945

Diesmal erschien ich pünktlich im Wachlokal. Es lag im ehemaligen Zentralministerium in der Ludwigstraße und wirkte wie ausgestorben. Nur die Putzfrau traf ich an, die mir sogleich ihre Empfindungen über die Amerikaner anvertraute. Nach und nach fanden sich die Mannschaften ein. Sie nahmen mich nicht zur Kenntnis. Anderthalb Stunden wartete ich mit einer wahren Obergefreitenruhe, bis endlich der riesige Oberleutnant erschien, der bei meiner Einstellung zugegen war und mich einem alten Gefreiten überwies. Ich sei zum Nachtdienst eingeteilt, erfuhr ich. Einen besseren Posten hätten sie nicht.

Der Gefreite beriet mich freundlich, warnte mich zuerst vor den deutschen Ämtern, die nichts zahlen, wenn man sich nicht hurtig um seine Papiere kümmere. Leider hatte M. den Anmeldeschein, so daß mir nichts übrig blieb, als wieder heimzufahren. Natürlich war sie wegen Besorgungen unterwegs; ich hatte mir aber einen Stapel herumliegender Zeitungen mitgenommen; fast drei Wochen lang war ich von den US-Zeitungen abgeschnitten gewesen.

Nach einer vorläufigen Zählung hat Restdeutschland 66 000 000 Einwohner. Davon leben 22 0000 000 in der britischen, 19 000 000 in der russischen, 17 000 000 in der amerikanischen und 6 400 000 in der französischen Zone. Die Bevölkerung Bayerns wird auf 8 800 000 geschätzt. Am 1. 8. 1946 soll in allen Zonen eine Volkszählung stattfinden.

Prinz Konoye[64]), der höchste Adelige in der japanischen Hierarchie nach dem Kaiser, vergiftete sich, da er vor ein Kriegsgericht wegen Verbrechen gegen die Menschlichkeit gestellt werden sollte.

64) *Fumimaro Konoye* (1891—1945), japanischer Fürst. Er nahm an der Pariser Friedenskonferenz 1919/20 teil und war 1933—1937 Präsident des Japanischen Oberhauses. 1937, einen Monat nach dem japanischen Angriff auf China, wurde er Ministerpräsident. Da er die Ansprüche der Armee an die Wirtschaft zurückwies, legte er 1939 sein Amt nieder, bildete aber 1940—1941 ein Kriegskabinett. Sein Ziel war die japanische Herrschaft über Asien. 1945 begann er für sein Land eine demokratische Verfassung auszuarbeiten. Da ihn die Amerikaner auf die Liste der Kriegsverbrecher setzten, zog er den Selbstmord einem Schauprozeß vor.

Mikolajczyk[65]) fordert die enge Zusammenarbeit seines Landes nicht nur mit der Sowjetunion sondern auch mit den Westmächten, um ein Wiedererstarken Deutschlands zu verhindern. Die Formel von unserem Wiedererstarken deckt alle Aspirationen. Sehen wir danach aus?

Blutige „demokratische" Aufstände in Aserbeidschan; selbst die US-Presse bedient sich bei der Nennung dieses Wortes der Gänsefüßchen. Unbefangene sagen, daß die Sowjets beginnen, die Amerikaner mit ihren eigenen Waffen zu schlagen.

In den USA soll Mangel an Textilien herrschen; erst in etwa einem Jahr wird er behoben sein. Aber sonst sind die Läden wie in Friedenszeiten gefüllt und das Einkaufen wieder eine Freude nach den Einschränkungen, die sich im Kriege auch die Amerikaner gefallen lassen mußten. Dafür können sie nun in Europa alles, was gut und wertvoll ist, für ein paar Stangen Zigaretten wegtragen.

Abends hatte ich den ersten Nachtdienst. Das Wachlokal war von Zivilisten überfüllt. Die MP holt die Leute zum Vergnügen von den Trittbrettern der Straßenbahn — wer kann bei unseren Verkehrsverhältnissen mit Bestimmtheit sagen, daß er im Wagen Platz finden wird? Wer sicher gehen will, muß sich schon aufs Laufen verlegen. Nun werden die armen Leute über die Nacht eingesperrt. Sie benehmen sich ruhig und resigniert, sodaß mein Vorgänger Zeit fand, mich einzuweisen.

In siebenjähriger Dienstzeit hatte er es zum Stabsgefreiten gebracht. Eine bessere Ausbildung hätte er für diese Arbeit gar nicht erwerben können! Sein Rat war Goldes wert, zumal die Militärpolizei wie in allen Heeren am meisten Kommiß ist. Einige seiner Hinweise:

Nur sich melden, wenn man gerufen wird (gehe nie zu deinem Fürst, wenn du nicht gerufen wirst). Dem Wachhabenden nur Fälle vorstellen, die ich nicht anderswo unterbringen kann (der Haß des Soldaten auf die Arbeit ist international). Nie eine eigene Meinung laut werden lassen und stets peinlich korrekt dolmetschen (es gibt immer wieder Soldaten, die Deutsch verstehen und darauf lauern, den Dolmetscher zu überführen). Sich nicht rühren lassen (man verlernt rasch sein Mitleid, wen man sieht, wie schnell die Menschen vor der Gewalt Haltung und Würde einbüßen).

So blieb ich diesen Abend Zuschauer; es wäre vermessen gewesen, die brodelnde Menschenmasse im Raum dem erfahrenen Kollegen

65) *Stanislaw Mikolajczyk* (1901—1966), polnischer Politiker. 1931—39 organisierte und führte er die polnische Bauernpartei und war Sejm-Mitglied. 1939 floh er nach London. Er wurde im Exilkabinett Innenminister und nach Sikorskis Tode 1943 Ministerpräsident der polnischen Exilregierung. 1945 kehrte er nach Polen zurück, wo er im Kabinett Bierut einer von dessen Stellvertretern und Minister für Landwirtschaft und Landreform wurde. 1947 floh er abermals nach England und übersiedelte bald darauf nach den USA, wo er die „Grüne Internationale" gründete und publizistisch vertrat.

nicht zu überlassen. Die meisten Opfer verhielten sich still. Wenn die Soldaten an der Barriere ihre Personenstandsdaten aufgenommen hatten, wurden sie in Trupps zu sechzehn in die Keller geschafft. So lichtete sich der Raum verhältnismäßig rasch.

Eine Stunde später schleifte ein baumlanger MP-Mann einen Russenjungen ins Lokal und warf ihn wie ein schmutziges Bündel in die Ecke. Der Kleine zitterte vor besinnungsloser Wut. Sie trug ihm nur Maulschellen ein. Bei der Durchsuchung fand man ein Stechmesser. Geldscheine fielen aus seiner Brieftasche; die Soldaten steckten sie gleichmütig ein. Mit Püffen wurde er in den Keller gejagt.

Ein junger, gut gekleideter Pole hatte den nächsten Auftritt. Auch er sprach kein Wort Deutsch. In einem blauen Bettüberzug schleppte er 20 kg Zucker mit sich, den sich die GI's untereinander aufteilten. Nach Aufnahme seiner Personalien übergaben sie ihn der deutschen Kriminalpolizei. Inzwischen wurde eine Horde gröhlender Soldaten hereingebracht, dazu eine Kiste mit Weinflaschen. Die Komik der Szenen zwischen den Trunkenen und den dienstlich ernsten MP's erinnerte an deutschen Kommiß. Die Trunkenbolde kamen in Einzelzellen.

Inzwischen brach die Stunde der „curfew violators" an, der Unglücklichen, die nach der Sperrstunde von einer Streife auf der Straße aufgelesen wurden, hauptsächlich biedere Deutsche, die sich in den Ruinen verlaufen oder sonstwie verspätet hatten. Resigniert warteten sie, bis sie aufgerufen, registriert und abgeführt wurden. Eine Streife brachte ein Offiziersliebchen heran. Der sie begleitende Leutnant protestierte heftig und telefonierte mit dem Kommandeur. Er bekam das Mädchen frei; aber der Wachleiter bemaß den beiden die Frist zur Heimkehr so kurz, daß sie wahrscheinlich der nächsten Streife in die Arme laufen werden. Eine häßliche WAC[66]) erschien um Mitternacht, mit der unflätige Witze getrieben wurden.

Ich hatte mir den Magen mit Krapfen gefüllt, die von der letzten Schicht übrig waren und die niemand mochte. Um 22 Uhr wurden frische verteilt, aber da ich nach der Hackordnung der letzte war, blieb für mich kaum etwas übrig. Doch der süße starke Kaffee hielt mich wach. Ferner bekommen die Dolmetscher der Nachtschicht eine k-ration, was mich besonders freut, da sie Früchte und Zucker enthält. Nach der Mahlzeit fühlte ich mich merklich besser, ein Beweis, wie ausgemergelt ich nach einem Monat deutscher Kost bereits war.

66) Women Auxiliary Corps, ein 1942 gegründeter weiblicher Hilfsdienst der US-Armee, dem im Zweiten Weltkrieg 150 000 Frauen angehörten. Sie verrichteten Tätigkeiten hinter der Front und trugen die gleichen Rangabzeichen an ihren Uniformen wie die Soldaten. Ihre Organisation blieb auch nach dem Kriege bestehen; vor kurzem wurde eine WAC zum General befördert.

Mein Kollege war längst gegangen; nach 1.30 Uhr empfahlen mir die Soldaten, mich hinzulegen. Ich stopfte mir einige herumliegende Uniformstücke in den Nacken und streckte mich auf einer Bank aus. Der Raum war stark überheizt; ich öffnete das Fenster und richtete mein Lager so ein, daß mir frische Luft übers Gesicht strich. Ich schlief nicht; meine Nerven waren durch Kaffee und Umwelt überreizt.

Dienstag, 18. 12. 1945

Am Morgen lief ich gleich zu den Ämtern, wobei mich eine Schreibkraft im Jeep ihres Captain mitnahm, die den gleichen Weg hatte. M. räumte gerade auf, als ich heimkam; da das Wetter mild ist, genügte uns die laue Wärme, die das Holzfeuer im Kachelofen spendete. Als Frühaufsteher und Tagmensch fällt es mir schwer, mich in den neuen Lebensrhythmus zu schicken. Auch M. muß sich umstellen; sie kocht nun für mich. Gemessen an der Volksküche ist ihre Kost eine Wohltat.

Heute lernte ich die zweite Schicht kennen, geführt von einem etwas schulmeisterlichen Leutnant, der aber den ganzen Abend kaum in Erscheinung trat. Mein Kollege, der diesmal nur kurz blieb, gab mir weitere Erklärungen über die Einheiten, die in dem großen Gebäude hausen; das Criminal Investigation Detachment, das über ausgezeichnete Fachleute verfüge und schwerere Delikte der Soldaten verfolge, das Manpower Office, dem besondere Verhaftungsrechte zustehen und das mit dem CIC zusammenarbeite und der Provost Marshal[67]), der ihn kürzlich fast zu Fall gebracht habe, da eine von dessen Frauen sich über ihn beklagt hatte. Unsere Fragebögen bearbeite der Special Branch, bei dem es gleichfalls von obskuren Gestalten wimmle.

Nach dieser vertraulichen Einführung widmete ich mich dem Nachtdienst. Wieder standen etwa 100 Personen im Raum herum, Opfer einer Razzia auf Trittbrettfahrer, eine jener sinnlosen Militäraktionen ohne Einfühlung und menschliches Verständnis, die angeblich für unsere Wehrmacht so typisch waren und bei den Siegern eigentlich verwundern. Aber auf unsere Meinung pfeifen sie, das bringen sie ganz unbekümmert zum Ausdruck. Die Leute saßen stumpf herum und warteten, bis sie aufgerufen wurden. Sie fühlten, daß sie in dieser Maschinerie wehrlos waren.

Ein volltrunkener heulender Pole wurde hereingeschleppt, gefolgt von einer Deutschen, die atemlos auf mich einredete. Der Pole wollte die bei ihr wohnende Sechzehnjährige vergewaltigen. Zwei betrunkene Amerikaner assistierten dem brüllenden und strampelnden Kerl, den

67) Ein Stabsoffizier, dem die Militärpolizei und die Gefangenen unterstellt sind und der für die Aufrechterhaltung der militärischen Disziplin zu sorgen hat, z. B. durch Verfolgung der Deserteure.

die MP-Leute allerdings schon weich geprügelt hatten. Soweit sind wir gekommen, daß ein Ausländer, der auf eines unserer Mädchen Appetit hat, einfach ins Haus eindringt, um es sich zu nehmen. Der Kerl mußte in ein Krankenhaus geschafft werden. Hoffentlich wird ihm dann der Prozeß gemacht.

Mittwoch, 19. 12. 1945

Das milde Winterwetter hält an. Abende und Morgen sind von märchenhafter Farbigkeit, als wolle uns der Himmel für die Ruinen entschädigen. Ich leide an der Umstellung und kroch sogleich in unser einziges Bett. Mittags weckte mich M., da wir in der Großküche essen; für 14 Uhr hatte sie Kinokarten besorgt.

Das Kino war ungeheizt, dennoch voll besetzt; Ausländer und Jugendliche überwogen. Man merkt, daß die Gymnasien noch geschlossen sind. Nach der üblichen kitschigen Kino-Musik begann die Wochenschau mit der Versicherung, daß sie von den Amerikanern genehmigt sei: Stapellauf des zweiten US-Flugzeugträgers nach Kriegsschluß, Heimkehr eines Flugzeugträgers aus dem Pazifik. Arbeitsaufnahme in der bayerischen Spielzeugindustrie. Theater für britische Besatzer in Salzburg. Sturmfluten in England. Beginn der Kriegsverbrecherprozesse in Nürnberg.

Wiederum folgte die Versicherung, daß auch der Hauptfilm das placet der Besatzung erhalten habe: „Madame Curie", eine kalt kalkulierte Mache, hinter der eine kräftige Industrie stand. Was hätte ein Künstler aus dem Vorwurf herausgeholt! Aber es blieb für die reeducation das völkerversöhnende Motiv und zwei vorbildliche, selbstaufopfernde Forscherleben. Ob es sich hier lohnen wird, ins Kino zu gehen? Die erste Probe hat nicht überzeugt.

Abends lernte ich die dritte Schicht der MP-Leute kennen, Leutnant Krüger und seine Männer, die mir von dem Bataillon die sympathischesten sind. Zunächst herrschte zwei Stunden Ruhe, dann schleppten die Soldaten eine ganze Ladung Mädchen mit Negern herbei. Darunter ein schwarzer Leutnant, der mit Krüger einen erregten Wortwechsel begann. Unter den Frauen befanden sich Fünfzehnjährige sowie Mütter mit drei Kindern. Die Soldaten hatten sie aus den Unterkünften der Schwarzen geholt.

Nach zwei Stunden konnten die Neger abziehen, die Frauen wurden zurückbehalten. Sie werden zu 200 RM Geldstrafe verurteilt und müssen sich, was gleichbedeutend mit 14 Tagen Gefängnis ist, auf Geschlechtskrankheiten untersuchen lassen. Der Wachleiter erklärte mir die Kontroverse zwischen den beiden Leutnants. Weiße Offiziere dulden keine Frauen in Mannschaftsunterkünften, schwarze Offiziere sind großzügiger.

Gegen Mitternacht kam ein Junge und bat mich, ihm im Hause eine Unterkunft zu besorgen. Er war Laufbursche eines US-Majors, der ihm die Dringlichkeit seines Wunsches bescheinigte. Man könne dem Burschen keine Tagesarbeit zumuten, wenn er die Nächte in Bunkern zubringen müsse. Der Junge wies auch eine Bestätigung des Hauptwohnungsamtes vor, daß die ihm zugewiesene Schlafstelle bereits anderweitig belegt sei. Ich wandte mich an einen älteren Soldaten und versuchte, ihm den Fall plausibel zu machen. Der Mann war hilfsbereit. Wir fanden für den Jungen eine warme Bleibe. Sogar eine k-ration[67a]) konnte ich für ihn ergattern.

Diese Einheit hat ein Maskottchen, einen 17jährigen, idiotisch aussehenden verwachsenen Madjaren, der gewöhnlich nach Mitternacht erscheint und sich mit den Soldaten herumbalgt. Das kleine hinkende Scheusal wird fast ausschließlich mit Schokolade gefüttert.

Morgens um sechs Uhr erschien ein Mädchen, die sich als Spanierin ausgab. Sie hätte die Nacht in einem Baderaum des Hauses zugebracht und ein US-Offizier schicke sie her, damit sie sich eine Fahrgelegenheit nach dem Starnberger Bahnhof geben lasse. Der Leutnant hat sie hübsch auf die eigenen Beine gesetzt. Solche Fälle kämen häufig vor, belehrte mich der Wachleiter. Die Offiziere schlafen mit den Weibern und schicken sie am Morgen in den Wachraum zum Abtransport.

Die USA sind zu der Ansicht gekommen, lese ich in der Zeitung, daß es einen Punkt gäbe, wo die Innenpolitik eines Staates nicht mehr dessen eigene Angelegenheit sei, sondern zur Sache aller übrigen Mächte werde. Eine wunderbare Formel für jede Art von Intervention, wie denn auch in der Erklärung Spanien und Argentinien ausdrücklich genannt werden. Im übrigen scheinen sich die Politiker in den USA über die Behandlung des besiegten Deutschland noch durchaus nicht schlüssig zu sein. Aber wer entwirft und zensiert die Fragebögen, und wer bestimmt den offiziellen Ton?

Donnerstag, 20. 12. 1945

Das Barackenlager Hof-Moschendorf wird zur Auffangstelle für 1 000 000 Sudetendeutsche ausgebaut, die in unsere Zone ausgesiedelt werden sollen. Dafür will man die Polen, Jugoslawen, Madjaren und Italiener heimschicken, die sich in Bayern aufhalten. Den Ausländern wird erlaubt, Gepäck in jeder Menge, auch Möbel, mitzunehmen.

Die Nacht wurde diesmal recht anstrengend. Gegen 22 Uhr brachten die Soldaten einen Jungen mit einem Koffer voll Zigaretten, Kleidungsstücken und k-rations herein. Er legte die Bescheinigung eines US-Leutnants vor, der ihm die guten Dinge geschenkt hat. Leutnant und

67a) Amerikanische Eiserne Ration.

Wachleiter diskutieren Stunden, ehe sie sich schlüssig wurden, was sie mit dem Jungen anfangen sollten. Schließlich sperrten sie ihn ein.

Eine halbe Stunde später schleppte eine Streife zwei Franzosen mit Seemannssäcken an. Ein paar Minuten später erschien eine andere mit zwei Esten, die angeblich einen MP-Mann ermordet hatten. Sie steckten noch in deutschen Uniformen und wurden besonders brutal behandelt. Um 23 Uhr eine Herde von Sperrstunden-Überschreitern. Ein alter Mann darunter tat mir leid. Er hatte für sein Enkelkind bei einem Bekannten Spielzeug für den Weihnachtstisch gebastelt und wurde durch eine Radpanne auf der Heimfahrt aufgehalten. Die Streife griff den nur dürftig Bekleideten an der Haustür auf und fuhr ihn über eine Stunde in der Kälte herum, bis der Wagen voll war. Aber was nützt Mitleid?

Pünktlich um Mitternacht kam das Maskottchen. Aber ich war so mitgenommen, daß ich diesmal fest schlief. Nicht lang, denn ein Polizeirevier hatte Schwierigkeiten mit bewaffneten Ausländern und bat um eine Militärpatrouille. Ich mußte sie begleiten. Kaum hatte ich mich wieder hingelegt, brachten die MP's vier Jungen zwischen 17 und 20 Jahren. Sie waren aus russischer Gefangenschaft geflohen und suchten seit Monaten in der britischen und amerikanischen Zone vergeblich nach einer Beschäftigung. Wohl fanden sie ab und zu Arbeit; aber da sich jedes Wohnungsamt weigerte, ihnen eine Unterkunft zu stellen, mußten sie weiterziehen. Die MP sperrte sie seelenruhig wegen mangelhafter Papiere ein; sollte es sich bei ihnen um entlaufene Gefangene aus der Sowjetzone handeln, werden sie den Russen ausgeliefert.

Die MP-Männer betrachten mich mit Mißtrauen, wenn ich unaufgefordert mit ihren Gefangenen spreche. Ich halte mich daher sehr im Hintergrund. Ich bin ja nur der Feind, und sollte ich eine Unbesonnenheit begehen, das Opfer.

Heut sah ich die beiden deutschen Münchner Zeitungen durch, die jetzt zweimal in der Woche erscheinen. Vielleicht ist die Lage unserer Presse in der britischen Zone besser, wo sechs unserer Universitäten ihren Betrieb wieder aufgenommen haben sollen.

Die Zahl der Maschinen in Westdeutschland, welche die Russen als Reparationen fordern, ist so groß, daß die Westmächte vor der Wahl stehen, entweder 20 000 000 Deutsche verhungern zu lassen oder für sie Nahrungsmittel unentgeltlich einzuführen, da wir sie bei Auslöschung unserer Industrie nicht bezahlen können, schreibt Newsweek. Die Sowjets haben offenkundig nicht die Absicht, in ihrer Zone den minimalen Lebensstandard einzuhalten, auf den sich die Sieger im Potsdamer Abkommen geeinigt hatten.

Neuerscheinungen in München:
Ernst Wiechert: Die Jerominkinder
Werner Bergengruen: Dies irae
Eduard Claudius: Grüne Oliven und nackte Berge
Thassilo von Scheffer: Philosophie der Ehe
Gertrud von Le Fort: Der Kranz der Engel

Freitag, 21. 12. 1945

Nachts gab es nur Sperrstunden-Sünder, sodaß ich mich mit den hier herumliegenden Zeitungen und Zeitschriften beschäftigen konnte; danach habe ich fast gut geschlafen.

Die Sowjets sollen seit Kriegsende 7 000 000 Soldaten entlassen haben. Über die US-Entlassungen heißt es: „Die Umschichtung unserer Truppen muß als völlige Desorganisation einer ehemals leistungsfähigen Militärmaschine bezeichnet werden. Nun ist unsere Armee ein Agglomerat Heimwehkranker, die ihre Pflichten vernachlässigen, hinter den Weibern her sind, Gelegenheit zu Schwarzmarktgeschäften suchen und im übrigen Punkte einsammeln[68]), um möglichst rasch nach Hause zu kommen. Die Soldatenzeitung fördert diese Einstellung, indem sie täglich über Transportmöglichkeiten nach der Heimat, über die Lage am Schwarzen Markt und die Chancen der Fraternisierung in den verschiedenen deutschen Städten berichtet. Die Offiziere stellen fest, daß die Moral ihrer Truppen zusammengebrochen ist. Sie geben Washington die Schuld, wo man ihnen weismachte, für eine bessere Welt zu kämpfen." Der Artikel endet mit dem Ruf nach erfahrenen Verwaltungsbeamten, um der Probleme hier Herr zu werden. Die Armee habe nicht gelernt, eine besiegte Nation zu verwalten.

Berichte über Zusammenstöße zwischen deutschen Heimkehrern und US-Soldaten, die sich inzwischen bei deren Frauen eingenistet haben.

Samstag, 22. 12. 1945

Halbtot heimgekommen. Nach dem üblichen Betrieb mit Sperrstundensündern und sonstigen Streifenopfern wurden wir nach Mitternacht beordert, ein Dutzend Miethäuser vom Dachboden bis zum Keller zu durchstöbern, da sich dort angeblich entwichene Gefangene aufhielten. Wie schauerlich und rattenhaft die Menschen in dieser Ruinenwelt hausen, davon gibt erst so eine Razzia nach Mitternacht

68) Die Entlassungen aus der US-Armee erfolgten nach einem ausgeklügelten Punktsystem, bei dem Dienstzeit, Fronteinsatz, Familienstand u. a. berücksichtigt wurden.

einen Begriff. Was war Sue[69]) für ein Phantasie-Stümper gemessen an dem Elend, das sich uns darbot!

Die Soldaten benahmen sich im übrigen korrekt; sie forderten von jedem die Ausweise, die ich zu prüfen und zu übersetzen hatte und wahrten Dezenz und Zurückhaltung bei diesem Auftrag. Neben größter Schmuddligkeit fanden sich rührende Bemühungen um Ordnung; Mädchen, die ihre Kleidungsstücke sauber gefaltet über die Stühle gebreitet hatten, alte Ehepaare, die ihre wenigen geretteten Sachen peinlich in Ordnung hielten. Fast alle Schlafbenommenen nahmen die Nachtstörung wie eine weitere unausweichliche Heimsuchung hin; gegen fünf Uhr kehrten wir ergebnislos und todmüde in unser Quartier zurück. Daheim schlief ich bis tief in den Tag hinein und Müdigkeit überzog wie Schleim auch die restlichen Stunden.

Es ist ja ganz schön, täglich eine k-ration und ein paar Krapfen nach Hause zu bringen, die uns als künftige Fettreserve dienen sollen. Aber wozu bleibe ich die ganze Nacht auf? Um Delinquenten die Ausweispapiere abzunehmen, schwer leserliche Namen zusammenzubuchstabieren, bei Vernehmungen zu dolmetschen und gelegentlich Anfragen zu beantworten? Das hätte ich auch geschafft, ohne mich anderthalb Jahrzehnte auf einen Beruf vorzubereiten. Dennoch muß ich die nächsten Wochen durchhalten, schon um mein Gehalt ausbezahlt zu bekommen. Aber im neuen Jahr will ich mich nach etwas anderem umsehen.

Die Ruinen bedrücken mich, das starke elektrische Licht während der Nachtschicht verbrennt meine Augen. Der Schlaf am Morgen, nachdem ich M. die Nachterlebnisse erzählt habe, ist ein Sumpf voll Traumblasen, aus dem ich beschämt in den hellen Mittag steige. Nachts verschluckt nasser Nebel die Trümmer; er kriecht in den überheizten Raum, wenn ich das Fenster in meiner Ecke öffne. Durch den geborstenen Boden dringt Küchendunst.

Die Soldaten beachten mich kaum. Amerikaner sind in der Regel weder unterhaltsam noch neugierig. Ihre Geselligkeit empfinde ich als völlig geistlos; so halte ich mich hübsch abseits und vermeide, dem guten Rat Cpt. M. folgend, jeden Anlaß zu Gesprächen. Daher staunte ich, als der neue Wachoffizier heute wußte, daß M. ein Kind bekommt.

69) *Eugène Sue* (1804—1857), französischer Romancier, dessen Bücher das Leben in den Armenvierteln von Paris in den vierziger Jahren des 19. Jahrhunderts schildern. Er hatte damit europäischen Erfolg.

Weihnacht 1945

Montag, 24. 12. 1945

Weihnachtstag. Ich sitze still in meinem Eck. Lt. B. ist Wachoffizier, der in seiner Verspieltheit an einen kleinen Jugen erinnert. Bei uns sind solche Typen in den letzten Jahren rasch ausgestorben. Wir lagen ganz anders in der Esse des Lebens, als daß wir die Knaben-Patina bis ins 30. Jahr hätten behalten können.

Bei der SS-Kaserne liegen sich Polen und Neger in den Haaren. Ein paar unserer Jeeps wurden hingeschickt. Ich kann ruhig die Zeitungen durchsehen. Patton ist verunglückt. Stalin wurde 66 Jahre alt. Ich erinnere mich, wie ihm anläßlich seines 60. Geburtstages Hitler ein Telegramm schickte und wie artig er sich dafür bedankte. Beide hatten gerade die vierte Teilung Polens hinter sich gebracht und waren am „Aufräumen" in Osteuropa. Schon damals hätte uns aufgehen müssen, wie sehr Stalin im Vorteil war.

Lichter kriechen durch den Nebel, die Sperrstunde naht. Streifen kommen, lungern ein Stündchen auf den Bänken und gehen aufgewärmt zu ihren Fahrzeugen zurück in die kalte Nacht. Sie sehen in ihren sackigen Zeltjacken und den topfartigen Stahlhelmen häßlich aus. Trotzdem gäbe ich etwas für ihre zweckmäßige Kleidung. Junge Leutnants, rosig wie Marzipanschweinchen, trödeln im Raum herum. Wir hatten ähnliche, nur noch verzogener, arroganter und z. T. ideologisch verhetzter. Jugend sieht überall gleich aus.

Gegen 23 Uhr wird die Szene bewegter. US-Soldaten, die den Zapfenstreich überschritten haben, können im Keller die Nacht gleich absitzen. Auch die um diese Stunde für unsere Arbeit unentbehrlichen Neger mit ihren Liebchen zwischen 15 und 50 Jahren stellen sich ein. Gegen Mitternacht ein weiterer Trubel — keine besonderen Fälle. Ich versuche, im Gang zwischen dem Radio-Raum und dem Zimmer des Leutnants einzuschlafen. Die Gespräche halten mich wach.

Patrouillen werden durch Funksprechverkehr zu Orten geleitet, wo gerade etwas passiert. „Foxmite to Foxmite 2, over." Wie oft habe ich das während meiner Soldatenzeit gelesen und abgehört! Ich denke an M.; sie ist mit Lektüre versorgt. Das Licht der Christbäume vor dem Fenster stört mich. Draußen heben sich die ausgebrannten Mauern der großen Häuser auf dem dunkelblauen Himmel schwarz ab. Ich habe kein Weihnachtsgeschenk für meine Frau, nur die tägliche k-ration.

Dienstag, 25. 12. 1945

Mein Vorgänger ist nicht mehr da; es muß etwas vorgefallen sein. Ein riesiger Neger schläft vor mir auf der Bank. Bis Mitternacht werden nur Amerikaner hereingebracht. Die Sperrstunde für Deutsche ist auf Bitten Kardinal Fauhabers[70]) bis um 3 Uhr verlängert worden.

Eine Leseprobe aus dem Japan-Buch von Homer Lee[71]). Zum ersten Mal rührt mich unter Amerikanern ein Genius an. Herrlich seine Formulierungen (never has Egypt smiled), seine historischen Parallelen, seine Konzeption der Macht! Wie kleine Krämer wirken neben ihm die allmächtigen US-Politiker von heute.

Vor den Fenstern unseres Gebäudes spielen vier Bläser Weihnachtslieder. Die MP-Soldaten werfen ihnen Geldscheine zu. Schnee fällt durch dunkle Bläue. Ich unterhalte mich mit einem jungen GI im Keller, wo die Rationen ausgegeben und die Gefangenen bewacht werden. Er will nicht urteilen, sondern lernen, erklärt er und ist beeindruckt von dem, was ich ihm über unser Leben erzähle. Vielleicht ist diese neue US-Generation, die Europa mit offenen Augen sieht, eine Hoffnung. Er gab mir zwei k-rations, weil heut Weihnachtstag ist und wünschte mir und M. ein frohes Fest. Die spontane Zuneigung dieses netten Jugen war für mich ein schönes Weihnachtsgeschenk.

Nach Mitternach im Radio-Raum Großbetrieb. An Schlaf war nicht zu denken. Wie ordinär die Kerle sind! „I can't use Lotte this night. She has the regel. Can't you send me another girl?" — Die andere Seite schien mehr als ein Angebot auf Lager zu haben, denn lang wurde um das Fleisch gefeilscht. Aber sind nicht auch diese Zustände auf das Schuldkonto der Nazis zu setzen? Wenn man die Männer an den Fronten verbluten läßt, liefert man die Frauen den Siegern aus.

Gegen 3 Uhr wurde ich ins Wachlokal geholt. Ein Pole, eine Deutsche und zwei unserer Polizisten stehen vor der Schranke. Der Pole ist sternhagelvoll und benimmt sich entsprechend unflätig. Das Mädchen, ein ungewöhnlich schönes und zartes Geschöpf erzählt den Hergang, wie der betrunkene Uniformierte die Passanten kontrolliert und auch ihren Ausweis forderte. Nachdem sie ihn vorgezeigt hatte, versuchte er zudringlich zu werden. Da sie knapp vor ihrer Haustür stand, schloß sie schnell auf und schlüpfte ins Haus. Aber der Kerl folgte ihr, stieß ihre Eltern zur Seite und ergriff eine in ihrem Zimmer stehende Schreibmaschine, mit der er verschwand.

Darauf verständigte sie unsere Polizei. Die lauerte dem Kerl vor der SS-Kaserne auf. Richtig kam er in einigen Minuten mit seiner Beute angetrabt. Mit Mühe schleppten sie ihn ins Revier, wo er in Wut geriet, die Polizisten bedrohte und die Maschine demolierte, ohne daß unsere Leute einschreiten konnten. Denn alles, was allierte Uni-

70) *Michael Faulhaber* (1869—1953), Kardinal, seit 1917 Erzbischof von München und Freising. 1933/34 trat er in seinen Predigten dem nationalsozialistischen Rassenwahn entgegen.

71) *Homer Lee,* lebte jahrzehntelang in Japan und erschloß seinen Landsleuten den Geist Japans.

form trägt, ist für sie tabu. So riefen sie bei uns an und ließen den Kerl abholen.

Er war auch hier außer Rand und Band, schwor, uns alle umzubringen, was ich gern übersetzte, zumal die Haltung der herumsitzenden Militärpolizisten nicht eindeutig war. Sie sperrten ihn trotz seinem Randalieren ein. Am Donnerstag soll die Verhandlung sein. Vorsichtig erkundigte ich mich, wer dabei dolmetsche. Ausschließlich Ausländer, versicherten mir die Kollegen. Deutsche werden zu solchen Diensten grundsätzlich nicht verwendet. Der Räuber braucht nur einen mit ihm sympathisierenden Übersetzer finden und er kann weitermachen.

Mittwoch, 26. 12. 1945

Gestern hatte ich einen Anfall von Übelkeit; M. war erschrocken über mein Aussehen, als ich heimkam. Sie kochte mir Haferbrei, der mir wohltat. Ich ging wieder zum Dienst; es ist gut, daß kein Betrieb herrscht; ich bin wirklich schonungsbedürftig. Ich lese in Charles Beards „REPUBLIC"; die amerikanische Verfassungsgeschichte in Ehren, aber könnte sie nicht ebenso die Geschichte einer Firma sein?

Neue Auftritte; ein greinender US-Soldat, ein 190 cm großes Baby, das im Suff ein paar unserer noch heilen Fensterscheiben zerschlagen hat, möchte vom Wachoffizier durch Tränen die Absolution erteilt bekommen. Die üblichen Negerhuren, darunter eine 18jährige aus Bruchsal, von den schwarzen Etappenhengsten nach München mitgeschleppt und von unserer MP frisch aus dem Bett geholt, gerade daß sie ein leichtes Sommerfähnchen übergeworfen hat, frech, selbstbewußt, mit allen Lastern geimpft, ohne Scham. Daneben eine 16jährige, ein kleines, schmuddliges Ding, für die Nachtgestalten wie geschaffen. Auf dem Boden ausgebreitet ein riesiges Bündel von Decken, Schlafsäcken, Strümpfen, Seife, Schokolade, Konfekt und Kochgeschirre voller Überreste. Da die Schlampen zum Abspülen zu faul waren, hatten die Neger immer wieder neue angebracht.

Die MP-Leute, alle Frontsoldaten, hassen die Farbigen. Im Kampf taugten sie nichts, sagen sie, aber nun spielen sie mit ihren Sachen die feinen Leute. Auch wenn man gebotene Zurückhaltung übt, weiß man nach einigen Tagen über die Neigungen und Abneigungen dieser

72) *Charles Austin Beard* (1874—1948), amerikanischer Historiker und Stadtreformer. B. lehrte an der Columbia-Universität, wo er seine Lehrkanzel aus Protest gegen Amerikas Eintritt in den Ersten Weltkrieg zur Verfügung stellte. Später unterstützte er Roosevelts New Deal, bekämpfte aber seine Außenpolitik. In seinen Büchern betont er die materialistischen Züge des amerikanischen Charakters sehr stark. Seine in Zusammenarbeit mit seiner Frau Mary geschriebene „Entstehungsgeschichte der amerikanischen Zivilisation" ist eine vorzügliche Sozialgeschichte des amerikanischen Volkes. Beards historische Leistung fand viele Bewunderer, hat aber namentlich in der ihm folgenden Generation auch Widerspruch erfahren.

Männer Bescheid. Komplexe Naturen sind kaum darunter. Einige spezialisieren sich auf Deutsche; sie bringen selten Ausländer oder US-Kumpane angeschleppt. Andere haben es eindeutig auf Farbige und deren unerlaubte Verhältnisse abgesehen, wieder andere auf Schwarzhändler. Alle finden in den Ruinen reiche Jagdgründe. Selten gehen ihnen an einem Tage weniger als 100 Fälle ins Netz. Die kleinsten Fische sind die Sperrstundensünder. Sie werden summarisch gebucht. Bei Einzelanschuldigungen hingegen kommen zuweilen beträchtliche Delikte ans Tageslicht. Mich hat diese niedrige Sphäre des Lebens nie fasziniert, die ich nun obendrein in Verbindung mit Soldaten erlebe, die sich der Gerechtigkeit zu keiner Zeit sonderlich dienstbar fühlten.

Im allgemeinen gefallen mir die Burschen. Sie sind kerngesund und in ihren Instinkten kaum verdorben. Die ihnen eingeflößten Haß- und Rachegefühle verdunsten daher bald in ihren mächtigen Leibern. Im Gegenteil, angesichts des täglichen Anschauungsunterrichts fragt sich der eine oder andere unwillkürlich, mit welchem Recht diejenigen, die gehaßt hatten, ohne zu kämpfen, die belehren, die gekämpft haben, ohne zu hassen. Die meisten sind freundlich zu mir. Charakteristisch für ihre Einstellung war z. B. die Geste, daß sie die große Torte heut nacht erst wegschafften, nachdem sie mir ein gewaltiges Stück davon abgeschnitten hatten.

Abends las ich Trumans Weihnachtsbotschaft an die Welt, in der er großzügig die Einwanderungsquote für die USA auf 39 000 Köpfe jährlich festsetzt, was ungefähr der Zahl der Besatzungs-Amerikaner in München entspricht.

Donnerstag, 27. 12. 1945

In letzter Zeit suchen mich seltsame Träume heim. Vielleicht mag dies mit der Stärke meiner Sehnsucht nach einer anderen Existenz zusammenhängen. Heute fand ich mich in einer dunklen Sezessionslandschaft, in Räumen, wie man sie um die Jahrhundertwende einrichtete, mit Blumen und Gewächsen von der Riviera. Auch die Nacht, in der sich die Traumvorgänge abspielten, erinnerte an die französische Südküste. Die Handlung war wirr; ich hatte zu vielen Büchern Zugang, in denen ich nachschlug und las. Man erlebt ja im Traum gern literarische Kunststücke, wenn man aufs Schreiben versessen ist. Ich befragte die Bücher in einem Disput mit einer dunklen Dame, die aus irgendeinem Grunde dagegen war, daß ich die Universitätslaufbahn einschlug. Wie gewöhnlich fehlte dem Traum der vernünftige Ausgang; er verrät aber, wie wenig ich mich geistig ausgelastet fühle.

Abends Ruhe. Um 21 Uhr werden zwei Sudetendeutsche angeschleppt, die in einem Karton Fleisch, ein halbes Pfund Butter, Konserven und andere Lebensmittel mit sich führen. Die Nahrungsmittel werden achtlos abgestellt und verkommen im Wachlokal. Um 22 Uhr ein neuer Schub, ein hünenhafter Pole mit einem verhungerten deutschen Bahnpolizisten. Der Pole hat amerikanische Zigaretten und Seife im Rucksack; auch er wird um seine Sachen erleichtert.

Aufregender ein anderer Fall. Wiederum ein Pole, der in einem Hause nach seinem Landsmann suchte. Wie es jetzt üblich ist, betritt er, ohne anzuklopfen die Wohnungen. Diesmal wird er aber von einem Eisenbahner gestellt, der vom ungebetenen Besucher den Ausweis zu sehen fordert. Der Pole war im KZ Dachau und besitzt die entsprechenden Papiere. Racheschnaubend entfernt er sich. Zufällig läuft ihm unser US-Italiener über den Weg, zu dessen Spezialität Deutschen-Jagden gehören.

Mit ihm dringt er nochmals ins Haus ein. Der Eisenbahner war vom Nachtdienst heimgekehrt und hatte sich inzwischen niedergelegt. Als er die Stimme des Polen hört, denkt er nicht daran, die Tür zu öffnen. Die beiden treten sie ein und durchsuchen sein Zimmer. Sie finden einen Gartenschlauch, den sie als Totschläger deklarieren. Der Mann wird mitgenommen; die Anschuldigung lautet auf SS-Verdacht, Widerstand gegen die Militärpolizei und Waffenbesitz. Der Eisenbahner wird dem CIC übergeben.

Nach einer Weile ruft die UNRRA vom Deutschen Museum an. Zwei betrunkene Polen belästigen die Wache. Ich verständige den Funkraum, der eine Patrouille in die Gegend dirigiert. Nach einer Weile erscheint sie mit den Delinquenten. Der eine ist ein breiter, ausgefressener Kerl von der komischen Heiterkeit, die manchen Betrunkenen eignet. Bald unterhält er das ganze Lokal mit seinen Späßen. Der andere, ein Kümmerling, heult. Der Kontrast zwischen den beiden hat immer neue Lachsalven zur Folge. Ich quäle mich, ihre Daten herauszubekommen. Mein polnisches Fluchen erweckt in ihnen nur Heimatgefühle! Am liebsten umarmten sie mich. Die Amerikaner grölen.

US-Verhaltensregeln

Wie unentwegt die Soldatenpresse den Haß schürt, zeigt der folgende Artikel in „ARMY TALKS“: Was kann ich tun? „Sei mißtrauisch gegen jedermann. Prüfe sorgfältig, was sie dir erzählen (unter „sie“ sind wir gemeint). Äußere nichts Abfälliges über die USA, die Armee, unsere Verbündeten. Melde sofort verdächtige Nazis oder Verstöße gegen Befehle der Militärregierung und Anordnungen lokaler Behörden (eine Karikatur zeigt Deutsche beim Turnen). Verbreite keine an den Nazis orientierten Rassenmythen oder -vorurteile.

Verhalte dich immer wie ein guter Soldat. Achte auf deine Uniform und benimm dich ordentlich in der Öffentlichkeit. Vergiß nie, daß du als Eroberer hier bist und nicht als Befreier.

Entlarve die Lügen, an die Deutsche mit ihrer Nazi-Schulung unbewußt glauben. Und vergiß nie ihre schlechten Eigenschaften, wenn du ihre guten bewunderst.

Wirb für die Demokratie, wann immer sich Gelegenheit bietet. Wenn du in ein Fräulein verliebt bist, dann verkauf dich nicht ihretwegen an Deutschland.

Sei höflich aber kurz angebunden mit Deutschen. Alle Deutschen sind schuld am Kriege. Glaube und sage nicht: Vergeben und vergessen. Tu freudig, was von dir verlangt wird, und so gut du es kannst. Bist du mit deinen Offizieren, deiner Arbeit und deinen Lebensumständen unzufrieden, so zeige es den Zivilisten nicht."

Freitag, 28. 12. 1945

Nach 6 Uhr kann ich heimgehen. In so früher Stunde begegnet man kaum Passanten, leider auch nur wenigen Elektrischen. Meist schaukeln die falschen Archen an mir vorbei, wenn ich frierend und übernächtigt in den Schutthalden warte. Nur Hauptstraßen sind beleuchtet. Neulich fuhr mich ein Radfahrer an, der natürlich ohne Licht und wahrscheinlich auch todmüde vor sich hin strampelte.

Kommt endlich meine Straßenbahn, krieche ich in eine Ecke und zähle halb im Schlafe die vier Stationen bis zum Ostbahnhof. Als Orientierung dient mir der große Lichterbaum vor dem Bahnhof, der heut leicht überschneit war und wie lebendig schwankte. Den Weg zu unserem Haus laufe ich, über Pfützen setzend, bis ich endlich in der Stube stehe und M. aufwacht, wenn ich ihr meine Schätze aufs Lager lege, die k-ration, Krapfen, zuweilen eine Fleischdose. Wir hungern nicht mehr, seit ich mich an die neue Umwelt angepaßt habe.

Wenn ich dann im Bericht die Nacht nochmals durchlebe, werde ich ganz lebendig, zumal mich M. immer wieder mit Fragen unterbricht. Erst bei Tagesgrauen kehrt im Zimmer Ruhe ein. M. geht still ihren Besorgungen nach, während ich gegen Mittag aufwache. Auf diese Weise verliere ich die Vormittage, meine beste Schaffenszeit. Wie wenig ich mit den restlichen freien Stunden anfangen kann, wird mir immer schmerzlicher bewußt. Aber die Erschöpfung der ersten Woche ist überwunden.

Sowohl die Türkei als auch Spanien haben erklärt, daß sie lieber einen Krieg riskierten, als das Eingreifen der Amerikaner in ihre inneren Angelegenheiten zu dulden.

Die Franzosen haben, britischem Vorbild folgend, die Saargruben beschlagnahmt. Im übrigen tragen sie sich mit dem Gedanken, die

Truppen in ihrer Zone zu reduzieren, die zahlreicher sein sollen als unsere Besatzung im großen Frankreich während der Jahre 1940/44 war.

Ein Novellenstoff aus einer italienischen Zeitung: *Dora Camuzzo aus Fara Sabina bei Rom verkaufte auf dem Markt für 180 000 Lire zwei Kühe. Da die italienischen Straßen von Räubern wimmeln wie im Risorgimento, hatte sie Angst, das Geld unmittelbar heimzunehmen. Sie stellte sich daher bei ihrem Bruder ein und bat um seine Begleitung. Der gab vor, viel zu tun zu haben, lieh ihr aber seine Pistole. Sie machte sich damit auf den Heimweg; unterwegs traf sie zwei Leute aus ihrem Dorf. Denen erzählte sie von der Pistole, die ihr der Bruder mitgegeben hatte. Sie waren neugierig auf die Waffe, ließen sie sich zeigen, untersuchten sie und fanden, daß sie nicht geladen war. Zufälligerweise besaßen sie die dafür passenden Patronen. Sie luden das Schießeisen und gaben es der Frau zurück. Dann verabschiedeten sie sich.*

Ein wenig später sprangen aus einem Gebüsch zwei Maskierte hervor und forderten sie barsch auf, das Geld herauszurücken. Noch ehe sie die Frau erreicht hatten, zog diese die Pistole und streckte die Räuber mit mehreren Schüssen nieder. Als sie ihnen die Vermummung vom Gesicht nahm, sah sie zu ihrem Entsetzen, daß sie Bruder und Schwager erschossen hatte.

Sonntag, 30. 12. 1945

Gleich zu Schichtbeginn wurde eine Bande Jugendlicher angeschleppt, vier Burschen zwischen 17 und 21 Jahren und zwei 16jährige Mädchen. Sie hatten ein Auto gestohlen und waren damit in einem Tempo losgebraust, das zwangsläufig die Aufmerksamkeit der Streifen auf sich ziehen mußte. Eine angebrochene Flasche Fusel, welche die MP-Soldaten aus der Tasche des selbstgebackenen Fahrers holten, läßt vermuten, daß sie sich zu ihrem Unternehmen Mut angetrunken hatten. Bei der Wagenkontrolle kamen außerdem zwei geladene Pistolen zum Vorschein; zwei Rucksäcke enthielten US-Uniformen, Schuhe, Seife, Suppenwürfel, Mehl usw. Sie hatten gut vorgesorgt. Dabei sahen sie keineswegs schüchtern, sondern recht verwegen drein und als ein Soldat das kleinere, noch ganz kindlich aussehende Mädchen nach Waffen abtastete, wäre einer der Jünglinge fast handgreiflich geworden. Ich hatte große Mühe, ihnen klar zu machen, in welcher gefährlichen Lage sie sich befanden. Mir ging ihr Fall nahe; wer mochte diese halben Kinder im Kriege erzogen haben? Die Wachsoldaten stahlen ihnen einen Wecker, wogegen sie heftig protestierten. Natürlich half es nichts. Erst gegen Mitternach wurden sie abgeführt.

Meine Tschechisch-Kenntnisse scheinen sich herumgesprochen zu haben, denn gelegentlich muß ich jetzt Streifeneinsätze gegen Ausländer begleiten. Zwei Mitglieder der polnischen provisorischen Brigade wurden wegen Urlaubsüberschreitung eingesperrt, ebenso ein Angehöriger einer jugoslawischen Kompanie. Was für seltsame Militär-Formationen sich auf unserem Rest-Territorium bilden! Ein gesuchter Pole, den man bei einer Frau fand, wies sich mit drei Zuweisungsscheinen des Münchner Wohnungsamtes aus. Das werde ich diesen Kerlen gelegentlich vorhalten!

Die MP's gingen wohl bei den Anglern in die Schule; im Umgang mit Offiziersliebchen wissen sie, wie man die gefangenen Fische sich müde zappeln läßt. Heut hing ein Captain mit einem polnischen Mädchen an ihrer Schnur, das Tränen ob der unwürdigen Behandlung vergoß, die sie von Verbündeten erfuhr. Der Captain rannte wie ein wild gewordener Stier durch die Gänge, aber der Arm des Gesetzes blieb unbeugsam, zur heimlichen Freude aller, die zusahen. Einige unserer Kriegsgefangenen, Versprengte eines Transportes, waren unter den Sperrstundensündern. Ich wechselte mit den Ausgemergelten einige Worte. — Wenn man Arbeit hat, ginge es, meinten sie; aber in den Lagern wäre der Hunger groß. Sie kamen aus Italien, wo noch Hunderttausende unserer Soldaten festgehalten werden.

Ein hünenhafter MP-Mann wollte von mir den deutschen Ausdruck für eine menschliche Haltung wissen, die alle unsere Vorstellungen von Würde und Anstand verletzt. Natürlich bezog sich seine Frage auf das weibliche Geschlecht bzw. die Auswahl, die ihn beschäftigt. Ich probierte alle Adjektiva aus, die sich im schlechten Sinn mit dem Wort „Weib“ assoziieren lassen, bis ich auf den Ausdruck „ruchlos“ stieß. Er freute sich wie ein Kind, als ich ihm das Wort erklärte und aufschrieb; er wird davon jetzt reichlich Gebrauch machen.

An der russisch-polnischen Grenze überfallen während der Markttage größere Banden kleine Städte und nehmen Bauern und Geschäftsleuten die Waren ab, nicht ohne, bevor sie verschwinden, Krankenhäuser, Schulen und Bedürftige mit einem Teil ihrer Beute zu beschenken. Die Behörden sollen dagegen machtlos sein.

McNarneys[73]) erster Lagebericht über die US-Zone: Fortschritte sind nur in der Zerstörung und Ausplünderung des Landes erzielt worden; er beschuldigt die Franzosen der Sabotage des Potsdamer Abkommens und hält es für unmöglich, ein Existenzminimum für die Bevölkerung zu sichern, solange die künstliche Zerstückelung des

73) *Joseph Taggart McNarney,* geb. 1893, US-General und Eisenhowers Nachfolger als Oberstkommandierender der US-Truppen in Europa und Militärgouverneur der US-Zone.

Wirtschaftsraumes nicht rückgängig gemacht wird. Gleichmütig sagt er ferner einen weiteren Anstieg der Kriminalität im Hinblick auf die allgemeine Unzufriedenheit und die Verschärfung der Not im Winter voraus. Er bemängelt, daß es in der US-Armee mehr Obristen als Leutnants gibt und stellt lapidar fest: „Leutnants und Hauptleute sind für jede Armee wesentlich, zu viele Obristen wertlos."

14 000 Madjaren sollen nach Ungarn zurückbefördert werden. Bekanntlich haben mehrere ungarische Divisionen in Bayern kapituliert. 75 000 weitere sollen folgen, wenn genügend Kohle für ihren Rücktransport vorhanden ist.

Die Briten wollen dem amerikanisch-russischen Beispiel folgen und deutsche Wissenschaftler für englische Firmen dienstverpflichten. In ihrer Zone ist an den sechs Universitäten der Vorlesungsbetrieb wieder im Gange. Auch Engländer studieren an unseren Hochschulen.

Die Italiener klagen, daß sie durch die letzten Kardinalsernennungen Pius' XII. die Majorität im Konklave verloren haben. Will etwa der Papst Kardinal Spellman[74]) als seinen Nachfolger aufbauen? Immerhin hat Pius XII. als einziger Worte für unsere Kriegsgefangenen gefunden. Seit Jahrhunderten gab es keinen Nachfolger Petri, der unserem Schicksal so verbunden gewesen wäre wie Pacelli.

Alle deutschen Cognac-Bestände unserer Zone wurden beschlagnahmt, angeblich um wenigstens einen Bruchteil der Besatzungskosten zu decken. Zwar erhalten die US-Offiziere genügend Alkoholika, heißt es in dem Bericht, aber die Mannschaften bleiben durstig. Der GI ist dem Trunke genau so ergeben wie jeder andere Soldat. Die Steigerung des Alkoholkonsums wird die Moral der Truppe kaum heben, die den Verantwortlichen ohnedies wenig Freude bereitet.

Montag, 31. 12. 1945

Abends suchten uns ein russischer Oberstleutnant und ein Ingenieur auf. Der Offizier war etwa meines Alters, von guter Haltung, ein klares Willensgesicht ohne viel Ausdruck, noch nahe der Primitivität. Der Ingenieur eine mächtige Gestalt; beide hatten die Anschrift eines US-Obersten, den sie nicht finden konnten. Nun brauchten sie ein Nachtquartier. Es fiel mir schwer, mich mit ihnen zu verständigen, Russisch ist vom Tschechischen doch recht weit entfernt; es fand sich aber unter den Soldaten ein gebürtiger Pole; gemeinsam brachten wir

74) *Francis Joseph Spellman* (1889—1967), amerikanischer Kardinal. Als erster amerikanischer Geistlicher diente er 1925—1932 im vatikanischen Staatssekretariat. Pius XII., mit dem ihn Freundschaft verband, ernannte ihn 1946 zum Erzbischof von New York und Kardinal. Gleichzeitig war er Militärvikar der US-Streitkräfte und bereiste in dieser Funktion die ganze Welt. Im unmittelbaren Nachkrieg galt er als einer der prominentesten Amerikaner.

heraus, was sie wünschten. Der Oberstleutnant sprach ein paar Worte Deutsch, aus denen ich entnehmen konnte, daß sie Industriewerke besuchen wollten.

Zwei Polen wurden festgenommen, die Pistolen bei sich trugen. Die MP-Leute machten mit ihnen wenig Federlesens. Den einen begleitete seine Frau und deren Mutter. Ich bat nachdrücklich, wenigstens die Frau freizulassen; sie war hochschwanger. Eine Patrouille fuhr sie schließlich heim. Polen haben kein Recht, Waffen zu tragen. Sie dürfen ebenso wenig wie US-Soldaten in unsere Wohnungen eindringen. Befugt dazu sind nur MP-Offiziere sowie Soldaten, wenn sie einen entsprechenden Befehl vorweisen können, natürlich auch Kriminalpolizei, wenn eine Anklage vorliegt. Es gibt also auch für uns Rechte; was wir täglich erleben, sind Übergriffe. Wir würden uns sicherlich entschlossener wehren, wenn wir über unsere Rechte Bescheid wüßten. Aber niemand nimmt sich die Mühe, uns darüber aufzuklären.

Knapp nach der Sperrstunde wurde ein Mädchen mit einem jungen Mann aufgegriffen und zu uns gebracht. Die Kleine kam über Österreich aus Danzig und war nachts in München eingetroffen. Der Junge wollte sie zu einer Frau bringen, die eine Schlafstelle frei hatte. Das Mädchen gab an, von den Russen völlig ausgeraubt worden zu sein. Sie hatte keine Papiere. Beide mußten im Gefängnis übernachten.

Eine Sperrstundenübertretung kostet 100 RM oder 10 Tage Gefängnis. Die enormen Beträge, die auf diese Weise einkommen, fließen der UNRRA zu. Frau F., die in einem Wäschegeschäft arbeitet, erzählte uns, daß dieses 60 % der Lagerbestände an die UNRRA habe abführen müssen. Dabei werden nur Artikel in den gängigen Größen angenommen, die ausgefallenen bleiben zurück. Nun wissen wir, warum M. trotz ihrem ständigen Herumlaufen auf ihre Bezugscheine nichts einlösen kann.

Dienstag, 1. 1. 1946

Das Neue Jahr begann ich in der MP-Zentrale. Die Wachablösung hatte eine Batterie Flaschen aufgebaut und neben den üblichen Krapfen für den Nachtdienst gab es eine große Tafel mit Fruchtschnitten, Torten und anderen guten Dingen. Es herrschte ein ständiges Kommen und Gehen, sodaß an Ruhe nicht zu denken war und ich mich daher zum Sergeant in den Funkraum setzte, der mir seine Ansichten über Deutschland entwickelte.

Da wir den Krieg angezettelt haben, müssen wir nun für die Folgen gerade stehen, sagte er. Ihm als US-Bürger sei dieser erbärmliche Kontinent mehr als gleichgültig; wenn es nach ihm ginge, könnten die Russen auch den Rest Deutschlands haben. Aber wegen des Weltgleichgewichts ginge das nicht. Im übrigen habe er für die größere

Härte der Russen, Briten, Franzosen usw. gegen uns Verständnis. Sie hätten unsere Besatzung erlebt bzw. durch uns schweren Schaden erlitten. Den Amerikanern hätten wir nichts getan, nur den Krieg erklärt und sie dadurch gezwungen, Soldaten zu werden. Eigentlich spricht für sie, daß das von vielen als ein Verbrechen angesehen wird.

Er stellte dies mit jener unbedingten Teilnahmslosigkeit fest, mit der man zu einem chronischen Schuldenmacher spricht, und es war immerhin die Stimme einer Jugend, die über die Dinge nachdenkt, die ihr begegnen. Für die Amerikaner ist, wenn sie denken, die Wirklichkeit in erster Linie eine wirtschaftliche Realität, und das Interesse, das sie an unserer Zukunft nehmen, wird bedingt sein durch die Rolle, die wir in einem zukünftigen europäischen Wirtschaftsgefüge übernehmen werden. In dieser Beziehung erheben wir uns dann vom Objekt ihrer Machtausübung zum Subjekt ihrer Kalkulation.

Gegen Morgen trafen zwei deutsche Polizisten ein, die darum baten, die MP möge die SS-Kaserne nach Bandenmitgliedern durchsuchen, die entlegene Bauernhöfe überfallen, die Frauen geschändet, die Wertsachen geraubt und dabei auch einen Mord begangen haben. Ein Teil der Banditen sei festgenommen und geständig. Der Bandenchef und seine Haupthelfer wären ins Polenlager in der SS-Kaserne geflüchtet. Sie gaben die Zimmernummer an, wo die Kerle sich aufhielten.

Es dauerte ziemlich lange, ehe das US-Kommando startklar war; anscheinend bereitete es Schwierigkeiten, am Neujahrsmorgen zehn nüchterne GI's zu finden. Die Amerikaner trugen Maschinenpistolen, auch der eine der deutschen Polizisten war bewaffnet, der andere wie ich waffenlos. Der Kasernenkomplex liegt außerhalb der Stadt, ein ordinärer Zweckbau der hitlerischen Aufrüstung. Einzelne Gebäudeteile sind beschädigt, der burgartige Haupttrakt jedoch intakt. Wir fuhren durch die Wache, ohne des dort lungernden Personals zu achten, das sofort den Lagerleiter alarmierte, der herbeieilte und gegen die Invasion laut protestierte.

Ich hielt es für zweckmäßig, sich seiner zu bedienen und erklärte es dem US-Leutnant, den ich aus vorhergegangenen Nachtdiensten als zugänglichen Mann kannte. „Versuchen wirs", meinte er mißtrauisch. Damit war des Polen Wunsch erfüllt und der Mann hat uns loyal geholfen.

Der Kontrast zwischen markigen SS-Sprüchen über Deutschland, Reich, Pflicht, Ehre, Treue, wie sie über jeder Tür zu lesen waren und dem polnischen Heerlager dahinter war ein Erlebnis. Die meisten schliefen, als wir in die Stuben einbrachen — es ging schon auf den Morgen zu — Männlein und Weiblein bunt durcheinander. Ihre naturhafte Basis war entsprechend breiter als das, was wir von Razzien in unseren Häusern gewohnt waren. Frauen, denen die Krampfadern wie heruntergerutschte Strümpfe um die Beine hingen, Männer mit den breiten östlichen Gesichtern, all das blickte auf uns Deutsche mit unverhohlenem Haß, während es die MP's eher belustigte. Die Amerikaner griffen die gesuchten Burschen mühelos heraus, die viel zu betrunken waren, um an Widerstand zu denken.

Es war 10 Uhr, als ich zwischen den Trümmerbergen, die bis über das erste Stockwerk der zusammengefallenen Häuser reichten, die ratternde Elektrische bestieg und daheim M. bat, gleich aufzubrechen und mit mir aufs Land zu fahren. In Grünwald lag noch eine dünne Schneeschicht und wir genossen das lang entbehrte Glück, durch einen winterlichen Wald zu laufen und freuten uns über die sauberen Häuschen, die seinen Rand säumten — viele davon hatten wohl neue Einquartierung. Im Forsthaus wärmte sich M. auf und noch ehe die Dämmerung einbrach, erwischten wir eine Elektrische an der Endhaltestelle. Daheim zündeten wir den Christbaum an und verlebten einen schönen Abend, bis es Zeit wurde, zum Dienst zu gehen.

Mittwoch, 2. 1. 1946

Müde, so müde von der 48stündigen Schlaflosigkeit, daß ich an meinem Tischchen fest einschlief. Das ganze Podium grinste zu mir herunter, als ich auf den wiederholten Ruf des desk sergeant endlich wach wurde, um bei der üblichen Vernehmungsprozedur zu assistieren. Er war großmütig und hieß mich zeitig das Lager aufsuchen. Aber nun hatte ich die Müdigkeit überrissen und es wurde wieder 2 Uhr, bis ich einschlief. Der Diensthabende im Funk-Raum neben meinem Lager hatte Besuch und berichtete in dem gröhlenden Tone der Primitiven endlos von seinen amourösen Erfolgen. Die Sorglosigkeit, die Überernährtheit und der laxe Dienst machen die meisten dieser Kerle zu wahren Hurenböcken und streunige massive Sinnlichkeit prägt ihre Ausdrucksweise; unsere Landsersprache war Mädchenpensionats-Deutsch dagegen. Aber es gibt bei der Militärpolizei auch viele Soldaten, die ganz anders sind und mit denen eine Unterhaltung Freude bereitet.

Vor mir liegt ein Artikel Menckens[75]), dessen zustoßender kritischer Geist sich auch im Berlin der zwanziger Jahre Beachtung erzwungen hätte. US-Spitzenleistungen sind gar nicht so verschieden von den unsrigen, vielleicht einfacher in der psychologischen Struktur entsprechend der kürzeren Tradition. Nur der Alltag bietet die kräftigen Kontraste, die jedoch weitgehend das Ergebnis einer anders orientierten Gesellschaftsordnung sein dürften.

75) *Henry Louis Mencken* (1880—1956), amerikanischer Schriftsteller und Zeitschriftenherausgeber. Er machte die USA mit Friedrich Nietzsche und G. B. Shaw bekannt und übte bis in die dreißiger Jahre einen starken Einfluß auf das literarische Leben Amerikas aus.

Die offene Art, in der dort Geld Ansehen und sozialen Wert bestimmt, wäre in Europa selbst nach diesem Kriege undenkbar. So schildert LIFE in der letzten Nummer die Einführung der Millionärstöchter in die Gesellschaft. Fette Leutnants umstelzen die weißberobten Gänschen, neben deren Namen jeweils vermerkt wird, womit der Vater sein Vermögen erworben hat. „Geschäftserfolge bringen in den USA höheres Ansehen als jede andere Art menschlicher Betätigung“ stellt Mencken fest.

Vielleicht ist dies nicht einmal ein so großes Übel, wie es uns eingeredet worden ist. Macht an sich, losgelöst von Tradition und Sitte, Macht als krankhafter Größenwahn führt jedenfalls zu weit schrecklicheren Folgen, wie wir gerade erlebt haben. Wahrscheinlich machen wir es uns zu billig mit unserem Hochmut gegenüber dem Gelde. Letztlich haben Industriespenden den Ausschlag gegeben, daß Hitler Ende 1932 nicht bankrott ging, sondern einen Monat danach Reichskanzler wurde.

Von unseren vier Zonen hat die britische durch Luftangriffe und Erdkämpfe am schwersten gelitten. Die Versorgung der Bevölkerung ist dort am schlechtesten; selbst an Brennmaterial wurde bisher je Kopf lediglich ein Zentner Kohle zugeteilt, wobei die Leute im Ruhrgebiet die Schächte vor der Haustür haben. Dagegen sind die Kasinos der Besatzung derart überheizt, daß deren Fenster Tag und Nacht offen stehen.

Die Engländer treten in der Öffentlichkeit kaum in Erscheinung; sie benehmen sich viel reservierter und unauffälliger als die Amerikaner. Allerdings fehlt ihnen deren Menschlichkeit und Herzenswärme. Trotz allem Haß und aller Nachteile dürften wir in der US-Zone noch am besten fahren.

Ausgezeichnet finde ich die Polemik John Stuart Mills[76]) gegen die Devise „Die Wahrheit siegt“ (T. G. Masaryk[77]) hat sie von den Hussiten übernommen und zum Kernspruch seines Staates gemacht). Die Geschichte ist voller Beispiele, wo die Verfolger über die Wahrheit siegten, sagt Mill. In den Religionskriegen führte Verfolgung überall zum Ziel, wenn die Ketzer die eindeutig Unterlegenen waren. „Die menschliche Natur steht der Wahrheit nicht näher als dem Irrtum und im allgemeinen genügt die ausgiebige Anwendung rechtlichen und sozialen Zwangs, um der Propaganda für beide ein Ende zu bereiten. Der Vorteil der Wahrheit liegt darin, daß sie wohl ein-, zwei- oder

76) *John Stuart Mill* (1806—1873), englischer Philosoph und Wirtschaftswissenschaftler. Als Unterhausabgeordneter trat er für das Frauenwahlrecht und für eine Landreform in Irland ein.

77) *Thomas Garrigue Masaryk* (1850—1937), bedeutender Gelehrter, Philosophieprofessor in Prag, Erzieher seines tschechischen Volkes und Gründer der ersten Tschechoslowakischen Republik, deren Präsident er von 1918—1935 war.

mehrmals unterdrückt werden kann, daß sich aber im Laufe der Zeiten immer wieder Menschen finden, die sie wiederentdecken, bis eines Tages solch eine Entdeckung auf günstige Umstände trifft, sodaß sie der Verfolgung entgeht, bis sie sich derart durchgesetzt hat, daß sie allen folgenden Versuchen, sie zu beseitigen, widerstehen kann."

US-Journalisten erhielten kürzlich Zugang zur russischen Zone. Sie berichten begeistert über das Ausmaß des Aufbaus, der den „realistischen" Bolschewiken in so kurzer Zeit gelungen sei. Die deutschen Zeitungen teilen diesen Enthusiasmus nicht und geben sich wesentlich zurückhaltender. Tröstlich zu wissen, daß eine gewisse nationale Solidarität noch nicht ganz erloschen ist.

Donnerstag, 3. 1. 1946

Der Abend begann mit zwei Nonnen, die Ausweise für ihren frühmorgenlichen Gang zum Bahnhof brauchten. Ich durfte sie ihnen ausstellen. Die Amerikaner behandeln den geistlichen Stand zuvorkommender als die Nazis. Dies drückt sich auch in ihren Verordnungen aus. So sind Geistliche von der Meldepflicht bei den Arbeitsämtern befreit, neuerdings dürfen sie sogar in andere Zonen reisen. Daß sie nicht nur von unseren Rationen leben müssen, sieht man ihnen außerdem an. Mir ist noch kein unterernährter Priester begegnet.

Zwei Italiener wurden eingesperrt, weil sie US-Kleidung und k-rations bei sich trugen. Sie protestierten heftig und waren in ihrem Redestrom nicht zu bändigen, als sie merkten, daß ich sie verstand. Warum sie nicht längst daheim wären, fragte ich. Zweimal kamen sie bereits zur Grenze, aber die Posten schickten sie immer wieder zurück. Ich übersetzte es dem Soldaten, der ihre Namen notierte. — Wahrscheinlich trieben sie auch daheim Schwarzhandel, sagte er illusionslos.

Im Dritten Reich war die Benutzung der Autobahn durch Fuhrwerke verboten. Da es sich angeblich um eine persönliche Anordnung Hitlers handelte, fühlten sich die Amerikaner moralisch verpflichtet, sie aufzuheben. Die Nachteile hatten vor allem sie zu tragen, denn wieviele Deutsche fahren noch Auto? Nach einem gestrigen Befehl werden nun Pferdefuhren, die sich auf der Autobahn blicken lassen, beschlagnahmt und deren Eigentümer bestraft. Wenn sie nur in wichtigeren Dingen auch so belehrbar wären!

Nachmittags besuchten wir F. Er füllte gerade seinen 20. Fragebogen aus. Vor einigen Tagen war er bei Col. G., bei dem auch ich vergeblich vorgesprochen hatte; der sei nun in ein anderes Amt übergewechselt. Die Sekretärin hätte er mitgenommen. F. machte ihr schöne Augen, sodaß sie sehr hilfsbereit dolmetschte. Der alte Lebemann war ganz Charme. Er bat F., ihm seine Papiere zu belassen, damit er sie in Ruhe studieren könne. Schon am nächsten Tag bestellte er ihn zu sich. Nun wurde er noch freundlicher. — F.s Empfehlungen wären ganz ausgezeichnet! Indessen, bei den Amerikanern unterzukommen, sei sehr schwer. Aber da gäbe es einen Bayerischen Staatskommissar für das Flüchtlingswesen, der dringend nach fähigen Mitarbeitern suche. F. gab mir dessen Anschrift. Er selbst mag zu dem Manne nicht hingehen. Wahrscheinlich handelt es sich um einen Prügelknaben-Posten.

Aber dann verweilte F. doch bei diesem Thema. Natürlich ließe sich in der Flüchtlingsfürsorge viel Gutes tun. Als langjähriger Bataillons- und Regimentskommandeur war F. gewohnt, für Hunderte Verantwortung zu tragen. Man müßte die an der Grenze Eintreffenden bereits nach Berufen aussortieren, um sie gleich sinnvoll weiter zu leiten, damit sie am neuen Wohnsitz eine ihren Fähigkeiten gemäße Arbeit finden. Improvisierte Arbeitstrupps müßten provisorische Unterkünfte errichten. Aber Voraussetzung einer solchen Lenkung wäre ein handlungsfähiger Unterbau, ein funktionierendes Nachrichtenwesen, eigene Mobilität, weitgehende Vollmachten. Wer könnte das von der derzeitigen deutschen Verwaltung erwarten?

N. B. Der Staatskommissar für das Flüchtlingswesen heißt Wolfgang Jaenicke und sitzt im Bayerischen Innenministerium.

Eine typische Razzia

Freitag, 4. 1. 1946

Wieder eine bewegte Nacht. Zunächst wurde ich zu einem Colonel ins Offizierskasino geschickt, das sich im Haus der Kunst eingenistet hat. Die Amerikaner zeigen auch darin ihren Sinn fürs Schickliche. Meine Bestellung war eine Fehlleitung. Der Oberst brauchte einen Chauffeur für seine deutschen Damen und in Unkenntnis unserer Verhältnisse nahm er an, daß ein Mann, der Englisch spricht, auch Autofahren kann.

Kaum war ich zurück, brachten die MP's eine Frau mit zwei Farbigen an. Ein Rundfunkgerät war auch dabei, das die Neger angeblich entwendet haben. Bei dieser Gelegenheit gingen einige Fensterscheiben in Trümmer. — Soweit die Aussage der Frau. Die Neger behaupteten, die Frau hätte ihnen eine Stange Zigaretten gestohlen. Einige Schachteln hätten sie in der Wohnung gefunden, nachdem sie diese aufgebrochen hatten. Für die fehlenden ließen sie das Radio mitgehen. So stand Aussage gegen Aussage und der Wachleiter schickte mich zu einer Lokalinspektion. Dann sollte ich darüber den Bericht schreiben.

Der Fahrer des Jeeps war ein netter Junge. Ich liebe diese kleinen, behenden Autos, die wie Spielzeuge aussehen und doch zu den erfolgreichsten Erfindungen des Krieges gehören. Die Soldaten kennen ihr Revier. Jede der drei MP-Kompanien hält ein Drittel der Stadt unter Kontrolle. Als wir die ebenerdige Hinterhauswohnung, Küche und Zimmer, betraten, kam uns die Eigentümerin entgegen und belegte die mitgeführte Alte mit Schimpfworten. Die Aussagen beider Frauen widersprachen sich; ich wurde nicht klug aus dem Fall. Die Durchsuchung der Räume ergab keine Anhaltspunkte.

Das Haus habe einen sehr schlechten Ruf; er kenne es von den Patrouillen, sagte der Fahrer. Die Alte gab vor, daß ihr das Gepäck im Hof gestohlen worden sei. Sie lenkte unseren Verdacht auf ein blondes Mädchen, das sie begleitet hatte und das nun verschwunden war.

Unverrichteter Dinge fuhren wir zurück und nahmen uns nochmals die Farbigen vor. Der eine stank nach Alkohol, der andere, ein vifes Bürschchen von achtzehn Jahren, sprach verschleiert, gab den Diebstahl des Radios zu, auch den Einbruch; er habe die Tür eingetreten, der Betrunkene die Scheiben zerschlagen.

Ich wurde mißtrauisch. In die Enge getrieben, mußte die Frau zugeben, sich schon seit einigen Tagen in München aufzuhalten. Über den Verlust ihres Gepäcks tröstete sie sich auffällig rasch. Die Schwarzen behaupteten, daß sie nur eine Handtasche besessen hätte. Ich stutzte, als sie unverblümt erklärte, sie habe einen Mann und zwei Kinder daheim und brauche keine Neger, um sich befriedigen zu lassen.

Dem Wachoffizier war an der Blonden gelegen. Er schickte uns nochmals los, diesmal mit dem jungen Schwarzen. Die aufgebrochene Wohnung war nun verrammelt. Auf mein Rufen hörten wir einen erstickten Schrei. Dann war Stille. Wir drangen ins Zimmer. Das Fenster stand offen. Sollte die Wohnungseigentümerin auch belastet sein? Es gab kein Licht, die Durchsuchung war mühevoll und förderte nichts zutage.

Wo mochte die junge Blonde geblieben sein? Der Neger führte uns ins zweite Stockwerk des Hinterhauses. Wir klopften an der Tür und befahlen zu öffnen. Nach einer Weile erschien ein hübsches Mädchen im Schlafrock. Sie hauste in einem Zimmerchen, das sauber aufgeräumt war. — Sie war es nicht, sagte der Neger.

Aus der Küche kam ein älterer Mann; er mochte ein Handwerker oder kleiner Angestellter sein. Seine Frau lag auf der Couch, die anscheinend auch ihm als Nachtlager diente. Die armen Leute, die mit geduldiger Höflichkeit die Störung auf sich nahmen, waren am Vorfall unbeteiligt, ebenso die Greisin, die mit einem Mädchen im Nebenzimmer schlief.

Unterdessen hatte sich drunten die Alte wieder eingestellt. Sie war gerade eingeschlummert, als sie das Klopfen und Rufen vor der Tür aufschreckte. In der Meinung, die Schwarzen wären wieder gekommen, um sich an ihr zu rächen, sei sie aus dem Fenster gesprungen. Ihr Mundwerk klapperte wie ihre Glieder. — Ob sie von einem lockeren Mädchen im Hause wisse, unterbrach ich ihren Redefluß. — Einem, Dutzende wohnen hier, die sich Negern und Soldaten hingeben. Ich beschrieb die Gesuchte. — Möglicherweise wohne sie beim KZler im Vorderhaus, erster Stock.

Auf unser Klopfen öffnete uns ein kleiner Jude. Trotz der mitternächtigen Stunde schien er noch nicht zu Bett gegangen zu sein. Der Raum war mehr als ärmlich möbliert. Auf dem rohen Tisch stand eine Schüssel mit Seifenlauge. Im Bett lag eine junge Blonde. Sie schien nichts an zu haben und blinzelte schläfrig in das Licht der Taschenlampe. — Nein, auch sie sei nicht die Gesuchte, stellte der junge Neger fest.

Der Jude war hilfswillig und freundlich. Im Lokal im Erdgeschoß verkehren Neger und GIs zur späten Stunde. Im trübe erleuchteten Flur halten die Dirnen Cour. Naht Militärpolizei, verschwinden sie im Hinterhaus. Wieder kehrten wir unverrichteter Dinge zurück. Ich war dagegen, die Frau laufen zu lassen. Die MP sperrte sie samt den Negern ein.

Mittags schickte mich M. nach dem Sendlinger Tor zu einem Schneider, dessen Anschrift sie in der Zeitung gefunden hatte. Die Straßen sind dort so gründlich zerstört, daß nur mehr Trampelpfade durch die Schutthalden führen. An der Tür traf ich mit ein paar Landsern zusammen. Wir wurden gleich heimgeschickt; der Mann hatte auf die Annonce hin so viel Arbeit bekommen, daß er erst nach einem Monat neue Bestellungen annehmen könne.

Den Rückweg nahm ich über unser Hauptquartier, um mir ein Schreiben an das Wohnungsamt ausstellen zu lassen. Meine Kollegen unterhielten sich gerade über einen Oberst des Jagdgeschwaders Bölcke, den die MP in voller Uniform angetroffen hatte. Nun muß er die Gefangenenzellen säubern. Während ich auf das Schreiben wartete, hörte ich, wie die MP-Leute über zwei deutsche Kriegsgefange, Ostflüchtlinge, diskutierten, die ordentliche Entlassungspapiere von den Russen vorwiesen. — Wenn sie die Russen entlassen, müssen sie in ihrer Zone bleiben, entschied der Sergeant.

Arme Kerle! Es gibt kein Fleckchen Erde mehr, auf das ihr Anspruch habt, auch wenn ihr euch darauf nur zum Sterben hinlegen wollt. Wie mag es im Innern dieser Menschen aussehen? Wer außer den engsten Angehörigen denkt noch an sie? In den Tagesdebatten unserer wieder zugelassenen Parteien kommen sie nicht vor. Nur die KPD fordert, NSDAP-Mitglieder gegen Kriegsgefangene auszutauschen. Aber das ist wohl mehr eine opportunistische Redeübung, die ihren scharfen Antifaschismus unterstreichen soll.

Samstag, 5. 1. 1946

Diese Nacht zunächst keine Vorfälle. Gegen Mitternacht brachten die Soldaten eine streunende 15jährige, ein Kind noch, aber verderbt aussehend. Sie hatte keine Ausweise und konnte auch keinen Wohnsitz angeben. Ihre Eltern wurden in Nürnberg ausgebombt; sie wisse nicht, wo sie sich jetzt aufhalten. Ihre Aussagen piepsig und undeutlich; sie kommt wegen Überschreitung der Sperrstunde und Geschlechtskrankheit in den Bunker.

Gerade kehrt mein Soldat von gestern von einer Streife zurück. Ich mag ihn; sein Umgang mit den Leuten, die wir bei unserer Razzia aus ihrem Schlaf reißen mußten, zeugte von ungewöhnlicher Rücksichtnahme und Feingefühl. Ich frage ihn nach dem Ausgang der Verhandlung. Die Schwarzen kommen wegen schweren Einbruchs vors Feldgericht. Sie können Jahre aufgebrummt erhalten. Nach den Einvernahmen dürfte sich der Vorgang folgendermaßen zugetragen haben: Die Alte und die Blonde hatten mit den beiden Schwarzen einen Beischlaf gegen je eine Stange Zigaretten ausgemacht. Wahrscheinlich hatte die 43jährige aus diesem Grunde die anstrengende Reise von Düsseldorf nach München unternommen, um hier auf diese Weise zu US-Zigaretten zu kommen, die jetzt in der britischen Zone mit 6 RM je Stück gehandelt werden.

Die Düsseldorferin kannte die Wohnungsinhaberin, die sich aber entschieden weigerte, ihre Räume für diese Erwerbstätigkeit zur Verfügung zu stellen. Nun hatten die Neger aber bereits angebissen und als die Wohnungsinhaberin ihnen den Zutritt verwehrte, wurden sie rabiat. Die junge Dirne machte sich daraufhin aus dem Staube, die Ältere wählte die Flucht nach vorn und ging zur Militärpolizei. Im übrigen sei sie geschlechtskrank, wie die Untersuchung ergab.

Von den restlichen 616 000 US-Soldaten in Europa sollen monatlich 50 000 heimgeschifft werden, sodaß zur Jahresmitte eine Besatzung von 300 000 in der US-Zone zurückbleibt.

Die Universitäten der US-Zone dürfen ihren Betrieb erst aufnehmen, wenn alle Nationalsozialisten und Militaristen aus dem Lehrkörper und Personal entfernt sind und sie die Verwaltungs- und Unterbringungsfragen lösen können. Zerstörungen von Bauten werden sich aber auf administrativem Wege kaum beheben lassen, und wer auf der Universität Militarist war, dürfte schwierig festzustellen sein, es sei denn, man folgt dem russischen Beispiel und ernennt jeden Dienstrang vom Feldwebel aufwärts dazu.

Die türkische Armee könne der sowjetischen ein halbes Jahr lang Widerstand leisten, erklärte der türkische Außenminister; dann rechne sein Land mit der Unterstützung der USA und Großbritanniens.

Sonntag, 6. 1. 1946

Nun hat mich die Krankheit erwischt; Schnupfen, der die Augen tränen macht, Husten, Kopfschmerzen. Bis Mitternacht saß ich still an meinem Platz. Niemand sprach mich an, niemand wollte etwas von mir. Schließlich ging ich in den Durchgang, zog die Decke über den Kopf und lag bis zum Morgen schmerzvoll wach, fiebernd in vagen Gedanken, zu krank zum Schreiben. Beim Heimweg biß die neblige Kälte durch meinen Übergangsmantel, aber im Frösteln sah ich, wie sich die Reihe der verreiften Baumkronen in den Anlagen vor dem Ostbahnhof wie ein silbernes Gitter vor dem hellen Morgenhimmel abhob.

Fiebernd kroch ich ins Bett M. ließ mich erst abends aufstehen. Es kostete diesmal große Überwindung, zur Nachtschicht zu fahren.

Montag, 7. 1. 1946

Abends kam eine Frau hereingestützt — die Ukrainer in ihrem Hause hätten dicke Beute gemacht; wir könnten sie überführen, wenn wir zufaßten. Lt. L. schickte sofort ein Kommando los. Das Haus lag in der Nähe unseres Quartiers, was mir angenehm war; die eisige Nachtluft war meinem angeschlagenen Zustand nicht bekömmlich. Fünfzimmerwohnungen, hohe, große Räume, jeder mit Menschen überbelegt, die beschädigten dienten als Warenlager. Im Korridor hatte ein Blindgänger den Fußboden aufgerissen. Die Menschen hockten zusammengedrängt und blickten uns feindselig an. Die GI's störte es nicht beim Stöbern in den herumliegenden Sachen. Außer ein paar Zigarettenpäckchen fanden sie nichts. Die Ukrainer waren tagsüber bei der UNRRA beschäftigt; drei der Burschen arbeiteten sogar in der Küche unserer Kompanie.

Die Halbwüchsigen, in der Mehrzahl, hatten alle Schlechtigkeiten des Krieges erlebt; selbst den Amerikanern mißfiel ihre Dreistigkeit. Die Erwachsenen schienen ordentliche Leute zu sein, die sich irgendwie durchgeschlagen hatten und weiterhin rechtschaffen durchschlugen, wobei ihnen die Fremde trotz Zerstörung und Elend anscheinend doch noch mehr zusagte als Stalins Arbeiter- und Bauernstaat, dessen Menschenfreundlichkeit sie am eigenen Leibe während der Entkulakisierungsjahre erlebt hatten. Ich fühlte mit diesen Flüchtlingen solidarischer als mit der denunzierenden Alten, die uns überall nachkroch und beim Herumscharren in den armseligen Sachen die eifrigste war.

Vergeblich versuchte ich mehrere Male die Hexe hinauszuwerfen. Immer wieder tauchte sie zwischen den Soldaten auf. Die Racheschreie des schmutzigen kleinen Weibes, in dessen Kinderwagen ein paar Zigaretten gefunden wurden, waren auch ohne Kenntnis des Ukrainischen verständlich.

Um M.s Wunsch zu erfüllen, blieb ich heute daheim. Es ist herrlich, in Papieren zu wühlen, Briefe zu schreiben und einen ganzen Abend für mich zu haben, für mich allein. M. mußte eine halbe Stunde telefonieren, ehe sie den Wachleiter erreichte; es ging nur übers Polizeipräsidium, das allein eine Querverbindung zum amerikanischen Fernsprechnetz besitzt.

Vor kurzem wurden 200 Bilder unserer Pinakothek der Nationalgalerie in Washington zur Aufbewahrung übergeben. Angeblich sollen sie hier gefährdet sein. „Wir bereichern nicht nur uns selbst, sondern erhalten einen Schatz für das zukünftige Deutschland" heißt es selbstgefällig in der amerikanischen Zeitung.

Nach US-Nachrichten sollen bis zum Juli-Ende 1946 alle Deutschen aus der Tschechoslowakei ausgewiesen werden. Bisher haben die Tschechen 700 000 bis 800 000 in die Sowjetzone getrieben. Nach dem Potsdamer Abkommen werden nun die Ausweisungen „human und geregelt" vor sich gehen; für die US-Zone hat der Kontrollrat vor sechs Wochen die Aufnahme von 1 750 000 Flüchtlingen vorgesehen. Die Aufnahme und Verteilung dieser Riesenmenge innerhalb von sieben Monaten ist eine organisatorisch kaum lösbare Aufgabe. Bisher sollen über eine Million Tschechen in das ehemals deutsche Gebiet eingeströmt sein, sodaß die wirtschaftliche Kontinuität in den böhmisch-mährischen Randlandschaften angeblich gesichert ist.

Sitzung des Länderrates[78]) in Stuttgart. Dabei fauchte laut US-Zeitung General Clay die drei deutschen Ministerpräsidenten folgendermaßen an: „Sie Ministerpräsidenten sollten sich darum kümmern, daß sich die deutschen Parteien davor in acht nehmen, unsere Maßnahmen zu kritisieren. Es gefällt mir gar nicht, Ihnen das eigens sagen zu müssen. Die Deutschen haben noch keine Demokratie, folglich sollten sie sich nicht einbilden, deren Vorteile in Anspruch zu nehmen!" Ist der Titel Ministerpräsident für solch eine Abkanzelung nicht ein wenig zu hoch gegriffen?

Ein Beschluß des Alliierten Kontrollrats[79]) hat den IG-Farben-Konzern enteignet. Ein weiterer Ukas, an allen Straßenecken (soweit sie noch stehen) angeschlagen, verbietet die Reorganisation des Sports auf Zonen-Ebene.

78) Der Länderrat in Stuttgart wurde von den Amerikanern im September 1945 ins Leben gerufen und sollte die Maßnahmen der drei Länder der US-Besatzungszone, Bayern, Württemberg und Hessen koordinieren.

79) Der Alliierte Kontrollrat, in dem die vier Besatzungsmächte paritätisch vertreten waren, hatte nach der Verhaftung der Regierung Dönitz am 30. August 1945 die oberste Gewalt in Deutschland übernommen und bis zur Blockade Berlins eine Fülle von Gesetzen, Verordnungen und Proklamationen erlassen. Er war aber wegen Differenzen zwischen den Westalliierten und der Sowjetunion und gelegentlich auch zwischen den drei Besatzern und Frankreich nie richtig handlungsfähig, sodaß für Deutsche bis zur Errichtung der beiden deutschen Staaten die jeweilige Besatzungsmacht die letzte Instanz war.

Auf Wohnungssuche

Mittwoch, 9. 1. 1946

Ich müßte eine Menge Tagebuch schreiben, den Brief an den Oberst umändern und versandfertig machen und bin so müde! Abends Hans Brandenburgs[80]) Eichendorff-Novelle gelesen; der Verfasser bekam kürzlich den Münchner Kulturpreis. Man spürt die Konstruktion; die Erzählung ermangelt eines kräftigen, realen Kerns. Gelungen ist stellenweise das Lokalkolorit. Wie sehr habe ich mich der Literatur entfremdet! Aber was bleibt in dieser von Hunger, Kälte und allen Nöten einer der Muße und Bequemlichkeit beraubten Existenz für den Geist?

Die „Auslese" ist als „Neue Auslese" wieder erschienen. Ganz vorsätzlich will sie bieten, was wir in den letzten zwölf Jahren nicht zu lesen bekamen. Deutsche kommen dabei fast nicht zu Wort, obwohl wir doch eine bedeutende literarische Emigration hatten. Einiges bemerkenswert, die Hungerstudie eines Holländers, ein Artikel über chinesische Universitäten — wie um 1800 Europa, so hat der Geisthunger nun Asien ergriffen. Schon in der nächsten Generation werden die Folgen dieses Wandels zu spüren sein.

Dann ein Aufsatz über Thomas Paine[81]), über den ich viel zu wenig wußte, wie überhaupt die englische Aufklärung unserer Generation unterschlagen wurde. Die Nachhegelianer haben die Aufklärung verachtet und in ihren geschichtlichen Darstellungen ziemlich herablassend behandelt — dies rächte sich bitterlich in der Folgezeit, da wir bereits der Energie ermangelten, geistige Inhalte aus eigenem aufzuarbeiten und uns in unserem Urteil auf die großen Vorgänger verließen; unser Bild von der angloamerikanischen Welt ist dadurch falsch geworden. Wie sehr wir dies büßen müssen, spüren wir heute. Ich wüßte für einen Historiker tausend Aufgaben — aber wird es in meiner Generation einen großen deutschen Historiker geben? Die Voraussetzungen für freie Gelehrsamkeit waren seit den Pestzeiten nie ungünstiger ...

Nachmittags holte ich die drei letzten Kartoffelsäcke bei F. ab und schleppte sie in unseren Keller. Es war eine äußerst beschwerliche

80) *Hans Brandenburg* (1885—1968), Münchner Lyriker und Erzähler, erhielt 1946 den Münchner und 1967 den Schwabinger Kulturpreis.

81) *Thomas Paine* (1737—1809), radikaler Schriftsteller und Politiker. In England geboren, nahm er am amerikanischen Unabhängigkeitskrieg und an der Französischen Revolution teil. Berühmt wurde er durch seine Bücher „Common Sense" (1776) und „Rights of Men" (1797), letzteres eine Erwiderung auf Burke's „Reflections on the French Revolution". Nach dem Ausklingen der großen Französischen Revolution kehrte er in die Vereinigten Staaten zurück und starb in New York.

Arbeit; die ganze Erde aus den Säcken habe ich nun im Haar. Dann bin ich zum Schreiben zu erschöpft gewesen und auf dem Sofa eingeschlafen, bis es wiederum Zeit für die Nachtschicht war.

Aus einem Brief:

Seit Tagen bin ich auf der Suche nach einer Wohnung. Die Amerikaner haben die Dringlichkeit meines Antrags bestätigt. Vielleicht kommen wir in einer der Stadtrandsiedlungen unter, wo M. ein Stück Garten oder Wald in der Nähe hätte. Ganz möchten wir die Natur nicht missen. Namentlich für M. wäre es trostlos, wenn sie unser Kind inmitten der Trümmer aufziehen müßte.

Der Staatskommissar für das Flüchtlingswesen, ein ehemaliger Breslauer Regierungspräsident, der wahrscheinlich über F. von meiner Existenz erfahren hat, schickte seinen persönlichen Referenten zu mir und trug mir eine Stelle in seiner Behörde an. Ich überlege, ob ich den nahrhaften und anspruchslosen Posten bei der Militärpolizei schon aufgeben soll. Natürlich reizte mich die Aufgabe, den Millionen meiner Schicksalsgenossen hier zu einem Dach über dem Kopf, zu einer bescheidenen Lebenssicherung zu verhelfen, eine Aufgabe, so groß und drängend, daß ich dafür gern meine Beschaulichkeit hingäbe. Das Staatskommissariat ist eine Spitzenbehörde mit Abteilungen bei den fünf Regierungspräsidenten und 143 Landräten, mit einem das ganze Land umfassenden Verwaltungsapparat, der nicht nur Akten produziert, sondern von dessen Initiative und Rührigkeit das Schicksal der zu erwartenden Millionen Heimatloser abhängen wird.

Donnerstag, 10. 1. 1946

Viele der streunenden Frauen, die jeden Abend aufgegriffen werden, kommen aus der Sowjetzone, wo sie einen Grad menschlicher Erniedrigung erfahren haben, daß sie selbst für den amerikanischen Geschmack zu grob geworden sind, was etwas heißen will; die GI's haben nach Aussagen ihrer Feldgeistlichen als Besatzer in Japan das Niveau der Geishas gesenkt. Zum Glück ist meine Vermittlung in dieser Sphäre kaum erforderlich, wo sich die Interessenten die notwendigen Sprachkenntnisse am schnellsten aneignen. So kann ich mich in die Zeitungen vertiefen, die hier reichlich herumliegen.

Eine junge Journalistin kam erregt zu mir; die Sperrstunde war schon überschritten. Sie habe an einer Sitzung teilgenommen und der Wagen, der sie abholen sollte, sei ausgeblieben — ob wir sie heimfahren könnten. Ich übersetzte die Bitte dem dicken Wachleiter, der in seiner ruhigen festen Art das Mädchen ansah. Nein, sagte er, wir sind kein Transportunternehmen. Außerdem fällt sie nicht unter die Ausgangsbeschränkung; sie kann ruhig heim g e h e n.

Die schönen Augen des Mädchens füllten sich mit Tränen, als ich ihr den Bescheid übersetzte; sie fiel auf eine Bank und weinte bitterlich. Ich sah, wie das Herz des Wachleiters schmolz. — Woher sie sei, wie sie zu ihrem Beruf komme, wollte er wissen. — Noch ehe sie antwortete, erkannte ich die Jüdin in ihr; daher kam sie im Information Service unter, ohne ein Wort Englisch zu können. Sie war ein hübsches Geschöpf und verstand es, betrübt zu sein. Der Wachleiter gab seinen Widerstand auf und befahl, sie heimzufahren.

In Marseille ist es zwischen französischen und amerikanischen Soldaten zu Schießereien gekommen. So gut wie in ihrer Besatzungszone dürften es die GI's bei ihren Verbündeten nicht getroffen haben.

Nachmittags war ich bei Jaenicke. Im Vorzimmer saßen eine Menge Besucher und ich mußte lange warten. Als ich dem noch sehr vitalen Herrn mein curriculum geschildert und die amerikanischen Empfehlungsschreiben übersetzt hatte, hätte er mich am liebsten gleich da behalten. Ich mußte ihm meine Papiere zurücklassen; schon morgen will er mit dem Personalreferenten über meine Einstellung sprechen.

Sonntag, 13. 1. 1946

Nachts gibt es regelmäßig viel zu tun; gegen 1 Uhr ziehe ich mich auf den Gang zurück, wo sich dann der Schlaf prompt einstellt. Gestern nahm ich einen Kater mit, der hochbeinig im Saale herumstieg. Er war wie ein Tiger gestreift und schien zu mir Vertrauen zu haben, denn er sprang unaufgefordert auf meine Knie. Wundervoll die Lebendigkeit seines Gesichts, sowie etwas im Raume seine Aufmerksamkeit fesselte; nur wenige Menschen erreichen diesen Ausdruck jäher Wachheit in ihren Zügen. Unter meiner Decke schnurrte und spann er derart, daß ich ihn nicht behalten konnte; sein Inneres schien wie mit Elektrizität aufgeladen. Es muß schön sein, so frei von aller Geschichtlichkeit dem Leben anzugehören.

Ob es uns gefällt oder nicht, heißt es im „Economist“[82]), auf der Erde gibt es immer noch 66 000 000 Deutsche. Diese Masse hat solch ein Gewicht, daß sie selbst bei Unterdrückung und Beraubung ein bedeutender europäischer Wirtschaftsfaktor bleibt. Ihre Funktion als Staat könnten zwar nach und nach andere Länder übernehmen. Aber selbst als wirtschaftliches Depressionsgebiet verdient ihr reduzierter Raum Beachtung.

Die Briten scheinen noch am geeignetsten zu sein, sich mit dem Problem unserer Existenz auseinanderzusetzen. Für Amerikaner und

82) Englische Zeitschrift.

Russen sind wir im Grunde eine Grenzfrage, nicht zu reden von den kleineren Nationen, die uns am liebsten zum europäischen Müllanger oder zu einer Verbrecherkolonie machten.

Montag, 14. 1. 1946

Gestern vormittags bin ich mit der Empfehlung der Militärpolizei beim Wohnungsamt gewesen, wo mir ein Jüngling mit einem Entgegenkommen, als wäre ich ein UNRRA-Funktionär und nicht ein armseliger Deutscher, eine Anweisung für eine Zweizimmerwohnung im Maxhof ausschrieb. Gleich nach dem Mittagessen fuhren wir hinaus; der Stadtteil war recht entlegen und auf meinem Plan nicht mehr eingezeichnet. Nachts hatte es geschneit und ein eisiger Schneewind durchdrang mühelos unsere dürftige Kleidung. Wir liefen über winterliche Felder, durch verschneiten Wald. Wir suchten lange nach der Hütte in der verhangenen Landschaft. Sie gehört einem Altparteigenossen, der hinausgesetzt wird. Daß wir in fremdem Eigentum hausen sollen, paßt uns gar nicht. Aber greifen wir nicht zu, wird sofort ein anderer hineingesetzt.

Brauchitsch[83]) hat an Lordrichter Lawrence geschrieben, das Nürnberger Tribunal möge doch zwischen Berufs- und Parteioffizieren unterscheiden. Amerikaner und Briten sind nicht abgeneigt, diese Unterscheidung zu treffen, da bei einer pauschalen Verurteilung der Wehrmacht ihre eigenen Berufssoldaten in ein zweifelhaftes Licht geraten. Schließlich geht auf Englands Bomber-Harris[84]) die Vernichtung fast aller unserer Großstädte zurück. Aber die Russen zeigen kein Verständnis für solche Finessen. Bei ihnen regelt Väterchen Stalin nach Bedarf Reputation und Prioritäten innerhalb der Staatsgewalt.

Clay wurde gefragt, ob die Streiks und Unruhen unter den GI's wegen des frisch befohlenen Aufschubs der Entlassungen nicht einen schlechten Eindruck auf „seine" Deutschen machten. — Im Gegenteil, erklärte der General, auf diese Weise lernen sie wenigstens, daß unsere Army, die ihre Wehrmacht zu Paaren trieb, in keiner Weise militaristisch ist. — Ob die Amerikaner auch bei einer Niederlage zwischen einer militaristischen und antimilitaristischen Streitmacht unterscheiden werden?

83) Vgl. Anmerkung 37 auf S. 41.
84) *Arthur Travers Harris,* geb. 1892, britischer Luftmarschall, dem das Bomber Command unterstand. Mit der Zerstörung unserer Großstädte wollte er die deutsche Widerstandskraft brechen. Seit dem 1000-Bomber-Angriff auf Köln legte er in jahrelangen Nachtangriffen eine deutsche Großstadt nach der andern in Trümmer, auch als das Ende des Krieges längst in Sicht war. Höhepunkt dieser Offensive waren die Angriffe auf das mit Flüchtlingen überfüllte Dresden im Februar 1945 und die Vernichtung Würzburgs sechs Wochen vor der Kapitulation. Harris Luftkriegsführung wurde auch in England scharf angegriffen.

Dienstag, 15. 1. 1946

Neuer Kälteeinbruch, am Morgen werden —20° gemessen. Ich spürte, wie ich angeschlagen war, als ich in meinem dünnen Mäntelchen vom heißen operations room in die schneidende Morgenluft trat. Vor uns war die sture C-Schicht an der Reihe gewesen, die zu träge ist, Nachtproviant zu holen, sodaß ich lediglich zu einer Brotschnitte kam. Dazu war der Nachtbetrieb lebhaft wie nie. Gegen 3 Uhr brachten die MP-Leute eine Lettin mit einem Polen auf. Sie steckte in einem eleganten Pelzmantel und trat entsprechend impertinent auf. Sie bezichtigte den Polen eines Mords, während er sie als Baltendeutsche bezeichnete, die bei der deutschen Besatzung gearbeitet habe. Ich mußte die Aussagen aufnehmen, wahrscheinlich Denunziationen eines verkrachten Paares, das einander nun an den Galgen wünscht — ich bin nicht dazu geschaffen, in diesem Milieu mein Brot zu verdienen.

Interessanter Ausschnitt aus Samuel Pepys[85]) Tagebuch, worin er seine Herzenswirren und die sich daraus für seine Ehe ergebenden Schwierigkeiten mit großer Eindringlichkeit schildert. Seltsam, wie das Herz im Wandel der Jahrhunderte konstant geblieben ist. Kennzeichnend für das Nachwirken des Puritanismus im maßgeblichen britischen Bürgertum auch nach Cromwells Tod, daß Pepys seine Dienstboten nach der Güte ihrer Stimme auswählte. Abends wurden oft stundenlang im Familienkreise vielstimmig Choräle gesungen.

In England Demonstrationen gegen die Mosley-Anhänger. Der Haß der Briten auf uns und auf alles, was von uns kommt, steckt sehr viel tiefer als die propagandistisch erzeugte Empörung der Yankees gegen uns. In den USA haben sich bereits Vereine gebildet, die sich die Bekämpfung der deutschen Not zur Aufgabe gemacht haben und verlangen, daß der Paketaustausch mit Deutschland wieder in Gang kommt.

Schicksale

Donnerstag, 17. 1. 1946

Die Nacht war die bisher anstrengendste, die ich hier erlebt habe. Die MP hatte in den bekannten Soldatenlokalen der Stadt eine Großrazzia veranstaltet und alles mitgenommen, was ungenügende Aus-

85) *Samuel Pepys* (1633—1703), Reorganisator der britischen Marine. In den Jahren 1660—1669 führt Pepys ein minutiöses Tagebuch, das für die Zeit der Restauration, des großen Brandes von London und des holländischen Krieges eine unvergleichliche Geschichtsquelle ist.

weise besaß oder ihr sonst verdächtig schien. So drängten sich vielleicht 100 Leute in unserem operations room zusammen, als ich mit geringer Verspätung eintraf. Da weitere Einsatzwagen unterwegs waren, wandte man eine rasche Prozedur an; Wachoffizier und Einsatzleiter nahmen mich in die Mitte und entschieden von Mann zu Mann den Fall, den ich ihnen nach kurzer Wechselrede mit dem Delinquenten schilderte. Eine Menge entlassener Wehrmachtsangehöriger war unter den Aufgegriffenen, Männer mit Stoppelbärten und in Lumpen, mit verhärmten, völlig apathischen Gesichtern. Wie anders habe ich sie noch 1943 in Sizilien kennengelernt!

„Wann sind Sie entlassen worden?" „Vor ungefähr einem Monat in Bad Aibling." „Wo waren Sie seither?" „In der britischen Zone auf der Suche nach Angehörigen." „Was tun Sie in München?" „Frau und Kinder sind bei einem der letzten Luftangriffe umgekommen, nun schaue ich herum, ob ich Verwandte finde; sie sollen nach Süddeutschland evakuiert worden sein." — Ich übersetze den frischen wohlgenährten Amerikanern die Aussagen. Jeder dieser Männer könnte mein Bruder sein. Meine Brotgeber lassen diese Schicksale kalt. Sie, die jede Frauenträne erweicht, wenn nur die Wimper jung genug ist, stellen sich diesen Männern gegenüber auf einen sturen Kommißstandpunkt. Mit Mühe setze ich durch, daß sie freigelassen werden.

Dazu kamen die Mädchen aus Oberschlesien, Ostpreußen, Pommern, den böhmischen Ländern, Mädchen oder halbwüchsige Jungen, Kinder. Sie haben es bei den Russen, Polen, Tschechen nicht mehr aushalten können, eine oder die andere hatte bei den Amerikanern Arbeit gefunden, als diese Sachsen und Thüringen besetzt hielten. Nun suchen sie hier einen Unterschlupf. Ausweise bekommen sie nicht, da sie keine Arbeit und Unterkunft nachweisen können. Formal sind es unerlaubte Grenzüberschreitungsfälle, wie es im Amtsdeutsch heißt. — „Where is Danzig", fragt der Leutnant. Ich zeige ihm die Stadt auf der Europakarte, die neben dem Eingang hängt. „Warum geht das Mädchen von daheim fort, wenn das ihre Heimat ist?" Ich erkläre, daß Russen und Polen die Deutschen dort systematisch umbringen. „Recht geschieht ihnen, ihr habt mit Russen und Polen dasselbe getan." „Aber das hilft uns im konkreten Fall nicht weiter", lenke ich ein. Mit Mühe erreiche ich wieder eine Freilassung. Die Betroffenen sind ganz apathisch. Aber würde mir an ihrer Stelle viel am Leben liegen? Was wird aus der Generation werden, die aus diesen Jugenderfahrungen hervorgeht?

Im Kaufhaus gewesen. Der Sohn des Besitzers, den ich aus einer liaison dangereuse befreite, hatte mir aus Dankbarkeit einen Satz Geschirr zugesagt. Sein Vater, ein wohlgenährter älterer Herr, kam mir freundlich entgegen und überreichte mir ein Paket, das ein komplettes Kaffeegeschirr, eine Bratpfanne, ein Waschschaff, einen Milchtopf und eine Wäscheleine enthielt. Ich fühlte mich wie Krösus und M. war glücklich über das verspätete Weihnachtsgeschenk, das in unsere Ärmlichkeit fast eine schüchterne bürgerliche Note bringt.

In der Straßenbahn geriet ich mit einem miesen kleinen Amerikaner zusammen, der schreiend auf die wie Heringe zusammengedrängte Masse einschlug, ohne daß sich die Geschlagenen zu wehren wagten. Als ich ausstieg, folgte er mir und forderte mich auf, ihm meine Papiere zu zeigen. Ich hielt ihm meinen MP-Ausweis unter die Nase und sagte, daß ich den Vorfall abends dem diensthabenden Offizier melden werde. Verdutzt über mein selbstsicheres Auftreten ließ er von mir ab, ohne zu bedenken, daß solch eine Meldung sinnlos wäre, weil ich weder seinen Namen noch seine Einheit kannte.

In Frankreich Rücktritt de Gaulles, hervorgerufen durch eine Koalition von Sozialdemokraten und Kommunisten, eine Neuauflage der Volksfront. Am Dienstag wählt die Nationalversammlung einen neuen Staatspräsidenten.

Sonntag, 20. 1. 1946

Lange geschlafen; das Wetter ausnehmend häßlich; dichter Nebel, der sich mit dem schneeigen Morast der Straßen verbindet. Gewöhnlich verbringe ich die kalten Vormittage im Bett, während M. Besorgungen erledigt.

Unsere zugelassenen Parteien haben sich mit einer Bittschrift an den Alliierten Kontrollrat in Berlin gewandt, in der sie feststellen, daß das Land ein Eldorado der Verbrecher aller Nationen geworden ist und die Bevölkerung noch nie so viel Übergriffe und Gesetzlosigkeiten erdulden mußte. Ob die Besatzungsmächte dagegen etwas unternehmen werden? Die Amerikaner genehmigten unserer Polizei vor einigen Tagen Waffen, verklausulierten deren Gebrauch aber derart, daß schwer zu entscheiden ist, ob er der Polizei zum Vor- oder zum Nachteil gereicht.

Der Kontrollrat hat angeordnet, daß die deutschen Behörden die Devise „Keine Arbeit, kein Essen“ hart und genau durchzuführen haben, indem fortab die Zuteilung der Lebensmittelmarken von der Arbeitsbescheinigung abhängig gemacht wird. Sie glauben durch diese Maßnahme eine halbe Million zusätzlicher Arbeitskräfte mobilisieren zu können.

In Moskau soll sich die Versorgung leicht gebessert haben, berichten US-Zeitungen. Auf dem freien Markt gibt es wieder Brot zu kaufen. Beschädigte Häuser werden hergerichtet; allerdings fehlen noch viele Fensterscheiben.

Das Viertel um den Königsplatz, in dem sich einst die Partei breit machte und das daher besonders stark zerstört worden ist, wird jetzt ausgebaggert. Aber die Greifer, die in die Trümmer beißen, erscheinen winzig neben dem aufgetürmten Schutt und die Arbeit kommt nur langsam vom Fleck. Unwillkürlich mußte ich an den Berg von Hochofenschlacke neben dem Eisenwerk im Nachbarstädtchen meines Geburtsorts denken, dessen Anblick in mir als Kind immer Widerwillen hervorgerufen hat. In jeder unserer Großstädte könnte man mit den Bombentrümmern solche künstliche Berge auftürmen.

Dienstag, 22. 1. 1946

Der blutjunge Dolmetscher flog hinaus. Die Amerikaner sind blitzschnell mit Entlassungen bei der Hand. Vielleicht geschah es zu seinem Besten. Dieser Betrieb ist kaum die geeignete Umwelt für einen Sechzehnjährigen. Von meinen Kollegen bekomme ich gewöhnlich nur meinen Vorgänger zu Gesicht, der in die Nachmittagsschicht überwechselte. Er spielt mit dem Gedanken, sich als Landsknecht anwerben zu lassen, wenn der nächste Krieg ausbricht. Zwar haben wir den letzten in und um uns noch lange nicht überwunden, aber zum ersten Mal höre ich, daß sich jemand nach ihm zurücksehnt. Ich war darüber nicht wenig betroffen. Es scheint mit seiner unglücklichen Ehe zusammenzuhängen. Ansonsten hat uns dieser Krieg die militärische Schneid wohl für lange Zeit abgekauft. Aber wir wollen nicht vergessen, daß der Soldat dem Sklaven immer noch einiges voraus hat. Und bisher sind wir lieber Soldaten als Sklaven gewesen.

Nachts eine Ehetragödie. Eine Frau klagt das in ihrem Zimmer hausende Mädchen an, es habe ihren Mann mit einer Geschlechtskrankheit angesteckt, die sie sich im Verkehr mit Negern holte. Der Wachoffizier läßt den Ehemann und das Mädchen herbeischaffen. Die Soldaten schleppen auch die 18jährige Tochter des Ehepaares an. Auf meine Bitte schickt sie der Leutnant wieder nach Hause. Die Sache ist schmutzig genug. Der Mann, ein Krüppel mit einer halben Lunge und einem Dutzend weiterer Defekte, muß zugeben, daß er und das Mädchen sich in ärztlicher Behandlung befinden. Die beiden werden eingesperrt.

Kommunistischer Aufstand in Griechenland — britische Truppen werden zur Verstärkung der griechischen Armee eingesetzt.

Mittwoch, 23. 1. 1946

Ich lese jetzt viel englische Literatur und versuche, in die amerikanische einzudringen. Wenn in den nächsten Jahren auch kaum Hoffnung auf eine wissenschaftliche Laufbahn besteht, so kann diese unverdrossen gepflegte Neigung doch zur Brücke werden, die aus dem Elend hinausführt. Den Kontakt mit dem Oberst habe ich noch nicht aufnehmen können, weil auch den Soldaten die Beförderung der Post Deutscher nach den USA streng verboten ist. Aber ich verbinde mit der amerikanischen Episode eine Hoffnung, die ich bestimmt nicht hätte, wenn ich nur nach den gegenwärtigen Erfahrungen urteilen müßte.

Trotz der Kriegsverluste von rund 20 000 000 Menschen ist die Bevölkerung der UdSSR im letzten Jahrzehnt auf 193 000 000 angewachsen. Dazu kommen noch 100 000 000 in den von der Roten Armee besetzten osteuropäischen Staaten einschließlich der Sowjetzone und dem russisch besetzten Österreich.

Donnerstag, 24. 1. 1946

Heut hatte ich Gelegenheit, einige von der MP aufgegriffene Juden auszufragen. Sie kamen aus Polen, stämmige junge Burschen, denen man ansah, daß sie Schwerarbeit gewohnt waren. Deutsche Polizei holte sie aus Eisenbahnwagen, wo sie übernachtet hatten und übergab sie den Amerikanern. Einer der Jungen sprach ganz gut Deutsch; was er erzählte, klang glaubwürdig.

Er steht allein auf der Welt, seine Angehörigen sind umgebracht worden. Geht man als Jude zu einem Arbeitsamt, lachen einen die Polen aus. „Wir haben so viel arbeitslose Polen in unserem Land, was suchen Sie als Jude hier?" Auf der Straße wurde er beschimpft und geschlagen. „Ich habe von Gott gesunde Glieder bekommen und möchte arbeiten, um wenigstens mich am Leben zu erhalten. Ich will versuchen, nach Palästina zu kommen." Der Junge sah ordentlich aus. Er wurde ganz warmherzig, als er Anteilnahme spürte. Der Wachleiter, dem unsere Unterhaltung nicht entgangen war, reagierte ungnädig und ließ die Festgenommenen einsperren.

Einer der MP-Soldaten hatte seinen Urlaub in der Tschechoslowakei verbracht, um sein Mädchen zu besuchen. Er lobte die Versorgung der Bevölkerung. Brot und Butter gäbe es reichlich und die Leute machten einen zufriedenen Eindruck. Anderthalb Millionen Tschechen und Slowaken sollen in das einst von Sudetendeutschen bewohnte Gebiet gezogen sein.

Eine jugendliche Diebsbande, die GI's zu bestehlen pflegte, ging in die gestellte Falle und wurde dingfest gemacht. Die Burschen leugneten hartnäckig. Sie gaben lediglich zu, daß sie nach der Schule regelmäßig auf dem amerikanischen Müllanger nach Abfällen gesucht hatten; die Diebstähle aber schrieben sie 10jährigen Ausländerkindern zu. Der Augenschein sprach gegen sie. Ich frage mich, wie die Kinder dieser Kinder aussehen werden, die nun ins Gefängnis wandern.

Am Morgen, ich machte mich gerade zum Heimgang fertig, kam aufgeregt ein Mann hereingestürzt. Seine Frau liege in den Wehen, ob sie die MP nicht in die Klinik schaffen könne? Warum er nicht rechtzeitig vorgesorgt habe, wollte der Wachleiter wissen. Ein Wagen des Roten Kreuzes wäre für ihn als einfachen Arbeiter zu teuer. Ich habe ihm ein paar Krapfen mitgegeben, der Wachleiter verständigte eine Streife. „Ich weiß nicht, sagte der Mann", glücklich kauend, „ob Sie sich in meine Lage hineinversetzen können." „O bestens", beruhigte ich ihn; „es ist die meinige in wenigen Wochen."

Sonntag, 27. 1. 1946

Gegen 20 Uhr kam eine 13jährige zu mir. Ein Polizist wäre in ihrer Wohnung erschienen und hätte ihnen mitgeteilt, daß die Militärpolizei heute ihren Vater eingesperrt habe. Der Mann hatte seine Papiere vergessen; die Kleine brachte sie an.

Wir sahen die Listen durch; ihr Vater arbeitet bei uns. Wegen Diebstahls von US-Eigentum war er am Vormittag festgenommen worden. Ich tröstete das Kind; dem Aussehen nach war es keine Münchnerin. Sie kämen aus Pommern, erzählte das Mädchen, wo sie den russischen Einmarsch und dann die Polen erlebt hatten. Ob ihnen etwas zugefügt wurde? Sie hatten großes Glück, nur arbeiten mußten sie für die neuen Herren. Aber angetastet wurden sie nicht, wie es den Frauen des Nachbardorfes passierte. Der Hunger wäre aber sehr schlimm gewesen.

Nun bewohnen sie bei einer Witwe ein Zimmer, deren Mann im Krieg gefallen ist. Der Vater ist erst kürzlich aus der Gefangenschaft zurückgekommen. In die Schule geht sie nicht. Am Tage halten sich alle in einem Zimmer auf; für zwei reiche das Holz nicht. Sie sprach so reif, so klar, so vertraut mit den Sorgen der Erwachsenen. Sie trug ein hübsches Mäntelchen, aber abgetretene Knabenschuhe. Ihre blonden Zöpfe fielen ihr bis zu den Kniekehlen herab. Ich freute mich über das saubere Geschöpf, das sich von unserem Kundenstamm so erfreulich unterschied.

Es war wieder ein schlimmer Abend. Ein MP-Mann hatte einen Russen, der ihm Widerstand leistete, erschossen; ich mußte über den Vorfall das Protokoll schreiben. Außerdem waren zwei Mordfälle aufzunehmen, dazu einige Auto-Unfälle und die üblichen Alltagssünden; ich war erschöpft, als ich heimkam.

Briefe aus der „Zone"

Montag, 28. 1. 1946

Heute versuchte wiederum eine Ehefrau mit Hilfe der Militärpolizei ihren Mann loszuwerden. Soeben nahm ich den Anruf aus einem Polizeirevier entgegen, wo ein Mann festgehalten wird, der einen US-Pullover und amerikanische Handschuhe besitzt. Ihm scheine, meinte der Wachtmeister, daß sich die Ehefrau durch diese Anzeige mehr Spielraum für ihr Privatleben schaffen wolle. Wir stellten dem Polizisten anheim, den Mann freizulassen.

Eine Fuhre Madjaren, die kurz zuvor aus der Gefangenschaft entlassen worden waren und sich in der zerstörten Stadt verirrt hatten, mußte ich zu ihrer Herberge fahren. Ein Mädchen, das wir in einer US-Unterkunft überraschten und das auf meine Aufforderung, den Mantel zu öffnen (um zu sehen, ob sie amerikanische Kleidungsstücke trägt, was strafbar ist), nachkam, knöpfte auch sein Kleid auf und zeigte die entblößten Brüste.

Aus einem Briefe von Dr. B., Eichsfeld:

„Ihr Schreiben vom Dezember kam vor ein paar Tagen an. Aber besser, die Post nimmt sich Zeit als sie fällt überhaupt aus. Es ist schauderhaft kalt. Wir haben 13° im Haus. Für die Praxis bekommen wir Braunkohlenbriketts. Sie verbreiten eine gelinde Wärme und viel Ruß. Lieber Braunkohle als gar nichts. Abends hocken wir mit Decken auf den Knien um den lauen Ofen und lesen oder ich stopfe Strümpfe und flicke Kleider, wie es sich heute für eine deutsche Frau gehört. Schlimm ist es, wenn der Strom ausfällt und wir im Finstern sitzen müssen. In der Praxis stört es mich weniger, denn dann können wir aufhören. Es gibt unendlich viel zu tun. Leider merken wir bereits den Materialmangel. Es gibt keinen Kautschuk, kein Paladon, keine künstlichen Zähne mehr.

Zu Weihnachten meldete sich die Familie meines Bruders, die wir seit acht Monaten suchen. Wo sie eigentlich gewesen ist, wissen wir noch immer nicht. Frau und Kinder sind nicht gerade krank, aber sehr ausgehungert und schwach. Die Kinder litten unter skrofulösem Ausschlag und waren zunächst nicht transportfähig. Wir haben für die Familie die obere Etage geräumt und ihnen droben eine eigene Wohnung eingerichtet.

Inzwischen hat sich auch mein ältester Bruder aus dem Gefangenenlager in Waterloo gemeldet. Ich schickte meiner Mutter sofort ein Telegramm. Alte Leute haben heut so wenig, worüber sie sich freuen können. Meine Schwägerin mit ihren Kindern wurde seinerzeit nach Kärnten evakuiert. Da sie Vierteljüdin ist, haben sie und die Kinder unter dem untergegangenen Regime viel ausgestanden.

Mein Schwager war in Berlin Buchhändler. Ob seine Wohnung noch existiert, wissen wir nicht. Bei den heutigen Verkehrsverhältnissen kann man auch kaum hinfahren. Am schlechtesten sind die Verbindungen in Berlin selbst. Wegen der vielen Bombentrichter muß die U-Bahn auf weiten Strecken eingleisig fahren. Außerdem gibt es keine Hotels für gewöhnliche Deutsche. Man muß die Nächte auf den Bahnhöfen zubringen und kann sich dort totfrieren.

Die Unsicherheit in der Stadt soll nach wie vor groß sein. Es kann immer noch passieren, daß man ohne Schuhe oder Mantel heimkommt, weil daran ein Besatzer oder Räuber Gefallen fand. Razzien nützen nichts, denn es gibt zu viele Verstecke in den Trümmern. Die intakten Viertel sind für die Besatzer und ihre Angehörigen reserviert. Es muß recht qualvoll sein, heute in Berlin als Deutscher zu leben.

Was sagen Sie zu den Gemeindewahlen in Großhessen? Eine unbeeinflußte Wahl bei uns im Eichsfeld würde eine Riesenmehrheit für die CDU ergeben. Aber bei uns wird nicht gewählt. Hier regieren die Kommunisten. Die meisten kommen aus Thüringen. Das Eichsfeld hat mit Thüringen nichts gemein, weder in der Konfession noch in der allgemeinen Einstellung der Bevölkerung. Das war schon für das vorige Regime ein Ärgernis.

Es ist schade, daß sich Ihre Hoffnungen nicht erfüllt haben. Unser Volk hätte es bitter nötig, daß sich vernünftige und warmherzige Menschen seiner annähmen. Wie man es führt, so ist es. Vielleicht ist die große Variationsbreite von Gut und Böse sowie diese Abhängigkeit von der Qualität unserer Führung für uns so verderblich.“

Dienstag, 29. 1. 1946

Die Sowjets haben den Amerikanern wegen der Truppenreduzierung in Österreich eine Absage erteilt. Sie gaben ihnen ferner zu verstehen, daß sie die Italiener in der Südtirolfrage und die Jugoslawen mit ihren Ansprüchen auf Südkärnten sowie Ungarns Gelüste auf das Burgenland unterstützen werden.

„Eine klare Deutschlandpolitik ist der Prüfstein unserer Beziehungen zur Sowjetunion.“ Das ist das Facit eines Leitartikels der New York Times. Es geht den Amerikanern nur schwer ein, daß die Sowjetunion als zweite Weltmacht und als die Beherrscherin des größeren Teiles von Europa in allen Fragen unseres Kontinents nun ebenso entschlossen und ansprüchlich ihre Stimme erhebt und ihre Interessen geltend macht wie es vormals die großen europäischen Staaten gewohnt waren.

Harry Lloyd Hopkins[86]) ist erst 55jährig in einem Krankenhaus

86) *Harry Lloyd Hopkins* (1890—1946), engster Berater Präsident Roosevelts. Ursprünglich Sozialarbeiter, schloß er sich 1928 Roosevelt an, als dieser Gouverneur von New York war. Als Roosevelt Präsident wurde, organisierte Hopkins einen Arbeitsdienst, der Straßen baute und Jugendprogramme durchführte. Außerdem verwaltete er den Arbeitslosenfonds des Bundes. Beim Ausbruch des Zweiten Weltkrieges übersiedelte er ins Weiße Haus und war Verbindungsmann des Präsidenten zu den alliierten Regierungen. Er beeinflußte Roosevelt, auf die Balkan-Offensive zu verzichten, die Churchill vorschlug und die Europa vermutlich eine andere Ostgrenze beschert hätte. Nach Roosevelts Tode schickte Truman Hopkins zu Stalin, um diesen zu versichern, daß sich an der US-Politik nichts ändern werde. Hopkins starb am 29. 1. 1946.

in Washington gestorben. Er spielte für Roosevelt eine ähnliche Rolle wie im Ersten Weltkrieg Oberst House[87]) für Wilson[88]). Hauptsächlich an ihm scheiterte Churchills Plan einer Landung der Angloamerikaner auf dem Balkan, der uns zweifellos eine bessere europäische Staatenkarte beschert hätte. Hopkins setzte lieber auf Stalin und die amerikanisch-russische Zusammenarbeit. Seine Krankheit, an der er viele Jahre litt, soll noch unerforscht sein und an seiner Leiche studiert werden.

Vierzehn Internierte des Kreuzers „Graf Spee"[89]) sind ausgebrochen und in den USA untergetaucht, da sie das Leben in den Staaten dem Leben in Deutschland vorziehen.

Nun habe ich sechs Wochen, wenn auch nur am Rande, den inneren Betrieb einer amerikanischen Kampfeinheit kennen gelernt. Vorangegangen waren fast sechs Jahre Wehrmachtserfahrungen. Was mir an den Amerikanern gefällt, ist ihr gelassener Umgangston. Sie sprechen ruhig miteinander und wer höheren Ranges ist, fühlt sich darum noch nicht besser als sein Untergebener. Auch wenn einer gefehlt hat, wird er nie roh oder verächtlich behandelt. Sie halten nichts von künstlichen Schranken, die bei uns eine so große Rolle gespielt haben. Sie schonen den Nächsten und lassen ihm weitgehender als wir seine Ruhe. Dennoch können sie in der Durchsetzung ihrer Befehle recht strikt sein. Aber ihre Strenge ist stur, nicht anmaßend. Auch diese Züge erklären einen Teil ihrer Erfolge in der Welt, nicht nur die materielle Überlegenheit allein, die ihnen ja nicht in den Schoß gelegt worden ist, sondern auch eine Frage des menschlichen Zusammenspiels, der Auslese, der Organisation war.

Heute war das Radio-Gegröhle wiederum besonders widerlich. Unter den Dingen, die gegen sie sprechen, zählt für mich ihre Gebrauchsmusik. Was für eine abscheuliche Leere und Stumpfheit muß man in

87) *Edward Mandell House* (1858—1938), amerikanischer Diplomat, der im Ersten Weltkrieg Wilsons Berater war und auf der Pariser Friedenskonferenz, als Wilson durch Krankheit ausfiel, den mäßigenden amerikanischen Standpunkt gegenüber Clemenceau und Lloyd George nicht durchsetzen konnte. Wilson ließ ihn daraufhin fallen.

88) *Thomas Woodrow Wilson* (1856—1924), 28. amerikanischer Präsident. Wilson war von Beruf Geschichtsprofessor und 1902—1910 Präsident der Princeton Universität. Nach erfolgreicher Laufbahn als Universitätslehrer und Erziehungsreformer bewarb er sich um den Gouverneursposten von New Jersey und führte bei der Präsidentenwahl 1912 die Demokraten zum Siege. Er bemühte sich um die Verhütung und nach Ausbruch des Krieges um Vermittlung zwischen den Kriegführenden. Als Deutschland 1916 seinen Friedensplan ablehnte und das Jahr darauf den uneingeschränkten U-Bootkrieg proklamierte, traten die USA an der Seite der Großmächte in den Krieg ein. Auf der Pariser Friedenskonferenz konnte Wilson seinen Standpunkt nicht durchsetzen und der Senat verweigerte die Ratifizierung des Vertrages. Wilson verlor die Präsidentenwahl von 1920 und zog sich aus dem öffentlichen Leben zurück.

89) Die Besatzung des Kreuzers hatte nach Versenkung des Schiffes in Argentinien Asyl gesucht und wurde nach dem Kriege den Amerikanern ausgeliefert.

der Seele haben, um an dieser Geräusch-Gemeinheit und -Obszönität Gefallen zu finden! Ist darin nicht die Gräßlichkeit der Materialisierung des Glaubens an den Gelderfolg, an die stumpfe Raffsucht des Zivilisationsproleten Ton geworden?

Unruhige Sylvesternacht

Donnerstag, 31. 1. 1946

Morgens war ich so munter, daß ich mich, kaum heimgekommen, gleich auf meine Korrespondenz stürzte. Für den Nachmittag hatte mich M. in die Wärmestube bestellt, wo sie sich wegen der Kälte in unserem Raum gewöhnlich aufhält, wenn sie keine Besorgungen zu erledigen hat. Ich schätze das Milieu nicht; der Geruch der ungewaschenen, zusammengedrängten armen Leute ist schlimmer als der unseres Wachlokals. M. hat dort eine Troppauerin entdeckt, die mir vielleicht einen Hinweis auf meine Eltern geben kann.

Es war eine gewöhnlich aussehende Person unseres Alters mit zwei Kindern an ihrer Seite; ihre Mimik und Sprechweise erinnerte mich an die Schicht, welche die österreichischen Beamten in Dalmatien „il popolo delle sette bandiere“[90]) nannten. Immer wieder fiel sie ins Tschechische, um mir zu zeigen, wie flüssig sie es beherrsche. Ich wunderte mich, daß sie mit den Kindern Deutsch sprach; es wäre für sie doch viel vorteilhafter gewesen, sich als Tschechin zu deklarieren, wenigstens solang hier die UNRRA den Ton angibt.

Natürlich sind für sie die Tschechen mit der Austreibung im Recht. Die Schuld an allem Unglück aber tragen die Amerikaner, die in Jalta Osteuropa den Kommunisten ausgeliefert haben. Dies scheint drüben bei den Nichtkommunisten, d. h. immer noch 60 % der Bevölkerung, ein Denk-Klischee zu sein. Troppau[91]) wurde in den letzten Kriegstagen ziemlich verwüstet; das Haus, in dem meine Eltern wohnten, steht nicht mehr. Auch der Markt und die wichtigsten Geschäftsstraßen sind nur noch Trümmer.

Die zurückgebliebenen Deutschen wurden in Lager getrieben und erhalten dort die KZ-Rationen der Juden. Die Funktionäre der NSDAP schlug man tot oder verurteilte sie zu zehn Jahren Zwangsarbeit. Männer unter 45 Jahren wurden in die Ostrauer Kohlengru-

90) Eine altösterreichische Redewendung, ursprünglich die Dalmatiner und deren elastische Gesinnung bezeichnend.

91) Ehemals deutsche Stadt im österreichischen Teil Schlesiens, vormals Landeshauptstadt.

ben geschickt und die Frauen zu Schmutz- und Aufräumarbeiten herangezogen.

Nach unserer Tageszeitung weisen die Tschechen hauptsächlich Frauen und Kinder aus und behalten die arbeitsfähigen Männer als Zwangsarbeiter. Dies verschlechtert unsere Wirtschafts- und Versorgungslage; die Behörden wissen nicht, was sie mit der Million unproduktiver Esser anfangen sollen.

Die Kissinger Militärregierung, an deren Spitze der rachsüchtige Käsehändler aus Connecticut steht, hat die Zuteilung der neuen Lebensmittelkarten vom Nachweis abhängig gemacht, daß jeder Erwachsene den Film über die Konzentrationslager gesehen hat. Nur Bettlägrige sind vom Kinobesuch auf ärztliches Attest hin befreit.

Freitag, 1. 2. 1946

Die Nacht war voller Unrast, ohne daß etwas Besonderes vorgefallen wäre, wenn ich den netten Captain ausnehme, der einen betrunkenen deutschen Kriegsgefangenen-Fahrer holen kam. Nach Mitternacht setzte ich mich mit dem Jungen aus Illinois zusammen; er wird mir den Brief an den Oberst aufgeben. Ich lud ihn und seinen Freund für den morgigen Nachmittag ein.

Nach diesen anstrengenden 48 Stunden schlief ich gut; nach dem Mittagessen brach ich zum Maxhof[92]) auf. Ich war vorgestern mit den Leuten handelseinig geworden; ich sagte ihnen die ungestörte Weiterführung ihrer Wäscherei und die Benutzung des Schuppens sowie eines Schlafraums im Hause zu. Das Häuschen ist gar nicht so übel, ich habe es mir näher angesehen; Garten und Wald sogar wunderbar.

Ich bin wirklich glücklich, es in zwei Monaten hier zu einem Heim gebracht zu haben.

In dieser Stimmung trat ich ahnungslos den Dienst an, als ich auf meinem Platz einen Jüngling bemerkte. Zugleich kam mir mein Vorgänger entgegen. Er habe mir die betrübliche Mitteilung zu machen, daß ich ab sofort entlassen bin, da verschiedene Wachleiter mit meiner Leistung unzufrieden wären. Der eigentliche Grund dürfte weniger die mangelhafte Leistung sondern die Tatsache sein, daß der CID[93]) aufgelöst wurde und für eine ganze Anzahl von Dolmetschern, die dort entsprechend verankert waren, eine Beschäftigung gefunden werden muß. Ich nahm die Sache nicht tragisch — einmal muß ich doch in einem richtigen Beruf anfangen und nun habe ich außerdem das Haus im Hintergrund.

92) Münchner Stadtviertel am Rande des Starnberger Forstes.
93) Counter Intelligence Division, Feindabwehr des US-Heeres.

Der Meinung war auch M., die nicht wenig staunte, mich so überraschend schnell heimkehren zu sehen. Nachts floh uns beide der Schlaf. Mir gingen die Dinge des Tages im Kopf herum — wie das Häuschen schnellstens zu beziehen wäre, wie man am besten dem wieder einsetzenden Hunger wehren könne, was die Stelle beim Staatskommissar bringen werde usw. Dazu mischten sich Vorstellungen über das Schicksal unserer Eltern und Schwiegereltern, von denen heute ein Brief aus Waldenburg vom November 1945 eintraf.

Beim Staatskommissar

Samstag, 2. 2. 1946

Da ich nun wieder den Tag für mich hatte und die Wohnungsfrage gelöst war, blieb mir Zeit, mich nach einer neuen Beschäftigung umzusehen. Als erstes fuhr ich zum Staatskommissar. Auch diesmal war er ziemlich belagert; so sicherte ich mir einen Platz im Vorzimmer und sah mich ein wenig im Hause um. Der Bayerische Ministerpräsident scheint mit der Wahl Jaenickes einen guten Griff getan zu haben, denn der versteht es, eine Behörde aufzubauen. Ich staunte nicht wenig, wieviel Leute seit meinem letzten Besuch, nach den Türschildern zu schließen, hier neu eingezogen sind.

Als ich endlich vorgelassen wurde, fand ich den alten Mann im Wintermantel im kaum überschlagenen Zimmer mit einer Decke auf den Knien am Schreibtisch sehr beschäftigt. Er hielt sich auch nicht lange mit mir auf, sondern schickte mich gleich zu seinem Personalreferenten, dem er meine Unterlagen weitergegeben hatte.

Beim Wohnungsamt holte ich mir den Einweisungsbrief fürs Häuschen ab, dessen Hauptmieter ich nun bin. Bei der Militärpolizei sprach ich kurz vor; der Wachleiter, bei dem ich mich verabschiedete, war überrascht, daß ich „dismissed" sei. Der kleine Lauseleutnant in der Schreibstube hatte sich über meinen Schein geärgert, in dem seiner Meinung nach zu viel Arbeitsstunden eingetragen waren. Ich wollte mich auch vom netten Soldaten verabschieden, der für mich ab und zu eine zusätzliche k-ration erübrigte. Er war aber nicht auf der Stube, die ganz wie beim deutschen Kommiß aussah. Ich legte ihm einen Abschiedsgruß auf den Tisch.

Abends ging ich nochmals zum Staatskommissar. Er war wie immer überbeschäftigt und der Ex-Oberstleutnant, der im Vorzimmer scharwenzelte, blähte die Nüstern und versuchte, mich abzuwimmeln. Es war genau einer von jenen, die vor einem halben Jahr zur Seite sprangen und salutierten, wenn ich in meinem amerikanischen Offiziershemd durch ihre Räume ging. Ich sagte daher eisig, daß er es werde verantworten müssen, wenn ich nicht mehr erschiene, denn ich hätte auch andere Angebote und ursprünglich habe der Präsident nach mir geschickt.

Er verschwand in Jaenickes Zimmer und bat mich nach einer Weile einzutreten. Der Präsident betrachtete mich nachdenklich mit seinen breit auseinanderstehenden „Kranführeraugen". Der Personalchef und sein Vorzimmerwedler mochten über mich nicht gerade vorteilhaft berichtet haben. Ob ich das Englische so gut beherrsche, daß ich auch schwierige Texte, wie Ansuchen um Stempelformulare, schaffen würde. Ich mußte ein Schmunzeln unterdrücken, antwortete aber höflich, für das Pentagon[94]) habe es ausgereicht, im übrigen könne ich ihm auch den Beowulf[95]) übersetzen. „Gut", sagte er, „dann werde ich Sie als Übersetzer einstellen." „Ich hatte mit einer Referentenstelle gerechnet", erwiderte ich. „Auch ich denke daran", lenkte er ein. „Aber die muß ich mir erst erkämpfen; es hat doch keinen Sinn, Sie auf einen Posten zu setzen, der mir vom Minister gestrichen wird."

Montag, 4. 2. 1946

So fing ich im Kellergeschoß der Münchner Holbeinstraße meine neue Tätigkeit an. Meine Kollegin L. ist eine Deutschamerikanerin, zwei Jahrzehnte älter als ich. Während eines Deutschlandaufenthalts in den zwanziger Jahren hatte sie einen hiesigen Arzt geheiratet, der sich, als er im Dritten Reich zu höheren Ehren aufstieg, von der etwas Älteren, wie es damals in diesen Kreisen schick war, scheiden ließ. Nun sitzt er im Internierungslager und sie muß sich mit ihrer dreizehnjährigen Tochter selbst durchschlagen. Im Amt gehört sie zu den Ältesten der Belegschaft; schon Jaenickes Vorgänger hat sie eingestellt.

Unser Arbeitsraum ist ein kahles Zimmer, drei wacklige Tische und zwei zerbrechliche Stühle sind die ganze Ausstattung. Der Lichtanschluß fehlt noch, worüber wir nicht traurig sind, denn so können wir bei Anbruch der Dunkelheit nach Hause gehen. Für meinen Mantel muß ich mir noch einen Nagel in die Wand schlagen. Das Schmuckstück des Raumes ist eine fast neue Schreibmaschine mit unsympathischen länglichen Lettern. Im übrigen leben wir hier ziemlich fern vom Betrieb und — wie ich hoffe — in Eintracht.

Frau L. ist eine Dame mit ausgeprägten Ansichten. Da Englisch ihre Muttersprache ist, kann ich von ihr, was das Idiomatische anbelangt, eine Menge lernen. Ängste bereitet ihr das Bürodeutsch, das wiederum ich bis in die Feinheiten seiner Verderbtheit kenne. So ergänzen wir einander in erfreulicher Weise. Als angenehm empfand ich, daß sie es ablehnte, mit mir Englisch zu sprechen. Ihre amerikanischen Landsleute stehen bei ihr nicht hoch im Kurs. Sie hält sie für instinktlos und barbarisch und wünscht, daß sie sich recht bald aus dem Staube machen.

Sie gab mir einen längeren Artikel über das heut so aktuelle Thema „Warum schwieg das deutsche Volk zu den Konzentrationslagern?" zu lesen, den der Chef zum persönlichen Gebrauch übersetzt haben

94) Verteidigungsministerium in Washington, wegen seiner fünfeckigen Form so genannt.

95) Das umfangreichste der erhaltenen angelsächsischen Epen, wahrscheinlich aus dem 8. Jahrhundert stammend.

wollte. Der Verfasser ist ein Priester und seine Argumentation auf weite Strecken annehmbar. Nur halte ich die Behauptung für fragwürdig, daß wir ein völlig unpolitisches Volk sind, was man jetzt tausendfach hört, sei es als Entschuldigung oder Anklage. Inwieweit sind die Italiener politischer als wir oder auch die heut so bewunderten Franzosen? Und sind vielleicht die Amerikaner ein politisches Volk? Dergleichen Kategorisierungen sind unergiebig und dienen nur der Beschwichtigung, nicht der Erkenntnis.

In den Durchschlägen der bisherigen Übersetzungen geblättert. Sie umfassen nur einen geringen Teil der eingegangenen Berichte, immerhin findet sich darin Authentisches etwa folgenden Inhalts: Die Lage im russischen Sektor Berlins, aber auch in der Umgebung der alten Reichshauptstadt ist katastrophal. Für Kinder gibt es keine Milch, kein Fett, kein Fleisch. Die Kindersterblichkeit ist so groß, daß selten ein Kind das zweite Jahr überlebt. In Kleinmachow, wo es vormals vier bis sechs Beerdigungen im Monat gab, sind es jetzt 80. Für 3000 Kinder wäre ein Erholungsaufenthalt in Bayern dringend nötig. Es folgt ein langer Bericht über den Russeneinmarsch in Hirschberg[96]) und die anschließende Poleninvasion. Heut zählt die Stadt, deren mittelalterlicher Ring zerstört ist, 35 000 Polen und 25 000 Deutsche. Die Lebensverhältnisse für unsere Landsleute sind dort so miserabel, daß 65jährige die Deportation nach Kirowograd dem Leben in der Heimat vorziehen.

Das Curriculum Jaenickes: 1881 geboren als Sohn des Breslauer Bürgermeisters, Rechtsstudium in Berlin, Referendar in Elbing, dort zum Bürgermeister gewählt. 1914—1918 Kriegsdienst, als Hauptmann entlassen, Bürgermeister von Potsdam, Regierungspräsident von Schlesien und Brandenburg, Reichstagsabgeordneter einer kleinen Bürgerpartei. Nach 1933 zur Disposition gestellt, durch Vermittlung des Völkerbundes Verwaltungsreformer bei Tschiang-kai-schek. Da sich wegen des Bürgerkriegs eine Reichsreform in China nicht durchführen ließ, Reorganisator der Verwaltung in Setzschuan, Studienreisen nach Japan. 1936 heimgekommen und in den Ruhestand versetzt. Am 5. 5. 1945 von der SS in Lenggries, seinem seitherigen Wohnsitz, schwer verwundet.

Mittwoch, 6. 2. 1946

Grauer Tag; hin und wieder Eisregen, vermischt mit Schnee. Aber wir sind froh, daß die Temperatur so mild bleibt. Heut gab es keine Akten. Ich bin es von Reichenberg gewohnt, ereignislose Dienststunden abzusitzen, während sich Frau L. unglücklich fühlt, wenn sie

96) Stadt in Schlesien.

nichts zu tun bekommt. Zunächst wollte mich der Chef zu einer Sitzung mitnehmen, aber dann mußte er nach Augsburg fahren; so kümmerte sich um uns niemand. Ich studierte die NEUE AUSLESE, die man auch antideutsche Auslese nennen könnte. Die Autoren kämpfen gegen versunkene Gespenster, sie reden an unseren Problemen vorbei, zu deren Darstellung weder ihre Courage noch ihre Phantasie und Begriffsschärfe ausreichen.

Ich war von 1918 bis 1938 tschechoslowakischer Staatsbürger und fühle mich daher für Hitler so wenig verantwortlich wie vor 156 Jahren ein Franko-Kanadier für die große Französische Revolution. Für den, der die innerdeutschen Verhältnisse nur vom Hörensagen kannte, der aber miterlebte, wie die zwischeneuropäischen Staaten an ihrem eigenen inneren Unvermögen zugrunde gingen, noch ehe die Gestalt des Braunauers am Horizont erschien, bedeutete der Krieg die Beseitigung der kleinlichen nationalen Interessenfelder und Eigensüchteleien zugunsten einer Ordnung, die uns konkurrenzfähig machen sollte gegenüber dem russischen Koloß und den erwachenden politischen Kontinenten Asien und Afrika. Dieses europäische Problem ist auch durch unseren politischen Bankrott nicht aus der Welt geschafft und ich halte es für eine Farce, wenn man den gegenwärtigen Bürgerkrieg in Griechenland, die Auseinandersetzung in Persien und alle in der Zukunft liegenden Konflikte auf uns als ihren eigentlichen Ursprung zurückführt.

Die Sowjets werden ihre deutsche Schlüsselposition unbeirrt von den amerikanisch-britisch-französischen Narreteien in deren Deutschlandpolitik behaupten und bauen in ihrer Zone zielstrebig eine Führungsschicht auf, an der jeder Versuch, über unser Schicksal im nationalen Sinne zu diskutieren, abgleiten wird. Sie lassen die gegenwärtigen osteuropäischen Regierungen noch ein wenig demokratisch zappeln, bis ihre Stunde schlägt. Sie halten ja die Länder besetzt und können deren politische Garnituren nach Belieben austauschen. So festigen sie Tag um Tag in ihren neuen Territorien wie in den Satellitenstaaten ihre Herrschaft. Dabei kennen sie keine launischen oder gar aufbegehrenden Massen, keinen kompromißlosen Pluralismus und selbst ihre Journaille ist nur frech auf Befehl der Staatsgewalt. In einer wieder zunehmend vom ideologischen Geschwätz und von geschwätzigen Ideologien erfüllten Welt praktizieren sie die Furchtbarkeit der zielstrebigen, unerbittlichen Macht, so barbarisch, rückständig und primitiv sie sonst sein mögen.

Die Franzosen reden wieder einmal vom Geist, als ob sie ihn gepachtet hätten. Dabei sind sie nur insofern ein wenig mehr als die Italiener wieder Herren im eigenen Lande, weil sie eine Fraktion aufbrachten, die sich von Anbeginn zu den Siegern schlug und weil wir kläglich versagt haben. Als Besatzer in Frankreich erlebte ich es bis zur Verzweiflung. Aber diese deutsche Verwaltung war so wenig unser Geist wie die amerikanischen Armeen, die uns vom Atlantik über den Rhein trieben, den Geist Frankreichs zum Siege geführt haben.

Donnerstag, 7. 2. 1946

Wie sich die hiesigen Bediensteten trotz allem Mangel einrichten! Gestern kursierte eine Liste, in die man sich eintragen konnte, um Küchengerät und Porzellan zu bekommen. Das Angebot war fast reichhaltig. Heut gibt es Ochsenschwanzsuppe. Ganz verpasse ich hier den Anschluß an die kleinen Überlebensmöglichkeiten nicht.

Oft begegnen uns Schwangere auf den Straßen. Oder sind unsere Augen dafür nur geschärft worden? Die armen Frauen haben es jetzt doppelt schwer, obwohl man in München immer noch besser lebt als in anderen deutschen Großstädten. Diejenigen aber, die in diesem Zustand in die Lager gepfercht wurden oder gar auf der Flucht sind, müssen wohl die Hölle ausstehen.

Als Konfutse[97]*) durch eine wilde Gegend kam, hörte er eine Frau wehklagen. Er schickte einen Schüler zu ihr, um den Grund des Kummers zu erfahren. Sie berichtete, daß ihr Schwiegervater, ihr Mann und ihr Sohn nacheinander von einem Tiger, der den Ort heimsuchte, getötet worden seien. „Warum bleibst du dann hier“, staunte der Schüler. „Weil es hier keine böse Regierung gibt“, erwiderte die Frau. „Sie hat recht“, sagte Konfutse, „eine böse Regierung ist verheerender als ein Tiger.“*

Ein deutsch-amerikanisches Wörterbuch für Behörden, Handel und Industrie durchgesehen. In allen Geldangelegenheiten ist das Englische plastischer, griffiger, dem Deutschen überlegen. Der Gott der Amerikaner wohnt doch in einem Goldenen Kalb.

Interessanter Artikel über die Rationierung im Ersten Weltkrieg. Erst 1921 konnten die Hungerzuteilungen der letzten Kriegsjahre merklich verbessert werden. 1922 war dank amerikanisch-kanadischer Einfuhren die Lebensmittelknappheit im wesentlichen überwunden. 1923, auf dem Höhepunkt der Inflation, wurden die letzten Lebensmittelkarten gedruckt. Nach der Einführung der Rentenmark wurde die Geldknappheit zum Engpaß der Armen.

Zehntausende von Münchnern, die kein heizbares Zimmer haben, halten sich vom frühen Nachmittag bis zum späten Abend in den städtischen Wärmestuben auf, die in benutzbar gebliebenen Gastwirt-

97) *Kunfutse* (551—479), chinesischer Weiser. Er wurde aus seiner Heimat vertrieben und kehrte erst nach langem Wanderleben zurück. Eine große Zahl von Schülern folgte ihm. Seine Sprüche sind in vier Büchern überliefert. Der Einfluß seiner Lehre auf die chinesische Entwicklung ist bedeutend.

schaften eingerichtet wurden. Auch M. besucht sie, seit wir mit dem nassen Holz nicht heizen können. Man muß einen sehr verkümmerten Geruchssinn besitzen, um diese Räume ertragen zu können. Seit Monaten gibt es keine Seifenzuteilung. Womit sollen die Leute sich und ihre Wäsche sauber halten? M. unterhält sich mit den Sitznachbarn und sammelt Schicksale. Die meisten hat der Krieg nicht nur ihrer Habe, auch ihrer menschlichen Bindungen beraubt. Sie stehen im Alter allein. M. findet immer welche, die sich trotzdem ihre natürliche Freundlichkeit bewahrt haben.

Schlimmes wird von den Altersheimen berichtet. Nur Küchen und Schwesternräume werden geheizt. Das Essen ist unzureichend (wie sollte es anders sein bei dieser Kalorien-Berechnung). Kommt einer zu spät zu Tisch, erhält er nichts mehr. Dabei besitzt München schöne Altersheime. Ein Zeitungsschreiber hat sie neulich in einem Anfall von noch nicht verbotenem Lokalpatriotismus mit denen von New York verglichen.

Freitag, 8. 2. 1946

Wunderschöne Matratzen werden vor dem Hause ausgeladen. — „Sie hätten auch welche haben können", sagte Frau L., „Sie sind einen Tag zu spät eingetreten."

Generaloberst Nedić[98]), den wir mit der Regierung in Serbien beauftragt hatten und der von den Briten an Tito ausgeliefert wurde, sprang vom dritten Stock des Belgrader Polizeigebäudes, als er zum Verhör geführt wurde. Er verdarb damit den Kommunisten die Freude an einem Schauprozeß.

Verräterisch für die Mentalität der Nazis sowie für ihr Verhältnis zu unserer Sprache, aber auch bezeichnend für die Verderblichkeit ihres Denkens war ihre Verbindung einander widerstrebender Begriffe. So war niemandem vor ihnen eingefallen, die Wörter „Werk" und „Vernichtung" zum „Vernichtungswerk" zusammenzufügen. Die Art, wie Hitler dieses Wort aussprach, hatte bereits alles in sich, was später furchtbare Wirklichkeit wurde.

Fast 40 % der seit dem Kriegsende geborenen Münchner Kinder sind unehelicher Herkunft. Dabei liegt unsere Geburtenrate 30—50 % unter den Sterbefällen, während die Ausländer einen riesigen Geburtenüberschuß aufweisen.

98) *Milan Nedić* (1877—1946), Generaloberst, im Königreich Jugoslawien Generalstabschef. Während der deutschen Besetzung war er 1941—44 serbischer Ministerpräsident. Zur Bekämpfung der Partisanen stellte er ein serbisches Freiwilligenkorps auf, das von den Briten an der österreichisch-slowenischen Grenze nach der Kapitulation 1945 an die Kommunisten ausgeliefert wurde. Die 30 000 Mann wurden von diesen fast alle umgebracht.

Die bayerischen Sozialdemokraten bemühen sich sehr um die Flüchtlinge. Dies soll auf Hoegner zurückgehen, der als Emigrant in der Schweiz das Brot der Fremde lang genug gegessen hat. Außerdem weiß er, daß ihn die Amerikaner ungerührt in die Wüste schicken werden, wenn er an diesem schrecklichen Problem scheitert.

Samstag, 9. 2. 1946

Die Nacht war blau wie verdünnte Tinte, darin glimmend die Lichter des Bahnhofs. Dann riß der Sturm die Wolkendecke auf und der Himmel lag da wie ein blauer See. Aber die rauchig-schwarzen Wolkenbänke nahmen bald wieder überhand. Da es für mich vormittags keine Arbeit gab, ging ich Besorgungen erledigen. Ich hatte mich in der amerikanischen Bibliothek angemeldet.

Ich wartete lange auf den Leiter Dr. Spahn. Ein Mann meines Alters und sicherlich deutscher Abstammung; er sprach deutsch wie seine Muttersprache. Seinen Tisch hatte er mitten unter die Bücher und Leute gestellt; die ungenierte Unterhaltung der Schreibkräfte um uns schien ihn nicht zu stören. Ich zeigte ihm meine Papiere und betonte mein Interesse an geistiger Arbeit, vor allem aber an den Möglichkeiten, die sich hier den Amerikanern im Büchereiwesen böten.

Er erzählte von seinen Schwierigkeiten. Von Washington hätte er den Auftrag, in Bayern für Deutsche US-Büchereien einzurichten, sonst gar nichts. Sein Fundus? Um das Haus wieder benutzungsfähig zu machen, habe er sich mit dem Rektor der Universität zusammengetan, die Handwerker mit Zigaretten herbeigeholt, das Material der Armee gestohlen. Um jeden Dollar müsse er betteln gehen.

Wieviel Bücher er habe? 635, wenn ihm in der Zwischenzeit nicht schon welche davon abhanden gekommen sind. Nachschub? — Daran sei nicht zu denken. Er versuche jetzt, Nazi-Literatur zu sammeln und daheim gegen amerikanische umzutauschen. Wer unterstütze ihn dabei? Niemand, im Gegenteil, wenn OMGB[99]) erfahre, was er vorhabe, legten sie ihm sicherlich Schwierigkeiten in den Weg. Das Beste sei, in der Stille zu arbeiten.

Ob die Amerikaner nicht begriffen, welche Wirkungen sie bei uns durch eine aktive Kulturpolitik erzielen könnten? — „Vielleicht wollen sie diese Wirkungen nicht. Wir haben eine Demokratie, d. h. niemand von uns kann mit Bestimmtheit voraussagen, was in den nächsten 14 Tagen geschehen wird. Sehen Sie sich doch unser Entlassungsproblem an. Zuerst hieß es, 600 000 Soldaten blieben in der US-Zone. Dann startete jemand eine Pressekampagne, weil die Armee angeblich viel zu viel Soldaten habe. Plötzlich ging ein Sturm von Prote-

99) Office of the Military Government for Bavaria, die US-Militärregierung für Bayern.

sten, Telegrammen, Streiks los. Mit einem Schlage hat der Kongreß die Zahl halbiert. Die Deutschen suchen immer Gewißheit, Verläßlichkeit. Die werden sie überall, nur nicht bei den Amerikanern finden."

Er bot mir eine Stelle in Regensburg an. Mit welchen Aussichten? Er beliefere mich mit Zeitschriften. An Büchern könne er mir ein paar Duplikate ablassen. Könne er sich nicht an die Armee wenden, um Bücher zu bekommen? Sie gebe ihm keine, obwohl allein die GI-Bücherei in München 25 000 Bände umfasse, wobei die Soldaten hier keine Bücher läsen. „Ich habe hier ein Haus, eine Frau und erwarte ein Kind", sagte ich. „Die würde ich auf alle Fälle hier lassen", erwiderte er. „Wer weiß, ob Ihnen Regensburg die Zuzugsgenehmigung gibt."

„Wollen Sie mit mir am Montag hinfahren? Ich habe zwar nur einen Jeep und es wird lausig kalt sein." Mir kam das Gespräch reichlich ironisch vor. Dr. Spahn auf einer US pay roll[100]) und als Angestellter einer US-Bundesbehörde kann sich Ironie leisten. Aber wir, die wir nun neben unseren Schwächen noch mit den ihrigen rechnen müssen und dazu dieses Trümmerfeld aufbauen sollen, werden mit Ironie sicherlich nicht weiter kommen.

Mittags Regen, dann Schneefall. Als ich noch vor der Dämmerung heim kam, fand ich M. verzweifelt und halb erfroren vor. Sie brachte mit dem nassen Holz kein Feuer zuwege. Ich spleißte feine Späne, nahm viel Papier, sodaß sie doch zu brennen anfingen und schichtete die Koksstücke darauf, die von einem überladenen Lastwagen gefallen waren und die wir sorgfältig eingesammelt hatten. Nach einer Weile begann der Ofen warm zu werden, sodaß M. den Abend für ihre Näharbeiten nutzen konnte, während ich, angewidert von der Ergebnislosigkeit der hinter mir liegenden Tage, mit knurrendem Magen ins Bett kroch.

Besuch bei Karl Voßler

Montag, 11. 2. 1946

Da im Amt wieder nichts los war, fuhr ich zur Universität. Große Teile des weitläufigen Gebäudes sind gründlich zerstört. Ein paar Studenten mauerten die „maurischen" Bogen zur Ludwigstraße zu, für die es ohnedies kein Glas gibt. Ich fragte mich nach dem philosophischen Dekanat durch, das ich in dem halbzerstörten Labyrinth ohne Führung nie gefunden hätte. Ein älterer Mann und eine Jungfer saßen in dem kleinen Raum. Ein Kanonenofen, dessen Rohr durchs

100) Amerikanische Gehaltsliste.

Fenster führte, verbreitete milde Wärme. Ein Student der Naturwissenschaft schlüpfte vor mir in die Kammer und wurde abgefertigt. Eine naturwissenschaftliche Fakultät werde es in München so bald nicht geben, lautete die Auskunft, da die Professoren entweder gefallen oder amtsenthoben sind, wenn sie sich nicht selbst das Leben genommen haben.

Ich fragte nach dem Dekan. Es ist ein 70jähriger Ägyptologe, der morgen Sprechstunde abhält. Sie wird allerdings schrecklich überlaufen sein. Ob ich mich für eine Assistentenstelle interessiere? Die sind alle besetzt. Anglistik liest der alte Forster[101]), der in Wasserburg wohne. Max Spindler[102]) ist von den Historikern noch da. Die meisten Lehrstühle sind verwaist und werden von Emeriti verwaltet. Die Vorlesungen beginnen nächste Woche, so Gott will. Vorläufig laufen Vorbereitungskurse. Ich fragte nach Karl Voßler[103]). Er wohnt im Maximilianeum. Ich beschloß, ihn aufzusuchen.

Auch dieser monumentale Bau erhielt Bombentreffer, aber die Zerstörungen halten sich in Grenzen. Ein Hausmeister wies mir den Weg. Hinter einer beschädigten Tür läutete eine dünne Glocke. Eine sehr große, noch rüstig wirkende Frau öffnete und lud mich freundlich ein, den Mantel abzulegen. Das Arbeitszimmer ihres Mannes sei geheizt. Nach dem dunklen Gang voller Bücherregale trat ich in einen schönen hellen Raum, der Ruhe und Behagen ausströmte. Voßler saß an einem kleinen Tisch am Kamin und schrieb in ein gebundenes Heft. Einst muß er imponierend ausgesehen haben mit seinem kühnen Gesicht und der hohen Gestalt. Nun geht er leicht gebückt, die Haut aschgrau; ich schätzte ihn auf älter als 72 Jahre.

Er empfing mich mit jener Urbanität, die einmal der Stolz unserer hohen Schulen war, bis die Nazis auch dort ihre Sitten einführten. Als ich von meinen italienischen Jahren zu erzählen begann, lebte er auf. Erst vor wenigen Wochen habe ihm Benedetto Croce[104]) geschrieben, dem es gut gehe und der wieder in seinem napoletanischen

101) *Max Forster* (1869—1954), Anglist. F. lehrte in München Anglistik, Keltologie, altgermanische Volkskunde und Namenskunde.

102) *Max Spindler*, geb. 1894, bayerischer Historiker, 1947—60 Vorstand des Instituts für bayerische Geschichte an der Münchner Universität, seit 1947 Mitglied der Bayerischen Akademie der Wissenschaften, Herausgeber des vierbändigen Handbuchs der bayerischen Geschichte.

103) *Karl Voßler* (1872—1949), Romanist, lehrte in München. Schrieb bedeutende sprachwissenschaftliche und sprachphilosophische Werke sowie Monographien über französische, spanische und italienische Dichter.

104) *Benedetto Croce* (1866—1952), italienischer Philosoph, Historiker und Literatkritiker, zu seiner Zeit der führende Geisteswissenschaftler Italiens. Von 1902—1944 gab er die Critica heraus, eine kulturelle Zweimonatsschrift, 1920/21 amtierte er als Kultusminister. C. war zeitlebens ein erklärter Gegner Mussolinis und des Faschismus, konnte aber während der Jahre 1922—44 uneingeschränkt publizieren.

Palazzo residiere. Ob ich wisse, daß dessen zweite Tochter eine begabte Literaturhistorikerin sei? Wir unterhielten uns über Gentile[105]), Gabetti[106]), Gioacchino Volpe[107]). Er habe von ihnen noch kein Lebenszeichen erhalten und könne nur hoffen, daß sie den Krieg überlebt haben.

Ich schilderte meine Studienjahre in Prag, das plötzliche Erwachen der Sudetendeutschen in den Jahren, als ich in Italien war und meinen Eindruck von der Wandlung während meiner anderthalbjährigen Abwesenheit. Er hätte wohl begriffen, sagte er, daß Cysarz[108]), Gierach[109]), San Nicolo[110]) ein anders ausgeprägtes Nationalbewußtsein besäßen, aber die Hintergründe seien ihm nie recht klar geworden.

Ich bat ihn, mir die geistige Lage in Deutschland nach dem Kriege zu skizzieren. In Heidelberg gebe Karl Jaspers[111]) die Vierteljahresschrift „Die Wandlung" heraus. Mitarbeiter sei u. a. Alfred Weber[112]). In München erscheint die „Universitas Litterarum", als deren Herausgeber Hans Eckstein[113]) zeichnet.

Unter den Münchner Verlagen entfalte der Drei Zinnen Verlag von Kurt Desch[114]) eine rege Tätigkeit. Friedhelm Kemp[115]), einer seiner Schüler, sei Lektor des Verlages. Er riet mir, ihn aufzusuchen. Nach seinen Reden war ihm der Nationalsozialismus aus ganzer Seele

105) *Giovanni Gentile* (1875—1944), italienischer Philosoph und Erzieher, 1922 Erziehungsminister im ersten Kabinett Mussolinis. Mit Croce Hauptvertreter des italienischen Neuhegelianismus. Gentile stellte sich dem faschistischen Regime zur Verfügung, zog sich aber bald auf die Herausgabe der Enciclopedia Italiana zurück. 1944 wurde er Präsident der italienischen Akademie der Wissenschaften, im gleichen Jahre von Fanatikern ermordet.

106) *Giuseppe Gabetti* (1886—1948), italienischer Germanist, der deutsche Literatur an der Universität Rom lehrte. G. war ein Vermittler deutschen Geisteslebens in Italien und übersetzte Jens Peter Jacobsen ins Italienische.

107) *Gioacchino Volpe* (1876—1942), italienischer Historiker, der an der Universität Rom lehrte. Sein Hauptgebiet war die Stadtgeschichte des Mittelalters und der Renaissance.

108) *Herbert Cysarz*, geb. 1896, Germanist, lehrte in Wien, Prag und München. Schrieb auch philosophische Bücher und Romane.

109) *Erich Clemens Gierach* (1881—1943), Germanist und Philologe, lehrte in Prag und München. Er gab mitteldeutsche Texte heraus und war der Organisator der sudetendeutschen Heimatforschung.

110) *San Nicolò Mariano* (1887—1955), Jurist, lehrte in Prag und München. N. schrieb Beiträge zur Rechtsgeschichte im Bereich keilschriftlicher Rechtsquellen.

111) *Karl Jaspers* (1883—1969), Philosoph. Von der Psychiatrie herkommend, entwickelte er unter dem Einfluß von Kierkegaard und Nietzsche ein eigenes philosophisches System; er schrieb eine Reihe Beiträge zur Philosophiegeschichte und nahm seit den dreißiger Jahren auch zu Zeitfragen Stellung.

112) *Alfred Weber* (1868—1959), Volkswirtschaftler und Soziologe, lehrte in Prag und Heidelberg. Begründer der Industrie-Standortlehre und Vertreter einer universalen Kultursoziologie. Bruder von Max Weber.

113) *Hans Eckstein*, geb. 1898, Kunst- und Architekturkritiker, 1955—63 Direktor des Staatlichen Museums für angewandte Kunst in München.

114) *Kurt Desch*, geb. 1903, bekannter Münchner Verleger.

115) *Friedhelm Kemp*, geb. 1914. Romanist und Rundfunkredakteur. Schüler von Ernst Robert Curtius und Karl Voßler.

zuwider. Er freute sich, daß ich Viktor Klemperer[116]) kannte, dessen Dresdner Anschrift er mir gab. Er riet mir, meine Erfahrungen aufzuschreiben, so plastisch, wie ich sie ihm erzählt habe.

Die Stadtbibliothek — oder was von ihr den Krieg überlebte — ist im Rathaus untergebracht. Die Staatsbibliothek hat 1 000 000 Bände, ungefähr ein Drittel ihres Bestandes, durch den Luftkrieg verloren. Doch konnte sie ihre Musik-Abteilung vollständig über den Zusammenbruch retten. Er nannte mir ferner die Namen einiger Buchhandlungen.

Dienstag, 12. 2. 1946

Heut haben wir mehrere Notschreie an die Militärregierung geschickt — weil uns die zur Entlassung bestimmten Madjaren die Lager verstopfen, weil uns das US-Militär Baracken wegnimmt, weil die nicht in die US-Zone gehörenden Deutschen zwangsumgesiedelt werden sollen — allerdings mit Ausnahme der in der Sowjetzone beheimateten.

Die Ungewißheit über das Schicksal meiner Eltern quält mich. Warum bin ich noch nicht in der Sudetendeutschen Hilfsstelle gewesen? Wohin wird der Ausweisungsstrom aus Schlesien gelenkt? Die Halbtschechin sagte, in die Sowjetzone. Aber meine Eltern wußten, daß M. in München ist. Vielleicht kam ein Brief in Deisenhofen an. Ich habe ja nie nachgefragt.

Neulich bemerkte Jaenicke über die Minister: Man staunt, wenn man mit ihnen spricht, wie gut genährt und rosig sie alle aussehen. Sie haben eben ihre Beziehungen zum Land und können es uns daher gleichmütig abschlagen, wenn wir für unsere 14stündige Arbeit die Schwerarbeiterzulage beantragen.

Mittwoch, 13. 2. 1946

Nachmittags begleitete ich den Staatskommissar zum OMGB. Der junge Hauptmann, dem unser Besuch galt, bestimmt über die Warenverteilung in Bayern. Allmonatlich wird eine Quote bewirtschafteter Waren zur Verteilung freigegeben, und was außer Luft und Wasser wird nicht bewirtschaftet in unserem Land? Die Abnehmer sind in Klassen eingeteilt. Die vornehmste ist natürlich die Besatzung selbst und gleichberechtigt die UNRRA. Sind die befriedigt, kommen die politisch Verfolgten dran und erst wenn die genug haben, ist der Normalverbraucher an der Reihe.

116) *Victor Klemperer* (1881—1960), Romanist, lehrte in Dresden, Halle, Greifswald und Ostberlin. Seine Werke umfassen die französische Literatur von der Aufklärung bis zur Moderne.

„Dieses Prioritätssystem gilt nicht für alle Ewigkeit“, setzte der junge Captain höflich hinzu. Jaenicke bat zu erwägen, ob man zwischen den Privilegierten und dem Normalverbraucher nicht eine weitere Klasse, die der Flüchtlinge, einschieben könnte, indem man der Pyramide ein Zwischenstockwerk einzieht. Dem Captain gefiel dieses Mezzanin und er versprach, unseren Vorschlag bei der nächsten Besprechung im Wirtschaftsministerium vorzubringen.

Bei all den Kontakten fällt mir, der ich die Bestimmtheit und Forschheit der preußischen Verwaltung gewohnt bin, die zögernde Unentschlossenheit der amerikanischen auf. Zudem leben unsere Besatzer hier in einer viel zu gut gepolsterten Reservation, um unserer Katastrophe gewahr zu werden. Schon äußerlich wird das sinnfällig, wenn man das Gehetzte, Verhungerte und Verhärmte unserer Wortführer mit ihrer luxuriösen Wohlgenährtheit und Ausgeruhtheit vergleicht.

Doch läßt sich nicht leugnen, daß Jaenicke schon unendlich viel Gutes getan hat. Seit 19. Januar rollen täglich Güterzüge mit je über 1000 Ausgewiesenen über die Grenze. Nach dem Willen der Planer dieser Elendswanderung, der Tschechen und Amerikaner, wird sich ihre Dichte in den nächsten Monaten steigern, bis der letzte Deutsche die Tschechoslowakei verlassen hat. Hier gilt es, nicht nur zu improvisieren, worin wir nie sehr stark gewesen sind, sondern alle Möglichkeiten auszuschöpfen, die in der Situation beschlossen liegen. Wer wäre dazu geeigneter als Jaenicke, der keine Verdrossenheit, keine Rast kennt und aus dem ihm unterstellten Apparat das Äußerste herausholt, wie er es von sich selbst gewohnt ist. Seine korrekte Art, seine persönliche Sauberkeit inmitten einer Umwelt, in der nur das eigene Überleben gilt, beeindrucken selbst die gleichgültigen Amerikaner. Ich bin nur froh, daß ich weit entfernt von seinem Vorzimmer sitze. Dort soll der Oberstleutnant a. D. ruhig selig werden. Ganz wachsen dem Schleicher übrigens die Flügel nicht aus. Jaenicke rupft zuweilen daran. Ich merkte es, als er aufmerksam das arrogante Türschild beäugte, das sich der Mann ausgedacht hatte. Es verschwand kurz darauf.

In der eigenen Wohnung

Donnerstag, 14. 2. 1946

Übersiedlung. M. ging es nicht gut, aber sie leistete, was ihre Kräfte hergaben. Während M. Fächer und Schübe leerte, ging ich in den Keller und füllte Kartoffeln und Holz in die Säcke. Pünktlich erschien der Fuhrbesitzer, ein alter Mann, der so herzhaft zupackte, daß wir sein Dreirad im Nu beladen hatten. M. saß wie ein Kind auf meinem Schoß, denn das Führerhäuschen war viel zu klein für drei Leute und ich mußte meine langen Beine wie in einem Schraubstock halten.

In der Nacht hatte es ausgiebig geschneit. Über der Schneelandschaft lag ein bleicher Himmel. Es gab einige Kältegrade, sodaß wir in richtigem Winterwetter umzogen. Die Hausleute hatten in der Küche eingeheizt; während mir die Männer beim Ausladen halfen, kochte M. das Mittagessen. Nach dem Essen hackte ich unser Holz und stapelte es im Vorbau auf. Das Häuschen steckt voller Ecken und Nischen und ist mit Gerät von Generationen vollgestopft — wie nackt und bloß stehen wir mit unseren Siebensachen da!

Abends luden wir Familie Sch. ein, die uns einen so freundlichen Empfang bereitet hatte. M. schenkte ihm ein Päckchen US-Zigaretten, was für ihn ein Monatsgehalt bedeutete. Er war bei der christlichen Seefahrt gewesen und hat außer Australien alle Erdteile betreten, ein Mann mit handwerklichem Geschick, der den Lebenswidrigkeiten zäh begegnet, nicht mein Typ. Aber ich bin zufrieden, wenn wir erträgliche Nachbarschaft halten. Er hat im Krieg alle seine Kinder, drei Söhne, verloren. Sie besitzen immer noch weit mehr Möbel, als sie uns belassen haben.

Freitag, 15. 2. 1946

Unsere Wirtsleute haben uns einen kleinen Wecker geliehen, der mich aus der frostigen Nacht in den eisigen Tag schreckt. Die lange Fahrt in die Stadt ist beschwerlich; ich stehe, meist zusammengepreßt, gut drei Stunden täglich in kläglichen Beförderungsmitteln. Bei der Unterernährung ist der lange Tag barbarisch. Aber ich bin trotzdem glücklich über das Häuschen, denn ich weiß, was es für M. und das Kind bedeutet. Nur wäre es schön, wenn ich den Bürodienst zugunsten einer freiberuflichen Tätigkeit aufgeben könnte.

Ich wollte den Kulturreferenten der Stadt aufsuchen, der in dem weitläufigen, teilzerstörten Rathaus unterm Dach sitzt. Ein Teil des Baus ist für die Amerikaner reserviert und wird bewacht, im deutschen kann man nach Belieben herumsteigen. Die Pseudogotik des Monstrums ist auch im Innern konsequent durchgeführt. Ich turnte auf einer Wendeltreppe bis zum Dachgeschoß empor, wo die juristische Bücherei der Stadt und ein Wald von Stühlen untergebracht sind. Der Raum von Held[117]) ist ganz behaglich möbliert; natürlich war

117) *Hans Ludwig Held* (1885—1954), Bibliothekar. Er gab seit 1911 verschiedene Zeitschriften heraus und gründete mit Unterstützung Wedekinds und Thomas Manns den Schutzverband deutscher Schriftsteller. 1921 wurde er Direktor der Münchner Stadtbücherei, 1925 gründete er die Münchner Volkshochschule. 1933 wurde er entlassen, 1945 berief man ihn zum Städtischen Kulturreferenten.

er nicht da. Ich bedauerte es nicht sonderlich; was sollte er schon mit einem Flüchtling aus der Tschechoslowakei anfangen?

Die Buchhandlungen haben ihre Auslagen mit hübschen Stichen geschmückt; ihre Regale sind aber ebenso leer wie die von Textilgeschäften. Vor der einen, die mir Voßler genannt hatte, standen die Menschen Schlange, als ob es eine Zigaretten-Zuteilung gäbe. Die Leihbücherei der angeblich bestausgestatteten Münchner Buchhandlung besitzt 2000 meist an die Leser ausgeliehene Bände und ist außerstande, neue Abonnenten aufzunehmen.

Samstag, 16. 2. 1946

Verschlafen, daher nur den Kopf ins Wasser gesteckt, die Kleider übergeworfen und zum Bus gerast, den ich gerade noch einholte. Den Vormittag über beschäftigte mich Charles Beards[118]) Geschichte Amerikas, während Frau L. über einer kleinen Übersetzung hockte. Mittags ein Anruf des Präsidenten; einer von uns müsse hier bleiben, da Cpt. R. ein Gespräch angemeldet habe. Da Frau L. heut ihren Haushaltstag hat, erklärte ich mich dazu bereit. Eigentlich ist es hier nicht viel anders als beim Militär. Am Nachmittag erledigte ich den Anruf und erstattete droben Bericht. Jaenicke wünschte darauf, einen von uns am Sonntag zur Verfügung zu haben. Schade, ich hatte mich auf den einzigen freien Tag gefreut!

Von Allan Nevins[119]) und Henry Steele Commagers[120]) „Geschichte Amerikas“ benötigten wir dringend eine Übersetzung. Sie ist nicht so feinsinnig und vielschichtig wie die Beards, sondern handfest und einfach wie ein Volksbuch. Wir könnten daraus lernen, worauf es den Leuten ankommt, die uns beherrschen und was wir von ihnen zu erwarten haben.

Montag, 18. 2. 1946

Frau L. brach in Tränen aus, als sie vom angeordneten Sonntagsdienst hörte. Sie hält die Anspannung nicht durch, schluchzte sie. Das Übersetzen technischer Texte fällt auch mir nicht leicht, zumal uns die Amerikaner auf die Finger schauen.

Ein neuer Abteilungsleiter stellte sich vor. Ich brachte die Notwendigkeit einer Betriebskantine zur Sprache, Frau L. klagte über

118) Siehe Nr. 72.

119) *Allan Nevin* (1890—1971), amerikanischer Historiker. Er arbeitete über tycoons wie Rockefeller und Ford und bestritt Beards These, daß das Wirtschaftsinteresse der Springquell der amerikanischen Geschichte sei.

120) *Henry Steele Commager*, geb. 1902, amerikanischer Historiker. C. hat zwei Generationen amerikanischer Historiker als Universitätslehrer erzogen und gilt als der Doyen der lebenden amerikanischen Historiker.

den Sonntagsdienst. Der neue Mann versprach, sich um die Errichtung einer Kantine zu bemühen. Nachher erfuhren wir, daß ihn die KP zur Anstellung empfohlen habe.

Die US-Militärregierung hat den Rücktritt der sozialdemokratischen Minister in Hessen nicht angenommen. Die Minister sind von ihr eingesetzt worden; Veränderungen in der Regierung bedürfen ihrer Zustimmung. Sie kümmern sich einen Pfifferling um demokratische Spielregeln, wenn sie jemanden in der Tasche haben.

In Almeding kam das erste bayerische Negerlein zur Welt, frohlocken pflichtschuldigst unsere Zeitungen. Wenn wir es nicht zu mehr Freiheit als zur Produktion von Mischlingen bringen, war die Niederlage der Nazis eigentlich teuer bezahlt.

Innenminister Seifried[121]) hat einen sehr vernünftigen Artikel über das bedrohliche Flüchtlingsproblem mit seinem Namen gezeichnet. Es ehrt die bayerischen Sozialdemokraten, daß sie sich vom ideologischen Schema freimachen und eine spontane Hilfsbereitschaft auch für jene zeigen, die, ohne Proletarier zu sein, ins Elend geraten sind.

Dienstag, 19. 2. 1946

Mit dem Präsidenten zur Militärregierung. Im Wagen präparierte ich die Texte, die ich dem Major aus dem Stegreif vortragen sollte, während der Präsident, seiner Gewohnheit gemäß, mit dem ihn begleitenden Referenten Dienstangelegenheiten besprach.

Jaenicke brach zusammen

Der Chef der Flüchtlingsabteilung, ein grauhaariger Major, macht einen guten Eindruck. Ruhig, bestimmt, erfahren antwortete er auf unsere Darlegungen. Dann trat Lt. R. ein. Der Sprache nach muß der 26jährige ein Wiener Jude sein. In irritierender Weise mischte er sich in unser Gespräch, wobei ich die Rasanz seiner Argumentation dem Präsidenten gegenüber als ungehörig empfand. Jaenicke blieb unverändert höflich, aber seine Überarbeitung, sein Zögern, das daher rührt, daß uns die Hände gebunden sind und wir um jede Rolle Dachpappe, jede Fensterscheibe aus unseren Beständen bei den Ame-

121) *Josef Seifried* (1892—1962), bayerischer Politiker. S. war bei der Gewerkschaft in München und Südbayern beschäftigt. 1928—1933 saß er als SPD-Abgeordneter im Bayerischen Landtag. 1933 wurde er in „Schutzhaft" genommen, in den letzten Kriegsjahren zur Zwangsarbeit eingesetzt, obwohl er körperbehindert war. Nach dem Einzug der Amerikaner wurde er Münchner Stadtrat, im Oktober 1945 berief ihn Hoegner in sein Kabinett. 1947 schloß er sich dem Rücktritt der sozialdemokratischen Abgeordneten aus dem Kabinett Ehard an, 1946—1950 war er Landtagsabgeordneter. Er starb am 9. Juli 1962 in München.

rikanern antichambrieren müssen, da ja alle Rohstoffe und Fertigprodukte Kriegsbeute sind, die Tatsache, daß wir unterernährt und überfordert sind, all dies wurde immer fühlbarer, je entschlossener der junge Fant seine Spitzen vorwärts trieb.

Ich bewunderte, wie wenig sich Jaenicke provozieren ließ, wie er immer wieder den Faden aufgriff und des Leutnants Gründe entkräftete, während den Major die deutsch geführte Verhandlung zu langweilen begann. M. E. macht sich der Präsident in seiner Herzensangst vor der sich abzeichnenden Katastrophe zu wenig klar, daß diese Besatzer dem grauenvollen Experiment der Ausweisung mit der ruhigen Neugier gegenüberstehen, mit der ein Zoologe einem Tierversuch zusieht. Selbst in ihrer aufmerksamen und intelligenten Höflichkeit liegt eine Kälte, die mit der Humanität wenig zu tun hat, für die sie angeblich gekämpft haben. Ich kann verstehen, daß Frau L. von ihren Landsleuten nichts wissen will.

Endlich war die Vorsprache zu Ende. Ich nahm noch schnell die Gelegenheit wahr, den alten Major um seine Fürsprache wegen unserer Schwerarbeiterzulage zu bitten, was er zusagte. In der gleichen Angelegenheit wandte sich Jaenicke an den Leutnant. Aber da antwortete ihm der Junge mit einer Schroffheit, angeblich weil er vor einigen Wochen nicht empfangen worden war, daß der alte Mann betroffen zurückwich und vor Bekümmerung plötzlich zusammenbrach. Nun zeigte Lt. R., wie tüchtig er sein konnte. Im Nu war ein Arzt da, J. wurde eine Schale starken Kaffees eingeflößt; langsam kam er wieder zu sich.

Ich begleitete ihn nach Hause. Unterwegs erzählte er von seinem Sohn in den USA, der dort studierte, als ihn der Krieg überraschte. Wie gern würde er ihn wiedersehen! Vorläufig darf er ihm nicht einmal schreiben! Und immer wieder kam er auf den Vorfall zurück. Ich fühlte mich schon lange nicht so wund wie heute. Mir war, als hätte man in Jaenicke das brave, demokratisch bemühte Weimarer Deutschland mißhandelt.

Mittwoch, 20. 2. 1946

Morgens wieder verschlafen. Die Leute im Bus sind reine Dörfler. Bevor ich ins Amt ging, gab ich auf unserem Postamt ein Telegramm an meine Schwägerin auf. Es war eine richtige Prozedur. Ein altes Faktotum prüfte ängstlich jedes Wort, ob es auch ja nichts Besatzungswidriges enthielt. Arme schreibunerfahrene Frauen studierten verzweifelt die kleingedruckten Anweisungen der Rückseite des Formulars und wurden natürlich nicht schlau daraus.

Als ich heimkam, merkte ich, noch ehe ich ins Haus trat, daß M. nicht allein war. Ihre jüngste Schwester war eingetroffen, um derentwillen ich das Telegramm aufgegeben hatte.

Freitag, 22. 2. 1946

Morgens gab es Stromsperre und ich brauchte fast eine halbe Schachtel der elenden Kriegsstreichhölzer, um die Kerze anzuzünden. Tagsüber konnte ich Commager/Nevins „Amerikanische Geschichte" zu Ende lesen. Die beiden sind von genau dem gleichen Schlag wie die US-Politiker und wir sollten sie unbedingt studieren, um uns über ihre Welt nicht weiterhin Fehlvorstellungen zu machen.

Immer wieder ergibt sich für mich hier Gelegenheit, ihnen auf der Spur zu bleiben. Früh wurde ich zum Präsidenten gerufen; der Journalist, der gestern bei Major D. war, saß da, ein kleiner krummer Block Tatsachen, sympathisch hell, sich schnell eine Übersicht schaffend, in seiner flinken Sachlichkeit den stotternden Deutschen hoch überlegen. Zum Glück mußte Jaenicke zu einer Sitzung und so erzählte ich dem Manne das wenige, das ich von der Flüchtlingsverwaltung weiß, aber mit einer konkreten Färbung und in einer Form, daß er gleich mitschreiben konnte.

Dann zogen wir den Landesplaner ins Gespräch, der ziemlich bedrückt dabei saß, einen stillen Mann mittleren Alters — ich glaube, es ist derselbe, der neulich in der „Süddeutschen Zeitung" einen sehr nüchternen Artikel über den Aufbau schrieb, den man nach seiner Darstellung gut in Anführungszeichen setzen konnte.

Der Amerikaner fragte: „Wieviel Menschen bekommen Sie ins Land, wie stellen Sie sich ihre Verteilung vor, wie schätzen Sie die wirtschaftliche Kapazität Bayerns ein? Glauben Sie, daß Sie mit den Problemen fertig werden?" Zur ersten Frage verwiesen wir auf die Zahlen der Militärregierung, die ja in dem Menschenhandel mit den Tschechen federführend ist. Über die wirtschaftliche Kapazität des Landes finden sich in deren Berichten gleichfalls authentische und wenig ermutigende Antworten. Wenn wir aber mit dem Problem nicht fertig werden, sagte der Planer, dann werde das Land ein Notstandsgebiet in einem Ausmaß, wie es in der neueren Geschichte noch nicht vorgekommen sei.

Als der Amerikaner gegangen war, holte der Landesplaner aus einer Mappe einige graphische Darstellungen hervor. Sie waren so anschaulich, daß man sich sofort in unsere kommende Wirtschaftskatastrophe hineinversetzt sah. Im April werden die letzten Materialreserven verbraucht sein. Dann muß Betrieb um Betrieb schließen, weil nicht einmal Reparaturen durchgeführt werden können. Dann kam er auf die Währungsexperimente zu sprechen, die uns bevorstehen. 1923 hatten wir weder den Feind im Land noch waren unsere Großstädte zerstört, noch die meisten Brücken gesprengt, noch ein guter Teil der Männer in Gefangenschaft. Aber die Inflation bewirkte eine soziale Umschichtung, von der wir uns im Grunde nicht mehr erholt haben. Nun sind die Voraussetzungen ungleich ungünstiger. Wenn keine Getreideschiffe aus Übersee eintreffen, müssen wir unsere Verpflegungssätze auf weniger als 1000 Kalorien senken. Unsere innere Ordnung wird ins Bolschewistische abgleiten — rohe Zwangsarbeit, um das Existenzminimum zu sichern.

Truman hat einen Verband für Hilfsaktionen in Deutschland genehmigt. Die Spenden sind aber auf 2000 t monatlich beschränkt und müssen unter Aufsicht der Militärregierung verteilt werden. Sendungen an bestimmte Personen sind untersagt.

Montgomery[122]), der sich wegen der sich abzeichnenden Katastrophe in der britischen Zone an seine Regierung gewandt hatte, erhielt vom englischen Kabinett zur Antwort, daß aus Großbritannien oder einem assoziierten Staat keine Nahrungsmitteltransporte für Deutschland zu erwarten sind. Die britische Ernährungslage sei so angespannt, daß sich Einsparungen nicht erzielen ließen.

Schukow[123]) hat die Fischfangflotte den Deutschen seiner Zone zurückgegeben. Natürlich wird bei dieser Gelegenheit der ganze Erwerbszweig verstaatlicht.

Samstag, 23. 2. 1946

Da ich den Mittagsautobus verpaßte, beschloß ich, zu Friedhelm Kemp zu gehen. Das Haus in der Widenmayerstraße, in dem er wohnt, fünfstöckig, aus der Sezessionszeit, hat eine Bombe bis zum ersten Stockwerk eingedrückt. Auch das Haus daneben macht einen zerstörten Eindruck. Es sah nicht so aus, als ob beide Häuser noch bewohnt wären. Aber eine Frau sagte mir, daß die Anschrift stimme und der Eingang in der Nebenstraße sei.

Ich trat in eine gutbürgerlich eingerichtete Wohnung. Es schien sogar eine funktionierende Dampfheizung zu geben. Kemp saß in einem behaglich eingerichteten Zimmer; er dürfte ein wenig älter sein als ich, ein kluges Gesicht, der Typus des Geisteswissenschaftlers meiner Generation. Er verwies mich an den englischen Lektor Deschs;

122) *Montgomery of Alamein, Bernard Law Montgomery*, 1st Viscount (1887—1976), britischer Feldmarschall, Kommandeur der 8. Britischen Armee, die 1942 über Rommel in Afrika siegte. 1945 wurde er Militärgouverneur der britischen Zone. 1951—58 war er stellvertretender Oberkommandierender der NATO.

123) *Georgi Konstantinowitsch Schukow* (1896—1974), sowjetischer Marschall. 1941/42 verhinderte er als Oberkommandierender der Westfront den deutschen Vormarsch über Moskau hinaus, 1942 koordinierte er die Verteidigung Stalingrads. 1945 eroberten seine Truppen Berlin. 1945/46 wurde er der Oberbefehlshaber in der Sowjetzone. 1946 versetzte ihn Stalin nach Odessa, Chruschtschow holte ihn wieder hervor, 1955/57 wurde er Verteidigungsminister und Mitglied des Politbüros. Im gleichen Jahre entließ ihn Chruschtschow aus allen Ämtern und Sch. widmete sich der Abfassung seiner Memoiren.

er sei nur für Französisch zuständig. In der französischen Zone habe sich gerade die „Gegenwart“ etabliert, von ehemaligen Redakteuren der Frankfurter Zeitung herausgegeben. Dort rege sich noch am ehesten geistiges Leben. Die Amerikaner kümmerten sich darum überhaupt nicht. Desch habe aber bei ihnen einen Stein im Brett; er sei der erste Deutsche, dem sie eine Verlagslizenz gegeben haben. Ich fragte, wie er durchkäme. Das Nötige habe er, große Sprünge könne heut niemand machen. Seine Arbeit schaffe ihm ein redliches Auskommen.

Er war so ungebunden und den ganzen Tag damit beschäftigt, was ihm Freude macht. Ich beneidete ihn ein wenig. Eine Menge Bücher standen in seinem Zimmer herum. Wie er mit der Literaturbeschaffung zurande komme? Manchmal reise er wegen eines Buches durch ganz Bayern. Man müsse herumfragen, wer von den Bekannten es besitze. Ich hatte den Eindruck, daß er meinen Besuch als Störung empfand, denn er entließ mich mit einer gewissen Hast. Ich ging mit der Sehnsucht, auch einmal ein unabhängiges Dasein zu führen.

Unsere Zeitung veröffentlicht Ausschnitte aus einem 30bändigen Tagebuch, das der Polen-Frank[124]) führte. Es wirkt ausgesprochen abstoßend in seiner Mischung von Verklemmung und Hoffart. Ich bin Hans Frank einmal in Rom begegnet; er hielt vor deutschen Studenten einen Vortrag über Nationalsozialismus und Faschismus. Mein Eindruck von ihm war der eines verkniffenen Ehrgeizlings. Was er dem Papier anvertraute, verrät Inhaltslosigkeit und gemeine Gesinnung. Leute wie er haben uns auf Jahre in der Welt unmöglich gemacht.

Der Würzburger Dom ist in der Nacht zum 20. 2. 1946 zum großen Teil eingestürzt, kurz nachdem ein eiserner Dachstuhl auf die Ruine gesetzt worden war. Die Erschütterung des Bauwerks durch die Bomben und die Ausdorrung der Mauern durch den Brand hatten die noch stehenden Wände und Pfeiler zermürbt. Sie brachen zusammen, Gewölbe, Hochwand und Dachstuhl mit sich reißend. Die bereits reparierten Grabdenkmäler liegen wiederum unter hohem Schutt begraben. Erhalten blieben die Seitenschiffe, das erste Joch des Langhauses, das ausgebrannte Querschiff und das Presbyterium.

Truman hat die Rückführung der Gefangenen aus den USA auf zwei Monate ausgesetzt, weil die US-Landwirtschaft Arbeitskräfte braucht. Die meisten unserer Gefangenen arbeiten dort in der Landwirtschaft. Sie erhalten 80 % des Normallohns. Vielleicht sind manche

124) *Hans Franck* (1900—1946), Jurist und nationalsozialistischer Politiker. F. verteidigte Hitler im Leipziger Reichswehrprozeß und wurde 1933/34 bayerischer Justizminister, 1934 Reichsminister ohne Geschäftsbereich. 1939 ernannte ihn Hitler zum Generalgouverneur in Polen. 1942 fiel er in Ungnade. Er wurde im Nürnberger Prozeß zum Tode verurteilt und hingerichtet.

unter ihnen gar nicht unglücklich, noch eine Weile unter den auskömmlicheren Verhältnissen drüben zu leben.

Sonntag, 24. 2. 1946

Der Tag gehört zu den glücklichsten, die ich je erlebte. Es war einfach herrlich, im wohlbestellten Eigenen zu ruhen mit der Gewißheit, all die kommenden Stunden des Sonntags für sich zu haben. Während D. in der Küche werkte, hackte ich Holz für die nächste Woche, dann nahm ich das Cello vor und spielte, was mein Gedächtnis hergab. Nachmittags gingen wir am Waldrand entlang. Die stark verschneiten Fichten erinnerten die Schwestern an ihre Heimat. Wir rasteten in einem Gasthof, wo getanzt wurde. Den ganzen Tag über wünschte ich mir die Eltern herbei.

„Einer meiner walisischen Freunde, ein Grobschmied, hörte in einem Bauernhaus, wie jemand ein Kapitel aus dem Robinson Crusoe vorlas. Er war Analphabet und lebte selbstzufrieden, aber er verließ danach die Küche als ein verwandelter Mensch. Da gab es Tagträume, göttliche Träume, gedruckt und gebunden und man konnte sie zur Freude und zum Ergötzen kaufen. Nächsten Tag setzte er sich hin und lernte mühselig lesen, dann kehrte er zum Bauern zurück, um sich das Buch auszuleihen. Aber das war verlorengegangen; es gab nur noch ein englisches Exemplar. So setzte er sich wieder hin und lernte Englisch, sodaß er schließlich zu seinem größten Vergnügen Robinson lesen konnte. Es war süßer als die Krönung einer Liebesgeschichte." Louis Stevenson[125]), Memoiren und Portraits, 1915.

Straßenbahngespräche

Montag, 25. 2. 1946

Wieder ein Kampf auf den Trittbrettern und Plattformen der Straßenbahn, ehe ich mit stundenlanger Verspätung im Amt eintraf. Straßenbahngespräche:

Junger Mann mit Cello, wie ich auf dem Trittbrett fahrend: „Sind Sie Berufsmusiker?" „Ich habe Cello studiert." „Haben Sie Noten?" „Ich bin völlig ausgebombt. Was ich besitze, ist aus weiter Bekanntschaft ausgeborgt. Im übrigen ist man beim öffentlichen Spielen auf das angewiesen, was man auswendig kann."

125) *Robert Louis Stevenson* (1850—1894), schottischer Schriftsteller. Seine „Schatzinsel" gehört zu den beliebtesten Kinderbüchern.

Der Fahrer stand mürrisch am Steuer der Elektrischen. Ich: „Heut sind aber viele Wagen ausgefallen; das Gedränge hört gar nicht auf." Er: „Kann es anders sein? Noch vor kurzem fuhren wir diese Strecke mit zehn Garnituren; nun sind bloß noch sechs im Betrieb und bald werden wir keine mehr haben." „Gibt es denn keinen Nachschub?" „Woher denn? Was in unseren Werkstätten wiederhergestellt wird, beschlagnahmen die Amerikaner und schicken es nach Italien. Ob die es dort weiter verfrachten, weiß ich nicht. Wir bekommen jedenfalls keinen Ersatz." „Wie lange glauben Sie, daß es so weitergehen kann?" „Wenn es so weiter geht, wird München in einem halben Jahr kein öffentliches Verkehrsmittel haben. Aber das trifft ja nur uns, die Deutschen", meinte der Mann grimmig; „die Amis fahren nach wie vor unsere Autos."

Gesprächsfetzen: „Das Brot wird immer teurer." „Was wollen Sie bei der Unsicherheit! Kaum eine größere Sendung, die unerbrochen und unberaubt ankommt. Den Schaden tragen zwar die Versicherungen, in die ich einzahle. Aber die eigentlich Betrogenen bleiben die Kunden, die um ihre Zuteilung kommen. Ich kann nur verteilen, was ich erhalten habe."

„Er soll im Kaukasus sein." „Haben Sie schon von Ihrem Mann aus Frankreich gehört?" „Nun warte ich schon eine Stunde auf eine Straßenbahn und meine Kinder sind daheim eingesperrt."

Bei OMGB durch ein stundenlanges Telefongespräch aufgehalten worden, das Cpt. R. mit einem US-Oberst in Prag führte. Die Tschechen drängen nun darauf, alle Deutschen loszuwerden, die sie nicht als Arbeitssklaven gebrauchen können. Sie verlangen, daß wir zusätzliche Auffanglager errichten. Demgegenüber vertrat Cpt. R. sehr anständig unseren Standpunkt. Wie sollen wir mit der Lawine ausgeplünderter, hilfsbedürftiger Menschen fertig werden, wenn uns nicht wenigstens Zeit bleibt, sie auf das Land zu verteilen? Auch unsere Anliegen ordnete Cpt. R. einsichtig, geschickt und wohlwollend. Ich habe mit dem Manne gern zu tun, der sich des fürchterlichen Schicksals der Menschen, deren Strom er lenkt, dunkel bewußt ist.

Die Amerikaner wollen experimentell herausgefunden haben, daß Erwachsene, die über ein halbes Jahr auf Hungerrationen gesetzt wurden, mindestens 3000 Kalorien täglich benötigen, um sich leiblich und geistig zu regenerieren. In der britischen Zone werden die Zuteilungen jetzt von 1500 auf 1050 Kalorien gesenkt. Die Bauern sind aufgerufen, alle Anstrengungen zu unternehmen, damit weitere Kürzungen nicht folgen müssen.

McArthur hat den Haushalt Hirohitos auf ein Fünftel des bisherigen Aufwands reduzieren lassen.

Samstag, 2. 3. 1946

Plötzlicher Kälteeinbruch. Da im Amt die Dampfheizung kaum lauwarm wird, haben wir sehr gefroren. Ich hatte den Bericht eines Grenzkommissars zu übersetzen, wonach die tschechischen Grenzer Frauen, ehe sie diese in die Verschickungslager verfrachten, einer Leibesvisitation unterziehen und sich dabei an ihnen vergehen. Eidesstattliche Erklärungen von Opfern lagen bei. Wie geringfügig wirkte dagegen die Klage über US-Begleitmannschaften, welche den Ausgewiesenen die Kanonenöfen aus ihren Viehwagen gestohlen hatten!

Mit Eifer widmeten wir uns der Übersetzung eines umfangreichen Berichts, der für mich nur eine Stilübung war, da ich die Vorgänge nicht aus eigener Anschauung kenne. Unterdes rief Jaenicke aus Lenggries an, ob ich nachmittags nicht zu ihm hinauskommen wolle. Ich gab zu bedenken, daß wir den Bericht kaum fertig brächten, wenn uns der Nachmittag verloren ginge. Aber seine Sachen hatten natürlicherweise Priorität und so fuhr ich durch das auch im Winter schöne Isartal nach Lenggries.

Das Mittagessen war wieder so karg gewesen, daß mir der Magen vor Hunger knurrte. Da sich die halbe Stadt vor den Brotläden drängt, konnte ich auch meine restlichen Brotmarken nicht einlösen. So geht es schon seit einigen Tagen — es ist der Auftakt zur richtigen Hungersnot. Fortab trage ich einen Teil unserer Marken bei mir und beäuge im Vorübergehen die Läden, ob es etwas zu kaufen gibt. Auch das Fleisch wird knapp. Bayern muß einen Teil seines Viehs nach Frankreich liefern.

Nachmittags bei Jaenicke. Nochmals ackerten wir Wort um Wort die Erwiderung auf die von zwei Ministern unterschriebene Kostenregelung für die Flüchtlingsfürsorge durch. Die Stellungnahmen der Regierungskommissare waren im Ton derart forsch, daß Jaenicke sie seinem Minister nicht weiterleiten mochte. Nun bosselt er seit einer Woche an einer milden Fassung herum, die in der Sache zwar nichts anderes besagt, als daß das Land für die in die Hunderte von Millionen gehenden Ausgaben werde aufkommen müssen; nur soll es in der Form versöhnlich klingen. Ich bewundere seine Geduld und Höflichkeit. Er tut es im Interesse der Menschen, die ihm anvertraut sind und die jeden unserer Fehler, jede Unüberlegtheit büßen müssen.

Dazwischen erzählte er von seinen Erfahrungen nach dem Ersten Weltkrieg. Er war im Jahre 1919 Reichskommissar für die deutsche Ostgrenze. Da wir damals, anders als heute, unsere Auslandsvertretungen behielten, gelang es Jaenicke, eine ganze Anzahl von oberschlesischen Gemeinden, in denen sich bereits die von Warschau hindirigierten Polen eingenistet hatten, für das Reich zu retten. Es gab kaum ein Vorkommnis im Abstimmungsgebiet, über das er damals durch seinen Verbindungsmann, Fürst Blücher, dem britischen Premier Lloyd George[126]) nicht in kürzester Frist berichten konnte. Man vergleiche damit die heutigen Verhältnisse, seufzte der alte Mann.

Er habe Berichte über Transporte aus Schlesien, wo man an den Endstationen aus den vernagelten Viehwagen die Leichen kotverschmiert herauszog; das Grauen überträfe noch die Greuel der Konzentrationslager. Auf der letzten Sitzung des Länderrates habe er dies berichtet und den Auftrag erhalten, ein Weißbuch darüber vorzubereiten. Ich trug ihm an, es zu übersetzen. Er war sehr müde, als ich ihn verließ. Er hat übrigens über Lt. R. Post aus den USA von seinem Sohn erhalten.

Montag, 4. 3. 1946

Manchmal möchte auch ich losheulen wie Frau L., wenn ein Tag so nutzlos vertan ist wie der heutige. Wenn man sich mit seinem Gefühl dauernd wundstößt, kann man nicht überleben. Hart und empfindungslos werden und sich nicht unterkriegen lassen — zu dem, was man heut einen Elendsfall nennt, haben wir es noch weit.

Der Kampf um die Lebensmittelmarken meiner Schwägerin begann vor Dienstbeginn im Wohnungsamt. Eine Menschenblase stand bereits vor der von einem Polizisten bewachten Tür. Ich zückte meinen amerikanischen Ausweis; der Polizist murrte, ließ mich aber eintreten. Ich drang zum Sachbearbeiter vor. Den gewünschten Schein könne er mir auf die Empfehlung des Regierungskommissars nicht ausstellen, belehrte er mich freundlich; erst müsse ich die Arbeitsamtsbewilligung erlangen. Sodann sei eine Bestätigung meinerseits erforderlich, daß D. bei mir beschäftigt sei. Stolz, zum Arbeitgeber avanciert zu sein, fuhr ich zum Arbeitsamt.

Auch hier das Gewimmel wie in einem Bienenstock in Räumen, in denen vormals Kleinbürger hausten. Ich angelte mich vor eine Tür, die am wenigsten überlaufen war — Sanitätspersonal und Lederwaren. Der Betrieb ist genau geregelt; an der Tür besagt ein Schild, daß höchstens zwei Personen eintreten dürfen. Die übrigen warten geduldig auf den Gängen, wo ein Gedränge herrscht wie vor einem Bäckerladen. Mir dauerte die Prozedur zu lang, zumal ich eines Zettels gewahr wurde, daß Anmeldungen nur am Nachmittag angenommen werden.

126) *Lloyd George* (1863—1945), britischer Staatsmann. Er entstammte kleinsten wallisischen Verhältnissen, arbeitete sich hoch, wurde 1908 Finanzminister, 1915 Munitionsminister und 1916 Premier. Er war einer der vier Großen auf der Pariser Friedenskonferenz, entließ Irland in die Freiheit und mußte 1922 zurücktreten, da seine Koalition zerbrach. Seine Energie und Unbeugsamkeit hat viel zum englischen Sieg im Ersten Weltkrieg beigetragen.

Im Amt einem amerikanischen Konsularbeamten gedolmetscht, mittags rasch gegessen und zum Arbeitsamt gestürzt. Das Personal war noch bei der Siesta; ich mußte warten. Zuweilen bin ich über die aus dem Bankrottboden unserer Gesellschaft neu emporgeschossene Bürokratie so wütend, daß ich mich der Heftigkeit meiner Regung schäme. Denn im Grunde sind diese kleinen Federfuchser noch erbärmlichere Wichte als wir im Ministerium. Und immer findet man freundliche und hilfsbereite Menschen darunter.

Auch der junge Kahlkopf war fast teilnahmsvoll, daß er mich weiterschicken mußte. Ich wäre im falschen Arbeitsamt, die Frauenabteilung sei im Nebengebäude. Im ganzen Bau fand sich kein Hinweis auf diese Geschlechtertrennung. Der Eingang des Frauen-Arbeitsamtes war schwer zu finden. Am Treppenaufgang stand der übliche Cerberus. Um sein Mißtrauen abzureagieren, fragte ich sofort nach dem richtigen Zimmer. Ich sei schon recht, sagte er, aber Parteiverkehr sei grundsätzlich am Vormittag.

Wenn ich wenigstens meinen beschädigten Mantel ausbessern lassen könnte! Ich lief zu dem mir genannten Ledergeschäft; die Tür war mit Brettern vernagelt. Daneben gab es eine Fahrschule, wenigstens dem Schilde nach. Ich fragte danach eine Frau, die im halb zerstörten Hausflur stand. Sie wußte nicht, ob auch dieses Geschäft in Betrieb sei. Der Inhaber sei gefallen. Vielleicht habe die Witwe inzwischen jemanden gefunden, der es weiterführe. Man wisse so etwas nie genau. Ich hatte genug, lief zurück ins Amt und übersetzte einige Seiten schlechtes Deutsch von zwei bayerischen Ministern. Mich mit Frau L. über bessere Zeiten unterhalten. In der Wohnung einer ihrer Freundinnen wohnte im Jahre 1917 Rainer Maria Rilke[127]).

Nachmittags verhandelte ich mit den Amerikanern allein. Anschließend führte mich der Major durch die Abteilungen und stellte mich den Referenten vor, mit denen ich zu tun haben werde. Blutjunge Leutnants verwalten lebenswichtige Ressorts, lässig telefonierend, die Füße nach amerikanischer Sitte stets auf dem Tisch. Doch sind ihre Zuständigkeiten viel begrenzter als die unseres Landratsamts zu normalen Zeiten. Bei jeder Entscheidung müssen sie auf die politische Labilität ihres Systems schielen.

Die Verhandlungen wegen des Ruhrgebietes kommen nicht voran. Die Westmächte möchten begreiflicherweise dort keine Russen zu Partnern haben. Außerdem gibt ihnen die Hungersnot in diesem zerstörtesten Gebiet Mitteleuropas doch zu denken.

Der Alliierte Kontrollrat will einen verbindlichen Ernährungsplan für alle vier Zonen ausarbeiten. Clay hat von Anbeginn darauf hingewirkt, Russen und Franzosen opponierten. Nun, da beide ihre Zo-

127) *Rainer Maria Rilke* (1875—1926), deutscher Dichter.

nen leergefegt haben, möchten sie, daß die USA auch bei ihnen für die Ernährung der Deutschen aufkommen.

Wirtschaftskrisen sind zuweilen verheerender als Kriege. Im Kriege rafft man die Kräfte zusammen und kämpft um das, was man gewinnen will oder das, was bedroht ist. Wirtschaftskrisen fressen sich ins Mark der Staaten und erschöpfen die Kraft der Bevölkerung. Das weströmische Reich wäre den barbarischen Germanen nicht unterlegen, wenn die Energie und Wehrhaftigkeit der Bevölkerung seiner Provinzen nicht erloschen wäre.

In ein paar Tagen tritt das Entnazifizierungsgesetz in Kraft. Es stellt den Versuch dar, ein ganzes Volk zu kriminalisieren. Jeder volljährige Deutsche muß in der US-Zone den Fragebogen mit 132 Fragen ausfüllen, was bisher nur für Leute galt, die beim Amerikaner, in der Verwaltung oder im Geschäftsleben unterkommen wollten. Diese Listen werden von Kommissionen bearbeitet, die Strafen bis zu 10 Jahren Zwangsarbeit und Vermögensentzug verhängen können. Die Dragonaden[128]) der Religionskriege nehmen sich damit verglichen bescheiden aus. Die Amerikaner rechnen in ihrer Zone mit 1 000 000 Betroffenen. Das Erbauliche der Prozedur liegt darin, daß wir uns selbst richten müssen.

Abends eine Menge US-Zeitungen durchgesehen, die mir Cpt. R. mitgab. Wie schnell vergißt die Welt! Tschechen, Finnen nehmen nun in der Auslandsberichterstattung einen größeren Raum ein als wir. Die Verkühlung des Léon Blum[129]) findet mehr Aufmerksamkeit der Journaille als der Hunger unserer Kinder. Die einzige positive Nachricht für uns war die Mitteilung, daß der Alliierte Kontrollrat den Postverkehr Deutscher mit dem Ausland zulassen will.

Freitag, 8. 3. 1946

Nachmittags für Jaenickes Stellvertreter gedolmetscht, den ein US-Journalist heimsuchte. Wiederholt machte mir Dr. U. bei dem Gespräch Zeichen, vorsichtig zu sein. „Sie wissen nicht, wie gefährlich solche Interviews sind", sagte er, als der Journalist gegangen war. „Der Befehlshaber in Bayern, General Muller, ein simpler Troupier,

128) Nach dem Edikt von Nantes, das Ludwig XIV. 1685 erließ, wurden jenen Protestanten, die sich weigerten, zum Katholizismus zurückzukehren, Dragoner in die Häuser einquartiert, deren Übergriffen und Peinigungen sie schutzlos ausgeliefert waren. Auch die Habsburger bedienten sich solcher Bekehrungspraktiken.

129) *Léon Blum* (1872—1950), französischer Sozialistenführer und Ministerpräsident. 1930 brachte er Sozialisten, Kommunisten und Liberale zu einem Bündnis zusammen, das als Volksfront 1936 die Wahlen gewann. Blum wurde Ministerpräsident, scheiterte aber nach einem Jahr an der französischen Finanzkrise. Im Kriege war er in einem Konzentrationslager interniert. Er ist auch als Schriftsteller hervorgetreten.

läßt sich alle Presse-Ausschnitte vorlegen, die drüben über unser Land erscheinen. Mißfällt ihm etwas, zitiert er den zuständigen Minister zu sich und macht ihm einen Krach. Der gibt die Abreibung natürlich weiter. Ein Interview mit solch einem Amerikaner war der Grund, warum Jaenickes Vorgänger Karl Hefter[130]) gehen mußte."

Ich bin ihm noch im Hause begegnet, als ich vorigen Monat hier eintrat. Er hat die ersten Bediensteten eingestellt und versucht, die in der Provinz entstehende Organisation in die Hand zu bekommen, da Ausweisungstransporte bereits im Oktober anrollten. Nach den Übersetzungen, die mir aus seiner Zeit vorliegen, nahm er die Interessen seiner Schutzbefohlenen energisch wahr und hat sich damit im neuen establishment wahrscheinlich rasch unbeliebt gemacht. Als Jude konnte er sich unsere Demutshaltung ersparen; er hat sie in den zwölf langen Jahren genug praktizieren müssen. Es ist ein Wunder, daß er sie überlebte. Aber nach einigen Wochen Amtierens mußte er klanglos verschwinden.

Seit vorigem Monat rollen aus den böhmischen Ländern nun die Flüchtlingstransporte in dichter Abfolge über die bayerische Grenze, täglich zwei bis fünf Güterzüge mit jeweils rund tausend in Viehwagen untergebrachten Personen. Die Zusammenstellung der Transporte wird von den amerikanischen Verbindungsoffizieren in der ČSR kontrolliert, die mit der Flüchtlingsabteilung im OMGB in steter Verbindung stehen. Unsere Aufgabe ist es, die aus ihrer Heimat Verjagten zu empfangen, zu registrieren, ärztlich zu untersuchen, zu entlausen, zu verpflegen und nach dieser Prozedur, die bis zu einem Tage dauert, für ihre Weiterleitung in einen Landkreis zu sorgen, wo deren Ankunft angekündigt ist.

Diese Transaktion ist von Jaenicke gründlich vorbereitet worden, der in der Zwischenzeit das Netz von Verwaltungsstellen zusammengeknüpft hat, die das Land überziehen und in denen insgesamt mehrere hundert Leute tätig sind. Die Flüchtlingskommissare in den Landkreisen haben diktatorische Vollmachten, überflüssigen Wohnraum auszukundschaften und zu beschlagnahmen. Eine Beschwerdeinstanz für ihre Entscheidungen gibt es nicht. Hinter der Aktion steht nicht nur die Regierung, sondern die Besatzungsmacht, die sich

130) *Karl Hefter*, geb. 1892, Sozialpfleger in Hamburg, ab 1928 in Berlin, 1933—1957 Fürsorgereferent der Jüdischen Gemeinde in München, hat dank seiner christlichen Frau die 12 Jahre überlebt und wurde im September 1945, als er auf der Suche nach seinem nach Oberbayern verschickten Sohn war, in München von Innenminister Seifried beauftragt, die Aufnahme der Aussiedlungstransporte aus der Tschechoslowakei und dem Südosten vorzubereiten. Hefter hat sich mit Nachdruck für den ihm anvertrauten Personenkreis engagiert und aus dem Nichts die Anfänge einer Landesbehörde geschaffen. Auf Betreiben der Amerikaner wurde er im Dezember 1945 abgelöst und übernahm die Fürsorgearbeit für seine damals ins Land kommenden Glaubensgenossen.

im November 1945 verpflichtet hat, in Übereinstimmung mit den Briten und Russen die 6 500 000 noch in Osteuropa lebenden Deutschen aufzunehmen. Diese Übereinkunft geht wieder auf das Potsdamer Abkommen zurück, an dem sich die Franzosen nicht beteiligten. Daher lehnt de Gaulle eine Übernahme dieses Kriegserbes für seine Zone ab. Da die Opfer dieser Manipulation nur Deutsche sind, können die Sieger die Bewältigung dieses Transfers, wie die triste Völkerwanderung beschönigend heißt, zu einer rein deutschen Angelegenheit machen. Weder Truman noch Stalin fühlten sich bemüßigt, den renitenten de Gaulle wegen solch einer politischen Bagatelle unter Druck zu setzen.

Abends studierte ich das Entnazifizierungsgesetz, das die Tageszeitung im Wortlaut veröffentlicht. Es ist ein umfangreiches Elaborat und unsere Regierungen, denen die Durchführung obliegt, sind nicht zu beneiden. Sie müssen nicht nur in ein zerstörtes Land Millionen ausgeplünderter Menschen aufnehmen, sondern gleichzeitig einen Feldzug gegen unsere Vergangenheit führen, für den es in der Geschichte keine Parallele gibt. Nach US-Schätzungen werden durch das Gesetz 1 000 000 Menschen ihre Existenz und Hunderttausende ihre Habe verlieren. Und uns allen wird ein kollektiver Schuldkomplex injiziert und eine Umwertung aller bisherigen Anschauungen anbefohlen, deren Auswirkungen sich gar nicht absehen lassen.

Die fatale Lektüre ließ mir nachts keine Ruhe. Zwar kann uns selbst das Gesetz wenig anhaben. Aber es trifft Hunderttausende tüchtiger Menschen, die auf Jahre aus dem öffentlichen Leben ausgeschaltet werden, zudem zu einer Zeit, da wir sie am dringendsten benötigen. Nun verstehe ich, warum mein Freund Sch. nicht schreibt. Nach diesem Gesetz wird er sich hüten, in der US-Zone zu bleiben. Es fragt sich nur, wie die Briten es handhaben werden.

Samstag, 9. 3. 1946

Den Gaunerplan eines Griechen übersetzt, der mit unseren Flüchtlingen Menschenhandel treiben möchte. Unser Hauskommunist hat diesem „Unternehmer“ den Weg zur Militärregierung geebnet. Die Kommunisten gelten nicht nur bei den Amerikanern, sondern auch bei unseren Demokraten als besonders zuverlässige Garanten der neuen Ordnung. Waren sie nicht im KZ? Haben sie die Nazis nicht erbittert bekämpft? Ist nicht, wer im KZ war, eo ipso besser als jeder, der nicht hineinkam? Die Logik scheint schlüssig, taugt nur nicht für die Wirklichkeit.

Kühler grauer Tag. Geschirr gekauft, die letzte Lieferung. Der Personalchef, der sich gleichzeitig als Politkommissar aufspielt, hat dem Beschaffer einen Denkzettel verpaßt. Er fand es unzulässig, daß Vorteile, die den Lagerflüchtlingen zugute kommen sollen, auch von den Flüchtlingen in der Behörde wahrgenommen werden. Seine Tugend ist billig; er sitzt noch in seiner unzerstörten Vorkriegswohnung und bekommt Zusatzverpflegung und Bezugsscheine als politisch Verfolgter. Da ihn keinerlei geistige Fähigkeiten auszeichnen, muß er sich wenigstens durch materielle Überlegenheit von uns abheben.

Im OMGB auf einen Amerikaner gewartet, der zu einer Lagerfahrt einen Dolmetscher benötigte. Er war einer der im Amt gefürchteten US-Journalisten, ein schrulliger Junggeselle, etwas schmuddlig und von wenig verbindlichen Umgangsformen, stotternd, aber gefährlich helle. Er kam gerade aus Japan und wollte über den Unterschied zwischen Bayern und Sudetendeutschen schreiben. Das Flüchtlingsproblem interessierte ihn nur am Rande.

Trotz seiner verschlossenen Art holte ich ihn mit nicht wenig Insistenz über Japan aus. Wir machen uns keine Vorstellung, erzählte er, wie zerstört die japanischen Städte sind. Die Sieben-Millionen-Stadt Tokio besteht lediglich aus einigen ausgebrannten Betonklötzen. Das übrige war Holz und ist Asche. Die Menschen hausen in Höhlen, unvorstellbar elend, die Ernährung soll noch weit schlechter sein als bei uns. Das Gros der japanischen Streitkräfte lebt immer noch in Gefangenenlagern im Ausland; der Heimtransport wird Jahre dauern. Einen Vorteil haben die Japaner uns gegenüber dennoch; sie tragen ihr Unglück als Inselvolk, während alles, was bei uns vorgeht, negative Rückwirkungen auf Europa hat.

Wir fuhren nach Allach, einem Industrievorort Münchens von 14 000 Einwohnern. Das erste Barackenlagen, das wir besuchten, hatten Russen, die vorher darin hausten, völlig demoliert. Nun leben in den wiederhergestellten Resten Flüchtlinge, die in die umliegenden Fabriken zur Arbeit gehen. Der Lagerleiter, ein abgehärmter Mann, der seit 1942 in diesem Milieu haust, führte uns durch einige Räume. Größtes Elend, verhungerte Gestalten; der Lagerarzt klagte namentlich über die Unterernährung der Kinder. Die Tagesration der Gemeinschaftsverpflegung liegt unter 1200 Kalorien.

In einer Stube trafen wir eine Sudetendeutsche mit sechs Kindern. Den Mann hatten die Tschechen verschleppt, ebenso hatten sie ihr allen Hausrat bis auf zwei angeschlagene Töpfe weggenommen. Mir kamen die Insassen wie Verdammte vor. Die Kinder besuchen keine Schule, da dauernd Infektionsfälle vorkommen, die Quarantäne notwendig machen. Die Leute gleichen Schatten; man fragt sich unwillkürlich, ob man diese grausige Szenerie in unmittelbarer Nachbarschaft der einst lebensfreudigsten deutschen Großstadt träumt oder ob sie Wirklichkeit ist.

Der Journalist war abgebrüht, er drängte weiter. Das Durchgangslager ist neu eingerichtet; Lagerleiter war ein junger Kerl, der mit einem aufgedonnerten Frauenzimmer zigarettenpaffend in seinem Dienstraum saß. Das Lager war leer; in den Abendstunden soll ein Transport eintreffen. Die Anlage machte einen guten Eindruck; der junge Mann zeigt uns die sauberen Räume, wo die Flüchtlinge empfangen, registriert, entlaust, von Ärzten untersucht und vom Arbeitsamt befragt werden.

In dieser Schlafbaracke standen 120 Bettstellen mit Matratzen, in der Waschbaracke gab es warme Duschen. Die Wege zwischen den Baracken waren frisch gekiest. Bisher wurden erst 4000 Flüchtlinge durch das Lager geschleust.

Ein krank aussehender Arzt schloß sich uns an; er sprach ein wenig Englisch. Die Transporte seien sehr unterschiedlich. Bei einzelnen liege der durchschnittliche Gesundheitsstand über dem der Münchner Großstadtbevölkerung. Die Leute hätten ihre besten Sachen an und benähmen sich wie beim Kirchgang. Welche Schwierigkeiten auf sie warten, ahnten nur wenige. „Sie machen sich also Illusionen", bemerkte der Journalist. „Das ist verständlich", erwiderte der Arzt. „Die meisten haben Furchtbares erlebt und sind froh, der Hölle entronnen zu sein. Außerdem rechnen sie mit keinem Daueraufenthalt. Wenn die Leidenschaften verglüht und die Vernunft wieder eingekehrt ist, hoffen sie auf die Rückkehr. Es gibt auch schrecklich Verelendete in den Transporten; solche, die monatelang in Lagern ohne sanitäre Einrichtungen leben mußten. Diese sind abgerissen, ausgezehrt und voller Läuse."

Geburt des ersten Sohnes

Montag, 11. 3. 1946

M. liegt in den Wehen. Da wegen Treibstoffmangel das Rote Kreuz auf telefonischen Anruf nicht mehr kommt, habe ich unter Hinweis auf unsere entlegene Behausung die Polizei gebeten, uns einen Rettungswagen zu besorgen. Der Hauswirt wartet mit einer Laterne an der Straßenkreuzung, um das Auto heranzuwinken. Ich laufe im erleuchteten Haus herum, erledige Ms Aufträge. Es ist mild draußen; man spürt, wie sich in der lauen Nacht die Knospen dehnen.

Endlich kommt der Wagen. Wir warten eine Pause zwischen den Wehen ab, dann kauert sich M. auf einen Stuhl des Krankenwagens. Im abgeblendeten Licht huschen die Ruinen vorbei. Ich erzähle M. Märchen, die mir einfallen. Endlich biegt das Auto in die letzte Trümmerschlucht ein. Die Klinik liegt unmittelbar hinter den Propyläen.

Mittwoch, 13. 3. 1946

Heut meldete ich unseren Sohn beim Standesamt an; ich fühlte mich ganz feierlich, als der verhungerte Schreiber die Urkunde ausstellte und dem neuen Erdenbürger damit sein Dasein amtlich bestätigte. Danach begleitete ich Jaenicke zur Militärregierung, unterwegs erzählte er mir von seinen neuesten Reiseeindrücken. In Hessen soll die Hungerei wesentlich schlimmer sein als bei uns; in keinem Gasthof erhalte man ein Essen ohne Kartoffelmarken — und was die Zutaten anbelangt, so sei das Schlechteste gerade gut genug. Die Franzosen haben in ihrer Zone die Rationen um ein Drittel gekürzt.

Im Nürnberger Kriegsverbrecherprozeß scheint Milch[131]) als Zeuge einen guten Eindruck gemacht zu haben. Nicht einmal die anwesenden Journalisten fanden an ihm etwas zum Herunterreißen. Milch sagte, die Erfolge von 1940 hätten Hitler überschnappen lassen. Göring[132]), der zu Mäßigung riet, habe seit 1942 auf den Gang der Dinge keinen Einfluß mehr gehabt. Dönitz[133]) hat die Vorladung oder zumindest eine schriftliche Erklärung von Admiral Niemitz[134]) verlangt. Nach Beendigung des Monsterprozesses planen die Amerikaner neue Verfahren gegen deutsche Industrielle, Ärzte und Finanzleute.

Neulich besuchte ich den Tapezierer, bei dem M. eine Matratze fürs Kind bestellt hat. Er beschäftigt Kriegsversehrte, die allerdings mehr krank sind als arbeiten und folglich nur einen Bruchteil dessen leisten, was man von ihnen erwartet. „Ich fühlte mich wie ein Lump, als ich sie entließ", gestand er mir. Hätten wir eine selbstverantwort-

131) *Erhard Milch* (1892—1972), Generalfeldmarschall. Im Ersten Weltkrieg Kampfflieger, 1926 Vorstandsmitglied der Lufthansa, 1933—44 Staatssekretär im Luftfahrtministerium, in Nürnberg zu lebenslänglicher Haft verurteilt, 1954 entlassen.

132) *Hermann Göring* (1893—1946), Politiker und Reichsmarschall, im Ersten Weltkrieg Kommandeur des Jagdgeschwaders Richthofen. 1922 schloß er sich der NSDAP an und übernahm die Führung der SA. 1928 erhielt er ein Reichstagsmandat, nach dem großen Wahlerfolg der NSDAP 1932 wurde er Reichstagspräsident. Seine Verbindungen zu Industrie- und Offizierskreisen halfen die Machtergreifung Hitlers vorzubereiten. 1933 wurde G. Preußischer Ministerpräsident, 1937 übernahm er das Luftfahrtsministerium. Mit immer neuen Ämtern ausgestattet, war er ein wilder Treiber ins Unglück; den Eintritt in den neuen Weltkrieg hätte er jedoch gern verhindert. Seit der verlorenen Luftschlacht um England sank sein Einfluß. Nach dem Todesurteil in Nürnberg vergiftete er sich.

133) *Karl Dönitz,* geb. 1891, Großadmiral. Seit 1936 Befehlshaber der U-Boot-Flotte, 1943 Oberbefehlshaber der Kriegsmarine, am 2. 5. 1945 Nachfolger Hitlers, am 23. 5. 1945 Verhaftung seiner Regierung in Plön und Aburteilung in Nürnberg. Nach 10 Jahren Gefängnis entlassen.

134) *Chester William Nimitz* (1885—1966), amerikanischer Flottenadmiral. N. errichtete 1926 die erste amerikanische Marinehochschule an der Universität von Kalifornien, wurde 1939 Flottenchef und nach dem japanischen Angriff auf Pearl Harbor Chef der Pazifikflotte. In drei Jahren kämpfte er die japanische Flotte nieder und unterzeichnete auf seinem Flaggschiff die Kapitulationsurkunde Japans. In seinem Ruhestand übernahm er politische Ehrenämter.

liche Regierung, gäbe es für solche Fälle eine Sonderregelung. So ists hoffnungslos und man läßt sich die unzähligen Varianten des Gegenwartselends besser nicht durch den Kopf gehen.

Freitag, 15. 3. 1946

Unsere Uhr geht nicht mehr, sodaß ich nach dem Gefühl aufstehen und zum Bus laufen muß. Der Hauswirt richtet sich schon seit Wochen bei seinem Tagwerk nach der Sonne. Auch ich halte es für ausgeschlossen, daß ich jemanden finde, der mir innerhalb von drei Monaten eine Uhr repariert, wenn ich ihn nicht mit Lebensmitteln bezahle.

Und in dieser Währung sind wir selbst bitterlich subventionsbedürftig. Mir ist oft schlecht vor Hunger. Dazu wurde es wieder recht kalt und der Frost bohrt sich in den unterernährten Körper. Abends verschlinge ich ganze Kartoffelberge, so daß die Schwägerin fürchtet, wir kommen bis zur nächsten Ernte mit unserem Vorrat nicht aus. Arbeitete ich so konzentriert wie voriges Jahr, würde sich die elende Ernährung in der Leistung deutlich bemerkbar machen.

Samstag, 16. 3. 1946

Im Hause wieder eine Wachablösung. Der Stellvertreter Jaenickes wird Außenkommissar, der bisherige Inhaber des Posten ist fristlos entlassen worden, weil man ihm draufkam, daß er einige Monate bei der SA war. Wir mußten gestern den groben Brief des Personalreferenten an den Unglückswurm übersetzen, der zudem einem Prozeß wegen Fragebogenfälschung entgegensieht.

Neue Referenten ziehen ein. Der Präsident hätte mich längst zu einem solchen gemacht, sagte mir der im Vorzimmer sitzende Assessor, kann es aber wegen meiner politischen Belastung nicht wagen. Ich bin in den Monaten, da ich in Henleins Staatskommissariat in Reichenberg saß, bei der Deutschen Arbeitsfront gewesen. „Dieser Betrieb steht geschlossen in der Arbeitsfront", lasen wir eines Morgens auf einem großen Transparent über dem Eingang unseres Gebäudes. Es war die damals übliche Kollektiventscheidung für den einzelnen, dem man den Beitrag gleich vom Gehalt einbehielt. Weder ich noch die andern waren gefragt worden. Wir trösteten uns mit dem Gedanken, daß die droben wußten, was sie taten. Täglich wurde uns versichert, daß wir großen Zeiten entgegengingen.

In den Augen des Personalchefs gelte ich als gefährlicher Nazi. Er hat es in der von mir geschwänzten Betriebsversammlung gesagt und damit dem Staatskommissar indirekt mangelnde politische Wachsamkeit vorgeworfen. Ich bin ein Schandfleck fürs inbrünstig antifaschistische Innenministerium. Daß dort unter amerikanischer Herrschaft niemand Englisch kann, ist für die neuerdings Etablierten weniger schrecklich, als daß ich in meiner Heimat zu einem Zeitpunkt in eine Behörde eintrat, da meine Eltern aus Arbeit und Haus über die neu gezogene Grenze gejagt wurden[135]).

Sonntag, 17. 3. 1946

Schwerer Rauhreif, Trübe. Im Wald steckt noch der Winter. Dicke Moosteppiche unter den hohen Fichten, wenig Unterholz. Große Kahlschläge, die aus jüngster Zeit stammen. Die Besatzer treiben Raubbau an unseren Wäldern, wie sie in den ersten Monaten mit ihren Maschinenpistolen das Wild zusammengeschossen haben, bis General Truscott[136]) einen Befehl erließ, der die wilde „Jagd" verbot, um die letzten Rehe und Hasen vor dem Aussterben zu bewahren.

Beim Holzhändler gewesen, einem Mann mit einer riesigen Hakennase, einem richtigen Märchengesicht. Es sehe schlimm aus mit Zuteilungen; das Wirtschaftsamt beliefere ihn nicht, dabei kämen aus der Stadt Leute mit ihren Holzmarken zu ihm, die am nächsten Tage verfallen. Er könne mir nur die Hälfte meiner Marken einlösen. In freien Stunden baut er jetzt an einem Ziegenstall; nur die Selbsterzeuger werden in den nächsten Jahren etwas Zusätzliches zum Beißen haben.

Unter dem Druck des Hungers versuchen Tausende, aus der britischen Zone nach der amerikanischen überzuwechseln, sodaß die Amerikaner die Grenzpatrouillen verstärkt haben und eine scharfe Kontrolle des Reiseverkehrs durchführen.

Die Sowjets bestehen auf der Beschlagnahme von 200 Bauernhöfen in der von ihnen kontrollierten Zone Österreichs.

Montag, 18. 3. 1946

Das erste Mal, daß unsere Intervention bei der Militärregierung einen greifbaren Erfolg hatte! Ich begleitete Dr. W.; wir wollten die zehn großen Wehrmachtsanlagen vor der Sprengung retten, in denen man sofort 20 000 Flüchtlinge unterbringen kann. Zuerst wollte der gute Major D. auf unsere Bitte nicht eingehen, der uns in wenigen Tagen verläßt und sich im Geiste schon in den USA aufhält. Aber ich überredete ihn und Dr. W. lieferte mir überzeugende Argumente.

135) Im Oktober 1938 wurde der westliche Teil des 1920 an die Tschechoslowakei gefallenen Teschner Ländchens an Polen abgetreten. Die einrückenden Polen jagten nicht nur die Tschechen, sondern auch die eingesessenen Deutschen über die Grenze.

136) Der örtliche Militärbefehlshaber.

Nachmittags saß ich an einer Eingabe, die der Major General Muller[137]) unverzüglich unterbreiten will. Vielleicht kann er über OMGUS die Vernichtung der Werke verhindern, die bei der US-Armee schon beschlossene Sache ist.

Mittwoch, 20. 3. 1946

Eine Gruppe Sudetendeutscher kennengelernt, die ich nächste Woche zur Militärregierung begleiten werde. Mich mit Hans Schütz[138]) unterhalten, dessen Name mir von Prag wohlbekannt ist. Ich fragte nach gemeinsamen Bekannten. Einige sind der Verfolgung entkommen und arbeiten jetzt als Knechte auf bayerischen Bauernhöfen. Tschechen fahren drüben nicht mehr als Arbeiter in die Bergwerke ein. Dazu haben sie jetzt „ihre" Deutschen. Auch Frauen sind darunter. Er hat eine dicke Mappe grauenvoller Berichte und lud mich in seine Hilfsstelle ein.

Aus einem Brief von Dr. B., Eichsfeld:

„Wir freuen uns, wenn wir von Ihnen hören. Sie schreiben nichts Unangenehmes. Meist mag man heut Briefe gar nicht öffnen, weil doch nur Kummer und Sorgen darin stehen.

Ich bin ein paar Tage allein, weil man Mann versucht, Material, Injektionsnadeln und Zahnersatz heranzuschaffen. Bei uns wie bei den anderen Ärzten werden die Fächer immer leerer. Erscheint man selbst, hat man eher die Chance, etwas zu ergattern. Allerdings sind die Bahnfahrten schauerlich. Mein Mann hat sich wie zu Flauberts Zeiten seine ältesten Kleider angezogen, sodaß Hoffnung besteht heimzukommen, ohne unterwegs ausgeraubt worden zu sein.

Wir haben jetzt für unser altes kleines Radio die Lizenz bekommen. Je älter und schlichter ein Gerät ist, umso sicherer ist sein Besitz. Gute finden schnell ihre Liebhaber. Wir erreichen Berlin und London, alles andere interessiert uns nicht. Höchstens die Musik. Aber wer hat schon Ruhe zum Zuhören?

Wir sind alle zapplig und so gewöhnt daran, daß immer ein Unglück im Hintergrund lauert, daß wir aus der Erwartungsneurose nicht herauskommen.

137) Der damalige Landeskommissar für Bayern.

138) *Hans Schütz,* geb. 1901, 1920 Vorsitzender der Textilgewerkschaft in Böhmen, 1924 Vorsitzender der christlichen Gewerkschaften in der Tschechoslowakei, 1935 Abgeordneter der Christlichsozialen im Prager Parlament. 1946 Vorsitzender des Hauptausschusses für Flüchtlinge, 1946—50 Mitglied des Wirtschaftsrates in Frankfurt und 1949—62 Bundestagsabgeordneter. 1962 Staatssekretär, 1964—66 Staatsminister für Arbeit und soziale Fürsorge. Gründer und langjähriger Bürgermeister der Ackermann-Gemeinde.

Ich möchte nicht in der Großstadt wohnen. Es muß entsetzlich sein, immer nur Ruinen zu sehen. Natürlich kann ein Mann wie Sie nur in einer Großstadt existieren. Wie soll er in einem Nest seine Kenntnisse anwenden? Als Ärztin darf ich wohl sagen, daß Sie auf Ihre Gesundheit achten sollten. Auf die Dauer kann auch eine starke Natur Ihre Belastung nicht aushalten.

Ihre Charakteristik der Bayern hat uns amüsiert. Trist ist es überall. Wenn man aber erst herausgefunden hat, daß einem keiner wohlwill und jeder in Versuchung gerät, sich aus unserem Fell Riemen zu schneiden, dann kommt man zum heute notwendigen ‚Nun gerade'. Waren wir nicht alle zu bereit, die äußeren Güter als zu unserem Wohlbefinden unerläßlich zu betrachten? Mein Mann und ich teilten diese Einstellung nicht und erregten oft die Verwunderung näherer und fernerer Bekannten, die z. B. nicht begriffen, warum wir uns keine Villa gebaut haben ...“

Aus der Antwort:

„Ich klage grundsätzlich nicht. Zwar hat sich bei meiner Frau nach verhältnismäßig leichter Geburt am fünften Tage hohes Fieber eingestellt, weil sie ihre Genesung forcieren wollte. Nun muß sie mit einer zweiten Klinikwoche rechnen. Meine Schwägerin, die Mutter und Kind betreuen sollte, bekam eine Nierenentzündung. Zum Schluß kann ich daheim bleiben und mich der Krankenpflege widmen. Dazu füllt mich die Arbeit gar nicht aus; ich müßte schleunig etwas anderes finden.

Allerdings haben wir bereits eine fühlbare Arbeitslosigkeit in den gewöhnlichen und eine große in den geistigen Berufen. Die höheren Schulen haben ihren Betrieb kaum aufgenommen, die Presse liegt in bewährten Händen, die öffentlichen Ämter teilen die Lizenzparteien unter sich auf — nicht einer meiner zahlreichen Freunde sitzt wieder fest im Sattel. Aber aus anderen Gründen ist es heut besonders schlecht, auf der Straße zu liegen.

Ich habe mich in letzter Zeit ein wenig umgesehen. Überall trifft man Menschen, die mit Gelassenheit und gutem Willen unser so wenig aussichtsreiches Schicksal auf sich nehmen. Die Jungen denken immer noch in den Kategorien des Krieges, andere haben sie ja nicht kennen gelernt. Die Alten gehen den Weg des langatmigen zähen Verhandelns. Wie wir wieder Herr im eigenen Hause werden, weiß niemand, vielleicht am ehesten dadurch, daß jeder für sich und die Nächsten so weitgehend wie möglich die Probleme zu lösen sucht. Aber wie eng die Schranken uns dabei gesetzt werden, erfahren wir Tag um Tag.“

Montag, 25. 3. 1946

Morgens fahre ich mit meinen neuen sudetendeutschen Freunden zur Militärregierung. Die Amerikaner verstehen unsere Sorgen, können aber, da ein Kontrollrats-Befehl vorliegt, nicht helfen. Es handelt sich darum, daß die seit einem halben Jahr vorzüglich funktionierenden Hilfsstellen für die Flüchtlinge aus der Tschechoslowakei und Südosteuropa geschlossen werden müssen, da es Flüchtlingen grundsätzlich verboten ist, eigene Organisationen zu unterhalten.

In einer alten Limousine fahren wir zu einer beschädigten Villa weiter. „Stellvertretender Vorsitzender der Entnazifizierungskommission" steht auf dem Torschild. Ein alter Herr in schwarzgrüner Joppe öffnet auf unser Läuten. Wir werden vorgestellt; nur unser sozialdemokratischer Zahnarzt ist bei ihm eingeführt. Es geht um die Entnazifizierung der Flüchtlinge. „Die Amerikaner behandeln uns gegenwärtig freundlicher als die Bayern", klagt einer unserer Gruppe. Der Name des Ministerpräsidenten fällt. „Hoegner hat gegen uns ein instinktives Mißtrauen." „Mit Recht", sagt der Hausherr; „man kann nicht lauter weiße Fragebögen abgeben, wenn bei Ihnen im Sudetenland der Anteil an Parteimitgliedern höher war als in Bayern."

Es wird vorgeschlagen, aus demokratisch einwandfreien Flüchtlingen Ausschüsse zu bilden, welche die Spruchkammern in Entnazifizierungsfällen von Flüchtlingen beraten sollen, da die örtlichen Verhältnisse jenseits der Grenze hier völlig unbekannt sind. Mit dem Einströmen einer weiteren Million Ostdeutscher werden die Flüchtlinge auch ein politischer Faktor im Lande, meint Schütz, der ehemalige christlichsoziale Abgeordnete. Es ist nicht ausgeschlossen, daß sie bereits zu den im Herbst stattfindenden Wahlen zugelassen werden.

Gespräch mit Hans Schütz

Nachmittags ging ich zur Kirchlichen Hilfsstelle, wo mir Schütz von seinen letzten sieben Jahren erzählte. Als seine Partei sich nach der Besetzung Österreichs auflöste, trat auch er zur Henleinriege über. Seit 1939 suchte man von reichsdeutscher Seite aus seine Existenz systematisch zu vernichten. Zunächst wollte er einen Buchladen eröffnen. Nachdem er einen Teil seiner Ersparnisse in das Geschäft hineingesteckt hatte, versagte ihm das Amt Rosenberg[139]) die Genehmigung dazu. Dann verschaffte ihm ein Genossenschaftsdirektor eine Anstellung. Aber die Gestapo legte dagegen ihr Veto ein. So über-

139) Parteiamtliche Überwachungsstelle, benannt nach dem Ideologen der Partei Alfred Rosenberg.

nahm er eine Versicherung. Als er 1941 aus dem Opferring[140]) ausschied, erhielt er den Gestellungsbefehl. Nun lebt seine Frau mit dem Kinde in Teplitz und er weiß nichts von ihnen. Nach den Berichten, die er mir mitgab, haben dort die tschechischen Partisanen besonders gräßlich gehaust.

Sein Partner ist ein ehemaliger Assistent an der Theologischen Fakultät der Universität Prag. Aus allen Teilen der US-Zone treffen bei ihnen Briefe ein, die um Rat bitten. In vielen Fällen konnten sie vermitteln und Hinweise geben, obwohl sie beide noch keine richtige Bleibe haben.

Sie machen sich über die Zukunft ihrer Landsleute Gedanken. „Was uns bei den Amerikanern am meisten schadet", sagte der Pater, „ist die ihnen von den Tschechen suggerierte Vorstellung, wir hätten die Demokratie verraten. Sie haben kein Verständnis für unseren Kampf um Selbstbestimmung. Wo kämen wir hin, sagen sie, wenn unsere Polen, Iren, Deutschen jeweils ein Teil ihrer Nation werden wollten?"

Darauf kann man ihnen erwidern: „Auch wir hatten in der Donaumonarchie solch einen übernationalen Staat. Mehr als die andern haben aber die Tschechen, die ihr für so demokratisch haltet, diesen Staat gesprengt, gleichzeitig jedoch ein halb Dutzend anderer Völker ihrem neuen Staat eingegliedert."

Ich sehe hier viele unfruchtbare Räsonnements auf uns zukommen. Wir waren auch 1938 nicht der Nabel der Welt und die Nationalitätenpolitik nur einer unter vielen Gründen, weshalb das Habsburgerreich zerstört wurde. Unsere Leute scheinen von der kurzen sudetendeutschen Sternstunde nicht freizukommen.

Abends die Unterlagen gelesen, die mir Schütz mitgab, schlichte Aneinanderreihungen von Brieffetzen, Klagen von Geistlichen, tschechische Pressestimmen, Augenzeugenberichte. Das Grauen, das ich vor Böhmen immer empfand, stieg aus diesen Seiten wieder hoch in mir. Es waren die wohlbekannten Szenen aus der Hussitenzeit; der tschechische Mob muß Tausende und Abertausende sadistisch zu Tode gequält oder hingemetzelt haben. Ich fühlte mich wie gerädert nach der Lektüre.

Landwirtschaftsminister Baumgartner[141]) wendet sich an die Öffentlichkeit wegen der Kürzung unserer Brotration auf die Hälfte (von 12 kg auf 6 kg im Monat). Zunächst haben die USA Getreide-

140) In den „Opferring" durften die eintreten, die ob eines politischen Makels nicht NSDAP-Anwärter werden konnten.

141) *Joseph Baumgartner* (1904—1964), bayerischer Politiker und Minister. B. war bis 1933 im Bayerischen Bauernverein tätig und 1945—48 bayerischer Landwirtschaftsminister (CSU). Er trat 1947 zur Bayernpartei über und war 1948—59 deren Vorsitzender. 1954—57 kehrte er im zweiten Kabinett Hoegner ins Landwirtschaftsministerium zurück. Später wurde er in einem Meineidprozeß verwickelt und zu einer Gefängnisstrafe verurteilt.

einfuhren in Höhe von 500 000 t angekündigt. Dadurch wurde die eigene Getreideablieferung nicht gerade erleichtert. Dann lieferten sie nur 150 000 t, angeblich wegen der allgemeinen Welthungerkatastrophe. Ich kann mir vorstellen, daß es eine höchst danklose Aufgabe ist, heute für die bayerische Ernährung verantwortlich zu sein.

Interview mit dem Bürgermeister von Frankfurt an der Oder: Vor dem Kriege hatte die Stadt 85 000 Einwohner; nun sind es 53 000; davon nur 18 000 arbeitsfähig. Im Vorjahre verhungerten 12 000. Über der Oder liegt Polens Westwüste, wie es in Warschau heißt, auf der andern Seite ein Friedhof.

Bei OMGB eine große Sitzung. Jaenickes Vertreter, der von solchen Mammutbesprechungen nichts hält, schickte mich hin und so saß ich zwischen alten Herren und hörte, wie junge US-Offiziere bayerische Minister abkanzelten. Eine Kreatur besonderer Art stellte der Dolmetscher dar, der jeder Bemerkung die Spitze abbog, die seine Brotgeber hätte verstimmen können. Leider konnten gerade jene Ministeriumsvertreter, die über gute Argumente verfügten, kein Wort Englisch. So wurde diese Sitzung zu einem höchst einseitigen Befehlsempfang.

Montag, 1. 4. 1946

Mittags Besuch von Ing. K., einem Bekannten meines Schwagers. Vor dem Kriege war er ein erfolgreicher Brückenbauer. Nun stromert er durch unsere Ruinenwelt. Seine Frau sitzt mit ihren Eltern noch in Waldenburg/Schlesien, ihr Kind ist unter polnischer Herrschaft verhungert. Ein halbes Dutzend Angehöriger — Frauen und Kinder seiner gefallenen oder verschollenen Brüder — hängen an dem Mittellosen. Am besten sei es ihm in Zeitz bei den Russen ergangen. Gewisse Kommandanten halten drüben ihren Bezirk zusammen. In Zeitz konnte er sich kaufen, was er am Leibe trägt. Dafür sah er, wie in Merseburg Leute auf der Straße vor Hunger umfielen.

Das Mädchen an seiner Seite kam aus Troppau, wo sie ein halbes Jahr in einem tschechischen Sammellager gesessen hatte. Wenn sie von den Tschechen wieder einmal bis aufs Blut gepeinigt worden waren, wandten sie sich an den russischen Kommandanten, der Abhilfe schuf. Es gelang ihr, nach Bayern zu fliehen. Jetzt lebt sie in Mühldorf bei Bekannten und sucht Arbeit, denn ihre Ersparnisse gehen zur Neige. Lehrerin kann sie nicht werden, da das unerfahrene 19jährige Ding im Fragebogen angegeben hat, daß sie bei der NSDAP war. Von ihren Angehörigen fehlt jede Spur; sie wußte auch nicht, in welche Zone die Westschlesier verschickt werden. Troppau wechselte in den letzten Kämpfen mehrfach den Besitzer und ist daher ziemlich zerstört.

Aus einem Brief Wenzel Jakschs[142]) aus London:

„Noch ist die Atmosphäre sehr vergiftet und die Gutgesinnten drüben sind in schwacher Position. Man sollte zunächst das Mögliche und Unaufschiebbare anstreben.

In der britischen Regierung ist guter Wille gar nicht so vereinzelt vertreten. Ich möchte niemanden durch besondere Erwähnung kompromittieren, aber John Hynd[143]) ist sehr vernünftig, *Noel Baker*[144]) *christlich anständig und Bevin*[145]) *bemüht sich ernstlich, das Entstehen bzw. Bestehen eines riesigen Elendsgebietes in der Mitte Europas zu vermeiden.*

Es gibt aber auch einflußreiche Arbeiterparteiler, die man nicht mit dem humanitären Typ des kontinentalen Sozialdemokraten verwechseln darf. Ihre Haltung bestimmt nicht mitmenschliches Empfinden, sondern Rücksicht auf die globale Lage. Auch sollte man Churchills Kraftworten keine unmittelbaren Wirkungen zuschreiben. Ein langwieriger Interessenkonflikt ist wahrscheinlicher und damit eine lange Leidenszeit unseres Volkes.

Ich glaube aber, daß England mit den üblichen Irrungen und Verzögerungen zum Schluß doch die richtige Europa-Politik machen wird. Seine Position wird in zwei Jahren stärker sein. Geht die amerikanische Anleihe durch, wird sich mit der großen Zahl vernünftiger Briten schon im Verlauf der nächsten Monate über das Flüchtlingsproblem reden lassen.

Die britischen Tageszeitungen berichten leider über die Vorgänge in der Sowjetunion sehr unkritisch und werden außerdem oft von Reisenden bedient, die ihre unbezahlten Hotelrechnungen in Prag durch die Wiedergabe von Propaganda-Märchen begleichen. In der Kunst der Täuschung sind unsere

142) *Wenzel Jaksch* (1896—1969), sudetendeutscher Politiker. 1929 sozialdemokratischer Abgeordneter im Prager Parlament. 1936 versuchte er mit Schütz und Hacker die führenden tschechischen Politiker zu bewegen, die deutschen demokratischen Kräfte in der ČSR als gleichberechtigt anzuerkennen (Jungaktivismus) und den Deutschen den ihnen entsprechenden Anteil am Staat einzuräumen. 1938 mußte Jaksch flüchten; in London wurde er Beneschs Gegenspieler und versuchte vergeblich, die Austreibung seiner Landsleute zu verhindern. Nach dem Kriege leitete er in Hessen das Landesamt für Vertriebene und gehörte 1953 bis zu seinem Tode dem Bundestag an. Er war auch Präsident des Bundes der Vertriebenen.

143) Labour-Abgeordneter, eine Zeitlang Deutschland-Minister.

144) Ebenfalls Labour-Abgeordneter.

145) *Ernest Bevin* (1881—1951), britischer Gewerkschaftsführer und Minister, 1922 brachte er es zuwege, 32 Gewerkschaften in der Transportarbeiter-Gewerkschaft zusammenzuschließen, die er bis 1940 leitete. Churchill nahm ihn in sein Kriegskabinett als Arbeitsminister. Im Kabinett Attlee übernahm er 1945 das Außenministerium. B. erkannte frühzeitig, daß Europa auf sich gestellt dem sowjetischen Druck nicht würde gewachsen sein und war einer der treibenden Kräfte bei der Gründung der EWG und des Nordatlantikpaktes.

ehemaligen Landsleute wahrlich groß. Aber in maßgeblichen britischen Kreisen zirkuliert sehr viel mehr Material als in der Presse erscheint. Langsam wird ein Stimmungsumschwung erkennbar. Er kommt aber für die Rettung unserer Heimat zu spät.

In der nächsten Zeit liegt der Schlüssel für eine neue Einstellung der Westmächte uns gegenüber in Amerika. Dort macht das Vertreibungsproblem mehr Eindruck als auf das müde, durch Kriegsgreuel abgestumpfte Europa. Am besten erscheinen die Aussichten für eine Hilfsaktion in Kanada. Dort kämen 400 000 Deutschstämmige und die Hilfsbereitschaft katholischer und lutherischer Kreise dafür in Frage.

In den USA könnte mehr getan werden. Die Steuben[146])*-Gesellschaft wird wieder aktiv. Der Vorstoß von 33 Senatoren zur Bekämpfung des Hungers in Deutschland und Österreich hängt zweifellos mit der Einflußnahme deutschamerikanischer und christlicher Kreise zusammen.*

Es häufen sich hier Stöße von erschütternden Berichten. Viele haben wir schon umsetzen können. Wir arbeiten gegenwärtig an einer billigen Umschlagstelle für die deutsch-amerikanische Presse. Außerdem wäre die Veröffentlichung eines Weißbuches mit englisch-deutsch-amerikanischem Text dringend notwendig. Wir müssen alle Hebel in Bewegung setzen, um den Opfern des östlichen Rassismus zu helfen.

Wenn es in Europa nicht noch weiter bergab gehen soll, dann müßte in Jahresfrist das Flüchtlingsproblem ein zentrales Thema der Friedensgestaltung werden. Zunächst gilt es, den Rahmen für mögliche Lösungen abzustecken und Instrumente für entsprechende Aktionen zu schaffen. Dazu gehört eine Zeitschrift, damit unsere Stimme in der freien Welt gehört wird. Es wäre gut, wenn unser Ruf durch das Votum makelloser Männer wie Schumacher[147])*, von Galen*[148])*, Niemöller*[149]) *verstärkt würde."*

146) Nach dem deutschen General im amerikanischen Unabhängigkeitskrieg Friedrich Wilhelm Ludolf Gerhard Augustin von Steuben (1730—1794) benannte Gesellschaft, die sich die Pflege der Beziehungen zu Deutschland zum Ziel setzt. Die Gesellschaft wurde 1919 gegründet, als der von der Propaganda geschürte Haß in den USA abzuflauen begann.

147) *Kurt Schumacher* (1895—1952), sozialdemokratischer Politiker. 1930—33 war Sch. Reichstagsabgeordneter, 1933—45 verbrachte er in verschiedenen Konzentrationslagern. Nach dem Kriege trat er an die Spitze der SPD, deren Vorsitz er bis zu seinem Tode inne hatte. Er wehrte sich gegen den Zusammenschluß mit der KPD, der in der Sowjetzone auf Druck der Besatzungsmacht erfolgte. Im Parlamentarischen Rat und im Bundestag war er Adenauers Gegenspieler.

148) *Clemens August Graf von Galen* (1878—1946), Kardinal, Bischof von Münster. Er trat nachdrücklich gegen die Kirchen- und Rassenpolitik des Dritten Reiches sowie gegen Auswüchse der Besatzungspolitik in der Britischen Zone auf.

Heut sah ich mir die Reste der Frauenkirche aus der Nähe an. Die Sonne brannte auf die Trümmer, die ringsum bis in Stockwerkhöhe lagen. Der Chor ist gänzlich eingestürzt, viele Pfeiler des Hauptschiffs geborsten. Das Innere füllt Schutt. Die Außenmauern stehen noch, die Kuppeln der Türme sind neu gedeckt. Es freut mich, daß man bemüht ist, Münchens Bischofskirche zu retten trotz aller Not. Fast jede Nummer der SZ nennt Spender und Leute, die sich freiwillig zur Arbeit melden. Wie glücklich sind die, welche die Stadt noch in unsprünglicher Gestalt gesehen haben.

Mittwoch, 3. 4. 1946

Schönstes Frühlingswetter, aber Berge von Übersetzungen im Amt: Klagen der Flüchtlingskommissare, daß die durchs Land ziehenden US-Truppen ein Gefolge von Parasiten, meist Dirnen, mitführen, die sich in den Ortschaften breitmachen und die für die Flüchtlinge requirierten Quartiere belegen; Klagen eines Grenzkommissars, daß die heimbeförderten Polen das Bahngelände verunreinigen, die Bahnpolizisten verprügeln, die unbewaffnet sind, während die Polen widerrechtlicherweise Waffen tragen. Die üblichen Beschwerden ausgeplünderter Flüchtlinge, denen die tschechische Begleitmannschaft vor der Grenze die erlaubten 30 kg Gepäck wegnahm; Stöhnen des Flüchtlingskommissars von Eggenfelden, dem die dort hingezogenen Juden die Haare vom Kopf fressen, sodaß er sich nicht mehr auf die Straße traut.

Kurz vor dem Mittagessen beim Kohlenamt, wo ich die Zuteilungskarte für den Säugling bekam. Auf dem Wege fand ich ein Geschäft, wo es Nährbier gab. Es geschieht so selten, daß man zwei Dinge hintereinander erledigen kann, daß es undankbar wäre, diesen Glücksfall nicht zu erwähnen.

Aus einem Brief:

„Allmählich kommt mir vor, als wäre es leichter gewesen, den Krieg zu überleben, als die vor uns liegenden Zeitläufte! Hätte ich nicht die Familie, ich wüßte nicht, wie ich dieses völlig uneuropäische Elend ertragen könnte. Wie wenigen war es mir vergönnt, meine Jugend auf geistige Dinge zu konzentrieren und mir das Rüstzeug zusammenzutragen, das noch vor einem Jahrzehnt in jeder größeren Stadt jedem Studienwilligen zugäng-

149) *Martin Niemoeller*, geb. 1892. Kirchenpräsident. N. war im Ersten Weltkrieg U-Bootkommandant und studierte danach Theologie. Als Pfarrer in Dahlem wandte er sich entschieden gegen die Deutschen Christen und wurde einer der führenden Männer der Bekennenden Kirche. 1937 wurde er verhaftet und in verschiedene KZs gebracht. Nach dem Kriege hatte er hohe Ämter inne, doch war in späteren Jahren seine politische Haltung vielfacher Kritik ausgesetzt.

lich war. Jetzt unternimmt man wegen eines Buches, das ein Bekannter gerettet hat, eine Reise, und List und Findigkeit des Geistes langen gerade, sich Schergengriffen zu entziehen, groben Hunger zu stillen und bittere Not von den nächsten Angehörigen abzuwehren. Wenn man dazu weiß, was sich in den ehemals deutschen Teilen Osteuropas abspielt, dann wundert man sich, daß man noch den Mut zu einem Lachen findet."

Zur Zeit leben in unseren Lagern 30 000—50 000 Kinder unter zehn Jahren. Infolge der zu geringen und einseitigen Kost während der tschechischen oder polnischen Internierung der Familien sind es durchwegs blasse, hohlwangige Geschöpfe. Mehr als die Hälfte der Säuglinge ist rachitisch, da sie die Mütter monatelang mit vorgekautem Schwarzbrot ernähren mußten. Zum Stillen waren die Frauen viel zu verhungert. Der Mangel an Seife führte zu Schmutzkrankheiten.

Ab 1. 4. 1946 sind die Eisenbahntarife in der US-Zone auf das Doppelte erhöht worden, die Wochenkarten um 50 %. Für Kriegsversehrte gelten keine Sonderbestimmungen mehr.

Freitag, 5. 4. 1946

Als ich morgens wieder eine halbe Stunde auf die Elektrische warten mußte, studierte ich die Anzeigen auf den Litfaßsäulen. Früher wurden dort Konzerte und Theateraufführungen angezeigt, jetzt liest man u. a., daß jemand seine gut erhaltenen Schlittschuhe gegen Einweckgläser tauschen möchte.

Nun sollen wir das Land Bayern nicht nur von den Evakuierten der britischen und französischen Zone räumen, sondern auch die halbe Million Schlesier umsiedeln, die hier im Januar 1945 Zuflucht gefunden haben! Aber Jugoslawen, Polen und Griechen dürfen zur Rückkehr in ihre Ursprungsländer nicht gezwungen werden, zu schweigen von den Juden, die wieder in Massen aus Polen einströmen, wo nach ihrer Aussage die Pogrome nicht aufhören.

Nach dem Dienst hackte ich den Ster Holz, den uns der Märchengnom gebracht hatte und verfiel dann in dumpfe Müdigkeit. Ich mochte den Schwestern nicht sagen, daß mich der Hunger plagt. M. steckt mir ohnedies einen Teil ihrer Sonderzuteilung zu, und ich bin unanständig genug, sie anzunehmen. Aber Frauen sind im Ertragen von Entbehrungen stärker als Männer; in den meisten Ehen schlingt heut der Mann verdrießlich und danklos hinunter, was die Frau sich abgedarbt hat.

Montag, 8. 4. 1946

Im Gesellenheim gegessen, wo ich Schütz in einem Freundeskreis antraf. Darunter war auch Dr. O., mein alter Studienkollege aus dem

Cassiodor-Seminar[150]) in Prag, der nach dem Einmarsch der Wehrmacht in die Sudetengebiete verhaftet wurde und trotz einem Persilschein von Bormann[151]), den ihm einflußreiche Freunde besorgten, im Griff eines ihm bis heute unbekannten Verfolgers verblieb, eine Geschichte, die mich bereits gegen Ende des Jahres 1938 vor diesen Leuten das Gruseln lehrte. Jetzt ist er entlassener Gefangener ohne Beschäftigung. Mein Reichenberger Chef soll im Moosburger Internierungslager für NS-Größen einsitzen, ein anderer Kollege Bauernknecht sein, ein Dritter ist bei einem Landrat untergekrochen. Der Historiker für neuere Geschichte unserer Prager Universität[152]) schlägt sich abgerissen und verhungert in Erlangen als Hilfsarbeiter durch. Soweit die erste Bestandsaufnahme; im übrigen gefielen mir meine Landsleute; ich soll bei ihnen am Freitag einen Vortrag halten.

Aus einem Brief von Dr. B., Eichsfeld:

„Wären normale Zeiten und könnte man sich einen Schlafwagenplatz im nächsten Reisebüro bestellen, würden wir nun mit der Planung unserer Sommerferien beginnen. München war stets die Durchgangsstation für die Berge. Am Stachus stiegen wir in einer altväterlichen, aber sauberen Pension ab und freuten uns als Kleinstädter über das Gewimmel des Verkehrs. Nichts ist für einen Kleinstädter erholsamer als andere Leute rennen und arbeiten zu sehen. Als wir die Stadt letztmalig 1942 besuchten, war am Tag vorher der erste große Bombenangriff gewesen.

Jetzt geht man zur Erholung in den Wald und sammelt Holz, damit der Weg nicht umsonst war. Allerdings ist unser Wald

150) *Flavius Magnus Aurelius Cassiodorus Senator* (490—583), römischer Staatsmann und Schriftsteller. C. bekleidete unter Theoderich hohe Ämter. Sein Ziel war, die Römer und die Goten zu einem Volke zu verschmelzen. Als mit der Vernichtung der Goten durch Belisar im Jahre 540 diese Hoffnung zunichte wurde, gründete er in Vivarium ein Kloster mit einer reichen Bibliothek und schuf damit das Vorbild für die Mönchskultur des Mittelalters. C. schrieb eine Geschichte der Goten, die in der des Jordanes aufgegangen ist.

151) *Martin Bormann* (1900—1945?), nationalsozialistischer Politiker. B. trat 1928 der NSDAP bei, wurde 1933 Stabsleiter von Rudolf Heß und nach dessen Flucht nach England Leiter der Parteikanzlei im Ministerrang, seit 1943 zudem „Sekretär des Führers". Als solcher war er einer der mächtigsten Männer des Dritten Reiches. 1946 wurde er vom Nürnberger Gerichtshof in Abwesenheit zum Tode verurteilt; ob er in den letzten Kriegstagen in Berlin umgekommen ist, konnte nie eindeutig geklärt werden.

152) *Anton Ernstberger* (1894—1966), Historiker. E. war ursprünglich Jurist, begann aber nach seiner Promotion mit dem Studium der Geschichte und wurde Assistent am Historischen Seminar der Deutschen Universität in Prag. 1933 habilitierte er sich dort für die Geschichte der Neuzeit. 1945 wurde er als deutscher Professor interniert, doch gelang es ihm, nach Bayern zu flüchten. Zunächst erhielt er an den Theologisch-Philosophischen Hochschulen von Bamberg und Regensburg einen Lehrauftrag. 1947 wurde er auf den Lehrstuhl für neuere Geschichte in Erlangen berufen.

schon ganz licht geworden. Beim Forsthaus, wo die hohen Buchen standen, gewinnt man den Eindruck, es wäre ein englischer Park. Natürlich brauchten wir nicht Holz zu sammeln, da Ärzte für ihre Praxis genügend Brennstoff bekommen. Man wird nur so materialistisch, daß man keinen Weg mehr nutzlos machen kann.

Die Zonengrenze ist hermetisch abgeschlossen. Es ist eine Groteske. Sonst fuhr man am ordinationsfreien Nachmittag nach Göttingen, um bei Cron und Lanz ein Stück Torte zu essen und dann über den Bummel zu gehen. Jetzt muß man durch eine Lagermaschinerie, wenn man angibt, für immer in die britische Zone übersiedeln zu wollen. Illegale Grenzübertritte kosten acht Tage Zwangsarbeit und 157,50 RM Strafe, wenn man erwischt wird, wobei einer Frau noch ein Übriges passieren kann. So freut man sich lieber der Heimlichkeit des Hauses und genießt nach innen.

Augenblicklich haben wir eine Kulturwoche mit guten musikalischen Darbietungen. Nur daß sie der Landrat einleitet, stört mich. Beim letzten Kammermusikabend stürzten plötzlich drei Betrunkene in den Saal, welche die Zuhörerschaft aus allen Himmeln rissen. Da hat man für ein halbes Jahr genug davon, nervös, wie man ist. Man kann auch nicht wagen, das Haus einen Tag allein zu lassen. Im Zweifelsfalle passiert sicherlich etwas.

Unser Auto haben wir freiwillig weggegeben, um Ruhe zu haben. Es war ordnungsgemäß zugelassen; rechtlich konnte es uns niemand wegnehmen. Aber dauernd kamen Kontrollen; das Tor wurde nachts aufgebrochen. Kurz, wir haben den Wagen gegen gute Bezahlung an einen russischen Offizier verkauft, der ihn unbenutzt in unserer Garage stehen läßt. Er besitzt noch zwei andere Autos. Lieber wäre uns gewesen, er hätte ihn anderswo untergebracht. Unser Handwagen hatte sich schon in der Garage breit gemacht und bildete sich ein, er wäre ein Auto und es wüchse ihm ein Motor unterm Bauch. Ein Handwagen ist jetzt wichtiger als ein Auto.“

12 Millionen Fragebogen in der amerikanischen Zone

Mittwoch, 10. 4. 1946

Bis zur nächsten Lebensmittelperiode müssen wir alle die ausgefüllten Fragebogen eingereicht haben. Damit soll die „Befreiung vom Nationalsozialismus“ beginnen. Zwar kommen nur die schweren Fälle vor die Spruchkammer. Aber schon bei der Frage der Partei-Anwartschaft beginnt eine hochnotpeinliche Prüfung. Man rechnet, daß die 12 000 000 Fragebogen der US-Zone in einem Jahr durchgesehen und die leichten Fälle dabei erledigt werden. Angeblich ist die Entnazifizierung eine rein deutsche Angelegenheit, aber bei dem fanatischen Eifer, den die Amerikaner dafür aufbringen, wird es nicht ohne zahllose Interventionen ihrerseits abgehen.

In Konstanz eröffnete der Chef der Französischen Militärverwaltung eine Ausstellung, welche die Bevölkerung über das Weltgeschehen der letzten Jahre informiert. Die Franzosen sind die einzigen, die unsere Geschichte nicht mit der Machtergreifung Hitlers beginnen lassen und uns zubilligen, daß wir für die Entwicklung Europas gelegentlich auch einen Beitrag geleistet haben.

Freitag, 12. 4. 1946

Mir träumte, daß ich auf einem pommerschen Gut mit M. nochmals Hochzeit hielt. Wir wurden von den Leuten mit Geschenken überhäuft, denn wir waren ja Flüchtlinge.

Auf der Fahrt in die Stadt gesellte sich ein GI zu uns, der mutmaßlich bei einem Mädchen am Waldfriedhof geschlafen hatte. Er erzählte von dem US-Urlaubsparadies, der Schweiz, die mit den Dollar-Soldaten die besten Geschäfte macht. Dort gäbe es zu kaufen, was das Herz begehrt; Kleider, Schuhe, Lebensmittel, vor allem aber Uhren, und so wohlfeil, daß schon jeder GI in Europa ein paar davon besitzt und die US-Uhrenindustrie rebelliert. Dank der Devisen aus diesen Geschäften kann die Schweiz kräftig importieren und die Versorgungslücken auffüllen, die der Krieg auch dort gerissen hat.

Neunzehn Professoren der Deutschen Universität in Prag sind nach dem Umsturz 1945 umgebracht worden. Weizsäcker[153]), bei dem ich dort Hörer war und den ich heut wieder traf, hat darüber eine Kartei angelegt. Ich fragte nach seiner wissenschaftlichen Arbeit. Daran sei nicht zu denken, war die Antwort. Von einem Dutzend Büchern, die er in der Universitätsbibliothek bestellte, habe er nur zwei erhalten, obwohl er wisse, daß vier vorhanden sind. Die Amerikaner verhindern jeden Ansatz eines eigenständigen Geisteslebens; nur Journalisten ihrer Couleur werden geduldet.

Die Sowjets beabsichtigen, in Niederösterreich 45 000 südslawische Familien anzusiedeln. Amerikaner und Briten haben dagegen Einspruch erhoben. In der Tschechoslowakei beginnt sich der Widerstand gegen die bedingungslose Auslieferung an die Sowjetunion zu regen,

153) *Wilhelm Weizsäcker* (1886—1961), Rechtshistoriker, letzter Ordinarius für tschechoslowakische Rechtsgeschichte an der Deutschen Universität in Prag, wo er von 1926 bis 1945 lehrte. In den fünfziger Jahren wurde W. Mitarbeiter des Deutschen Rechtswörterbuches in Heidelberg, wohin er übersiedelte.

berichtete Schütz. „Es ist zu spät", warf ich ein. „Darum verstärken die Sowjets ihren Druck auf Wien", fuhr er ärgerlich fort. Merkwürdig, diese Sudetendeutschen. Sie sind immer noch nach ihrer alten Hauptstadt Wien orientiert.

Im Gegensatz zu meinen Landsleuten glaube ich an keine unmittelbare Kriegsgefahr in Mitteleuropa. Es ist zu versengt vom letzten Krieg; für einen neuen bewaffneten Konflikt fehlt vorderhand das menschliche Brennmaterial. Der Abscheu der Deutschen vor politischer Betätigung wird sich nur langsam überwinden lassen. Dennoch bleibt uns keine andere Wahl, als uns wieder zu politisieren, sonst gehen wir zugrunde wie Fische auf dem Trockenen.

In Köln sind von 92 Kirchen 66 ausgebombt. Die 26 alten romanischen und gotischen Kathedralen der Innenstadt liegen in Trümmern. In den Außenbezirken sind zwei Kirchen benutzbar und 16 beschädigt oder zerstört. Das Domgewölbe ist an 18 Stellen durchbrochen und die Fassade weist erhebliche Schäden auf.

„Querschnitt durch eine Münchner Volksschulklasse", heißt eine Zeitungsnotiz, die feststellt: „Die Volksschule in der Herrnstraße kam nicht besser und nicht schlechter durch den Krieg als viele andere. Das Dach ist beschädigt, die Fenster fehlen, in den wenigen brauchbaren Räumen sitzen irgendwelche städtische Ämter. Übrig bleibt ein Klassenraum für den Unterricht von acht Klassen, für die fünf Lehrer einschließlich des Direktors zur Verfügung stehen. Alle zwei Tage haben hier die Schüler jeder Klasse zwei Stunden Unterricht. Was die Schule nicht bieten kann, muß das Elternhaus ersetzen. Wie sieht dieses aus?

Vor uns sitzt eine Klasse von 52 Buben zwischen 10 und 12 Jahren. Drei erzählen, daß ihre Väter gefallen sind, 10 Väter sind in Gefangenschaft, davon fünf in Rußland, nur zwei haben geschrieben. Sieben Väter sind vermißt und es fehlt jede Nachricht von ihnen. Einer sagt, daß Vater und Bruder gefallen sind und ein weiterer Bruder vermißt wird. Die Mutter wohnt mit vier Kindern in einem Zimmer, das andere muß sie vermieten, weil sie keine Unterstützung bekommt. Vier Familien mit drei und mehr Personen teilen einen Raum, 28 sind total bombengeschädigt. Von den 52 Kindern tragen 38 völlig unbrauchbare Schuhe, 19 haben die Schuhe von den Eltern oder Geschwistern geliehen. Drei Väter sind wegen NSDAP-Zugehörigkeit entlassen worden. Nur sechs Kinder hatten keinen Hunger. 14 erklärten, daß ihre Eltern nicht Geld genug zum Leben hätten. In ihrer Freizeit müssen fast alle Kinder kleine Arbeiten verrichten, Holz hacken, Besorgungen erledigen. Sonntags gehen bis auf einen alle in die Kirche. Ihre Lieblingsfächer sind Erdkunde und Geschichte des Weltkrieges. Alle kommen gern zur Schule."

Sonntag, 14. 4. 1946

Fast den ganzen schönen Sonnentag, der mit milder Bewölkung ausklang, Giselher Wirsings[154]) „Maßlosen Kontinent" gelesen. Wirsing ist ein Beweis dafür, daß man auf hunderten von Seiten gescheit sein kann ohne Wesentliches erkannt zu haben. Letztlich suggeriert er den Lesern — das Buch ist vor 1933 erschienen —, daß wir es mit einer Macht wie den USA aufnehmen können. Wohlan, Ludendorff[155]) und Hitler haben es getan, wie sich die Demosthenes-Athener mit Philipp von Mazedonien anlegten.

Scharf arbeitet er in seinem Amerika-Bild die Wechselwirkung von Profit und Macht heraus. Die Reichen benutzen den Staat, um ihre Raubzüge zu schützen. Es liegt etwas Karthagisches darin. Man gewinnt aus solchen Büchern den Eindruck, daß die brave, das Leben tragende Masse nur das Lasttier für eine übermütige Oligarchie ist, die mit dem Volk, auf dessen Rücken sie ihr Spiel treibt, nicht allzuviel zu tun hat.

Im Grund sieht Wirsing F. R. Roosevelt nicht viel anders als Commager. Roosevelt übernahm das Land in einer schweren Krise; einer Krise der Regierungsform, der Wirtschaft, der sozialen Verhältnisse. Nachdem er sich vergeblich abgemüht hatte, sie verfassungsmäßig zu lösen, gab ihm der Angriffskrieg der Japaner und Hitlers Kriegserklärung die rettende Chance, aus den innenpolitischen Schwierigkeiten auszubrechen und die gigantischen Möglichkeiten des Subkontinents und seiner Menschen zu mobilisieren.

Die moralisierende Version, die uns verkauft wird, und die am eifrigsten Jackson[156]), der Nürnberger Ankläger, vertritt, klingt freilich erhabener und gehaltvoller. Danach mußte durch die Entfesselung der Dämonen durch Hitler die gefährdete Gesittung in der Welt geschützt werden. Unsere Ächtung ist die Folge unseres Verrats an der humanen Gesittung. Peinlich nur, daß die Befreier der Welt von Bluttat und Willkür als ihren wichtigsten Verbündeten Josef Stalin benötigen, der zur ideologischen Festigung seines Regimes u. a. 12 000 000 Bauern umbringen ließ.

154) *Giselher Wirsing,* geb. 1907, Publizist. 1929—32 Mitherausgeber der Zeitschrift TAT, 1932 Chefredakteur der Münchner Neuesten Nachrichten. Seit 1954 Chefredakteur von „Christ und Welt". Das erwähnte Amerika-Buch erschien 1932.

155) *Erich Ludendorff* (1865—1937), General. Oberquartiermeister im Armeekommando, seit der Schlacht bei Tannenberg im Herbst 1914 Leiter der deutschen Kriegsführung. Bis zum Spätsommer 1918 war er praktisch der Diktator Deutschlands. L. setzte den harten Frieden von Brest-Litowsk durch. Ende September 1918 forderte er den sofortigen Waffenstillstand und trat zurück. 1923 beteiligte er sich am Hitlerputsch.

156) *Robert Houghwout Jackson* (1892—1954), amerikanischer Jurist, im Nürnberger Prozeß amerikanischer Vorsitzender des Internationalen Gerichtshofs. Vorher war J. Bundesrichter.

Auch Österreich hat nun sein Entnazifizierungsgesetz. Aber die Fragen sind dort bedeutend einfacher gehalten und nicht so perfektionistisch und kasuistisch verbiestert wie in der US-Zone.

Montag, 15. 4. 1946

Morgens nahm mich Jaenicke zur Militärregierung mit. Größte Aufregung — die Besatzer haben gestern Harlaching, Münchens bestes Wohnviertel, räumen lassen. Bewohner, die etwas von ihrer Habe retten wollten, wurden mit der Waffe bedroht. Nun ziehen die Amerikaner einen riesigen Stacheldrahtzaun um diesen Stadtteil. Sie möchten ihren Frauen und Kindern den Anblick der Deutschen erparen.

Inzwischen hatte Frau L. ein Schreiben des Oberbürgermeisters von Amberg in Arbeit, der vom Ortssatrapen die vertrauliche Aufforderung erhielt, Vorbereitungen für eine Teilevakuierung der Bevölkerung zu treffen, da Amberg US-Garnisationsstadt wird. Dr. W. hat sich gestern eine Liste aller in jüngster Zeit erfolgten und demnächst vorgesehenen US-Beschlagnahmungen von Gebäuden verschafft. Nicht nur wertvolle Kunstdenkmäler sind darunter, sondern auch Wohnungen für etwa eine halbe Million Menschen, wenn man die jetzt übliche Belegungsdichte zugrunde legt. Bezeichnend dabei ist die Tatsache, daß der größere Teil der Objekte für die UNRRA vorgesehen ist, obwohl sich in der Besatzungspolitik die Tendenz durchsetzt, die Ausländer nach einem Jahr müßiger Wohllebe in ihre Heimatländer abzuschieben.

Sie haben noch nicht begriffen, sagte Dr. W. deprimiert, als er mir die Liste gab, daß wir vor einer neuen Katastrophe stehen. In wenigen Tagen werden aus der Tschechoslowakei täglich zehn Zuggarnituren mit 12 000 Obdachlosen anrollen. Alle Auffanglager, die wir in Ostbayern errichteten, haben uns die Amerikaner weggenommen, sodaß uns letztlich nichts anderes übrig bleiben wird, als die Ankömmlinge in die Wälder zu treiben.

Vormittags rief ich in der „Süddeutschen Zeitung“ an, um eine Anzeige in einer der nächsten Nummern aufzugeben. „Sie sind ein Optimist“, sagte mir der Mann in der Zeitung. „Wenn Sie Glück haben, erscheint ihre Anzeige in sechs Wochen.“

Die Kirchliche Hilfsstelle besucht, wo mir Schütz Aufsätze mitgab, die unsere Gesinnungsgenossen in deutschen US-Zeitungen veröffentlicht haben. Außerdem erfuhr ich, daß die Bayerische Akademie der Wissenschaften zur Unterstützung von Professoren unserer Ost-Universitäten[157]) 200 000 RM zur Verfügung gestellt hat. Wegen der laufenden Entnazifizierung können aber noch keine Beihilfen ausgezahlt werden.

157) In Königsberg, Breslau und Prag.

In dem Zeitungsbündel fand ich u. a. den Brief eines US-Offiziers, der einer Kommission zum Studium der KZ-Akten angehörte. Ihre Auswertung ergab, daß der überwiegende Teil der KZ-Insassen Deutsche waren. Darauf mußten sie ihre Arbeit sofort einstellen; der Arbeitskreis wurde aufgelöst und die Forscher in alle Winde zerstreut. Der Nürnberger Prozeß war gerade angelaufen, der beweisen sollte, daß die Deutschen ausnahmslos die Verursacher der letzten Weltkatastrophe gewesen sind.

Mittwoch, 17. 4. 1946

Vormittags eine ellenlange Übersetzung — die Amerikaner wollen uns 2500 t Zelte und 140 000 Bettstellen (cots) für die Flüchtlinge überlassen. Dann zu einer Besprechung in die Kirchliche Hilfsstelle geeilt, wo ein Arbeitsprogramm besprochen wurde. Weizsäcker hat aus dem Gedächtnis einen kleinen Abriß der böhmischen Geschichte verfaßt, den ich für die Amerikaner auswerten soll. Den Journalisten unter uns empfahl Schütz, sich mit dem Material zu beschäftigen, das bei ihm täglich eingehe; auf weite Sicht sichere es uns einen Kredit für das zusätzliche Leiden, das uns nach dem Zusammenbruch heimgesucht hat. Man diskutierte darüber, ob man auch die Polen-Opfer einbeziehen solle. In einem Rausch von Arbeitsvorsätzen ging man auseinander. Wenn die Existenznot, in der jeder steckt und die Ausweglosigkeit, gegen die jeder anrennt, uns nur nicht erdrosseln würden!

Nachmittags traf ich zufällig Dr. O., meinen alten Studienkollegen vom Historischen Seminar in Prag. Er war sehr niedergeschlagen. 1938 jagte ihn die SS, jetzt seine Entnazifizierungskommission, die glaubt, in ihm einen großen Fisch geangelt zu haben. In seiner Depression schien er mein spontanes Anerbieten, ihm ein geharnischtes Entlastungsschreiben zu liefern, gar nicht ernst zu nehmen. Schließlich versprach er, morgen zu mir ins Amt zu kommen. Die armen Menschen sind durch Krieg, Gefangenschaft und die nun einsetzende neue Verfolgung völlig mürbe geworden.

Donnerstag, 18. 4. 1946

In aller Frühe stellte sich mein Studienkollege ein. Er konnte es immer noch nicht fassen, daß sich jemand freiwillig hergibt, für ihn einzutreten. Fast ein Jahr hielten ihn die Amerikaner gefangen. Als er endlich entlassen werden sollte, lehnte er es ab, da Frau und Kind immer noch in Reichenberg sind. Vor acht Jahren hatte er eine gute Dissertation geschrieben, hatte Kontakte zu führenden Fachvertretern im Altreich angeknüpft, hoffte auf eine wissenschaftliche Laufbahn. Davon konnte nach seiner Verhaftung durch die SS keine Rede mehr sein. So nahm er eine Stelle in einem Reichenberger Buchladen an. Als der Krieg ausbrach, kam er zur NSV[158]) nach Krakau und wurde bald danach eingezogen. Nun konstruiert man aus seiner kurzen Tätigkeit bei der Truppenbetreuung in Polen ein Kriegsverbrechen. Ich habe den Spruchkammerleuten sein Schickasl mit aller Beredsamkeit geschildert und meine Unterschrift mit einem Ministeriums-Siegel verzieren lassen.

Unsere eigentliche Niederlage erleben wir erst dann, wenn wir uns die Wertvorstellungen und Verhaltensmuster von den Siegern statt von unserer eigenen Überlieferung vorschreiben lassen und die Amerikaner fragen, was deutsch ist. Ich bin in einer schrumpfenden deutschen Sprachinsel aufgewachsen. Bei den Schlonsaken[159]) stieß in meiner Kindheit der importierte polnische wie tschechische Chauvinismus auf instinktive Ablehnung. Von den verheerenden Auswirkungen des deutschen erfuhr ich erst 1940 aus entsetzten Berichten meiner Angehörigen. In der Zugehörigkeit zu einer Nation liegt weder ein Verdienst noch eine Diskriminierung; daß hier verwerfliche Kategorien der Nazis von den Siegern weitergeführt werden, hängt mit der traurigen Erfahrung zusammen, daß Sieger nur allzu willig die Laster der Besiegten annehmen.

Unzulässige Hirtenworte

Dienstag, 23. 4. 1946

Dr. Dr. B., Jaenickes neuer Vorzimmerlöwe, brachte gerade seine Personalpapiere zur Übersetzung. Sie triefen vor Antifaschismus und Selbstlob. Wenn die Nazis wirklich all diese Genies unterdrückt haben, dann muß uns nun eine herrliche Zukunft bevorstehen. Im übrigen ist unser Gesinnungs-Genie in der Tschechoslowakei in eine harte Schule genommen worden. Obwohl er nach seiner Darstellung der engste Mitarbeiter Goerdelers war, haben ihn die Tschechen nach dem Mai 1945 unter den damals für Deutsche nicht außerordentlichen Bedingungen wie Kloakenreinigen mit der Zunge u. ä. eingesperrt. So wird er wenigstens für die Leiden meiner Landsleute einiges Verständnis mitbringen. Sein Auftreten eine unangenehme Mischung von Angabe und Fanatismus. Nie habe ich hier etwas so Wichtigtuerisches übersetzen müssen, und wir sind gegen selbstischen Wortschaum wirklich abgebrüht.

158) Nationalsozialistische Volkswohlfahrt; eine Mitgliedschaft darin galt als geringste Belastung.
159) Bewohner des Teschner Ländchens, die einen besonderen Dialekt, das Lachische, sprechen, eine Mischsprache aus polnischen, tschechischen und deutschen Sprachelementen.

Gestern las ich recht beeindruckt Hawthorne's[160]) „The Scarlet Letter". Endlich ein anderes Amerika, als man es aus den US-Zeitungen, Zeitschriften und von Besatzern gewohnt ist! Warum hat man uns deutschen Anglistik-Studenten über diese Sensibilität nichts beigebracht, wenn uns schon die Mächtigkeit von Amerikas Wirtschaft, die Leistungsfähigkeit seiner Technik unterschlagen wurden? Selbst wenn sich die ernste und strenge Gesittung, die aus dem Roman spricht, durch die industrialisierte Massengesellschaft vergröbert haben sollte, ganz kann diese Grundsubstanz einer Weltmacht nicht untergegangen sein. Wir haben den Distelbarth[161]) für die Franzosen, den Dibelius[162]) für England, aber wer hat uns ein vergleichbares Handbuch für die USA geschrieben?

Die deutschen Bischöfe mußten auf Einspruch der Militärregierung einen Hirtenbrief zurückziehen, der zu Ostern verlesen werden sollte. Sie hatten darin „in unzulässiger Weise" an alliierten Maßnahmen Kritik geübt. Die Kirche hat hinter der Macht zu stehen und nicht hinter dem Volk, das ist auch bei Patentdemokraten nicht anders als bei Diktatoren.

Eine Reihe von Handschriften sind der Heidelberger Universitätsbibliothek zurückgegeben worden, darunter der Sachsenspiegel, das Rolandslied und die Manessische Liederhandschrift. Die Kostbarkeiten waren während des Krieges ausgelagert worden.

Mittwoch, 24. 4. 1946

Tagsüber Übersetzungen, darunter gräßliche KZ-Berichte aus der Tschechoslowakei. Ich habe einen Abdruck gleich an die Kirchliche Hilfsstelle nach Frankfurt weiter geleitet. Der Staatskommissar hat jetzt einen sudetendeutschen Rechtsanwalt zum Vertreter bekommen. Sein Vorzimmer wimmelt von Leuten.

Sehr bedauere ich, daß wir nichts über Schlesien erfahren, obwohl auch die Transporte von dort längst angelaufen sind. Unser Blick reicht gerade bis zur Landesgrenze. Dazu kommen die Informationen, welche die rührigen Sudetendeutschen heranholen. Aber unsere Ministerien sind nur Auftragsverwaltungen der Besatzung und ihr Personal unterliegt einer ständigen Purgierung. Vorgänge jenseits der Landes-

160) *Nathanael Hawthorne* (1804—1864), amerikanischer Erzähler. Seine Romane, unter denen „Der scharlachene Buchstabe" als der bedeutendste gilt, spielen in der Welt der Puritaner Neu-Englands.

161) *Paul Heinrich Distelbarth* (1879—1963), Völkerkundler. D. emigrierte 1933, schrieb 1936 „Lebendiges Frankreich". Auch seine Reisebücher über Rußland und China wurden seinerzeit viel gelesen.

162) *Wilhelm Dibelius* (1876—1931), Anglist, Professor in Berlin, Bruder des Berliner Bischofs Otto Dibelius. Seine zweibändige Darstellung Englands aus dem Jahre 1923 galt noch am Ende der dreißiger Jahre als unentbehrliches England-Handbuch. D. schrieb grundlegende Arbeiten zum englischen Roman.

grenzen fallen nicht in unsere Zuständigkeit, auch wenn sie Deutsche betreffen.

Der geschäftsführende Direktor des Bayerischen Roten Kreuzes, der durch seine Verbindung zum Internationalen Roten Kreuz und zu den caritativen Verbänden mehr Bewegungsfreiheit genoß als irgendeiner unserer Minister oder Ministerpräsidenten, ist von den Amerikanern fristlos entlassen worden. Angeblich entbehrte seine Geschäftsführung der demokratischen Grundlage (wo sollte sie herkommen?), außerdem habe er seine Aufgaben ohne Fühlungnahme mit der Besatzung wahrgenommen, d. h. selbstverantwortlich gehandelt, wie man es eigentlich von jedem höheren Beamten erwarten durfte. Nun soll der Münchner Stadtbibliothekar seine Nachfolge antreten.

Donnerstg, 25. 4. 1946

Wieder eine Menge grauenvoller Protokolle über Lagermorde und Mißhandlungen in der ČSR übersetzt; schließlich brachen wir ab, da ichs nicht länger ertragen konnte. Mitten in der Arbeit kam der alte Knabe, dem wir den verunglückten Start in München zu verdanken haben, ein sorgloser, wohlgepolsterter Schwadroneur, der in unserer Ruinenwirklichkeit wie ein Dinosaurier wirkt. Es blieb mir weiterhin rätselhaft, welche Funktion er eigentlich ausübt und welcher Partei er angehört. Über die Sozialdemokraten schimpft er; sie hätten sich in dieser kurzen Zeit bereits überfressen. Wäre Hoegner elastisch, würde er jetzt gehen, um sich für bessere Zeiten aufzusparen, behauptete er.

Mittags rief mich Dr. W. von daheim an. Er hätte für mich einen Posten im Wirtschaftsministerium in Aussicht. Ich fuhr in seine Wohnung. Was mich beim Landesplaner erwarte, sei eine entwicklungsfähige Stellung. Dieser brauche jemanden, der die Verhandlungen mit der Militärregierung führe und auf dessen Loyalität er bauen könne. Der eben entlassene Verbindungsmann habe seinen Posten benutzt, um gegen seinen Chef zu intrigieren und sich auf dessen Stuhl zu schwingen.

Die Nordtiroler demonstrieren für die Wiedereingliederung Südtirols und die Franzosen lassen sie gewähren. Dabei versprach de Gasperi[163]) den deutschen Südtirolern die Autonomie, der selbst aus Süd-

163) *Alcide de Gasperi* (1881—1954), italienischer Politiker. Im ersten Weltkrieg diente er als Trientiner im österreichischen Heer. Schon 1911 gehörte er dem österreichischen Reichstag an, 1921 trat er in die Italienische Volkspartei ein. Die Faschisten sperrten ihn zweimal ein; die übrige Zeit von Mussolinis Herrschaft verbrachte er als Bibliothekar im Vatikan. Nach dem Kriege wurde er Führer der italienischen Christdemokraten und Ministerpräsident. Mit Adenauer und Robert Schuman war de Gasperi der Vorkämpfer der europäischen Einigung.

tirol stammt und im Ersten Weltkrieg österreichischer Hauptmann war. Sehr geschickt versteht es die österreichische Regierung, sich dabei antifaschistischer Parolen zu bedienen. Aber ich glaube nicht, daß die Deutschen irgendwo in der Welt an Souveränität gewinnen werden.

Freitag, 26. 4. 1946

Heute war ich bei einem US-Major vorgemerkt, der Lizenzen für Bücher vergibt. Der Verleger Desch hatte mir kürzlich in einem Telefongespräch versichert, daß er an einer Geschichte Amerikas interessiert sei, vorausgesetzt, es gelänge mir, dafür die Lizenz zu bekommen. Zur vereinbarten Zeit war der Amerikaner natürlich nicht zur Stelle. Nach einstündiger Wartezeit fragte mich die Sekretärin nach meinen Wünschen. Abermaliges Warten, verdüstert durch die Ankunft eines US-Captains, der sich auf dem anderen Wartestuhl niederließ und gefährlich unterhaltsam aussah. Nach einer weiteren Stunde erschien ein US-Leutnant mit Weinflaschen. Als die dritte Stunde um war, durfte ich endlich eintreten. Der Major bekam plötzlich einen Anfall von Arbeitswut und unterschrieb eifrig Formblätter. Ich betrachtete seinen Kopf. Was für erfreuliche Erscheinungen dieses Völkergemisch hervorbringt! Die meisten höheren US-Offiziere sehen gut aus. Ihr Mienenspiel verrät Frische und schnelles Erfassen, ihr Umgangston ist ruhig und vorsichtig. Sie gehen viel mehr aufeinander ein als dies bei uns üblich ist. Nie hörte ich in diesem Milieu einen schnarrenden Befehlston. Auch dieser Mann hatte sofort herausgefunden, worum es mir ging. Nächste Woche komme ein Offizier aus Washington; dem werde er den Fall vortragen.

Abends neue Fragebogenformulare ausgefüllt, diesmal vom Betriebsrat. Eine Frage lautete: „Welcher Partei gehören Sie nach 1945 an? Wenn keiner, geben Sie die Gründe an." Frau L. fragte die Frauenvertreterin, wer für diese Unverschämtheit verantwortlich sei. Die wußte es nicht und war genauso empört. Es gibt Fanatiker in den unteren Chargen, die am liebsten jedermann mit Feuer und Schwert zu „unserer marxistischen Weltanschauung" bekehren möchten.

Wenn man den verseuchten Geist eines Landes bekämpfen will, muß man dessen Schicksal teilen, sagt Ossietzky[164]). Unsere Emigranten machen von dieser Einsicht bisher wenig Gebrauch.

164) *Karl von Ossietzky* (1889—1938), Publizist. O. war Sekretär der Deutschen Friedensgesellschaft, Hauptschriftleiter der „Weltbühne" und kämpferischer Pazifist. 1931 wurde er wegen Verrats militärischer Geheimnisse zu anderthalb Jahren Gefängnis verurteilt. Er schrieb gegen die drohende Machtergreifung der Nationalsozialisten und wurde von diesen 1933 ins KZ Esterwege gebracht. Auf Auslandsproteste hin wurde der dort wegen erlittener Mißhandlungen schwer Erkrankte in ein Krankenhaus geschafft. Auf Betreiben namhafter Persönlichkeiten aus der ganzen Welt wurde O. im Jahre 1936 der Friedensnobelpreis verliehen, was Hitler zum Anlaß nahm, Deutschen die Annahme dieses Preises zu verbieten.

Samstag, 27. 4. 1946

Heut erzählte uns Dr. Dr. B. aus seinem Leben. Mir sind Leute verdächtig, die sich jedes Quentchen Wissen papiermäßig bestätigen lassen. Immerhin erlebte B. das KZ Oranienburg in seiner Frühform; gemessen an dem, was er bei den Tschechen durchmachte, erinnert er sich daran wie an einen Erholungsort. Den Sadismus und die Quälereien haben seiner Meinung nach erst die Österreicher in die KZs eingeführt. Ich fürchte, es hat auch schon unter dem alten Stammpersonal Schweinehunde gegeben. Wer von normaler Gemütsart läßt sich zu solcher Henkersarbeit schon herbei?

Abends kam zu den Schwestern ein Junge aus dem Dorf, der M. für meine Raucherkarte Eier brachte. Er berichtete von Schwarzhändlerbörsen und wie man den Amerikanern Treibstoff stiehlt, sodaß mir ein Licht aufging über die vielen Autos, die mit Gelichtergesichtern am Steuer durch die Gegend brausen. Die meisten Landjungen haben zum Schleichhandel Beziehungen, sagte er.

Montag, 29. 4. 1946

Der Tag begann mit einem Besuch beim CIC. Frau L. hatte eine Vorladung erhalten. Sie wäre vor Schreck zusammengebrochen, wenn ich ihr nicht Mut und Vernunft zugesprochen hätte. Natürlich ging ich mit ihr zur Villa, die sich Wilhelm II. errichtet hatte und die jetzt sinnigerweise diese Organisation bezogen hat. Zunächst wurden wir von dem Deutschen, der dort die niedrigen Dienste versieht, wieder weggeschickt. Wir sollten drei Zeugen mitbringen. Als wir die herantelefoniert hatten, hieß es: „Sie müssen zur Funkkaserne fahren; die Herren haben das Haus verlassen."

Ich kannte das Milieu von den nächtlichen Polizei-Razzien. Es ist seither nicht sympathischer geworden. Geduldig warteten wir eine gute Stunde, ehe unsere Demokratisierer mit dem zweiten Frühstück fertig waren. „L." brüllte ein junger Kerl in Zivil, der zwischen zwei uniformierten Juden wie ein Überläufer aussah. Ich konnte der armen Frau nachfühlen, daß sie sich, obwohl geborene Amerikanerin, wie auf der Schlachtbank fühlte. Aber es stellte sich bald heraus, daß sich die Kerle von Frau L. ein etwas phantastisches Bild zurechtgelegt hatten. Es fiel uns nicht schwer, es auf die Wirklichkeit zu reduzieren.

Die USA führen nun Baumwolle nach Deutschland ein. Daraus sollen Säcke und Bindfäden für die kommende Ernte hergestellt werden. Unsere Textilindustrie hingegen liegt wegen Rohmaterialmangel immer noch still. Die Amerikaner denken gar nicht daran, uns die verbliebene Industrie-Kapazität nutzen zu lassen, sodaß ihr Frieden einem Friedhof immer ähnlicher wird.

Zum Verständnis der Vorgänge, die zu unserer Katastrophe geführt haben, halte ich es für wichtig, daß wir den Nürnberger Schauprozeß verfolgen. Zutage tritt eine grenzenlose Machtgier und Unbildung, völlige Enthemmtheit und ein wahnsinniges Experimentieren mit Menschen und Völkern. Aber wie stünden die Sowjets da, wenn der Prozeß in Moskau geführt werden würde? Im Persönlichen ergeben sich immer wieder Überraschungen. So muß selbst die Presse Kaltenbrunner[165]) Scharfsinn, Gedächtnis und dialektische Wendigkeit zuerkennen. Göring steht breitspurig für seine Missetaten ein, Rosenberg[166]) treibt durch seine Verbohrtheit Ankläger Jackson zur Raserei. Nur der Polen-Franck, von dem ich schon 1936 in Italien den schlechtesten Eindruck hatte, benimmt sich wie eine kleine Schmutzseele.

Nachmittags das furchtbare Protokoll über Pommern übersetzt. Merkwürdig, daß Kriegszerstörungen in einer Agrarlandschaft sich auf die Überlebenden viel schrecklicher auswirken als in einem Industriegebiet. Aber es wird verständlich, wenn man bedenkt, daß für die Landwirtschaft ein Friedenszustand, d. h. Sicherheit des Lebens und Besitzes Grundvoraussetzung des Gedeihens ist, während die Industrie in Höhlen, Schächte, Bunker ausweichen kann. Wird der Bauer erschlagen, sein Hof ausgeraubt und angezündet, so versiegt die einzige Produktionsquelle und die Folge muß ein großes Sterben sein. Das Industriegebiet bietet dank des weitaus größeren Güter-Kreislaufes und höherer Differenzierung der Leistung reichlichere Ausweichmöglichkeiten.

Aus einem Brief an Dr. KW, Frankfurt:

„Anbei schicke ich eine Sammlung aus unserer Aktenmappe. Sie finden darin so erschreckende Dokumente wie den Pommern-Bericht. Auch der verhärtetste Umerzieher müßte beim Lesen dieser Seiten daran zweifeln, ob der von seinen Gesinnungsgenossen eingeschlagene Weg der richtige ist. Leider sind die Verfasser solcher Niederschriften sprachlich völlig unbeholfen. Man gewinnt den Eindruck, daß die Intelligenz dieser Gebiete vor dem Einbruch der Katastrophe geflüchtet ist."

165) *Ernst Kaltenbrunner* (1902—1946), österreichischer Rechtsanwalt und Nationalsozialist. 1938 wurde er Staatssekretär für öffentliche Sicherheit in Wien, nach der Ermordung Heydrichs Chef des Reichssicherheitsamts. Als solcher war er für zahllose Morde verantwortlich. Er wurde in Nürnberg zum Tode verurteilt und hingerichtet.

166) *Alfred Rosenberg* (1893—1946), nationalsozialistischer Ideologe. R. wurde 1923 Chefredakteur des „Völkischen Beobachters" und nahm am Münchner Hitlerputsch teil. In der NSDAP war er verantwortlich für „weltanschauliche Schulung". 1941 machte Hitler den gebürtigen Balten zum Reichsminister für die besetzten Ostgebiete. 1946 wurde er in Nürnberg angeklagt und hingerichtet.

Gestern las ich im Reader's Digest einen Aufsatz über die Sowjetunion. Interessant fand ich den Hinweis, wie sich die UdSSR bemüht, unseren Industrie-Export nach Südost- und Osteuropa zu ersetzen. Freilich steht sie nun vor der Alternative, entweder eine Riesenanleihe bei den USA aufzunehmen und damit auf ihr geschlossenes Wirtschaftssystem zu verzichten oder aber Arbeitskräfte zu importieren. Aber von wo? Dazu kommt als politisches Problem der Anspruch einer siegreichen Armee, die gesehen hat, wieviel besser man außerhalb Sowjetrußlands lebt und die sich nicht mehr mit dem Existenzminimum zufrieden geben wird, das den Fünfjahresplänen zugrunde lag. Wenn wir doch endlich ein Organ der unbefangenen eigenen Weltorientierung hätten, ohne uns die Augen der anderen borgen zu müssen!

Zahlen über die Welthungersnot: In Europa haben 140 000 000 Menschen nicht genug zu essen, in China 84 000 000, in Südostasien 130 000 000. Indien droht im Frühjahr eine Hungersnot. Aus einem Bericht über das Massensterben in Bengalen im Jahre 1943/44 (die Briten haben es mit echt angelsächsischem Pragmatismus ausgehalten): „Mit ein paar Säcken voll Reis läßt sich eine Hungerkatastrophe nicht bannen ... Aber die Verteilerstationen hatten den Zweck, diejenigen herbeizulocken, die noch die Kraft besaßen, sich wegen einer Handvoll Reis auf den Weg zu machen. Das erleichterte das Einsammeln der Leichen."

Donnerstag, 2. 5. 1946

Bei Schütz gewesen, der mir mit freundlicher Geduld die Funktion der deutschen Parteien in der Vergangenheit erläuterte und dabei sehr positive Worte für die Sozialdemokratie fand. Sie war die Stimme der Mühseligen und Beladenen und die erste, die dem Wildwuchs des Nationalismus, der namentlich in der Donaumonarchie die letzten Jahrzehnte beherrschte, schon im Jahre 1883 ein Programm entgegenstellte, das einen Ausweg zwischen den Interessen des Staates und denen der einzelnen Völker suchte. Für die meisten Parteien war damals das Andersnationale das Böse; sie schwelgten, vorerst nur theoretisch, in Umvolkungspraktiken oder Ausrottungsplänen.

Er erklärte mir auch, warum die Amerikaner die Beamten des höheren Dienstes, soweit sie im Dritten Reich ihre Laufbahn begonnen hatten, in automatischen Arrest nahmen. Nach einem Kanzlererlaß von 1939 durften nur jene Anwärter des höheren Dienstes verbeamtet werden, die sich als Parteigenossen bewährt hatten. Daher sei der Interessenkonflikt zwischen unserer Verwaltung, die auf ausgebildetes Personal nicht verzichten könne und den amerikanischen Entnazifizierern unvermeidlich, die nach ihren Handbüchern vorgehen.

Jaenickes Vertreter ist gestern von den Amerikanern verhaftet worden. Er soll gegen das Wochenend- und Feiertags-Fahrverbot für Deutsche verstoßen haben und von einer US-Streife am Kreuzhof gestoppt worden sein. Der Fall beweist, daß sich selbst ein deutscher KZler, dem allerdings der mächtige Schutz der UNRRA fehlt, gegenüber der Besatzung nichts herausnehmen darf. Ich bin neugierig, ob wir ihn wiedersehen werden.

Die Pariser Konferenz hat das Ansuchen Österreichs um Rückgliederung Südtirols von der Tagesordnung abgesetzt.

Freitag, 3. 5. 1946

Allmählich lichten sich die Ruinenfelder im Stadtzentrum. Zwischen Sendlinger Tor und Goetheplatz zirkulieren Trümmerzüge mit kleinen Lokomotiven. Im Schutt hantieren Arbeitsbrigaden, bestehend aus ehemaligen Parteigenossen, mit Hacke und Schaufeln. Kürzlich erging an sie die letzte Mahnung des Oberbürgermeisters, nicht beiseite zu stehen, sondern ihre Schuld zu sühnen. Natürlich handelt es sich dabei um ein Zurückschrauben unseres technischen Standards, wenn man die Leute mit einem Hammer den Mörtel von den Ziegeln abkratzen läßt. Dies bedeutet keine Ausschöpfung unserer Produktivität, sondern Reprimitivisierung. Wie höhnt doch die neue Journaille: „Ein Volk, ein Dreck, eine Schuttaktion."

Mittags zum Landesplaner, meinem künftigen Chef, gegangen. Ich schilderte vorsichtig das Leben im Staatskommissariat. „Jaenicke ist einer unserer erfreulichen Fälle", sagte er. „In andern Ämtern sieht es übler aus." Ich fragte Herrn F. gerade heraus, wer eigentlich hinter ihm stehe. — „Nur meine Ehrlichkeit und der feste Wille, die 2 500 000 000 RM Wehrmachts- und Parteivermögen in Bayern nicht völlig in die Hände von Schiebern und Hochstaplern fallen zu lassen. Dieser öffentliche Besitz soll nach und nach in die Zuständigkeit des Landes übergeführt werden. Inzwischen hat sich unter der US-Ägide eine ganze Bürokratie herausgebildet." F. beschrieb mir einige der Erpressertaktiken, die amerikanische Günstlinge den deutschen Kontrollstellen gegenüber anwenden. Vor fünf Tagen habe ihn Minister Ludwig Erhard vom Dienst suspendiert. Heute mußte er ihn zurückholen. „Dann wäre es wohl richtiger, Sie ließen sich dem Ministerpräsidenten direkt unterstellen", meinte ich. „Dies ist auch mein Ziel", lächelte er, „aber Kompetenzfragen sind in der Verwaltung immer besonders schwierig, weil sie unmittelbar mit der Macht gekoppelt sind."

Ein Bekannter, der bei der US-Army arbeitet, erzählte vom scharfen Drill, den man kürzlich dort eingeführt habe. Was die von der Presse groß herausgestellte Kürzung ihrer Rationen betrifft, so lasse diese die GI's bestimmt nicht vom Fleisch fallen. Sie bekämen täglich nur einen Schokolade-Riegel weniger. Aber fortab würden ihre Ausgaben überwacht, um den Schwarzhandel zu bremsen. Auch gäbe es wieder den bei allen Armeen der Welt gleichen Kommißbetrieb: Spindappelle, Exerzieren, Einübung soldatischen Benehmens usw. Anders als seinerzeit bei uns werden Disziplinarverstöße vor allem mit Geldstrafen geahndet und das treffe sie an ihrer empfindlichsten Stelle, dem Geldbeutel. Daher haben viele eine unaussprechliche Wut auf den Militärdienst und wären sogar bereit, für eine befristete Zeit mit deutschen Zivilisten zu tauschen (die sie allerdings nur vom Schwarzmarkt her kennen).

Byrnes[167]) hat auf der Pariser Konferenz einen Viermächtepakt vorgeschlagen, der vorsieht, uns für die nächsten 25 Jahre besetzt zu halten. Darin ist ausschließlich von Entwaffnung, Abrüstung, Kontrolle die Rede. Wie wir in unserem ausgeplünderten und verwüsteten Pferch leben sollen, interessiert nicht. Wenn sich die Politiker in solche wirklichkeitsfremden Verallgemeinerungen flüchten, so beweist es nur, daß es zwischen ihnen in den realia keinen Konsens mehr gibt. Aber in absehbarer Zeit, vielleicht schon in einem Jahr, wird sie die faulende Elendsmasse im Herzen Europas zu triftigeren Überlegungen zwingen.

Nachmittags waren wir bei Frau L. eingeladen, die hinter dem Englischen Garten am Stadtbach, im Hause Olaf Gulbranssons wohnt. Er selbst sitzt — uralt, aber immer noch munter — auf dem Schererhof hoch über dem Tegernsee. Es tat wohl, ein paar Stunden von einem Stück geretteter Bürgerlichkeit umgeben zu sein.

Aus einem Brief von Dr. B., Eichsfeld:

„Viele bringen sich hier mit dem sogenannten ‚Handwagenschein' durch, d. h. sie transportieren mit ihrem Wägelchen das Gepäck derjenigen, die ins Durchgangslager Friedland wollen. Bis zum Zielort sind es 25 km und man kann ganz schön verdienen dabei. Den Schein gibt es beim Arbeitsamt, das Betriebskapital ist ein Handwagen und die eigene Muskelkraft. Natürlich nehmen die Autobesitzer ein Vielfaches ein. Sie kassieren pro Kopf 20 RM, eine runde Sache bei 30 Fahrgästen und 40 km Fahrt.

Der Flüchtlingsstrom reißt nicht ab. Bei Duderstadt liegt die Einschleuse zur russischen Zone. Man kann sich nur wundern, wieviel Menschen in beiden Richtungen unterwegs sind."

167) *James Francis Byrnes* (1879—1972), amerikanischer Politiker, 1911—25 Abgeordneter und 1930 Senator. Truman machte ihn zu seinem Außenminister. 1951—55 war er Gouverneur von South Carolina.

Mittags bin ich rasch zu meinem alten Bekannten, Major F., gefahren, der mir in der Geschäftigkeit der letzten Monate ein wenig aus dem Blick gerückt war. F. ist in persönlichen Dingen zurückhaltend, was ich schätze und respektiere, doch sah er auffällig zufriedener und glücklicher aus als früher. Aus dem Gespräch ergab sich, daß ihm der Bau einer Schlosserwerkstatt auf seinem Grundstück in S. oberhalb Starnbergs endlich bewilligt wurde. Im Sommer werde er damit beginnen. Ich erinnerte mich einer Sitzung der Militärregierung und fragte naiv: „Gibt es denn Baumaterial?" „Jede Menge, wenn man Beziehungen hat. Ich kenne Leute in Starnberg, die sich Villen errichten lassen. Es gibt Ziegeleien in Bayern, die feiern müssen, weil ihre Lager verstopft sind."

Natürlich ist der Baumeister ein alter Bekannter von ihm. „Mir ist es gleich, wo er das Material herbekommt." Er schilderte die Korruption in den Ämtern. So sei es ihm trotz seiner Befürwortungen von unserem Oberst noch nicht gelungen, seinen Wagen zuzulassen, den ihm Peter in Bad Kissingen besorgt hat, obwohl er ihn bei seinen zahllosen Laufereien dringend brauchte. Aber die Kerle in der Zulassungsstelle denken nicht daran, ihm die Papiere auszustellen, ehe sie nicht bestochen werden. Ebenso ist es mit den Bezugsmarken für Treibstoff. Schieber und Hehler erhalten sie in unbegrenzter Menge, da sie den Markenstellen den Zehnten zahlen; die anständigen Leute gehen leer aus. Aber weite Kreise der Geschäftswelt beginnen bereits, von diesen Praktiken abzurücken, da ihnen dämmert, daß sie damit ihr Ende vorbereiten.

Sonntag, 5. 5. 1946

Der Mai ist von Gewittern gezeichnet, täglich orgelt eines ums Haus. Wunderbar heben sich die frischbelaubten Obstbäume des Gartens gegen das dunkle Grün des alten Fichtenwaldes ab, über dem immer wieder eine stahlblaue Wolkenwand heranzieht. Unsere Stiefmütterchen bilden eine Himmelsbank vor der Haustür. Zwar sind die einzelnen Blüten bereits etwas welk und gehen schon in ein müdes Lila über. Aber in ihrer Gesamtheit leuchten sie immer noch in rührender Lieblichkeit. Wer hätte vor einem Monat gedacht, daß der gleiche Boden, der im Winter unser Spülicht aufnahm, dieses Wunder hervorbringen würde.

Olaf Gulbranssons[168]) handgeschriebene und illustrierte Autobiographie „Es war einmal" gelesen. Frau L. zeigte uns gestern Bilder von seinem gegenwärtigen Aufenthalt, dem Schererhof, oberhalb Tegern-

168) *Olaf Gulbransson* (1873—1958), Zeichner. Gebürtiger Norweger. G. kam schon in jungen Jahren nach München, wo er seit 1929 Professor an der Akademie der bildenden Künste war. 1902 wurde er Mitarbeiter des Simplizissimus.

sees. Gulbransson hat die seltsame Gewohnheit, sich in der wärmeren Jahreszeit mit einer Lederschürze zu bekleiden, die bloß sein Vorderteil bedeckt. Er sieht darin einem fetten Seehund ähnlich, worauf er sehr stolz ist. In dem Buche schildert er, wie ihm München zur Heimat wurde. Es war freilich ein München, das untergegangen ist wie der leuchtende Speck auf Gulbranssons Rücken und Hintern.

Montag, 6. 5. 1946

Herr Sch., unser Außenkommissar und Antifaschistenbetreuer, erzählte von den Wahlen in der Tschechoslowakei. Als altem Hitler-Gegner ist es ihm ab und zu möglich, mit einem US-Verbindungsoffizier nach Prag zu fahren. Jede der zugelassenen Parteien — die Agrarier, die vormals größte tschechische Partei, sind wegen Kollaboration mit dem Dritten Reich verboten — versuche die andern an Chauvinismus zu überbieten; jedes Schlagwort richte sich gegen die Deutschen. Vorgestern schickte mir Frau KW wieder eine Sendung Berichte, strotzend von haarsträubenden Greueltaten.

Abends hatten wir meinen alten Freund H. zu Gast, der kürzlich seine Schwiegermutter im Badischen aufsuchte, einem kleinen Ort gegenüber Straßburg, wo ihr Mann eine Apotheke hatte. Den haben die Franzosen bei ihrem Einrücken auf die Denunziation einer Serbin in viehischer Weise umgebracht. Mit der Verfolgung nach Paragraphen nehmen Sie es hingegen nicht genau, um so eifriger mit der Ausplünderung, solange noch etwas zu rauben sei. Der Ernährungszustand der Bevölkerung soll in ihrer Zone schlechter sein als bei uns. H. besuchte auch Tübingen, um an der dortigen Universität sein Glück zu versuchen. Gelbe Hungergesichter sind dort die Norm. Die Besatzungssoldaten sehen Marodeuren weit ähnlicher als einer regulären Truppe.

Mittwoch, 8. 5. 1946

Rundfunkrede Scharnagls[169]) anläßlich des Jahrestages der Kapitulation. Aus dem besorgten Stadtväterton sprach Mutterwitz, durchsetzt mit Greisenschläue. So lobt er das ferne amerikanische Volk lauter als die nahe Besatzung und erinnert sie daran, daß man auch unsere Mentalität gelten lassen müsse, ja er warnt vor einer dauernden Verbitterung der Deutschen. Er verweist auf die Notwendigkeit des Heimtransports der 380 000 Ausländer in Bayern, die uns viel mehr kosten als die Million Sudetendeutsche, die wir noch aufnehmen

169) *Karl Scharnagl* (1881—1963), Münchner Kommunalpolitiker. Sch. war von 1925—33 erster Bürgermeister in München und wurde 1945 von den Amerikanern wieder in dieses Amt eingesetzt.

müssen. An Offenheit war die Rede wohl das Äußerste, was den Deutschen unter US-Besatzung gestattet ist.

Im Wald äsende Rehe. Die Wiesen weiß von den Lampions des Löwenzahns. Der Hauswirt hat den Rasen unseres Gartens bereits gemäht. Nachts wird es noch kalt, doch sind Fröste kaum mehr zu befürchten. Fliederduft, herrliche Sonnenuntergänge.

Fritz Schäffer entlarvt

Donnerstag, 9. 5. 1946

Endlich hat mir die deutsch geschriebene Besatzungs- und Umerziehungszeitung das erbetene Abonnement bewilligt. Unaufrichtigkeit kann man den Amerikanern nicht vorwerfen. Auch in dieser seriös aufgemachten „Neuen Zeitung" herrscht der nüchtern beobachtende Ton vor, der mir von ihrer Verwaltung wohlbekannt ist, frei von jeder Neugier, jeder Einfühlung, jedem Interesse am Individuellen. Bei aller Jagd nach Sensationen wäre es beispielsweise undenkbar, daß einer der Journalisten den Tagesablauf eines Durchschnittsdeutschen beschriebe oder gar dessen Lebensbedingungen nachspürte. Manchmal habe ich den Eindruck, sie tischen uns nicht nur 1945, sondern auch 1918 nochmals auf.

Als ich nachmittags, vollbepackt mit dem Wochenvorrat, am Waldfriedhof auf den Bus warte, strömten die Honoratioren von Staat und Stadt in Frack und Zylinder durchs Friedhofstor, um Stadtrat Preis[170]) zu Grabe zu geleiten. Genau ein Jahr dauerte die Herrschaft des Mannes. Preis soll ungewöhnlich intelligent und willensstark und die bestimmende Kraft der Münchner Sozialdemokratie gewesen sein, die mit Persönlichkeiten nicht gerade gesegnet ist.

Auf den ersten Blick erscheint die amerikanische Vorliebe für die Sozialdemokratie wenig einleuchtend. Bis auf das Schlagwort „Demokratie" weisen beide Ideologien kaum Gemeinsamkeiten auf; vor allem die Einstellung zur Wirtschaft ist grundverschieden. Doch finden sich bei eifrigem Lesen der amerikanischen Presse einige Hinweise für diese Merkwürdigkeit. „Die Amerikaner konnten nicht hoffen, daß sich die Europäer so schnell wie die Japaner amerikanische Verfassungsbegriffe verpassen lassen würden", heißt es in einem Zeitschriftenaufsatz. „Auch können wir im einzelnen kaum den Gang der europäischen Politik bestimmen. Im Grunde waren republikanische Einrichtungen in Europa nie recht erfolgreich. Auch wir haben Schwierigkeiten zu begreifen, was unsere beiden politischen Parteien wirklich

170) Führender sozialdemokratischer Politiker in München.

vertreten. Aber für den Sozialismus in Europa müssen wir schon deshalb Sympathie hegen, weil er das Gegengift zum Kommunismus ist. Die relative Schwäche der Kommunisten in Europa, wie sie sich in den letzten Wahlen spiegelt, könnte für uns ein Grund zur Hoffnung sein, daß der Sozialismus an Boden gewinnt."

Fritz Schäffer[171]), der erste bayerische Ministerpräsident nach dem Kriege, ist nun von eifrig schnüffelnden US-Investigatoren als Ultra-Nationalist und Militarist entlarvt worden. Er sei für eine Stellung von Einfluß oder gar als Funktionär einer Partei ungeeignet, wurde dem CSU-Chef Josef Müller[172]) bedeutet. Vorgeworfen wird Schäffer Verschleppungstaktik bei der Entfernung von Beamten, welche die Militärregierung angeordnet hatte. Besonders nehmen ihm die Amerikaner eine Rede in Coburg übel, wo er gesagt hat, er danke Gott, daß er das Entnazifizierungsgesetz nicht habe unterschreiben müssen.

Ansteigen der unehelichen Geburten in Bayern — in Bad Kissingen um 55 %, in Kulmbach um 53 %, in Sulzbach um 51 %. München mit 31 % und Würzburg mit 26 % liegen unter dem Durchschnitt.

Montag, 13. 5. 1946

Dr. W. bat mich, ihn im Krankenhaus zu besuchen. Ein großer Komplex, auf den Gängen Karbolgeruch, der Befangenheit hervorruft. Ws Sonderzimmer selbst ist nett eingerichtet, Bett, Couch, Schrank, Tisch, Stühle. Er hat eine schwere Operation hinter sich. Man sieht ihm nicht an, daß er anderthalb Liter Blut verloren hat. Auch im Krankenkittel macht er den Eindruck einer starken Persönlichkeit.

Ich erzählte den gestrigen Fall eines jungen Schwerverletzten. „Der Mann hat keine Chance", sagte W. „Zeigen Sie mir den deutschen Richter, der es wagt, gegen einen Ami-Günstling einzuschreiten!" „Aber die Tatsache, daß man morgens seiner Beschäftigung nachgehen kann, ohne befürchten zu müssen, daß in der Zwischenzeit die Frau vergewaltigt, die Wohnung ausgeplündert wird, wie das noch vor Monaten der Fall war, zeugt doch von einer gewissen Normalisierung der Verhältnisse", sagte ich schüchtern. „Das gibt eine gewisse Zuversicht." „Sie vergeht Ihnen sofort, wenn Sie sich gegen einen rach-

171) *Fritz Schäffer* (1888—1967), bayerischer Politiker. 1920—33 Mitglied des Bayerischen Landtags, 1929—33 Vorsitzender der Bayerischen Volkspartei. Während der nationalsozialistischen Zeit arbeitete er als Rechtsanwalt. Am 28. 5. 1945 wurde er von den Amerikanern zum Bayerischen Ministerpräsidenten ernannt. Im September 1945 setzten sie ihn ab. 1949—61 gehörte Sch. dem Bundestag an, 1949—57 war er Finanzminister, 1957—61 Bundesminister der Justiz.

172) *Josef Müller*, geb. 1898. Bayerischer Politiker. Während des Krieges arbeitete er in der Abwehr und gehörte zum Freundeskreis um General Oster. Nach dem Kriege gründete er die CSU in Bayern und wurde deren erster Vorsitzender. 1947—54 war er Bayerischer Justizminister.

süchtigen Polen zur Wehr setzen, der mit Ihnen Händel sucht. Sie werden dann immer den Kürzeren ziehen, so gut ihre Gründe auch sein mögen."

Ich berichtete von der Möglichkeit, mich an die Kirchliche Hilfsstelle in Frankfurt zu binden. Er hielt davon nichts. „Wir haben verspielt und müssen, jeder für sich, zunächst unsere nackte Existenz absichern. In der letzten Länderratssitzung beschlossen wir einstimmig, den Alliierten Kontrollrat zur Einstellung der wahnwitzigen Aussiedlungen zu bewegen." „Sie wollen 7 000 000 Deutsche den Polen, Tschechen und Jugoslawen überantworten", schrie ich. „Für den deutschen Überschuß müßte irgendwo anders Raum geschaffen werden", sagte er kalt, „in Sibirien, in Kanada. Das sollten die Sieger beraten."

„Auf unser Betreiben haben die Amerikaner sich lediglich bereit gefunden, den Tschechen zu erklären, entweder die Familien mit dem Ernährer zu schicken oder aber die Transporte einzustellen. Die Tschechen halten die Auslieferung der Arbeitsfähigen vorläufig für indiskutabel; ohne Fachpersonal können sie das sudetendeutsche Industriegebiet nicht verwalten." — „Haben die armen Opfer, über die so großzügig disponiert wird, nichts zu sagen?" W. zuckte mit den Achseln. Mich erschreckt die Ruhe, mit der er davon spricht.

„Eine deutsche Zentralgewalt gibt es nicht mehr. Das Reich hat uns so viel Elend gebracht, daß es meinetwegen für immer begraben sein möge", fuhr er fort. „Was ich herbeisehne, sind die Vereinigten Staaten von Europa." „Mich interessiert nichts Irreales. Treiben die Russen in Osteuropa nicht eine konsequente Politik? Finden Sie es zufällig, daß sie im Grenzstreit zwischen Ungarn und Österreich für Ungarn, zwischen Jugoslawien und Italien für Tito und überall anderswo gegen den Westen Partei ergreifen? Die einzige Frage, die mich bewegt, ist die nach dem Überleben meines Volkes."

Beim Landesplaner

Mittwoch, 15. 5. 1946

Draußen ist es frostig. Die Eisheiligen gehen um. Ich fuhr zum letzten Mal zum Staatskommissar, da Frau L. mit einem elenden Denunziantenbrief nicht zu Rande kam. Dann meldete ich mich beim Landesplaner zum Dienst.

F. nahm mich gleich zur Militärregierung mit, wo wir mit einem alten Major verhandelten. Es ging um die Frage der Rückstaugüter und ich mußte meinen englischen Wortschatz auf Bereiche ausdehnen, in die mein deutscher nicht hineinreichte. Aber mit gesundem Menschenverstand und Kombinationsvermögen machte ich uns schon verständlich. F. schien mit dem Ergebnis zufrieden zu sein.

Als wir zurückkamen, fand ich mein Zimmer eingerichtet vor. Da ich hier sogar über einen Schrank und Aktenbock verfüge, kam es mir nach der Kahlheit meines alten Dienstraums fast komfortabel vor.

Italiens König Viktor Emmanuel[173]) hat nun doch abgedankt. Die Regierungserklärung seines Sohnes ist wohl das Mattherzigste, was einem wackeligen Potentaten je eingefallen ist. Wer könnte die Monarchie überzeugender widerlegen als solche Monarchen?

25 000 SS-Männer sollen entlassen werden, ebenso einige Tausende automatisch Verhafteter. Haben die Amerikaner genug davon, ideologische Kerkermeister zu spielen?

Donnerstag, 16. 5. 1946

Früh brachte mir F. ein Aktenbündel über die Rüstungsanlagen in Bayern. Ich sollte auf Grund dieser Unterlagen eine Vorlage an den Ministerrat entwerfen, aus der die Wichtigkeit der Erhaltung der Anlagen für das Land Bayern hervorgeht. Ihr Wert wird auf 2 500 000 000 RM geschätzt und F. möchte sie für die Ansiedlung von Flüchtlingsindustrien erhalten. Es besteht die Gefahr, daß sie von den Besatzern gesprengt und abgetragen werden. Damit gingen riesige Werte der volkswirtschaftlichen Nutzung verloren.

Abends war ich bei Schütz in der Hilfsstelle. Er sah recht abgekämpft aus: 60 Briefe hatte er abdiktiert. „Sie werden noch Frau Roosevelt übertreffen“, neckte ich ihn. Aber ihm war gar nicht nach Scherzen zumute. Die Tschechen haben sich nach ihm erkundigt; schon 1938, beim Einmarsch der Wehrmacht in die deutschen Gebiete der Tschechoslowakei, hatten sie ihn als Geisel festgenommen.

Er gab mir die „Frankfurter Hefte“ mit, die streng vergangenheitsbewältigend sind. Eugen Kogon[174]), der Herausgeber, saß seit 1938 im KZ. Sie enthalten Bestandsaufnahmen, Stellungnahmen und Einsichten, die zur Auseinandersetzung herausfordern. Ich werde sie abonnieren.

US-Zeitschriften — wieviel Ideen sie umschlagen, wieviel Experimente ihnen vorschweben, freie Nahrung etwa wie heute freies Wasser

173) *Viktor Emmanuel III.* (1869—1947), Enkel des italienischen Staatsgründers gleichen Namens und nach dem tödlichen Attentat auf seinen Vater im Jahr 1900 König von Italien. Er hielt sich streng an die Grenzen seiner verfassungsmäßig beschränkten Macht. Nach dem Marsch auf Rom ernannte er Mussolini zum Ministerpräsidenten. Erst die Abwahl des Diktators im Großen Faschistischen Rat ermutigte ihn, Mussolini verhaften zu lassen. Nach der Einnahme Roms durch die Briten im April 1944 verzichtete er auf den Thron zugunsten seines Sohnes Humbert.

174) *Eugen Kogon*, geb. 1903, politischer Schriftsteller. In seiner Jugend Mitarbeiter katholischer Zeitungen. 1938—45 im KZ Buchenwald, das er in seinem „SS-Staat“ 1946 eindringlich beschrieb. Seit 1946 Herausgeber der Frankfurter Hefte. Professor für wissenschaftliche Politik in Darmstadt.

für alle, während wir ums nackte Überleben bangen. Aber wie hätte sich unsere Führungsschicht betragen, wenn die Welt ihr zu Füßen gelegen wäre?

Dienstag, 21. 5. 1946

Mit einem Mann aus dem Maxhof zur Arbeit gefahren, der von Parteigenossen erzählte, die ihre Töchter an Amerikaner verkuppeln und sich dadurch dem Zugriff unserer Entnazifizierungsbehörden entziehen.

In einem haben wir unser amerikanisches Vorbild schnell erreicht; der Kriminelle beginnt auch bei uns gesellschaftsfähig zu werden. Was uns noch fehlt, ist seine Heroisierung durch den Schmock, seine Motivierung durch Psychologie und Soziologie; aber daran ist nur der Mangel an Zeitungspapier und an entnazifizierten Professoren schuld. F. zeigte mir ein Untersuchungsprotokoll aus dem Landkreis Laufen, wo eine von den Amerikanern protegierte Kreatur das ganze Wirtschaftsleben des Kreises lahmlegte. Erst nach monatelangem Kampf brachte man den Mann zu Fall und nur, weil Hoegner selbst beim OMGB-Chef vorstellig geworden war und hartnäckig immer wieder darauf zurückkam. Wieviele Fälle aber mögen ungeahndet bleiben?

Aus einem Brief von Dr. KW, Frankfurt:

„Vielen Dank für das uns zugesandte, sehr wertvolle Material. Es trifft sich außerordentlich glücklich, daß bei Ihnen von allen Seiten solche Berichte einlaufen. In Zukunft hoffe ich, Ihnen auch einiges liefern zu können.

Leider habe ich Weizsäckers Geschichtsabriß noch nicht erhalten. Nachdem in Frankfurt die Druckaussichten mehr als fragwürdig sind, würde ich Sie herzlich bitten, alles daranzusetzen, mir postwendend einen gut lesbaren Durchschlag zukommen zu lassen. Sollte ich damit nichts erreichen, schreibe ich Ihnen in einigen Tagen. Leider wird der Autor die Arbeit mit seinem Namen nicht zeichnen können. Die Gründe kennen Sie. Er soll mir bekannt geben, unter welchem Pseudonym sie erscheinen kann. Wenn er einverstanden ist, lanciere ich sie im Namen der Kirchlichen Hilfsstelle.

Sehr dankbar wäre ich, wenn Sie mir in kurzen Stichworten über die Hauptthemen der englischen, amerikanischen und russischen Presse berichten könnten, z. B. daß sich die UdSSR um eine US-Anleihe bemühen. Interessieren würde uns die Einstellung der Angelsachsen zu den Bestrebungen der KP in der Sowjetzone, die Sozialdemokratie einzuschmelzen.

Ist die Zahl von 5 000 000 deutschen Arbeitssklaven in Rußland authentisch?“

Aus der Antwort:

„Wegen Weizsäckers Abriß der sudetendeutschen Geschichte habe ich mit dem Lizenzträger des Beck-Verlages gesprochen. Weizsäcker ist natürlich bereit, seinen Entwurf umzuschreiben bis auf das Schlußkapitel, für das er sich als Wissenschaftler nicht zuständig fühlt. Auch ich halte es für wichtig, die Darstellung bis in die Gegenwart fortzuführen, schon um den Leser die unausgesprochene Frage zu suggerieren: Darf so ein siebenhundertjähriges menschliches Mühen enden? Vielleicht fließt Ihnen, inspiriert durch das Material, über das Sie verfügen, ein solcher Schluß aus der Feder.

Die 5 000 000 deutschen Gefangenen und Zwangsarbeiter in der UdSSR hat ein Journalist von Reader's Digest erwähnt. Vorsicht ist geboten, die Russen haben ihm bestimmt nicht erlaubt, sie zu zählen."

Sonntag, 26. 5. 1946

Heut sind Gemeindewahlen. Da eine halbjährige Seßhaftigkeit Voraussetzung für einen Wahlschein ist, dürfen wir wie die meisten der Million Flüchtlinge in Bayern nicht wählen. Die Amerikaner scheinen für diese ersten demokratischen Wahlen in Deutschland seit 1933 ein beträchtliches Papierkontingent bewilligt zu haben. Münchens Trümmer sind bedeckt mit Plakaten. Der Favorit der Bayern ist Josef Müller, der CSU-Vorsitzende, „Ochsen-Sepp" genannt. Auf die Mentalität der Flüchtlinge, von denen, wie erwähnt, nur eine Minderheit wählen darf, hat die Wirtschaftliche Aufbauvereinigung (WAV) ihre Werbe-Texte abgestellt, wahrscheinlich künftigen Gelegenheiten vorbauend.

In Polen hält die Verfolgung der Anhänger der Bauernpartei an. Die USA haben einen zugesagten 50 000 000 Dollar-Kredit aufgeschoben und von der Abhaltung freier und geheimer Wahlen abhängig gemacht.

In allen Städten der britischen Zone werden Lesehallen für Deutsche eingerichtet. Außerdem sollen ihnen Filme und Lichtbildvorträge Einblicke in das Leben in England geben.

In Leipzig haben einige Professoren, u. a. Theodor Litt,[175]) ihre Vorlesungen abgebrochen. Sollten sie gezwungen sein, sich am DIAMAT auszurichten?

175) *Theodor Litt* (1880—1962), Philosoph und Pädagoge, 1919—1932 Professor in Bonn, 1945—47 in Leipzig, dann wieder in Bonn. Begründer einer Strukturlehre sowie einer dynamischen Pädagogik. Zu seiner Zeit einer der einflußreichsten Erzieher in Deutschland.

Mit Bewunderung lese ich Hofmillers[176]) „Umgang mit Büchern". Sein Reichtum an geistigen Beziehungen bedrückt nicht; er ist damit in einer Form fertig geworden, die an Gottfried Kellers Erzählgabe erinnert. Bildung ist ihm zu Wesensäußerung geworden und er spricht in den kleinen Aufsätzen mehr Grundeinsichten aus, als manche dickleibige Literaturgeschichte enthält. Ein reines, feines Medium, dieser Josef Hofmiller aus Rosenheim.

Montag, 27. 5. 1946

Geht es nicht Tausenden trotz unserem Elend glänzend? Man muß sich nur einzufädeln wissen in den Triumphzug des Glücks. Wenn ich am Straßenrand auf einen Wagen warte, der mich mitnehmen soll, fahren immer wieder Leute an mir vorbei, die wohlgenährt und unbeschwert aussehen und sichtlich mit allen Gütern des Lebens versehen sind, die es offiziell nicht gibt. Aber auch einfache Leute, die sich in nahrhaften Berufen eingegliedert haben, brauchen ihren Frauen nicht zuzumuten, sich täglich für eine Handvoll Salat, einen Eßlöffel Senf oder einen halben Liter Milch stundenlang anzustellen, wie dies M. tun muß, damit wir zusätzlich etwas zu unseren Kartoffeln haben.

Heut fuhr ich mit F. zum Direktor Dr. K. unseres Statistischen Landesamtes, einem alten, verhungert aussehenden Herrn aus den Restbeständen unserer bürgerlichen Kultur, wie sie sich noch ab und zu in den höheren Rängen der Bürokratie erhalten hat. Dr. K. war lange Leitender Redakteur einer großen Münchner Zeitung gewesen; die Gleichschaltung der Presse durch die Nazis ließ ihn in die Statistik überwechseln, wo er bis zum bitteren Ende unbehelligt aushielt und dann über eine Abteilung gesetzt wurde. Er ist für die Geburten-, Todes- und Medizinalstatistik verantwortlich, wie sich aus dem Gespräch ergab, das bald eine allgemeine Wendung nahm und uns vom Besuchszweck weit wegführte.

Zunächst sprachen wir über die Verseuchung, namentlich über die Lustseuchen, die zum guten Teil die Amerikaner importiert haben. Wöchentlich werden etwa 800—900 frische Fälle von Geschlechtskrankheiten gemeldet; der monatliche Durchschnitt liegt bei 5800. Ansonsten kommen Infektionskrankheiten größeren Ausmaßes noch nicht vor. Für den Hungertyphus ist die Situation nicht reif, nur die Tuberkulose nimmt ständig zu. Auch die Sterblichkeit steigt, die hungernden alten Leute sind gegen Krankheiten widerstandslos. Über die Kriegsopfer fehlen abschließende Zahlen; man schätzt die Zahl der Gefallenen in Bayern auf 300 000, der Vermißten auf 200 000, der Luftkriegsopfer auf 50 000.

176) *Josef Hofmiller* (1872—1933), Studienrat in Rosenheim, Literaturkritiker und Mitherausgeber der Süddeutschen Monatshefte. Übersetzer aus dem Französischen, glänzender Essayist.

Schon aus ihrem naiven Materialismus heraus interessieren sich die Amerikaner sehr für Zahlen. Sie waren beeindruckt von der im April stark gestiegenen Todesrate (die dadurch zustande kam, daß die Gemeinden ihre Vermißten zu den Toten hinzu zählten). Dr. K. hat natürlich darauf nicht hingewiesen. Da noch keine Volkszählung stattgefunden hat, werde die Einwohnerzahl des Landes nach der „Lebensmittelbevölkerung" und der „Wohnbevölkerung" ermittelt. Die beiden Zahlen differieren um nicht weniger als 400 000. „Aber das heißt doch, daß fast eine halbe Million Lebensmittelkarten zuviel ausgegeben werden", sagte ich entsetzt.

F. weidete sich an meiner Weltfremdheit. „Wissen Sie, daß allein das Landeswirtschaftsamt 600 Personen beschäftigt, deren einziger Zweck darin besteht, Interessenten zu erklären, daß es nichts zu verteilen gibt?" Ich fragte, wer diese Bürokratie geschaffen habe, nachdem die Amerikaner es mit der Überprüfung des einzelnen so genau nähmen. „In normalen Zeiten gibt es Stellenpläne, welche die Ministerien vorschlagen und das Parlament bewilligt. In ungewöhnlichen schafft man sich die Stelle selbst, wenn man über entsprechende Beziehungen verfügt. Ich kann Ihnen mehr als ein Beispiel geben, wo sich ein Funktionär seine Bestallungsurkunde selbst unterschrieben hat."

Bei den Gemeindewahlen bekamen die Kommunisten nur wenig mehr Stimmen als sie Mandatsträger aufgestellt hatten. Dennoch ist ihr Einfluß in der Verwaltung überall spürbar. So hat es der kommunistische Entnazifizierungsminister in der Hand, jeder ihm mißliebigen Person den Eintritt in den öffentlichen Dienst zu verweigern.

Mittwoch, 29. 5. 1946

Schütz erzählte mir von den Wahlen in der Tschechoslowakei. In den alten böhmischen Ländern haben die Kommunisten mit über 40 % der Stimmen einen beispiellosen Erfolg errungen. Vielleicht wird er die Amerikaner etwas hellhöriger machen. Viele Mädchen aus seinem riesigen Bekanntenkreis bringen nun Kinder zur Welt, die eine Folge der Vergewaltigungen sind. Im katholischen Zwittauer Gebiet, dem deutschen Schönhengstgau, stürmen tschechische Banden während des Gottesdienstes die Kirchen, zerren die Menschen aus den Bänken und zwingen sie, im Sonntagsstaat den ganzen Tag über mit bloßen Händen den Straßenschmutz wegzuräumen. Dann fangen sie junge Mädchen ein, notzüchtigen sie und lassen sie Roßäpfel auflesen. Da ich die böhmische Geschichte kenne, habe ich dies alles kommen sehen und schaudere darüber nicht. Nur quält es zu wissen, daß dies den eigenen Menschen geschieht und man denkt entsprechend über diejenigen, die den ganzen Tag nichts Besseres zu tun haben als von unserer Schuld zu reden.

Krähen als Leckerbissen

Donnerstag, 30. 5. 1946

Der Tag war ganz der Erholung gewidmet. Nach dem Frühstück legten wir uns unter den Bäumen ins Gras und sahen den Wolken am Himmel und den Insekten zu. Die Luft schien von ihnen zu kochen, sowie die Sonne hervorkam. Als wir heimkehrten, kam uns D. entgegengestürzt. Eine junge Krähe säße in den Büschen. „Warum hast du sie nicht gefangen", spottete ich. „Weil die Alte mich anging", sagte sie furchtsam. Indessen hörten wir droben in den Fichten die Alte zetern. Und tatsächlich saß ein Junges unter den Stämmen und blickte ziemlich ahnungslos in die Welt. Welch schönen Kopf solch ein Tierchen hat! Ich griff den schnabelsperrenden Wicht, indes die Mutter am Baum mörderisch schrie. Auch das Junge wurde laut, sodaß die Hausfrau aus ihrem Schuppen kam und D. einen Vortrag über die „Raben" hielt. Ich steckte den Gefangenen unter einen Eimer, wo er sicher saß.

Mir fiel ein, daß junge Krähen als Delikatesse gelten; so warf ich die Frage des Schlachtens auf. D. erhob schaudernd Widerspruch; M. plädierte nüchtern für einen Versuch, unter der Voraussetzung, daß ich die Blutarbeit übernehme. So holte ich das große, rostige Messer von Sch. hervor — um die Axt mochte ich ihn nicht bitten, da er Verdacht geschöpft hätte —, schärfte es am Schleifstein und säbelte dem Kleinen den Kopf ab. Als ich mit dem Rupfen begann, kam mir D. zu Hilfe, schälte sauber die Haut ab, so daß der kleine Körper wie lackiert auf dem Teller lag.

Indes war bei D. die Jagdlust erwacht. In den Bäumen ging das Lärmen der Krähen weiter. Wir setzten uns auf einen Holzstoß in die heiße Sonne. „Paß auf, im Gebüsch muß noch ein Junges sein", sagte D. Richtig vernahmen wir ein Krächzen, sprangen sofort über den Zaun und fanden das Rabenkind auf einen Ast sitzen, sodaß ich nur hinzulangen brauchte, indessen der Jammer der Alten von neuem losbrach. M. wickelte gerade das Kind, als ich wiederum das Messer holte. Noch ehe sie fertig war, brachten wir ihr das frische Opfer bratfertig an.

Abends ein gewaltiges Gewitter. Ich habe M. noch die Übersetzung eines langen amerikanischen Artikels über die Russen diktiert, für den ich bei meinen Freuden immer Abnehmer finde.

Bericht des Grenzkommissars von Wiesau über den Transport von Modřany (Prag):

„Die zahllosen Klagen sudetendeutscher Flüchtlinge, die aus Prag kommend, den Grenzbahnhof Wiesau am 17. 5. 1946 passierten, geben Anlaß zu diesem Bericht. Es handelt sich

dabei nicht um Feststellungen einzelner Individuen sondern um die einmütige Klage von insgesamt 1200 Personen. Ich möchte nun das allgemeine Leben beschreiben, das für Lager wie Modřany oder Theresienstadt typisch ist.

Den Lagerinsassen ist Gehen nicht erlaubt. Ihre normale Fortbewegungsart heißt rennen. Eine Sängerin aus Prag beschreibt das Leben folgendermaßen: 60 % der deutschen Frauen wurden den Russen zum Schänden ausgeliefert. Täglich ließen die Tschechen die Russen ins Lager, die mich und andere Frauen nach Belieben vergewaltigten. Viele Frauen werden noch heute vergewaltigt. Meine Beine sind nun gelähmt.

Eine schwangere Frau, die mit anderen das schreckliche Lagerleben teilen mußte, wurde gezwungen, wenn ein tschechischer Soldat den Raum betrat und dort ausspie, niederzuknien und seine Spucke aufzulecken. Im Weigerungsfalle wurde sie geschlagen und mit Fußtritten bedacht. Aber damit war die Sache nicht abgetan. Einer der Befehle der Soldaten ging dahin, daß er sie zwang, ihren eigenen Auswurf zu verschlucken, nachdem er sie bis zum Blutspucken verprügelt hatte. Erst dann hatte der Soldat das Gefühl, daß sie seinem Befehl nachgekommen war.

Tschechische Priester, die offen erklären, daß sie für Deutsche kein Mitleid empfinden, weigern sich, den Sterbenden die letzte Ölung oder geistlichen Trost zu erteilen.

Tschechische Ärzte lehnen es ab, Geschlechtskrankheiten zu heilen, welche die Folge von Vergewaltigungen sind, obwohl sie von deutschen Frauen darum angefleht werden. Syphilis wird überhaupt nicht kuriert. Tripper heilt man mit einigen Tabletten, die für genügend erachtet werden. Alle übrigen Medikamente werden den Flüchtlingen verweigert. Verwundete Soldaten, in deren Schwären es von Würmern wimmelt und die ganz mit Aussatz bedeckt sind, werden einfach ihrem Schicksal überlassen. Sie müssen einander behandeln und empfangen weder Verbandszeug noch Salbe. Personen, die noch keine Ruhr haben, werden gezwungen, die schmutzige Wäsche Ruhrkranker abzulecken, je nachdem es den Soldaten gefällt, die ihnen die infektiösen Wäschestücke ins Gesicht werfen. Weigern sie sich, dies zu tun, werden sie bis zur Bewußtlosigkeit geprügelt.

Ein fünfzehnjähriger Junge, dessen Vater dem Lager entlief, wurde täglich geschlagen, bis sein Vater wieder gefunden wurde. Dieser wurde dann gefesselt und mit kochendem Wasser begossen. Die Schreie des zu Tode gefolterten hatten bei vielen Lagerinsassen Nervenzusammenbrüche zur Folge. Krämpfe und Nervenzusammenbrüche sind überhaupt an der

Tagesordnung und die Wachmannschaften sehen darin einen ganz natürlichen Zustand. Es ist unmöglich, all das Geschehen zu beschreiben. Ich griff nur einige Fälle heraus.
Ich wiederhole nochmals, daß dies keine Einzel-Feststellungen sind, sondern die einmütige Aussage der Deutschen aus Prag. Die Deutschen sind rechtlos in der Tschechoslowakei.

Dieser Transport von Prag wurde Krankentransport genannt. Der größte Teil der Flüchtlinge muß unverzüglich ausgeladen und ins Krankenhaus gebracht werden. 90 % der Diagnosen lauten: allgemeine Schwäche, Siechtum. Der Gesundheitszustand der Deutschen aus Prag wird von den Ärzten als katastrophal bezeichnet.

Alle Flüchtlinge sind unterernährt und gänzlich abgemagert. Die Überfülle von Klagen und Elend bewog mich, den Transport geradewegs zum Zielbahnhof Schwabach zu leiten, wo die Leute ihre Aussagen machen können. Der Chefarzt von Schwabach wurde telefonisch benachrichtigt, sodaß wegen der ansteckenden und Geschlechtskrankheiten Vorbeugungsmaßnahmen ergriffen werden konnten.“

Freitag, 31. 5. 1946

Mit Herrn R., dem Aktivsten der neuen Abteilung, fuhr ich am Nachmittag zum Leiter des Chemical Branch bei OMGUS. Wir wollten von dem alten Major die Freigabe verschiedener Ausweichlager erreichen, deren deutsche Treuhänder dort gemächlich die Waren verschieben. Der freundliche Major schrieb sich auf, was wir ihm vortrugen und erledigte zwischendurch ein endloses Telefongespräch, bei dem es um die Heraufsetzung des Preises für Alkohol ging. Die gegenwärtigen Produktionskosten liegen bei weitem über dem Verkaufspreis.

In Passau haben die Amerikaner auf Veranlassung des Oberbürgermeisters überraschend die ungarischen und tschechischen Donaukähne kontrolliert, von denen bekannt war, daß es sich um Schwarzmarktzentralen handelte. Beträchtliche Mengen von Leder, Textilien und Autoreifen, auch Lebensmittel wurden beschlagnahmt. Die Stadt hofft nun auf einen Anteil an der Beute; infolge der vielen durchziehenden Flüchtlinge ist der Warenmangel in Passau besonders groß. Aber zuständig für diese Frage ist Property Control, und dort wurden wir, da es schon spät war, nicht mehr vorgelassen.

Aus einem Brief von Col. S., Washington (Übersetzung):

„Die Berichterstattung über Deutschland ist hier ziemlich umfangreich, aber kennzeichnend für sie ist die kühle Distanz,

die auch Sie bei Ihren amerikanischen Kontakten hervorheben. Die eigentlichen Dinge werden kaum berührt. Ich bedauere, daß Leute guten Willens wie Sie und unsere Freunde zwischen den Mühlsteinen von rechts und links zerrieben werden. Wie Sie wissen, hatte ich auf eine Wiedergeburt der noblen Kräfte Ihrer Überlieferung gehofft. Dafür zu arbeiten, trüge den Lohn in sich und bereitete geistige und moralische Genugtuung, ganz gleichgültig, welchen endgültigen Lauf die Dinge nehmen werden. Ich selbst glaube an die amerikanische politische und soziale Tradition und bin daher der Meinung, daß die Entscheidung für den amerikanischen Weg die Deutschen schneller aus dem Sumpf herausführt, in dem sie festgefahren sind. Natürlich erfüllen nicht alle Amerikaner ihre Pflicht in dem Geiste, dem sie ihrem Lande schuldig wären. Aber deshalb dürfen Sie an den USA nicht verzweifeln. Lesen Sie immer wieder Charles Beards „Republic". Das Buch wird Ihnen den Sinn dafür öffnen, wie gesund unsere Grundlagen sind ungeachtet der persönlichen Erfahrungen, die dagegen sprechen.

Ich habe Verständnis für die elementaren Probleme, die Sie bedrängen; Nahrung, Unterkunft und Familienzusammenhalt. In einer solchen Lage hilft nur Geduld und Lebenswille. Was in besseren Zeiten ein intellektuelles Abenteuer war, wird nun zur Überlebenskunst. Ich möchte gern Ihnen und Ihrer Frau Lebensmittel- und Kleidungspakete schicken. Vorläufig ist dies noch verboten. Aber diese Vorschriften werden in nächster Zeit gemildert und dann will ich Ihnen einige Hilfe zukommen lassen. Weder Sie noch die andern, die für uns so vortrefflich gearbeitet haben, sind vergessen. Es würde mich freuen, von ihnen zu hören und ich bin sicher, daß Sie ihnen meine Grüße übermitteln. Ich werde glücklich sein, wenn ich helfen kann und ich verfolge aufmerksam die diesbezüglichen Verlautbarungen. Die USA tun sehr viel, um über die UNRRA die weltweite Hungersnot zu bekämpfen; natürlich versickert solch eine Hilfe in der großen Not und kann allein das Elend nicht wenden.

Unsere Studien haben bei den kompetenten Stellen großen Beifall gefunden. Eine Auszeichnung dafür wurde mir nicht zuteil; aber darauf lege ich keinen Wert. Meine Sorge ist es jetzt, wieder eine konstruktive Arbeit zu finden. Gemessen an Ihrer Situation kann ich kaum von Problemen sprechen."

Samstag, 1. 6. 1946

Das Wetter kalt und trübe, Landregen. Dr. W. im Krankenhaus besucht. Sein ganzes Denken kreist um die Flüchtlingsfrage. Er hält von unserer gleichmäßigen Verteilung der Transporte nichts. Die Einheimischen werden sich gegen die Neuankömmlinge umso mehr wehren, je mehr man in ihre Häuser preßt. Solange ein Einheimischer die Feder führen kann, wird kein Dorfbürgermeister einen Flüchtling zum Schreiber machen. Um das vorhersehbare Elend zu verhindern, müßte man unbedingt die Munitionsanstalten und Wehrmachtsanlagen in die Hand bekommen. Sie stellen ein riesiges Volksvermögen dar und man könnte darauf sofort neue Industrien ansiedeln. Dazu wäre ein Staatsbeauftragter nötig, der mehr als nur verwalten darf.

Im Amt fand ich meinen neuen Chef sehr niedergeschlagen. Wortlos zeigte er mir sein drittes vom Minister unterzeichnetes Entlassungsschreiben. Angeblich gab diesmal meine Einstellung den Vorwand ab. Ich überlege nun ernsthaft, ob ich zum Staatskommissar für das Flüchtlingswesen zurückkehren soll, da sich hier im Wirtschaftsministerium außer Herrn F. niemand für mich interessiert.

Der „Kauf" eines Motorrads

Montag, 3. 6. 1946

Fahrt nach Söchtenau ums Motorrad, dessen Beschaffung ich im Wirtschaftsministerium durchgesetzt habe. Zeitig aufgestanden, der Tag verwölkt. An der Einmündung der Salzburger Autobahn ziemlich lange gewartet. Schließlich nahm mich einer jener gutmütigen Lastwagenfahrer mit, welche die Nachfahren der Kutscher aus alter Zeit sind. Er war dankbarer als ich, als ich ihm beim Mangfall zwei Zigaretten in die Hand drückte.

Ich stieg durch die Schlucht. Die 86 m hohe Brücke ist gesprengt; der geborstene Mittelpfeiler ragt in die Luft wie die Münchner Frauentürme. Einige Arbeiter werkten halbherzig an der Ruine. Nach einigem Warten hielt ein bereits mit einigen Personen beladener Lastwagen. Erst unterwegs wurde mir klar, daß er nach Miesbach statt nach Rosenheim fuhr.

Miesbach wirkt bedrückend; ein paar verwahrloste Häuser, in einen Hügeleinschnitt gefegt. Der „Miesbacher Anzeiger" kam mir in den Sinn, die erste Zeitung der Nazi. Sie schien mir symbolisch für die Lokalität zu sein.

Da kein Auto in Richtung Rosenheim fuhr, machte ich mich zu Fuß auf den Weg. Erst in der Leitzachschlucht kam ein Milchwagen mit Kannen und Leuten beladen daher. Während sich der Fahrer mit einem Weib stritt, sprang ich unauffällig auf. Da kreuzte ein amerikanisches Auto unseren Weg. „Where is Salzburg?" „I'll show you", sagte ich und war mit einem Satz in seinem Wagen. In wildem Tempo ging es zur Autobahn.

Ich dirigierte den Amerikaner zum Stadtkern Rosenheims und erklärte ihm dann, wie er die sieben Kilometer zur Autobahn zurückfahren müsse. Auch Rosenheim sieht wenig eindrucksvoll aus. Der Bahnhof ist zerstört, sonst sind hier keine Bomben gefallen. Selbst die Brücken blieben intakt.

In der Fahrbereitschaft empfing mich zunächst der übliche Zerberus. Aber als ich ihm genau so grob kam, stand ich bald vor dem richtigen Mann. „Nun müssen Sie nach Söchtenau fahren“, sagte er, „aber ich mache Sie darauf aufmerksam, alle neuen Kräder haben keine Reifen.“ Ich war entsetzt. „Sind Sie dessen sicher?“ „Freilich, ich bin dort gewesen.“ „Wie weit ist es dahin?“ „27 Kilometer.“

Es blieb mir nichts anderes übrig, als in Richtung Söchtenau loszumarschieren. Hinter dem Schloßberg hielt ich einen Lastwagen an. „Da haben Sie aber Glück gehabt“, sagte der Mann, „diesen Weg fährt nur alle Jubeljahre ein Wagen.“ Er beschrieb die Ortschaft; es sind schon halbe Einödhöfe. Das Gras stand hüfthoch, die Bauern waren in der Mahd. Die Wolken versprachen Regen.

Mein Ziel war eine kleine Wirtschaft, an die sich eine stattliche Werkstatt schloß. Es war mittäglich still. Auf mein Klopfen erschien ein kleiner grauer Mann auf dem Balkon. Mein Auftritt war ihm sehr unwillkommen. Er begann mich wie einen Strauchdieb zu verhören.

So ging ich ums Haus, wo ein slawisch aussehendes Mädchen den Kuhstall ausmistete. Ich trug ihr auf, sofort nach dem Wirt zu sehen. Sie wies mich in die Werkstatt, wo sich der Alte inzwischen abgekühlt hatte. Dort lernte ich seinen Sohn kennen, der die Arbeit tat. Der Alte war schon zu zapplig dazu.

„Wären Sie zufrieden, wenn ich Ihnen unser eigenes Motorrad abließe“, fragte er. Ich sah es mir an; es starrte vor Schmutz, schien aber fast neu zu sein. „Einverstanden“, erwiderte ich, denn mir graute vor dem Problem der Bereifung. Der Alte setzte den Jungen gleich an die Arbeit und spannte auch mich ein. Wir fronten bis zum Abend. Ein wütendes Gewitter überfiel das Dorf. Mit einem alten Hirtenhut und einer Zeltplane über den Schultern wanderte ich im dichten Regen zum Gasthof.

Er war behaglich und die Wirtsleute schätzten einen Schwatz. Ein Mädchen aus Oberschlesien war die Dienstmagd. „Die Oberschlesier, die für Polen optieren, können nach Hause“, erzählte sie und man sah ihr an, daß sie versuchen werde, aufs Polnische umzusatteln. Wir kamen auf die Verwüstungen zu sprechen. „In Holzkirchen sah ich eine ganze Wiese voll Flugzeugleichen.“ „600 sollen es sein“, ergänzte der Wirt. „Wie gut könnten wir das Aluminium gebrauchen!“ „Sie verbrennen es in Nürnberg“, sagte ich. „Sie verbrennen noch mehr“, meinte der Wirt grimmig. „In unserer Gegend haben sie zwei Wagenladungen neuer Wehrmachtsschuhe angezündet." Die Amerikaner sind nicht beliebt.

Kaum geschlafen. Mir graute vor der Rückfahrt durch die Mangfallschlucht. Noch nie bin ich auf einem Motorrad gesessen. Nebenan Trubel. Die Bauernjugend probte zur Pfingstfeier. Wie friedlich und gleichförmig verläuft das Leben im Dorfe! Die Bauern klagen über scharfe Kontrollen. Es war mir nicht möglich, ein Glas Milch zu bekommen.

Dienstag, 4. 6. 1946

Zeitig aufgestanden. Zugesehen, wie roh junge Kälber verladen wurden. Auch diesmal bat ich vergeblich um ein Glas Milch. Dann stieg ich zum Alten hinauf. Er erklärte die Bedienung des Fahrzeugs, dann fuhr ich auf dem Krad zurück nach Rosenheim, nachdem ich im Dorf eine Runde gedreht hatte. Natürlich war kein Schätzer aufzutreiben. So entwarf ich ohne diesen einen provisorischen Kaufvertrag. Den wollte die Fahrbereitschaft nicht anerkennen. Sie bestand auf dem Kauf des neuen Krads.

So blieb nichts übrig als nach Söchtenau zurückzufahren. Stundenlang bearbeitete ich den Alten, bis er mir schließlich doch das alte Krad abließ, wohl nur, weil sein Sohn dagegen war und er ihm zeigen wollte, wer im Hause das Sagen habe. Dann mußte ich nochmals Fahrunterricht nehmen; am liebsten hätte mich der Alte eine Prüfung ablegen lassen. Seine Gewissenhaftigkeit war bewundernswert.

Wieder zu Jaenicke

Samstag, 8. 6. 1946

Da mein neuer Chef abermals ein Entlassungsschreiben erhielt und meine Arbeit in der Landesabwicklungsstelle mit seinen Sonderaufträgen eng zusammenhing, bin ich dabei, zum Staatskommissar zurückzukehren. Zwar sprach mir F. nachdrücklich ins Gewissen, in der Wirtschaft zu bleiben und in die Vermögensverwaltung überzuwechseln, die dem Ministerpräsidenten unmittelbar untersteht. Aber gegen diese Aussicht auf eine möglicherweise normale Laufbahn wehrt sich die Solidarität mit meinen Schicksalsgenossen, mit der siebenhundertjährigen deutschen Geschichte im Osten, die jetzt liquidiert wird, zu der ich meiner Herkunft und meinem Wesen nach noch gehöre. So kommt es mir wie Felonie vor, mich gegenüber dem heranrollenden Elend hinter bayerischen Fleischtöpfen zu verbergen, statt das Geringe, das meine Kräfte beitragen können, für diese Menschen zu leisten. Jaenicke wäre sehr zufrieden, wenn ich wieder die Arbeit in seinem Amte aufnähme; sogar die bessere Bezahlung soll mir erhalten bleiben.

Als Gegenzug auf die Weigerung der Sowjets, Restdeutschland als Wirtschaftseinheit zu behandeln, hat General Clay die Lieferung von Reparationsgütern aus der US-Zone an Sowjetrußland einstellen lassen.

Evakuierte aus der britischen und französischen Zone müssen nach einem OMGUS-Befehl bis zum 1. September 1946 in ihre Herkunftsorte zurückgekehrt sein. Was wird geschehen, wenn sie dort ihre Häuser belegt bzw. in Trümmern vorfinden? Aber dies ist das Jahr des großen Umschaufelns von Menschen inmitten von Trümmern.

Ärzte, Krankenschwestern und Hebammen erhalten ab sofort Schwerarbeiterzulage.

Gelegentlich greifen die Amerikaner nun doch auch bei Kommunisten durch. Der kommunistische Staatssekretär im Wirtschaftsministerium, der KP-Landesleiter und einige seiner Funktionäre, die sich anscheinend bei den Russen Direktiven geholt hatten, müssen sich vor einem mittleren US-Gericht wegen illegalen Grenzübertritts verantworten.

Abends auf dem Spaziergang sprachen wir mit dem Schäfer, dessen Herde auf einer Lichtung im Walde weidete. Gleich nach seiner Entlassung aus der Gefangenschaft hatte er begriffen, daß unter den herrschenden Zuständen die Schafzucht ein nahrhaftes Gewerbe sein werde. Wie er die Herde zusammenbekam, verriet er nicht, aber er erklärte stolz, in einem Jahr so weit zu sein, um einen Schäfer einstellen und sich auf die Aufsicht beschränken zu können.

Pfingstsonntag, 9. 6. 1946

Gesonnt, Briefe geschrieben, gelesen. Ein guter Aufsatz über Kirche und Volk in der „Russian Review“. Die theologischen Akademien, deren Wiedereröffnung Stalin während des Krieges genehmigte, sollen ein höheres Niveau haben als unsere entsprechenden Fakultäten. „Die Geschichte des russischen Heeres ist voll von Beispielen, wie das Leben eines ganzen Regiments durch einen Armeegeistlichen einen höheren Inhalt bekam.“

Wie entscheiden die Alten, welcher junge Vogel zuerst gefüttert werden soll? Die Natur hat einen Schlingmechanismus vorgesehen, der das Schlucken der Jungtiere in dem Maße verlangsamt, in dem sie vollgefressen sind. Daher stopft der alte Vogel das Futter in einen der ihm entgegengestreckten Schnäbel und beobachtet sodann. Schluckt das Junge den Bissen nicht auf der Stelle, holt er ihn heraus und steckt ihn in den nächsten

Schnabel. Das Junge, das am schnellsten schlingt, hat den leersten Magen.

Besuch bei Ernst Jünger[177]) — zwei Franzosen, die in Kirchdorf vorsprachen, berichten unverschämt herablassend von den nicht gerade erfreulichen Lebensumständen des Dichters. Ich habe ihm darauf sofort einen Brief geschrieben; sein einziger Sohn ist bei Carrara gefallen.

Gerhart Hauptmann[178]) ist 84jährig, mitten in der Übersiedlung in die Sowjetzone, unter russischem Schutz in seinem Haus in Agnetendorf gestorben. Die Naturhaftigkeit dieses protheischen, längst zum Klassiker entrückten schlesischen Dichters erinnert an Goethe, dem er im Alter auch äußerlich ähnlich wurde. Seine Gestalt macht aber zugleich den Abstand deutlich, der den Geist der Goethezeit von dem des Deutschlands ein Jahrhundert später trennt. Ich bin als Student im ersten Semester im Prager Deutschen Theater bei der Feier seines 70. Geburtstages gewesen und habe seine Selbstdarstellung gehört. Auch tschechische Prominenz fehlte nicht, dem Repräsentanten deutscher Kultur die Ehre zu erweisen. Nun haben die Russen den Abtransport der Leiche und des Archivs übernommen.

Sie behaupten übrigens, sie hätten zur Monatsmitte die Ausplünderung ihrer Zone abgeschlossen und entnähmen ihr fortab lediglich 15 % der laufenden Produktion.

Aus einem Brief von Dr. B., Eichsfeld:

„Mich wundert immer der Egoismus, der bei der älteren Generation durchbricht. Die Kinder verzichten eher als die Alten. Das ist völlig ungewohnt. Das Ideal der alten Generation hieß doch: Alles für die Kinder. Man kann jetzt Studien treiben über die Entwicklung des menschlichen Charakters in Notzeiten. Bei den meisten geht die Politur ab.

Daß Ihre Schwiegereltern am Leben sind, ist für Ihre Frau sicherlich eine Herzensfreude. Sie sollte sich aber nicht wundern, wenn sie mit den alten Herrschaften zunächst nicht zurecht kommt. Ich kannte meine gute alte Mutter auch nicht wieder. Sie war uns Zeit ihres Lebens ein Vorbild an Ruhe, Selbstbeherrschung und Güte. Jetzt ist sie heftig, ungeduldig

177) *Ernst Jünger*, geb. 1895, Schriftsteller. In seinen ersten Büchern „In Stahlgewittern“, „Wäldchen 125“ setzt er sich mit dem Kriegserlebnis im Sinne eines heroischen Realismus auseinander. Sein „Arbeiter“, 1932, nimmt Tendenzen des NS-Staates vorweg. In seiner Erzählung „Auf den Marmorklippen“ distanziert sich J. aber deutlich von ihm. Den Zweiten Weltkrieg verbrachte er in Paris in der Umgebung des Generals Stülpnagel. Scharfe, symbolisch überhöhte Naturbetrachtung, Auseinandersetzung mit der Technik und ein mythischer Individualismus kennzeichnen seine späteren Werke.

178) *Gerhart Hauptmann* (1862—1946), Dramatiker, Erzähler. H. erhielt 1912 den Nobelpreis.

und beinahe selbstsüchtig. Wir tragen es mit Humor, da es die einzige Möglichkeit ist, Frieden zu halten. Nachdem sie sich satt essen kann, kommt ihre alte Natur wieder zum Vorschein.

Erschütternd ein Brief aus Hamburg. Im Monat ein Kilo Nährmittel und fünf Kilo Brot. Seit Oktober keine Kartoffeln. Das frische Gemüse aus den Vierlanden geht per Flugzeug nach England. Die Leute werden vor Hunger so gleichgültig und schlapp, daß sie nicht einmal in die reichlich belieferten Kinos gehen. Jede Geselligkeit stirbt in der Not. Wie steht es bei Ihnen mit der Sicherheit? In den meisten Großstädten, heißt es, soll es risikoreich sein, sich abends auf die Straße zu begeben, ohne Gefahr zu laufen, daß man ausgezogen wird oder ähnliches Ungemach über sich ergehen lassen muß.

Nächste Woche nehmen wir Urlaub. Mein Mann ist überreizt. Wenn ein Zahnarzt zu brüllen anfängt, soll er lieber mit der Arbeit aufhören. Wie schön wäre es, wenn man sich auf die Bahn setzen und nach München fahren könnte, Ihre Frau kennen lernte, Ihren Sohn bewunderte und sich über Ihre literarischen Pläne ausspräche.

Kein Mensch will heute etwas über den Krieg, KZs, Flucht und Vertreibung hören. Ich habe mir nicht einmal die Geschichte des letzten Jahres von meiner Mutter erzählen lassen. Mir wird physisch übel, wenn ich das Ungemach nochmals mündlich über mich ergehen lassen muß und nicht helfen kann (hinterher schon garnicht). Nach dem Ersten Weltkrieg war das erste Buch darüber, das einschlug, Remarques ‚Im Westen nichts Neues'[179]*). Aber da war dieser Krieg gottseidank 11 Jahre vorbei.*

Warum regt man sich über die KZs auf? Ganz Deutschland ist heute ein KZ und an Scheußlichkeiten herrscht fürwahr nicht Mangel. Man frage nur die Flüchtlinge. Man braucht sie nicht zu fragen, nur anzusehen. Himmelschreiend, was sie erdulden mußten. Sehr viele sterben. Wir haben einen neuen Friedhof an der Chaussee zu Ihrem ehemaligen Lager. Der alte ist voll. Mich kann kein Partei- oder Zeitungsgeschwätz mehr rühren.

Wenn es ein Jüngstes Gericht in der Form gäbe, wie es sich die alten Maler vorgestellt haben, dann möchte ich zu Gottes Füßen sitzen und das Heulen und Winseln derjenigen hören, die in die Hölle gestoßen werden. Aber so ist es natürlich keiner

179) *Erich Maria Remarque* (1898—1970), Schriftsteller. R. erzielte mit dem genannten Kriegsroman 1929 einen Welterfolg, den seine späteren Bücher nicht mehr erreichten, obwohl er einer der vielgelesenen deutschen Autoren blieb. R. ging 1932 in die Schweiz und 1939 nach New York.

gewesen. Leute. die mit dem Parteiabzeichen ins Bett gingen, wissen nicht mehr, daß Hitler gelebt hat ...“

Aus der Antwort:

„Die öffentliche Sicherheit ist etwas besser geworden als in den ersten Besatzungsmonaten. In München ist jeder fünfte ein Ausländer, aber glauben Sie nicht, daß es in den kleinen Städten besser aussieht. Die Zukunft zeigt auch uns ein grimmes Gesicht, aber noch lebt man in relativer Beschaulichkeit, wenn man nicht bei der Partei war, ohne Ehrgeiz ist und sich auf den engsten Kreis beschränkt, der einem von dem einst reicheren Leben übrig blieb.

Ich freue mich, daß ich wenigstens schriftlich mit einigen Menschen wie Ihnen in den verschiedenen Zonen unseres zerstückelten Deutschlands verkehren kann. Damit fällt man nicht ganz aus der Wirklichkeit. Ich warte immer noch auf eine Gelegenheit, in einen geistigen Beruf einzusteigen. Aber wie schwierig es ist, ein Buch nur auf Borg zu ergattern! Dem Großstädter sind alle Vorteile durch die Bomben ausgelöscht worden, während sich die Nachteile des Großstadtlebens verstärkt haben.“

Goerdelers[180]) Testament gelesen. Da er der Deutschnationalen Partei angehörte, blieb er 1933 Oberbürgermeister von Leipzig. Als aber sein Stellvertreter, ein NS-Mann, hinter seinem Rücken das Mendelsohn-Denkmal entfernen ließ, trat er zurück. Das Testament beschäftigt sich mit den zu ergreifenden Maßnahmen nach Hitlers Ende. Goerdeler gibt der Ängstlichkeit der Generale die Schuld, daß die Opposition gegen Hitler scheiterte. Die Schrift, in Vorahnung seines Todes in der Dübener Heide geschrieben, schließt mit dem Anruf Christi, der sich in einem politischen Dokument unseres Jahrhunderts seltsam ausnimmt. An Goerdelers Integrität ist nicht zu zweifeln, nur war er kein Gegenspieler Luzifers.

Moskau im Sommer 1946 — man fühle den Frieden hier deutlicher als anderswo, schreibt der britische Korrespondent. Die Einkreisungspsychose ist von den Russen gewichen; sie haben nun die stärkste Armee der Welt. Der neue Fünfjahresplan fordere zwar von jedem harte Arbeit, aber auf der Grundlage eines Achtstundentages. Die Leute sind überzeugt, daß es jetzt aufwärts gehen werde. Die traditionelle Fremdenfeindlichkeit ist weiter lebendig und wird von oben geschürt. „Laßt die Hände weg von der slawischen Erde“, schreiben die Zeitungen.

180) *Karl Goerdeler* (1884—1945), Kommunalpolitiker. G. war 1930—1937 Oberbürgermeister von Leipzig und einige Zeit Reichskommissar für Preisüberwachung. 1937 trat er von seinem Amte zurück und wurde Leiter des Widerstandes gegen Hitler. Nach dem Attentat vom 20. Juli 1944 setzten die Nazis auf seinen Kopf einen hohen Preis. Er wurde in seinem ostpreußischen Versteck denunziert und hingerichtet.

Zu Frau L. kam ein junger Madjar, der sich fünfmal nach seiner Heimat durchgeschlagen hat. Gegen keines der unterworfenen Völker benehmen sich die Sowjets so gemein wie gegen die Ungarn, erzählte er. Zwar ist Budapest nur halb so zerstört wie München, aber die Lebensumstände müssen nach seiner Schilderung dort noch bedrückender sein.

Auf Anordnung der französischen Militärregierung in Württemberg werden die Geldbußen ehemaliger Nationalsozialisten für die Förderung begabter Schüler verwendet. Eine sehr anständige Regelung.

Dienstag, 18. 6. 1946

Im strömenden Regen zum Amt gefahren, das Krädchen wie ein Schlachtroß gegen den Sturm lenkend. Die Chef-Etage ist heute ausgestorben; alle sind zum Länderrat nach Stuttgart gefahren. So bleibt etwas Zeit zu schmökern und die liegengebliebenen Schreibereien zu erledigen.

In der „Gegenwart" ein guter Artikel über Schwierigkeiten der heutigen Erziehung. Die Heranwachsenden hat schrecklichste Erfahrung unwillig gemacht, zu hören und sich bilden zu lassen. Sie haben erlebt, was ihre Väter nicht einmal auszudenken gewagt hätten. Das überlieferte Bildungsgut entbehrt auf diesem Hintergrund der Macht des Selbstverständlichen und Notwendigen. Die Lehrer, die allein fruchtbar wirken, sind diejenigen, die wissen, wie ungültig die überlieferten Erziehungsinhalte geworden sind.

Dänemark hat eine Beschäftigung der dort internierten 200 000 Deutschen abgelehnt. Die Dänen fürchten, sie könnten sonst seßhaft werden wollen. So vegetieren sie, zwar ausreichend ernährt, in Lagern.

„Sollen die Deutschen sich für eine demokratische Zukunft entscheiden, muß mehr gefordert werden als eine saubere Verwaltung. Die Deutschen unserer Zone befinden sich in einer bedauernswerten Unwissenheit über unsere Absichten, unsere Schwierigkeiten und über die Welt, in der auch sie wieder eine Rolle spielen sollen. Die Nachrichtenversorgung der britischen Zone ist kläglich unzureichend und kontrastiert scharf mit der Flut russischer Propagandaschriften oder dem modernen Zeitungsdienst der Amerikaner, die keine Dollarsorgen kennen und es mit dem Nachschub so viel leichter haben. Auch fürchten wir Briten eine deutsche Aktivität auf breitester Grundlage. Mit größtem Widerstreben haben wir Gewerkschaften zugelassen, obwohl diese die einzige wirklich anti-nationalistische deutsche Großorganisation waren. Viele Parteigenossen sitzen im Ruhrgebiet noch auf wichtigen Posten, angeblich weil sie unersetzbar sind. So kommt es vor, daß aus dem KZ Zurückgekehrte die-

jenigen, die sie hineingebracht haben, als ihre Vorgesetzten wiederfinden. Aus diesem Dilemma gibt es keinen Ausweg als die Industrien zu verstaatlichen und den Gewerkschaftlern ein weit größeres Maß an Verantwortung in der Führung der Fabriken und Gruben einzuräumen. Wiederum ist es seltsam aber wahr, daß die Gewerkschaftsbewegung, die Basis jeder demokratischen Erneuerung, nur unter größten Schwierigkeiten Boden gewinnt und sie die Briten nur auf lokaler Ebene operieren lassen." (The New Stateman and Nation, 18. 5. 1946)

Die 90. Lebensmittelperiode

An Col. S., Washington (Übersetzung):

„Nächste Woche beginnt unsere 90. Lebensmittelperiode. Die Zuteilungen sind etwas erhöht worden, sodaß sie nun die Hälfte der Kalorienmenge ausmachen, die für die Erhaltung der Leistungskraft eines Normalverbrauchers erforderlich sind. Nach dem Ersten Weltkrieg wurde die Lebensmittel-Bewirtschaftung nach der 123. Kartenperiode aufgehoben. Heute glaubt niemand daran, daß wir in zweieinhalb Jahren wieder einen freien Markt haben werden. Unsere Wirtschaft ist viel zu zerschlagen und wird außerdem von den Besatzern künstlich niedergehalten.

Dennoch können wir uns wenigstens das Wenige, was es auf Marken gibt, auch kaufen, während die in der russischen Zone froh sein müssen, wenn sie statt Fleisch Käse oder Milch bekommen. Bedrückend muß die Ernährungslage in der zerstörten und überbevölkerten britischen Zone sein. Dort fehlen seit letztem Oktober die Kartoffeln, unsere Grundnahrung. Statt Fleisch gibt es Trockenfisch, denn die frischen Fische bleiben für die Besatzung reserviert. Ebenso wird das in der Elbniederung bei Hamburg gezogene Gemüse nach Großbritannien ausgeflogen. Die Menschen der britischen Zone sind durch Hunger so abgestumpft, daß sie die kulturellen Anregungen, die ihnen die Engländer bieten, nicht aufnehmen können.

Leidlich geht es hier neben den Bauern den kleinen Leuten, die ein Häuschen mit einem Stück Garten besitzen, einem handfesten Beruf nachgehen, der Kompensationsgeschäfte ermöglicht, während die Frau daheim ihre Ziege sowie die Kaninchen und Hühner versorgt. Neben uns wohnt ein Lastwagenfahrer, der mich in diesem verregneten Sommer morgens, wenn er zur Arbeit fährt, oft mitnimmt. Er ist etwa meines Alters und hat wie ich Frau und Kind. Obwohl er nominell nur halb so viel verdient wie ich, leben sie unvergleichlich besser als wir.

Er kann seine Familie bei halbem Aufwand zureichend versorgen und hat durch den Krieg gerettet, was wir nur nach und nach erwerben können .

Politisch ist die Lage gespannt, da die Amerikaner die SPD, die den Ministerpräsidenten stellt, auffällig fördern, während die breite Mehrheit der Bevölkerung hinter der CSU steht. Deshalb ziehen die Amerikaner auch die Landtagswahlen hinaus; sie hegen den Verdacht, die CSU würde in der Entnazifizierung zu schlaff verfahren. Gestern suchte mich ein ehemaliger Professor der Prager Deutschen Universität auf, ein vormals angesehener Rechtshistoriker, der auf der Flucht auch seine Sparbücher zurücklassen mußte und nun buchstäblich vor dem Nichts steht. Er fragte mich, ob ihm der Staatskommissar nicht einen noch so geringen Posten verschaffen könnte. Ich mußte ihm mitteilen, daß dieser in seiner großen Behörde gar keine Personalhoheit besitze, da sich der Innenminister, ein alter Gewerkschaftler, selbst die Einstellung von einfachen Sachbearbeitern vorbehalten hat.

Inzwischen kamen die ersten deutschen Nachkriegszeitschriften auf meinen Tisch. Angesichts der US-Zensur, unserer Weltausgesperrtheit und des allgemeinen Zustands wäre es vermessen, von ihnen eine Offenbarung zu erwarten. Unsere besten Köpfe sind tot oder schweigen; was die Stimme erhebt, schwelgt in Selbstanklagen oder Henkerwitzen; einige wenige tasten sich an die Probleme heran, das unserer durch den Krieg verwüsteten Jugend etwa. Weinerliches Christentum wirkt ebenso wenig überzeugend wie rächerischer Sozialismus — was bleibt bei uns zum Sozialisieren übrig? Ein wenig kann ich schon die Jungen verstehen, die den höllischen Bomennächten nachtrauern und sich in einer Wirklichkeit nicht zurechtfinden, die für die Opfer, die sie gebracht, nur Schimpf und Verachtung übrig hat.“

Samstag, 22. 6. 1946

Als ich allein im Zimmer schrieb, besuchte mich Dr. U., den mein Geklapper angelockt hatte. Er habe Aussichten, Staatskommissar für Württemberg zu werden; ob ich Lust hätte, mit ihm nach Stuttgart zu gehen? Ich hatte gerade einen Antrag auf einen Interzonenpaß für ihn übersetzt und fragte, ob er zu verreisen gedächte und wie es in der ČSR aussähe. „Sehr schlecht. Die Kommunisten terrorisieren jetzt die tschechischen Rechtsparteien. In London hat sich wiederum eine Exilregierung aufgetan, die für die Befreiung der Republik vom sowjetischen Joch kämpfen will.“ Daß die Russen in den ehemals deutschen Teilen des Böhmerwalds, die nach der Austreibung der

Bevölkerung fast menschenleer sind, heimlich Truppen unterhalten, wußte auch er. Zudem können sie eine neuerliche Besetzung dieses Landes als Truppenbewegung zwischen der deutschen und der österreichischen Sowjetzone ausgeben.

Auf der Landesstellenleitertagung stand u. a. auch die Korruption auf dem Tagungsprogramm. Ich betrachtete die Kollegen amüsiert. Alle rauchten amerikanische Zigaretten — auf welche Zuteilung sie die wohl erhalten hatten? Man sprach über die Üppigkeit der Bauern. Jeden Textilarbeiter würde man für verrückt halten, der einen Teil der Anzüge, die sein Werk produziert, für sich beanspruchte. Bei den Bauern nimmt niemand Anstoß daran, daß sie das Beste für sich behalten oder für den Tauschhandel abzweigen. Die Bäuerin, bei der einer der Kollegen übernachtete, kam abends betrunken nach Hause. Mit dem Sattessen sind sie nicht zufrieden; ihnen steht der Sinn nach massiveren Genüssen.

Nachmittags Kammermusik. Eingeladen hatte ein Beamter im Gesundheitsamt. Schöne Möbel und viele Bücher standen im großen Raum, Bilder hingen an den Wänden; diese Wohnung hatte der Krieg verschont. Ein fahler, langer Mensch, der wie ein Leichenbestatter aussah, spielte nicht ganz sauber die erste Geige. Wir legten ein Brahmssextett auf; nach dem zweiten Durchgang hatte ich meinen Part im Ohr. Dann spielten wir Schuberts op. 163, wobei mir der Mann mit dem italienischen Cello die erste Stimme überließ. Zwischen den Spielern herrschte eine alte Vertraulichkeit. Sie erreichten nicht das Niveau, das ich von Prag gewohnt war. Das machte mir den Abschied leicht, zumal ich nur als Lückenbüßer eingeladen war.

Mittwoch, 26. 6. 1946

Trüber Morgen. Wir hatten gerade unsere Arbeit angefangen, als mich Jaenickes Stellvertreter zu sich rief. Mit einer Leichenbittermiene saß er hinter seinem Tisch. — „Die Militärregierung hat Sie entlassen, weil Sie bei einer Behörde eines von den Nazis besetzten Gebietes beschäftigt waren", sagte er und reichte mir das Schreiben. „Aber vielleicht handelt es sich um einen Irrtum. Wollen wir gleich hinaus fahren? In letzter Zeit haben wir einige solcher Fälle frei bekommen."

Hastig suchte ich meine Unterlagen zusammen. Zu guter Stunde trafen wir bei Cpt. H. ein. Der nahm sich der Sache sofort an und ging mit meinen Papieren zum zuständigen Offizier. Natürlich erreichte er ihn nicht. „Es wird ein Irrtum sein", tröstete auch er; „ich kenne den Safety Officer gut, er ist ein alter Regimentskamerad von mir. Morgen will ich die Sache in Ordnung bringen."

181) Sicherheitsoffizier.

Ich glaube nicht daran. Die Amerikaner sind prinzipientreu und werden ihren eigenen Vorschriften nicht zuwider handeln. Was verstehen sie außerdem von der vertrackten ethnischen Karte Osteuropas? Was bedeutet es ihnen, daß ich bestraft werde, weil ich in meiner Heimat in den öffentlichen Dienst trat? Mein Chef stimmte mir zu. Der Staatskommissar müsse zum Entnazifizierungsminister fahren und dort meine beschleunigte Entlastung erwirken.

Freitag, 28. 6. 1946

Interessant die Reaktion im Amt auf meinen Fall. Die meisten fühlen sich in ihrer Existenz nun gleichfalls verunsichert, aber was hilft mir das? Jaenicke ist der Auffassung, daß meine Entnazifizierung etwa zwei Wochen in Anspruch nehmen wird.

Anzeichen einer stillen Inflation, von der man wenig merkt, weil es ohnedies kaum etwas zu kaufen gibt und Zigaretten als Währung längst wichtiger geworden sind als Geld. Die Preise der nicht bewirtschafteten Waren sind seit dem Zusammenbruch um ein Vielfaches gestiegen.

Aus einem Brief eines 62jährigen Geistlichen aus Niedersachsen:

„... *wir haben das letzte Jahr wider Erwarten überstanden, doch sind wir oft müde und schlafen viel. Da es mir glückte, mehr als die erlaubten 500 RM hierherzubringen, die Lebenshaltung hier außerdem billig ist, sind wir mit Geld gut versehen. Wie meine Zukunft aussieht, steht dahin. Die Schlesische Kirchenbehörde hofft offenbar, daß wir Pastoren zurückkehren werden. Jedenfalls hat sie die anderen Kirchenbehörden gebeten, schlesische Geistliche nur vertretungsweise einzustellen. Eine richtige Anstellung hier in Hannover käme bei meinem Alter und meiner Herzschwäche ohnedies nicht in Frage. In der Sowjetzone kann man leicht Vertretungen erhalten, da dort viele Geistliche nicht zurückgekehrt sind, in der amerikanischen wird es schwieriger sein, da dort fast alles katholisch ist und die Flüchtlinge ihre eigenen Pfarrer mitgebracht haben.*

Nun ein kurzer Bericht über unsere Erlebnisse im letzten Jahr. Am 8. Mai kamen die Russen nach Waldenburg. Schon seit Wochen hörten wir das Donnern der Kanonen. Zwei Tage vorher rief der Kreisleiter die Bevölkerung zur Flucht auf. Die es nicht taten, waren besser daran, denn weit sind die meisten nicht gekommen; sie kehrten früher oder später ausgeplündert zurück. Gegen 17 Uhr trafen die Russen ein, nachdem vorher deutsches Militär durchgezogen war und verschiedene Anlagen gesprengt hatte. Wir hatten im Garten mancherlei vergraben. Widerstand ist nur vereinzelt geleistet worden. Überall wehten weiße Fahnen. Es folgten mehrere unruhige Tage, zumal während der Siegesfeiern der Schnaps in Strömen floß. Hausdurchsuchungen, Plünderungen, Vergewaltigungen en masse. Zu uns kamen gleichfalls einige Kerle; einer hielt mir die Pistole vor die Brust und wollte meine Uhr. Andere hatten sie mir aber schon abgenommen. Das Schlimme war, daß man sich mit den Leuten nicht verständigen konnte. Selbstmorde waren häufig.

Zum Glück bezog neben uns ein General Quartier. Auch zu uns sollte ein Oberst gelegt werden. So böse es zugegangen ist, Scheußlichkeiten wie Augenausstechen, Abschneiden der Ohren usf. kamen nicht vor. Auch konnte man sich an die Kommissare wenden, die wiederholt dem Treiben Einhalt geboten. Die Truppe blieb 14 Tage, dann zog sie ab. Es folgten Durchzüge mit gelegentlichen Einquartierungen. Ende Juli setzte die Polonisierung ein. Deutsche Schilder wurden durch polnische ersetzt, Gesuche mußten polnisch abgefaßt sein usw. Dann fanden Hausenteignungen statt (die Mieten wurden vervierfacht und mußten an den Staat abgeführt werden), Enteignung der Geschäfte und Betriebe und die Ausquartierung aus unseren Wohnungen, in die Polen aus Galizien zogen, von wo sie in langen Zügen eintrafen. Natürlich durften die Ausquartierten nichts mitnehmen. Auch in unserem Hause wurde eine Familie nach der andern hinausgesetzt, obwohl die Männer in Arbeit standen.

Im Januar 1946 hieß es, daß man auch uns hinauswerfen werde. Jeden Tag zwischen 11 und 12 Uhr sahen wir zum Fenster hinaus: Kommen sie nun? Einen Teil unserer Sachen, Kleidung und Wäsche, hatten wir in mein Amtszimmer ins Pfarrhaus gebracht. Immer wieder hieß es, das Pfarrhaus wird durchsucht, so daß es galt, die Sachen möglichst unauffällig wieder in die Wohnung zu bringen. Immer wieder kamen Kommissionen, die nach Waffen und Radios suchten (letzteres mußten wir gleich nach dem Russeneinmarsch abgeben). Auch sollte ich verhaftet werden, weil ich polnischen Unterricht erteilt habe! In manchen Wochen war es ruhiger, in anderen jeden Tag etwas los.

Vom Adolf-Hitler-Gedächtnismarsch im Juli 1945 blieben wir verschont. Polen erschienen in den Häusern und jagten die Leute mit Peitschen hinaus, Alte, Frauen und Kinder. Sie wurden zu Sammelstellen getrieben und von dort mit unbekanntem Ziel in Marsch gesetzt. Weit sind sie nicht gekommen; nach einigen Kilometern nahmen ihnen die Begleiter das Gepäck ab und schickten sie nach Haus. Wenn sie Glück hatten, fanden sie die Wohnungen ungeplündert vor. Wir selbst hatten zunächst

16, später 23 Flüchtlinge aufgenommen, darunter zwei Polen, die sich gut benahmen. Wir hausten im Wohnzimmer, das wir mit einer jungen Frau aus Olmütz, deren 11jährigem Bruder und einem einjährigen Kind teilten. An Betrieb und Ärger hat es nicht gefehlt. Mir tut die Ruhe jetzt gut.

Als die Russen kamen, waren auf der Bahn Mehl, Zucker und Kartoffeln zu haben und wohl dem, der sich eingedeckt hat. Die Geschäfte waren wochenlang geschlossen. Von den Sowjets wurden große Viehherden weggetrieben. Bis zum August 1945 galt die Reichsmark; dann mußte man in Zloty zahlen. Auf der Lebensmittelkarte gab es immer weniger; Fleisch, Fett und Milch überhaupt nicht. Monatelang haben wir von Kartoffeln und Kleie gelebt. Weite Touren wurden unternommen, um Ähren zu lesen und Kartoffeln zu stoppeln. Auch Brot war sehr knapp. An den Ausgabestellen stellten sich die Leute bereits in der Nacht zuvor an. Natürlich brauchten sich Polen nicht anzustellen und bekamen auch ganz andere Rationen als wir.

Im Herbst kam ein Laden nach dem andern in polnische Hand. Nun gab es alles ohne Marken, aber zu Preisen, die für uns völlig unerschwinglich waren. Renten- und Pensionszahlungen entfielen, die Sparkassen hatten geschlossen, die Gehälter blieben gering. Ein Eisenbahner verdiente 300 Zl im Monat. Ich hatte zum Schluß 900 Zl und 300 Zl Dienstaufwand. Meine Haupteinnahmsquelle waren die Beerdigungen, die sich verdreifachten. Um unser Leben zu fristen, mußten wir unsere Kleider verkaufen. Auf dem Markt wurde geschachert, auch kamen Händler zu uns ins Haus. Die meisten Lebensmittel wurden aus Polen eingeführt, als die Bahn nach Breslau wiederhergestellt war. Im allgemeinen war die Ernährungslage in den letzten Monaten besser geworden.

Schlimm blieben die Unsicherheit, die Überfälle, das Ausgeplündertwerden. Auch konnte man auf der Straße jederzeit zu Aufräumungsarbeiten befohlen werden. Miliz trieb die Passanten plötzlich zusammen und führte sie zu irgendeiner unbezahlten Arbeit ab. Uns ist das nicht passiert, vor dem geistlichen Amt hatte man eine gewisse Achtung, auch schützte man zunächst das Kircheneigentum. Dann wurde allerdings auch das Kirchenkassengeld beschlagnahmt und unsere Gemeindehäuser enteignet. Wäre ich geblieben, hätten wir sicherlich das wenige eingebüßt, mit dem wir ausgesiedelt wurden.“

Sonntag, 23. 6. 1946

Seit drei Wochen regnet es in diesem Juni, der einem schlechten März oder November ähnlicher ist als einem Sommermonat. Ich widmete den Tag Balzacs[182]) „Père Goriot“, schon um mein Französisch lebendig zu erhalten. Man fühlt die geistige Sprengkraft des ausklingenden 18. Jahrhunderts darin und die Schärfe, womit ein Genie gegen die Herrschaft der sozialen Frage rebelliert. Im Temperament erinnert mich das Werk an Strindbergs[183]) Romane, von dem auch eine Reihe der rabiaten Szenen stammen könnten; in Vautrin nimmt Balzac Turgenjews[184]) Nihilisten Bazarow vorweg. Ein Roman, der auch nach fünf Generationen aufwühlt und überwältigt.

Nach Speers[185]) Darstellung hatte Hitler in den letzten Monaten seiner finsteren Existenz nur Vernichtung im Sinn. Die Ölquellen Rumäniens, die Nickelgruben Finnlands, die Ölfelder des Burgenlandes, die böhmische Industrie, die deutschen Industrie- und Verkehrsanlagen, die ganze Infrastruktur sollte gesprengt werden. Gauleiter und Heeresgruppen-Kommandeure hatten Befehl, den Kampf ohne Rücksicht auf die Bevölkerung weiterzuführen. Wiederholt äußerte er: Wenn ich den Krieg verliere, soll auch das deutsche Volk verloren sein. Was von ihm übrig bleibt, sind ohnedies nur die Minderwertigen. Industriell sei der Krieg erst 1944 mit den Angriffen auf unsere Ölraffinerien verloren gewesen, sagte Speer.

In einer Nebenstraße unserer Kolonie, bei den Feldern, hat sich in aller Stille ein Fleischer aus der Stadt ein Haus mit Garage und Ställen gebaut. Material und Arbeiter bezahlte er mit Fleisch aus seinen Schwarzschlachtungen und wahrscheinlich auch die Behörden. Fleisch

182) *Honoré de Balzac* (1799—1850), französischer Romancier. In den 40 Bänden seiner „Menschlichen Komödie“ entwarf er ein ungeheures Gemälde vom Zustand der französischen Gesellschaft der bürgerlichen Epoche unter Louis Philippe. Er hat darin gegen 2000 Gestalten geschaffen. „Père Goriot“ und „Eugenie Grandet“ gelten als seine Meisterwerke.

183) *August Strindberg* (1849—1912), schwedischer Romancier, Dramatiker, Alchimist. Sein Werk spiegelt Höhepunkte der literarischen Entwicklung Europas durch mehrere Jahrzehnte. Von seinen Romanen und Dramen, auch den fünf Bänden seiner Autobiographie sind starke Wirkungen für den literarischen Impressionismus und Expressionismus ausgegangen.

184) *Iwan Sergejewitsch Turgenjew* (1818—1883), russischer Erzähler, der den größeren Teil seines erwachsenen Lebens im Ausland, vornehmlich in Deutschland, zubrachte. In ihm gewinnt die große russische Literatur Einfluß auf die europäische. In seinem Roman „Väter und Söhne“, 1862, schildert er das Urbild eines Bolschewiken ein halbes Jahrhundert vor der russischen Revolution.

185) *Albert Speer*, geb. 1905, Architekt. Sp. erwarb in jungen Jahren Hitlers Gunst, der ihn 1937 zum Generalinspekteur für Berlin, 1942 als Nachfolger des verunglückten Todt zum Reichsminister für Bewaffnung und Munition ernannte. Zu Kriegsende widersetzte sich Speer Hitlers Zerstörungsbefehlen und versuchte, den Diktator zu beseitigen. In Nürnberg wurde er zu 20 Jahren Haft verurteilt, die er absaß. Seine Erinnerungen waren ein großer Bucherfolg.

gibt es schwarz zu kaufen, erzählte die Ziegenhirtin meiner Schwägerin, 36 RM das Kilo. Wen kümmert schon die Legalität, wenn er sich die Illegalität leisten kann? Nächsten Monat soll die Währungsreform stattfinden, hörte ich von mehreren Seiten.

Dienstag, 25. 6. 1946

Nachdem ich mich vergewissert hatte, daß Schütz hier ist, fuhr ich zur Hilfsstelle. Ich fand ihn sorgenvoll; die Amerikaner sollen erbittert sein, daß wir die gute Behandlung, die sie uns angedeihen lassen, nicht honorieren, vor allem dem Entnazifizierungsgesetz stillen Widerstand entgegensetzen, auf dessen Durchführung sie bestehen. Sollte sich auf unserer Seite keine Kollaborationsbereitschaft einstellen, fürchtet Sch. die Auflösung der Länderregierungen. In diesem Falle würden Besatzungsoffiziere unmittelbar die Exekutive übernehmen. „Wären damit nicht wenigstens klare Verhältnisse geschaffen", fragte ich. — Aber Schütz hielt nichts davon; leider liegen die besseren Chancen nicht auf unserer Seite.

Ich erkundigte mich, wie die Sowjets in ihrer Zone das Flüchtlingsproblem handhaben. Schließlich nahmen sie fast 4 000 000 auf, mehr als die Briten und die Amerikaner. Eine eigene Flüchtlingsorganisation wie bei uns haben sie nicht. Die Neubürger, wie sie sie nennen, sind in ihrer Zone ein Mittel zur kalten Sozialrevolution.

Zum Schluß unterrichtete ich ihn von meiner Amtsenthebung durch die Amerikaner. Die Nachricht machte ihn sehr betroffen, sodaß ich mich zu entschuldigen begann, ihn immerfort mit persönlichen Angelegenheiten zu behelligen. Er winkte ab. Hier gehe es um Grundsätzliches. „In diesen Wochen mußten wir auf Befehl des Alliierten Kontrollrats die Betreuungsstellen[186]) schließen, die seit einem Jahr vorzügliche Arbeit getan haben und wo wir eine Reihe unserer fähigen Köpfe unterbringen konnten. Wenn nun auch arglose Außenseiter wie Sie aus dem öffentlichen Leben hinausgedrängt werden, wem verbleiben noch Chancen? Wie kann ich noch um Geld betteln, wenn alles, was an unsere ehemalige Existenz erinnert, illegal wird?"

Die Zeitschrift LIFE bringt das Foto eines deutschen Bahnhofs. Im Vordergrund ist ein Speisewagen abgebildet; an blumengeschmückten Tischen sitzen Amerikanerinnen, die zu ihren Männern nach Deutschland gereist sind. Dahinter steht ein Flüchtlingszug; aus den

186) Die lokale Militärregierung in München hatte im Sommer 1945 die Errichtung von Hilfsstellen für Sudetendeutsche und für Südostdeutsche gestattet, die durchreisenden Flüchtlingen Auskünfte über Verwandte und Bekannte erteilten, Arbeitsgelegenheiten, Unterstützungsmöglichkeiten vermittelten und Amtshilfe gewährten. Auf Weisung des Kontrollrats mußten sie im Juni 1946 geschlossen werden, da Zusammenschlüsse der Flüchtlinge vom Alliierten Kontrollrat verboten waren.

geöffneten Viehwagen quellen Frauen und Kinder heraus. Darunter der Text:

„Die deutschen Flüchtlinge sehen mit stumpfen und neidischen Augen auf unsere Soldatenfrauen, die von der Armee täglich 3000 Kalorien bester Kost geliefert erhalten, während die Deutschen mit 1350 Kalorien vorlieb nehmen müssen. Unsere Frauen ziehen in die schönsten deutschen Häuser ein, wo auf sie bereits ein deutsches Dienstmädchen wartet. Das größte Problem für unsere Frauen in diesem Land ist die Frage, ob sie ihre Kinder mit den deutschen spielen lassen sollen.“

Dienstag, 2. 7. 1946

Den Brief eines Juden übersetzt, der von Palästina aus sein bayerisches Heimatrecht bestätigt haben möchte. Ein Deutscher wolle er nicht mehr sein, schreibt er unwirsch.

An der Schwarzmarktbörse gegenüber dem Deutschen Museum ist die Militärpolizei nun Stammgast. Trotzdem erhalten die dortigen Händler immer neuen Zuzug. Eine dicke Polin verschlingt an unserer Straßenecke aus einem Karton große Gartenerdbeeren.

Die Entlassung nimmt mich physisch mit, wenn ich mich äußerlich auch unter Kontrolle halte. Mein Ausdruck sei so verändert, behauptet Frau L., daß man mich, wenn dieser Schwebezustand lang andauert, bald nicht mehr ansehen könne. Zu Mittag wurde ich zum Staatskommissar gerufen.

Dr. Z. saß bei ihm, ein zierlicher, brünetter Mann, 10 bis 12 Jahre älter als ich. Ich mußte meine Tätigkeit beim Staatskommissar in Reichenberg[187]) beschreiben und sollte dann über die politische Einstellung meiner Zeugen aussagen. „Sie waren politisch so farblos wie ich“, gestand ich traurig, denn mir tat die schöne Arbeit leid, der sich meine beiden Gewährsleute unterzogen hatten. „Aber Sie werden doch auch Politiker gekannt haben“, unterbrach Dr. Z. ungeduldig. „Sicherlich, aber sie gehören alle der christlichen Seite an, etwa Herr Schütz.“ „Aber der ist ja ein Begriff“, sagte Dr. Z. „Der ist mein Freund“, erwiderte ich schlicht. „Wissen Sie, wo er wohnt?“ Ich nannte Straße und Hausnummer. „Kommen Sie morgen mit Ihren Unterlagen und Herrn Schütz in mein Büro. Dann lasse ich Ihre Sachen gleich bearbeiten.“

Schütz war entsetzt, als ich ihm das berichtete. — „Ich kann Sie doch nicht entnazifizieren; ich bin selbst ein Verfemter“, rief er aus. „Zunächst entnazifizieren Sie mich und dann entnazifiziere ich Sie“,

187) Die im Oktober 1938 nach Abtrennung der deutschen Gebiete vom tschechischen Teil der böhmischen Länder in Reichenberg gebildete zentrale Verwaltungsstelle für den neuen Gau.

erklärte ich, sodaß seine Mitarbeiter hell auflachten. Aber Schütz blieb ernst. „Ich kann weder meineidig werden noch sagen, daß wir uns im Vorzimmer der Besatzungsmacht erstmalig getroffen haben." „Aber Sie können doch beschwören, daß ich zur Nazi-Ideologie, geschweige zu deren Praktiken, stets Distanz gehalten habe", sagte ich. „Ja, das kann ich", erwiderte er und wurde wieder heiter. „Zum Schluß bleibe ich der einzige und letzte Nazi."

Österreichs Landwirtschaft kann zur Ernährung der Bevölkerung pro Kopf nur 250—300 Kalorien beisteuern. In Wien erreicht die Sterblichkeit 385 Personen auf je 10 000 Einwohner im Jahr.

In Kielce[188]) wurden bei einem Pogrom 37 Juden getötet und 22 verletzt. Es geht also weiter mit den Abscheulichkeiten.

Königsberg heißt fortab Kaliningrad, gab der Moskauer Rundfunk bekannt. Von Kant zu Kalinin, könnte man die Geschichte unserer letzten 200 Jahre überschreiben.

Donnerstag, 4. Juli 1946

Minister Schmitt[189]), dem ich gestern in Begleitung seiner Frau begegnete, ist von den Amerikanern ausgebootet worden. An seiner Stelle zieht ein Christlichsozialer ins Sonderministerium ein. Die CSU, mit großem Abstand Bayerns stärkste Partei, hat sich bisher die Gnade der Besatzer nicht recht zu verdienen gewußt. Außerdem scheint sie noch nicht konsolidiert zu sein. So ist mir unerfindlich, warum sie einem Politiker wie Schütz noch keine Chance zu öffentlicher Betätigung bot. Nicht einmal um seine Entnazifizierung kümmerten sich seine Parteifreunde, sondern überließen dies Geschäft den sudetendeutschen Sozialdemokraten.

Aus einem Brief an Dr. KW, Frankfurt:

„Natürlich ist meine Entnazifizierung, so schnell sie nun auch vonstatten gehen wird, alles andere als belustigend. Allein die Tatsache, daß man den Verlust seiner besten Jahre andern nun devot präsentieren muß, als ob es sich um eine dicke persönliche Schuld handelte, könnte einen schon deprimieren. Dazu sind heute alle, an denen erwerbslose Angehörige hängen, auf ein festes Einkommen angewiesen, denn solang man in Gasthäusern für Geld und auf Marken etwas zu essen bekommt, möchte ich nicht, daß meine Familie verhungert.

188) Stadt in Mittelpolen.
189) Auf Druck der Amerikaner, die verlangten, daß ein Kommunist ins Kabinett aufgenommen werde, hatte Hoegner Heinrich Schmitt (1895—1951) das Entnazifizierungsministerium übertragen.

Warum schreiben Sie nicht etwas Wohlbedachtes über Ihre Reise-Erlebnisse? Ich kann Ihren Einwand erraten; man findet überall in unseren Landen das Gleiche — Not und Mangel an elementarsten Gebrauchsgegenständen, brachliegende Arbeitskraft, vergeudete und falsch eingesetzte Intelligenz, soziale Ungerechtigkeit, politischen Mißbrauch, Bevorzugung des Gemeinen. In Baden-Baden leben 32 000 Franzosen, genau so viel wie die eingesessene Bevölkerung zählt. Ich werde mißtrauisch, wenn man einem Volke Kultur statt Brot anbietet.“

Nachkriegsschulen

Sonntag, 7. 7. 1946

Das Unwetter tobt weiter mit orkanartiger Wut. Rosenheim ist vom Inn bedroht. Bis Mittag wartete ich auf das Nachlassen des Regens, dann schlüpfte ich schaudernd in meine Regenbekleidung und fuhr zum Waldfriedhof, um Frau L. abzuholen, die wir eingeladen hatten. In Forstenried geriet ich in einen Teich, der sich infolge eines Rohrbruches auf der Straße gebildet hatte. Wasser drang in den Vergaser, so daß ich das Krädchen schieben mußte und Frau L. und ich naß wie die Krähen daheim eintrafen, die auf den Feldern auch nicht mehr auffliegen konnten. D. hatte eine zu unserer großen Freude gefangen und präsentierte sie mir zum Schlachten.

Merkwürdig die Sintflut, die nun jeden Sommer niederbricht. Auch im Vorjahr gab es eine, welche die Sonne zu ersäufen schien. Der Oberst wurde damals ernsthaft krank und wir heizten unsere Villa mitten im Juni.

Trotz dem Einwand der österreichischen Regierung, daß sie zur Einbringung der Ernte zu diesem Zeitpunkt keine Arbeitskräfte entbehren könne, haben die Sowjets die sofortige Ausweisung von 54 000 Reichsdeutschen angeordnet einschließlich derer, denen die neue Regierung die Staatsbürgerschaft erteilt hatte. Die französische Zone, die gegenüber 1939 einen Bevölkerungsverlust von 3 % aufweist, soll die Ausgewiesenen aufnehmen, die ihre Habe bis auf 15 kg Gepäck zurücklassen müssen.

Nach einem Anschlag auf zwei russische Offiziere hat General Swiridow[190]) die ungarische Regierung aufgefordert, strenge Maßnahmen gegen die katholische Kirche zu ergreifen, welche die Bevölkerung gegen die Besatzung beeinflusse. Außerdem wird das Verbot von Jugendorganisationen, vor allem katholischen, gefordert. Alle

190) Russischer Oberbefehlshaber in Ungarn.

politisch nicht tragbaren Elemente müssen aus dem öffentlichen Leben entfernt werden, darunter auch der Führer der Partei der kleinen Landwirte, Staatssekretär Pfeiffer.

Drei Mitglieder der SPD werden nach Mitteilung des Berliner SPD-Vorsitzenden Neumann seit einigen Tagen vermißt. Alle drei wohnen in der Sowjetzone. Nachforschungen nach ihnen blieben erfolglos.

55 % unserer Münchner Schulkinder sind unterernährt, ergab eine ärztliche Gruppenuntersuchung. Nur 20 % können als gesund gelten, die anderen leiden u. a. an Tuberkulose, Bronchitis und Hautkrankheiten.

Samstag, 13. 7. 1946

Sommerlich warm. Die Post brachte die Aufforderung, mich in der Spruchkammer Wagmüllerstraße einzufinden. Ein von Bomben verschontes Miethaus, notdürftig für Bürozwecke eingerichtet; der neue Staat macht wenigstens kein Hehl aus seiner Armut. „Öffentlicher Kläger", „Präsident", „Vorsitzender" stand an den Türen. Ich wurde in den vierten Stock geschickt, wo ich den mißwüchsigen Greis wiedersah, der mich schon im Sonderministerium erschreckt hatte, an den Beinen gelähmt, mit überwachem Ausdruck im verlebten Gesicht, eine wahre Quasimodo-Figur. Überhaupt waren die Physiognomien, die man dort sah, keine Empfehlung für die Träger und deren Sache.

Endlich kam ich zum Öffentlichen Kläger vor, einem ältlichen Juristen, der mich sehr freundlich empfing. Mit Freude hätte er gelesen, daß ich Schüler von Benedetto Croce sei und über ihn meine Dissertation geschrieben habe. Ich erzählte ihm von meinem Besuch in Neapel und was mir Voßler über Croces gegenwärtiges Befinden berichtet hatte. Er revanchierte sich mit seinen Italienerfahrungen und lenkte dann das Gespräch ins Sachliche. „Gegen Sie ist nichts einzuwenden. Ich will Ihnen gleich die Entlastung ausstellen." Er rief eine Schreibkraft und diktierte ihr einen kurzen Text. In wenigen Minuten brachte das Mädchen die Karte, die er unterschrieb; mit Windeseile fuhr ich zum Staatskommissar.

Ich gab die Karte im Vorzimmer ab, die alsbald mit Jaenickes blauem Strich versehen zurückkam. Dann meldete ich mich bei seinem Stellvertreter, der mich sofort mit der Arbeit beginnen ließ. Nun bete ich um eine bescheidene Strecke Normalität.

Sonntag, 14. 7. 1946

Langsam festigen sich die Verhältnisse. Die Menschen wachsen in die Veränderungen hinein. Was vor einigen Monaten noch Umsturz hieß, wird zum Alltag. Noch hält der Hunger an; erst nach der nächsten Ernte wird er überwunden sein, heißt es. Immer breiter wird die Schicht derer, die eine neue Wirklichkeit repräsentieren wollen. Viele glauben aufrichtig, eine neue Gesinnung zu verbreiten. Sie sprechen von einer Welt des Friedens, der Versöhnung und des Rechts, in der sich das Zeitalter der Kriege wie ein böser Alptraum ausnehmen wird. Nun ist auch die Stunde der vergessenen Opposition gekommen; Constantin Frantz[191]) steht plötzlich in hohen Ehren und alles, was gegen Bismarck und nationale Träume war.

Ludwig Thomas[192]) Aufsätze — raunzig, grob witzig; genau besehen, war seine Welt gar nicht so viel gemütlicher als die unsrige. Der Kaiser, der preußische Schnauzton, die Großmannssucht waren ihm arg zuwider. Bei aller etwas forcierten Urigkeit hat er ein empfindliches Wertgefühl. Sehr bezeichnend sein Gedicht über Eduard VII.[193]), über den seine deutschen Zeitgenossen gern die Nase rümpften. Aber als diese von ihm mit so viel Verve atttackierte Welt 1918 zusammenfiel, hat es ihm das Herz gebrochen.

Dienstag, 16. 7. 1946

Max Jordans „Beyond All Fronts" angefangen. Jordan war in den dreißiger Jahren Vertreter eines amerikanischen Rundfunkkonzerns in Berlin. Er berichtet von seinen Erlebnissen und Kontakten und versucht der Frage nachzugehen, wieso es zur „Machtergreifung" Hitlers kommen konnte. Diesen selbst und seine unmittelbare Gefolgschaft hält er für Kriminelle, denen eine rachsüchtige alliierte Politik unser Volk in die Hände spielte. Für diese These führt er eine Menge Tatsachen an. Selbstverständlich erntet er drüben heftigen Widerspruch, wenn man die Besatzungspolitik der Amerikaner kennt. Natürlich weiß auch er, daß Staaten und Völker für herbeigeschworene Katastrophen genau so verantwortlich sind wie Individuen.

Donnerstag, 18. 7. 1946

Nun muß ich wieder ein paar Tage mit der Straßenbahn fahren, bis mein Fahrzeug zusammengeflickt ist. Zwar ist der öffentliche Verkehr in München nicht zusammengebrochen, wie man vor einem

191) *Constantin Frantz* (1817—1891), politischer Schriftsteller, bis 1865 im preußischen Dienst. F. bekämpfte die Reichsgründung Bismarcks und forderte eine mitteleuropäische Föderation.

192) *Ludwig Thoma* (1867—1921), bayerischer Schriftsteller, Redakteur des Simplizissimus. Erfolgreich mit seinen Lustspielen und Bauernromanen.

193) *Eduard VII.* (1841—1910), Sohn Königin Victorias, von 1901—1910 König von Großbritannien. Durch große Menschenkenntnis, überlegene Umgangsformen und Taktgefühl übte er einen starken Einfluß auf die englische Politik aus, wobei seine Vorliebe für Frankreich und seine Abneigung gegen seinen Neffen Wilhelm II. den Gang der Dinge mitbestimmten.

halben Jahr voraussagte. Aber die Elektrischen fahren, wie es den Schaffnern beliebt; wenn man endlich in eine hineingekommen ist, muß man oft wieder aussteigen, weil der Wagen wegen eines plötzlich aufgetretenen Schadens umkehren muß. Man kann sich ruhig zu den Verdammten zählen, wenn man auf die Münchner Elektrischen angewiesen ist.

Viel Papier im Amt, darunter ein französischer Text: Unsere Rückgeführten in die französische Zone werden von den Besatzern zunächst zu zehn Tagen Arbeitslager verurteilt, weil ihre Papiere nur in deutscher und englischer Sprache, nicht in Französisch ausgestellt sind. Unser Grenzbeauftragter[194]) bittet dringend um neue Formulare.

Meine Eltern haben sich gemeldet. Sie sind nach Hessen ausgesiedelt worden; über unsere in Schlesien verbliebene Schwägerin erfuhren sie unsere Adresse. Ich konnte mich im ersten Glückstaumel kaum fassen. Die Schwestern empfanden die Nachricht anders; sie dachten an die Schwierigkeiten, die ihnen bevorstehen. M. muß mit ihrer Mütterkarte nun zwei weitere Esser durchschleppen. Aber auch den Eltern wird es schwer fallen, von ihrem übrig gebliebenen Sohn nun völlig abhängig zu sein. Ich schickte ein Telegramm: Leben in guten Verhältnissen, kommt sofort.

Abends über die Felder gegangen. Der Roggen reift und wir haben eine Tasche voll Ähren gestohlen, um sonntags etwas Gebackenes zu haben. An solchen Mundraub hätten vor dem Kriege selbst die Ärmsten nicht gedacht. Jetzt findet man an den Feldrändern ganze Strecken, auf denen die Ähren mit der Schere abgeschnitten wurden. M. klagt, sie könne keine Saucen zubereiten, wenn sie kein Mehl habe. Ohne Saucen aber müßten wir die Kartoffeln Tag um Tag trocken essen.

Die Amerikaner haben den UNRRA-Vertretern gestattet, in unseren Kinderheimen nach verschleppten Kindern zu suchen. Wer entscheidet darüber, wenn diese finden, daß ein Kind verschleppt worden ist?

George Bernard Shaw[195]) wird in einigen Tagen 90 Jahre alt.

Montag, 23. 7. 1946

Nachmittags sollte ich mit einem Referenten des Wirtschaftsministeriums nach Miesbach fahren, wo uns die Militärregierung Baracken angeboten hatte. Als Gegendienst bot er uns an, M. mitzunehmen

194) An allen Übergangsstellen von einer Zone zur anderen und an der tschechoslowakischen Grenze, wo Flüchtlings- oder Evakuierten-Transporte abgefertigt wurden, hatte die Flüchtlingsverwaltung Grenzkommissare eingesetzt, die für die reibungslose Erledigung der erforderlichen Prozeduren verantwortlich waren.

195) *Bernard Shaw* (1856—1950), englisch-irischer Dramatiker und Romancier, der 1925 den Nobelpreis erhielt.

und uns den Schliersee zu zeigen. Als wir, nachdem wir M. abgeholt hatten, auf die Hauptstraße einbogen, kam uns ein Mann entgegen, der meinem Vater ähnlich sah. Ich ließ halten und stürzte aus dem Wagen heraus. Er war es wirklich, greis und lahm geworden, aber immer noch mit seinem energischen kräftigen Gesicht. M. kehrte nun mit ihm ins Häuschen zurück, während ich die Fahrt fortsetzte.

Abends erzählte er uns seine Erlebnisse des letzten Jahres. Er war kurz vor Kriegsende von Troppau nach Mähr. Schönberg versetzt worden, wo die Russen am 5. Mai 1945 einzogen. Untaten wurden genug verübt; in den beiden ersten Nachkriegsmonaten haben sich in dem kleinen Städtchen 275 Menschen das Leben genommen. Er selbst hatte einen Unfall und kam ins Krankenhaus. Notdürftig geheilt, wurde er nach seiner Entlassung wegen Waffenbesitzes angeklagt, während der Nationalausschuß die Mutter einer frisch zugezogenen tschechischen Familie als Hausgehilfin zuteilte.

Acht Wochen mußte er in der Untersuchungshaft auf seinen Prozeß warten. Die Verpflegung war sehr schlecht, die Zelle so klein, daß sich zwei Mann in eine Pritsche teilen mußten. Seine Leidensgefährten waren angesehene Bürger des Orts. Mißhandelt wurde er nicht, auch ergab schon die Voruntersuchung die völlige Haltlosigkeit der Anschuldigung. So überstellte man ihn dem Arbeitshaus, wo er bis zum Dezember 1945 verblieb. Er sorgte in der Küche für das Feuer; da er 61 Jahre alt war, verlangte man von ihm keine Zwangsarbeit.

Gegen Weihnachten entließ man ihn. Auch die Mutter brauchte nicht mehr zur Arbeit zu gehen. Über einen tschechischen Hauptmann hatte sie Vater im Gefängnis manchen Bissen zustecken können. Dann übertauchten sie ereignislos zwei weitere Monate, bis das Aussiedlungsprogramm anlief. Die ganze Zeit hatten sie in Verbindung mit Wien gestanden, wo ein Onkel lebt. In Hessen erfuhren sie von den Schwiegereltern, daß wir in Bad Kissingen gewesen waren.

Der Zonenbeirat in Hamburg[196]) hat einen Beschluß gefaßt, nach dem Jugendliche, die am 31. 1. 1933 das 18. Lebensjahr noch nicht überschritten hatten, als politisch nicht belastet angesehen werden sollen. In der britischen Zone scheint man die Entnazifizierung weitaus liberaler zu handhaben als bei uns.

Sonntag, 28. 7. 1946

Langsam löst sich die laue Nacht in graue Dämmerung auf. Wie auf einer Tuschzeichnung erscheinen die Dinge mit ihren Konturen. Gegen Osten steht eine Wolkenwand; noch liegt die Sonne tief unterm

196) Zur Beratung der britischen Militärregierung wurde im Februar 1946 in Hamburg ein „Zonenbeirat" geschaffen, der sich aus Vertretern der politischen Parteien und Gewerkschaften sowie aus deutschen Verwaltungsbeamten zusammensetzte.

Horizont. Vereinzelt kräht ein Hahn, dann geht ein Tor, ein Schritt hallt auf der Straße. Die Vögel sind noch nicht aufgewacht.

Vieles blieb in den letzten Tagen wegen der Ankunft der Eltern liegen. Wir werden uns miteinander einleben. Die Eltern sind vernünftig und anspruchslos. Die Tatsachen werden M.s Ängste zerstreuen. Sowie sich die Verkehrsverhältnisse bessern, lasse ich sie zu ihren Eltern in die britische Zone fahren.

Für den Abend hatte mir Frau L. eine Einladung Bernhard Bleekers[197]) besorgt, mit dessen Frau sie befreundet ist. Er ist in diesen Tagen 64 Jahre alt geworden; seine kurze gedrungene Gestalt mit dem klugen, westfälischen Bauerngesicht und den kühlen blonden Augen wirkt noch recht rüstig. Vor dem Kriege war sein Haus bekannt ob seiner Geselligkeit. Siebenmal erhielt es Bombentreffer; er hat es immer wieder hergestellt. Kurz vor Kriegsende zerstörte es eine Sprengbombe, sodaß sie praktisch in einer Ruine hausen, denn nur das ehemalige Wohnzimmer, in dem er nun das Atelier hat und zwei weitere Räume sind notdürftig benutzbar.

Er arbeitete an einer Pietà, über die wir ins Gespräch kamen. Er schien daran Gefallen zu finden, denn er zeigte mir verschiedene Seitenansichten der Gruppe, wo sie bereits vollendet wirkte. Ich fragte, wieviel von seinen Arbeiten, meist Brunnenanlagen für Städte, der Krieg zerstört hat. „15 Jahre meiner Lebensarbeit sind vernichtet." Ob er von diesen verschwundenen Arbeiten wenigstens eine Dokumentation besäße? Einige Unterlagen habe er gerettet, andere liegen bei Bekannten oder in seiner Notwohnung. Noch niemand hat über ihn gearbeitet. Als Präsident der Akademie der bildenden Künste unter den Nazis fällt er nach dem Gesetz unter die Hauptschuldigen.

„Gegenwart"-Illusionen

Freitag, 2. 8. 1946

Dr. W. besucht, der recht deprimiert von einer Inspektionsreise durch die Flüchtlingslager zurückgekommen ist. Jeder Kommissar draußen hielte sich ein Paradelager, in das er sein geringes Kontingent an Baumaterial hineinstecke, um es Besuchern wie etwa dem Staatskommissar vorzuführen. Um die übrigen kümmere sich niemand. Die Kloaken rinnen in die Baracken, die Folge sei eine unausstehliche Mückenplage, die Waschgelegenheiten sind mehr als notdürftig, die

197) *Bernhard Bleeker* (1881—1968), Bildhauer, seit 1922 Professor an der Bayerischen Akademie der bildenden Künste, zeitweilig deren Präsident. Bleeker schuf Brunnenanlagen, Figurengruppen, Grabdenkmäler und Statuen für verschiedene deutsche Großstädte.

Räume überbelegt. Niemand nehme sich der Kinder an, die wie junge hungrige Hunde in der Gegend umherstreunen. Es gibt zu wenig Kochgelegenheiten; die Frauen bauen sich unter freiem Himmel mit zerbrochenen Ziegeln und Lehm Notherde. Wie wird es im Winter aussehen? Dr. W. brütet unentwegt über Plänen, um für die Bedauernswerten vorzusorgen.

Aber unsere Verwaltung ist durch das tägliche Einströmen von 8000 Menschen so beansprucht, daß W. unter den Maßgeblichen keinen Gesprächspartner findet.

Die Bevölkerung Schleswig-Holsteins hat infolge des Flüchtlingszustroms von 1 500 000 auf 2 730 000 Menschen zugenommen. Die Briten haben den Zuzug nach dieser Provinz gesperrt.

Nach Schlange-Schöningen[198]), dem Leiter des Zentralamts für Ernährung in der britischen Zone, haben wir die Gefahr einer Hungersnot überwunden, wenn uns auch der Hunger noch im nächsten Jahr treu bleibt. Doch den Anschluß an die neue Ernte haben wir gefunden; die Städte können mit Kartoffeln beliefert werden. Für den Herbst sagte er die Erhöhung unserer Rationen zu.

Das Schwabinger Krankenhaus, das die Amerikaner beschlagnahmt haben, verfügt über 4000 Betten. Nicht einmal ein Sechstel davon sind belegt, und unter den Kranken befindet sich nach unseren Begriffen kaum ein spitalfähiger Fall. Während in unseren Kliniken die Kranken auf den Gängen liegen, benutzen die Besatzer die Räume u. a. als Absteigquartier für ihre Fußballmannschaften.

Was alles in unseren neuen Zeitungen steht! Da schreibt einer in der „Gegenwart“:

„Das neue Leben braucht Pflege, Raum, Wärme, Ruhe; dafür haben wir zu sorgen. Um zu wachsen und fruchtbar zu werden, braucht das Leben überhaupt Stetigkeit, Kontinuität, Zeiten der Stille und des Schweigens, Muße. Wir haben genug vom heroischen Aufbruch. Wenn wir in die Gesichter der jüngsten Generation sehen, die unter die Räder gekommen ist, blutet uns das Herz. Wir wollen nicht mehr zittern müssen vor neuen Wahnideen, sondern in Ruhe leben, ein Heim haben, ein vorbehaltloses Stück eigenen, vielleicht armen, aber fröhlichen Lebens.“

Nun leben wir leider nicht in einem Winkel, wohlbehütet vor der Geschichte, wo erträumte, schön empfundene Idyllen gedeihen, sondern auf einer Brandstätte, auf der die Besatzer herumtrampeln, sodaß wir selbst die uns verbliebenen Kräfte nur so weit rühren dürfen,

198) *Hans Schlange-Schöningen* (1886—1960), Politiker, Mitglied des Reichstages 1924—32; 1931/32 Reichsminister ohne Geschäftsbereich. 1947—49 Direktor der Verwaltung für Ernährung und Landwirtschaft 1950—55 Botschafter in London.

wie es diesen Gebietern paßt. Und sollten sie einst abziehen, wird wieder unsere eigene leidvolle Geschichte über uns herfallen und von uns Parteinahme, Auseinandersetzung, Anspannen der Kräfte und vielleicht neuen Kampf fordern, sodaß dergleichen Träume gutgemeint, aber in der heutigen Situation wenig hilfreich, ja irreführend sind.

Montag, 5. 8. 1946

Dr. W. ist der einzige im Amt, der sich Tag und Nacht Gedanken macht, wie man die Flüchtlinge rasch in Arbeit und Brot bringen könne. Die anderen sind froh, wenn sie wieder die anfallende Tagesnot bewältigt haben. Seine ursprüngliche Idee, die Munitionsanstalten zur Ansiedlung der sudetendeutschen Industrie zu verwenden, schlug fehl, da der Staatskommissar sich in der Zuständigkeitsfrage für diese Anlagen nicht durchzusetzen vermochte und sie dem Arbeitsministerium überließ, das mit alten Gewerkschaftlern besetzt ist, die in jedem Unternehmer bereits eine Verkörperung des Bösen sehen.

Nun hatte er eine andere Idee. Als sich der Zusammenbruch überdeutlich abzeichnete, wurden Hunderte von Berliner Betrieben nach Bayern verlagert. Zehntausend Waggons mit Maschinen stehen noch auf dem Nürnberger Verschiebahnhof herum und werden von den Amerikanern als Schrott bewertet. An diesen Schrott möchte Dr. W. heran. Aus ihm könnten die vertriebenen Unternehmer nicht nur die notwendigen Maschinen sondern auch Rohmaterialien herausholen. Aber da Dr. W. keine Verbindung zu der US-Einheit bekam, die das Gelände bewacht, durfte er die abgestellten Waggons nicht besichtigen.

Unser Versuch, OMGUS[199]) einzuschalten, war heut völlig erfolglos. Zunächst mußten wir eine Viertelstunde auf das Mädchen warten, das die Besuchspässe ausstellt. Dann saßen wir im Vorzimmer eines Hauptmanns, der bei einer Sitzung war. Als er endlich kam und wir unsere Bitte vorbrachten, wurde jeder unserer Sätze durch ein Telefongespräch unterbrochen. Schließlich stellte sich heraus, daß der Hauptmann gar nicht zuständig war und uns zu anderen Offizieren schickte, die wiederum Privatanrufe und Besuche vordringlich zu erledigen hatten und unser Vorbringen mit einer Handbewegung abtaten.

Kein Wunder, daß Dr. W. reizbar wurde, der sonst immer Ruhe bewahrt. Auch mich erfüllte der Anblick der überernährten sorglosen Jungen mit ihren wippenden deutschen Weibchen mit Grimm. Aber wem verdanken wir, daß unser Schicksal in ihren Händen liegt?

199) Office of the Military Government for the US-Zone, amerikanische Verwaltungszentrale für die US-Besatzungszone.

W. mißt auch unserer Verwaltung einen Teil der Schuld zu, wo jeder in erster Linie seine eigenen Interessen verfolge und fürs Allgemeine kein Herz habe. Mir warf er vor, daß ich nicht im Wirtschaftsministerium verblieb. Am Donnerstag soll ich Dr. W. nach Nürnberg zur Besichtigung eines unserer Lager begleiten, über das ihm ein erschütternder Bericht vorliegt. Sieche und Versehrte leben dort in Bunkern ohne Fenster, nur ab und zu spendet ihnen ein Mitleidiger eine Kerze. Auf dem Truppenübungsplatz Grafenwöhr, wo 20 000 Amerikaner stationiert sind, hausen in den Wäldern ringsum 3000 Weiber in Höhlen und Unterständen, zu denen nach dem Dienst die GI's mit Essensrationen kommen, die sie sich in Dirnenwährung bezahlen lassen.

Die sowjetische Presse bringt die ersten Angaben über die Wiederbesiedlung Ostpreußens. Es sollen dort 12 000—15 000 Kolchosen mit Siedlern aus Mittelrußland eingerichtet werden.

Unsere Schiffahrt hat der Alliierte Kontrollrat auf 165 000 t beschränkt. Vor dem Krieg umfaßte unsere Handelsflotte 4 500 000 t. 85 % wird der britischen, 12 % der der amerikanischen und der Rest der russischen Zone zugeteilt. Früher hatten allein die Elbkähne mehr Tonnage als nun unserer ganzen Küsten- und Binnenschiffahrt zugestanden wird.

Dienstag, 6. 8. 1946

Da wir unsere Dienststelle wieder einmal vergrößern, schickte mich der Staatskommissar zum Town Major[200]), um mit diesem über neue Räume für die einzurichtende Abteilung zu verhandeln. Der sehr verständnisvolle Amerikaner hätte uns gern einen Teil der Stuck-Villa zugewiesen, aber die Property Control[201]) hatte ihre Hand darauf gelegt; sie benötigt das ganze Gebäude für die in den Schlössern ausgelagerten Kunstwerke, weil dort die aus Polen flüchtenden Juden einziehen sollen.

„Der Teufel soll all den Plunder holen", sagte der Major, „ein einziges Kind, das wir retten können ist wertvoller als aller Anspruch auf Unsterblichkeit."

Dann hatte ich ihm die Beschwerde eines 79jährigen Offiziers zu unterbreiten, den ein in der US-Marine dienender Tscheche ausquartiert hatte, obwohl es sich bei dem Hausbenützer um einen politisch Verfolgten handelt. Schließlich fand der Tscheche ein besseres Quartier und der Bürgermeister von Neubiberg[202]) verwandte sich nachdrücklich für den alten Mann, er wollte sogar für das beschlagnahmte Haus Ersatz anbieten.

200) Stadtkommandant.
201) US-Behörde, die das beschlagnahmte deutsche Eigentum verwaltete.
202) Vorort Münchens.

„Mir ist der Fall bekannt", sagte der Town Major. „Leider steckt ein Fliegeroberst dahinter, der schon lange auf das Haus ein Auge geworfen hat und auf dessen Bohren die Marine weichen mußte. Ich habe gar keine Hoffnung, daß wir das Haus freibekommen. Der Oberst kann stets militärische Notwendigkeit für sich geltend machen, auch wenn sein deutscher Kollege zehn Jahre im KZ gesessen hätte. Ich muß hier die Kräfte abwägen. Die Luftwaffe ist ein Vielfaches stärker als wir."

Militärische Notwendigkeit ist in einem besetzten Land eine fabelhafte Einrichtung, ging mir durch den Sinn. Mit ihr läßt sich in jeder Lage die völlige Rechtlosigkeit der Unterworfenen motivieren. Wahrscheinlich war es militärisch notwendig, daß die Russen die acht- bis achtzigjährigen Frauen vergewaltigten.

12 000 sudetendeutsche Bergleute sollen nach einem amerikanisch-tschechoslowakischen Abkommen in den nächsten drei Monaten ins Ruhrgebiet transportiert werden, um dort dem Mangel an Arbeitskräften abzuhelfen.

Die britischen Behörden haben Pieck[203]) und Grotewohl[204]) die Einreise in ihre Zone verweigert.

Der Oberbefehlshaber in Norwegen, Generaloberst Falkenhorst[205]), wurde von einem britischen Militärgericht zum Tode verurteilt.

Britische Soldaten dürfen jetzt Mädchen aus den Feindländern mit Ausnahme Japans heiraten, wenn ausreichende Gründe für eine Heirat vorliegen (wer stellt die fest?) und keine Sicherheitsbedenken bestehen.

An Col. S., Washington (Übersetzung):

„Ich schicke Ihnen eine Übersetzung des Berichts eines deutschen Ingenieurs, der über ein Jahr bei der polnischen Stadtverwaltung in Breslau gearbeitet hat. Er traf kürzlich mit einem Juden-Transport aus Breslau hier ein. Er war mit einer Jüdin

203) *Wilhelm Pieck* (1876—1960), kommunistischer Politiker. Gelernter Tischler, 1895 SPD-Mitglied, 1919 im Spartakus, 1928—33 Reichstagsabgeordneter der KP. 1939—45 in der UdSSR, Mitbegründer des Nationalkomitees Freies Deutschland, 1945 Vorsitzender der KPD. 1946 Fusion der KPD mit der SED in der Sowjetzone. Am 1. 10. 1949 zum ersten Präsidenten der DDR gewählt.

204) *Otto Grotewohl* (1894—1964), Politiker. Von Beruf Buchbinder, 1920 SPD-Landtagsabgeordneter, 1924 braunschweigischer Ministerpräsident. 1928—1933 Präsident der Landesversicherung Braunschweig, 1933—45 wiederholt in Haft, kaufmännische Tätigkeit. 1945 Vorsitzender des Zentralausschusses der SPD. 1946 vollzog er, gestützt auf die Russen, die Fusion der SPD und KPD in der Sowjetzone. Seit 1. 10. 1949 bis zu seinem Tode Ministerpräsident der DDR-Regierung.

205) *Nikolaus von Falkenhorst* (1885—1968), Generaloberst. F. führte ein Korps gegen Polen und leitete 1940 die Besetzung Dänemarks und Norwegens. 1941—1944 Wehrmachtsoberbefehlshaber in Norwegen. 1946 verurteilte ihn ein britisches Militärgericht zum Tode; die Strafe wurde in lebenslängliches Zuchthaus umgewandelt. 1953 wurde er entlassen.

verheiratet, die angesichts der Schrecken, die ihr bevorstanden, sich das Leben nahm; den einen seiner beiden Söhne verlor er beim Warschauer Aufstand, den andern in der britischen Armee. So hatte dieser Mann bezüglich der Polen wirklich keine Vorurteile, die ihm seine vorzüglichen Dienste in Empfehlungsschreiben bestätigten. Ich hoffe, daß Sie das Material erreicht; wir sind etwas beunruhigt durch Ihr längeres Schweigen.

Aufgrund eines Kontrollratsgesetzes mußte ich meine Tätigkeit im öffentlichen Dienst vorübergehend einstellen, wurde aber außer der Reihe entnazifiziert und konnte nach 10 Tagen meine Arbeit wieder aufnehmen. Nun bin ich etwas behindert durch einen Motorradunfall, weshalb ich den Brief diktieren muß. Aber dafür habe ich Ihnen eine sehr gute Nachricht mitzuteilen; wir fanden meine Eltern in einem hessischen Dorf, wohin sie ausgesiedelt wurden und haben sie sofort in unser Häuschen genommen.

Das erschwert natürlich unsere materielle Lage. Ich verdiene jetzt 500 RM im Monat, davon gehen 150 DM an Steuern und Abzügen ab. Wir haben schon zu viert von unseren Ersparnissen zusetzen müssen; nun habe ich zwei völlig ausgeplünderte und erschöpfte Menschen mehr zu ernähren. All dies wäre nicht schlimm, wenn wir nur etwas Bewegungsfreiheit hätten. Ich kenne Münchner Verleger, die Beards ‚Republic' oder Nevin/Commagers ‚Amerikanische Geschichte' gerne übersetzt herausbrächten. Ich erwähnte es bereits in vorangegangenen Briefen. Mit Hilfe meiner Frau könnte ich diese Übersetzungen zuverlässig leisten. Aber wer verschafft mir die Lizenz der amerikanischen Verlage? Wie Sie wissen, sind uns Deutschen Auslands-Geschäftsbriefe untersagt."

Eduard Spranger[206]), der dank seiner in Japan verbrachten Kriegsjahre der erste Rektor der Berliner Universität war, hat eine Berufung nach Tübingen angenommen, das heute nach Göttingen die leistungsfähigste deutsche Universität sein soll.

Nachrufe auf Friedrich Muckermann[207]), der am 2. 4. 1946 zweiundsechzigjährig in Montreux starb und Hans Schiebelhuth, der von 1895 bis 1944 lebte. Friedrich Muckermann befaßte sich vornehmlich mit russischer und polnischer Literatur; wegen seiner Gegnerschaft

206) *Eduard Spranger* (1882—1963), Psychologe und Pädagoge, Schüler Wilhelm Diltheys. Lehrte in Leipzig, Berlin und während der Nazi-Jahre in Japan, später in Tübingen.

207) *Friedrich Muckermann* (1883—1946), katholischer Schriftsteller, Jesuit. Wie Carl Muth bemühte sich Muckermann, den Katholizismus modernem Geistesleben zu öffnen; er war einer der wenigen deutschen Schriftsteller seiner Generation, die um Verständnis für das polnische Volk warben. 1934 mußte er in die Schweiz emigrieren, wo er starb.

zum NS-Staat mußte er 1934 emigrieren. Schiebelhuth war Darmstädter, stieß zum George-Kreis, hielt sich lange in Florenz auf, lebte Jahre in Kalifornien und starb in New York. Er war Lyriker, Übersetzer alter Italiener sowie Thomas Wolfes[208]); ich fand seinen Namen erstmals in einem Aufsatz, den mir kürzlich Fritz Usinger zusandte.

Die neuen Steuergesetze haben alle Erleichterungen für Kinderreiche abgeschafft. Es macht zukünftig nichts aus, ob einer sechs Kinder hat oder keins. Menschenfreundlich kann man diese Politik kaum nennen.

Zwischen 1933 und 1945 haben unsere Emigrationsverlage 2500 Bücher herausgebracht.

An Dr. B., Eichsfeld:

„Ihr Schreiben war wieder die reinste Encyclopädie über das Leben in der russischen Zone und ich bin Ihnen dafür aufrichtig dankbar. Stimmt es, daß Sie drüben ernährungsmäßig am besten von allen Zonen gestellt sind? Bei uns schießen die Amerikaner aus ihren Vorräten angeblich beträchtlich zu (sie hatten die beste Ernte seit Jahren). Natürlich werden wir darum noch nicht satt. Aber es gelingt immer wieder, Kartoffeln zu besorgen; damit halten wir uns den groben Hunger vom Leibe.

Das Flüchtlingselend ist auch hier groß. Die Leute werden mechanisch nach einem errechneten Schlüssel auf die einzelnen Landkreise aufgeteilt, wo sie hoffnungslos dahinvegetieren, zumal es sich zum größten Teil um Frauen, Kinder und Greise handelt. Aber dank der Vitalität der Bayern wahrt das Leben hier immer noch eine gewisse, wenn auch immer schäbiger werdende Form. Dabei habe ich das Gefühl, daß die Amerikaner den Gang der Dinge aufmerksam verfolgen. Wie weit sie uns verderben lassen werden, haben ‚unsere' Amerikaner natürlich nicht in der Hand, das hängt von der großen Politik ab. Unser trauriges Glück liegt darin, daß unser Elend das des Kontinents mitbedingt. Daher werden die Westmächte die Abwärtsbewegung einmal auffangen.

Auch mir gleitet die Zeit aus den Händen, obwohl ich mich vor jeder leerläufigen Geschäftigkeit hüte und alles streng auf ein persönliches Leben abstelle. An unserem Kammermusizieren hätten Sie Ihre Freude. Ich bin da unverdienterweise in gute Gesellschaft geraten. Professor Husler, der Leiter der

208) *Thomas Wolfe* (1900—1938), amerikanischer Romancier. Einer der mächtigsten Erzähler seiner Zeit. In ihm verbindet sich die epische Kraft Balzacs mit einer modernen Sensibilität, die seine Bücher zu unvergleichlichen Zeitdokumenten macht. Für uns Deutsche ist besonders seine Schilderung der Berliner Atmosphäre bedeutsam; Wolfe hat die Stadt während der Olympischen Spiele 1936 aufgesucht. Sein früher Tod geht auf eine Kopfverletzung zurück, die er sich bei einer Rauferei am Münchner Oktoberfest zugezogen hat.

Schwabinger Kinderklinik, gilt als der beste Amateurgeiger Münchens. Unser Pianist ist ein gehbehinderter ausgebombter Musikprofessor, der vom Gesetz betroffen ist, wie es so schön heißt. Er lebt auf, wenn er Mozart oder Brahms spielt.

Meine Verwandten, die wir kürzlich bei Mindelheim besucht haben, fanden wir in viel schlechterer Verfassung vor als meine Eltern. Der Onkel hat in tschechischer Zwangsarbeit Furchtbares durchgemacht und meine stets heitere und lebenszugewandte Tante ist nervlich ein Wrack. Zu essen gibt es im Dorf allerdings mehr und abwechslungsreicher als in der Großstadt. Aber die Kammer, in die beide eingewiesen wurden, ist nicht heizbar und ohne Kochgelegenheit. Von den drei Schränken in der Kammer dürfen sie nur einen benutzen. Die Wirtin denkt gar nicht daran, die beiden andern auf den Gang zu stellen, wo genug Platz wäre.

Da sie es sich verbat, schon frühmorgens Flüchtlinge in ihrer Küche zu sehen, fällt das Frühstück für die beiden aus. Ich will ihnen als nächstes eine Kochplatte verschaffen. Für das Mittagessen hat sich Tante an genau festgelegte Zeiten zu halten. Außerdem wird die Schneiderin, der das Haus gehört, krank, wenn sie auf der blanken Einfassung des Herdes einen Wassertropfen findet. So wird jeder Handgriff ein Kampf gegen Enge und Herzenshärte von Leuten, die nichts erfahren haben und seit Generationen von der Geschichte verschont wurden.

Onkel, ein vorzüglicher Handwerker, taglöhnert in einer Spinnerei. Etwas Besseres zu finden ist aussichtslos, da er bei der Partei war. Ihr trat er bei, da er infolge seines madjarischen Namens und oberschlesischen Dialekts in die Volksgruppenliste zwei oder drei[209]*) geraten wäre. Genau weiß ich es nicht. Aber hier trifft das Schicksal Menschen, die an der Lebenswende zum Alter stehen und kaum noch die Elastizität aufbringen, sich auf diese trüben Verhältnisse einzustellen.*

Im übrigen scheinen die Russen ihre Zone hermetisch abzuschließen. Hier wird von einem 4 km-Gürtel gesprochen, der von drüben aus dicht gemacht werden soll. Ob Sie einen Bekannten unser Radio nach Eschwege mitgeben könnten? Meine Frau verlangt danach; ich produziere Musik selbst und an Nachrichten wird mir so viel Negatives ins Amt geliefert, daß ich den Rundfunksprecher gern entbehre.“

209) Die Bevölkerung des 1939 zum Gau Oberschlesien geschlagenen Teschener Ländchens wurde nach ihren „rassischen“ Merkmalen in vier verschiedene Gruppen entsprechend den „Volkslisten“ eingeteilt, wobei nur die in die Gruppe 1 Fallenden Reichsbürgern gleichgestellt waren.

Dienstag, 7. 8. 1946

Der Morgen windig und kühl. Mich viele Stunden der „Gegenwart“ gewidmet und einen ausführlichen Aufsatz über die Inkas exzerpiert, der auf Heinrich Cuno's „Geschichte und Kultur des Inka-Reiches“ basiert. Diktatoren könnten daraus viel lernen. Was war Hitler für ein Stümper gemessen an den Finessen der Massenbeherrschung der Inka-Könige.

Nach dem letzten Kammermusikabend erzählte uns Professor H., der in den USA geboren ist, vom inneren Nomadentum der Amerikaner. Fragt man jemanden drüben nach seiner Heimat, so bekommt man zur Antwort, zuletzt habe er dort und dort gewohnt. Vorher lebte er in einem andern Staat. Die Kindheit verbrachte er wiederum anderswo und geboren ist er möglicherweise außerhalb der USA. Daher hat bei ihnen auch das Heim keine gemütsbetonte Bedeutung, zumal die Lebensdauer der Häuser kurz ist und sie so etwas wie alte Stadtkerne gar nicht kennen. Als ihr eigentliches Zuhause kann man das Auto bezeichnen, in dem sie durchs riesige Land stromern. Allerdings gilt dies nur für die Yankees[210]). Den Südamerikanern ist diese Art zu leben tief widerwärtig. In die Abneigung, die sie gegen den mächtigen Nachbarn empfinden, mischt sich nicht nur der Neid, sondern auch die Verachtung für deren Lebensform.

Donnerstag, 8. 8. 1946

In Bayern sind beim Zusammenbruch drei madjarische Divisionen hängen geblieben. Einen Teil lernte ich im Gefangenenlager Fürstenfeldbruck kennen Dr. W. erzählte mir heute, daß er die hier verbliebenen Madjaren nun geschlossen nach einem großen Lager bei Plattling verlegen wolle, wo die Amerikaner eine Barackenstadt für 12 000 Menschen gebaut haben. Die Lagerumgebung sei unmenschlich, Flachland ohne Baum und Strauch. Vielleicht werden sie dort ihres Bleibens überdrüssig und kehren doch noch in die Heimat zurück. „Sie rechnen nicht mit dem Charakter der Madjaren“, erwiderte ich. „Ich fürchte, daß sie sich dort sehr heimatlich fühlen werden. In Siebenbürgen können Sie schon an der Vegetation unterscheiden, wo Madjaren und wo Rumänen oder Deutsche wohnen. Wo der Madjare Boden besitzt, wird der letzte Baum weggeschlagen, sodaß das liebliche Hügelland wie rasiert aussieht, während Rumänen und Deutsche die Wälder lieben und schonen.“

210) Yankee: Ursprünglich ein Name für die britischen Kolonisten in Neu-England; während des amerikanischen Bürgerkrieges für die Südstaatler ein Soldat aus den Nordstaaten; später ein britischer Ausdruck für Bürger der USA.

Zwischen dem 1. 2. und 1. 8. 1946 sind 1 000 000 Deutsche aus den polnischen Westgebieten, wie sie jetzt heißen, ausgesiedelt worden. 750 000 davon hat die zerstörte britische Zone aufgenommen.

Samstag, 10. 8. 1946

Heut war Frau L. über ihre amerikanischen Landsleute wieder einmal entsetzt. In Berlin richten sie jetzt eine Lebensmitteltauschstelle ein, wo ihre Soldaten die Verpflegungsüberschüsse gegen Schmuck und Wertsachen der hungernden Deutschen tauschen können. Da wir in Europa das Volk sind, dem man am wenigsten die Fähigkeit streitig machen kann, sich selbst zu versorgen, sieht sie angesichts unseres künstlich herbeigeführten Elends diese Berliner Tauschzentrale als einen verschleierten Raubzug nach unseren noch vorhandenen privaten Vermögenswerten an.

Mittags besuchte uns Schütz, der mehr denn je unter Arbeit begraben ist, seit man ihn zum Vorsitzenden des Hauptausschusses für die Flüchtlinge gewählt hat. Wir fragten ihn nach tausenderlei aus; u. a. wie es der Berliner CDU erginge, die sein Freund Jakob Kaiser[211]) leitet. In Berlin benehmen sich die Russen sehr korrekt und höflich, erzählte er, dafür entziehen sie seiner Partei in der Provinz die Lebensluft. Dann sprachen wir von der Bedeutung der Landgeistlichen für die Flüchtlinge. Auf den bayerischen Dörfern ist der Pfarrer immer noch tonangebend. Sch. erklärte uns die weitgehende Autonomie der Pfarrer und Bischöfe nach kanonischem Recht, allerdings erfordere sie die Seßhaftigkeit der Betreffenden. Als Kardinal Hlond[212]) aus Warschau nach Rom floh, um sich dem Zugriff der Gestapo zu entziehen, habe ihn der Papst über ein Jahr lang nicht empfangen, auch nicht im Vatikan wohnen lassen, obwohl einem Kardinal der Zutritt zum Papst grundsätzlich frei stehe.

Eine päpstliche Hilfsaktion, die sich auf dem Wege nach Deutschland befindet, wird Lebensmittel, Medikamente und Kleidungsstücke verteilen.

211) *Jakob Kaiser* (1888—1961), Bundesminister. Ursprünglich Buchbinder, seit 1912 in der christlichen Gewerkschaft führend tätig. Während der nationalsozialistischen Herrschaft gehörte er zum Gewerkschaftsflügel der Verschwörer des 20. Juli. 1945 Mitbegründer der CDU in der Sowjetzone; durch qualifizierte Zusammenarbeit mit den Russen suchte er die deutsche Spaltung zu verhindern. Vorsitzender der CDU in der Sowjetzone. Im Dezember 1947 mußte er fliehen, 1949—57 war er Bundesminister für gesamtdeutsche Fragen, Exponent des linken Flügels der CDU und Vorsitzender der Sozialausschüsse. K. stand der Westintegration Adenauers kritisch gegenüber.

212) *August Hlond* (1881—1948), Salesianer und Kardinal. 1925 Bischof von Kattowitz, 1946 Erzbischof von Gnesen und Warschau und Primas von Polen. Er geriet mit dem kommunistischen Regime in Konflikt und mußte 1946 Polen verlassen.

Die Lausitzer Wenden erstreben einen eigenen Staat, der den Brückenkopf zwischen Tschechen und Polen bilden soll. Eine Krakauer Zeitung fordert, daß die Warschauer Regierung in Bautzen durch einen Gesandten vertreten sein müsse. Wenn man an der polnisch-tschechischen Grenze aufgewachsen ist, liest man derartige Wunschfantasien mit Skepsis. Die tschechisch-polnischen Beziehungen waren 1918—1938 nie entspannt gewesen; es gibt kaum zwei slawische Nachbarvölker, die wesens- und temperamentmäßig so verschieden voneinander sind wie Tschechen und Polen.

Mittwoch, 14. 8. 1946

Besuch von Dr. KW aus Frankfurt. Wir schlossen nun einen regelrechten Arbeitsvertrag, der mir ein monatliches Fixum garantiert, was bei meiner erweiterten Familie sehr angenehm ist. Sonst hatte sie wenig Gutes zu berichten. Das Ausmaß der Greuel in den tschechischen Lagern wird erst jetzt bekannt, da Augenzeugen eintreffen. Nicht zufrieden ist sie mit der kirchlichen Bindung ihrer Arbeit, obwohl die Bischöfe immer noch vernünftiger auf die Forderungen des Tages reagieren als die CDU. Der größte Mangel unserer Arbeit sei die fehlende Außenstelle; man erfahre nie, was mit den Sendungen geschehe, die wir ins Ausland schicken.

Da die französischen Behörden entgegenkommender sind als die amerikanischen, hat sie sich in einem Dorf bei Freiburg registrieren lassen und versucht von dort, eine Ausreise-Erlaubnis nach der Schweiz zu bekommen. Die Versorgung der Bevölkerung ist in der französischen Zone schlechter organisiert als bei uns; eine große Freiburger Kinderklinik bekam wochenlang keine Nährmittel zugeteilt, sodaß einige Säuglinge verhungerten.

In Freiburg suchte sie die Redaktion der „Gegenwart" auf. Die armen Leute führen einen Verzweiflungskampf mit der Zensur. Neulich hatten sie einen Artikel über die Flüchtlinge vorbereitet. Wochenlang erwogen sie jedes Wort und suchten nach der mildesten Formulierung. Umsonst, der Zensor strich den Artikel sofort heraus.

Abends Klaviertrio. Husler war recht abgekämpft, da eine alliierte Offiziersdelegation seinem Krankenhaus einen Besuch abgestattet hatte. Husler hatte zu diesem Zweck einige Elendsexemplare aus den Flüchtlingslagern um München in eine Station zusammengepackt. Die Besucher schienen ein wenig betroffen zu sein von den Erfolgen ihrer Siegerpolitik.

H. erzählte von einem Kollegen, den ein US-Gericht wegen Fragebogenfälschung zu zwei Jahren Gefängnis und 5000 RM Geldstrafe verurteilt hat, obwohl er die gegen ihn erhobenen Anschuldigungen durch Zeugenaussagen widerlegen konnte und auch die zuständigen deutschen Stellen das Urteil nicht anerkannten. Von seiner Schwester in den USA erhielt er die erste Post. Sie schreibt so kalt, daß man hinter jedem Satz die Furcht spürt, sie könne sich durch den Brief kompromittieren. Unsere Hasser müssen drüben einen regelrechten Gesinnungsterror ausüben.

Samstag, 17. 8. 1946

Für eine fotografische Lehranstalt ein Gesuch um Genehmigung der Wiedereröffnung übersetzt. Wozu mein Englisch herhalten muß! Die Besatzer hatten die Schule aus ihrem Gebäude hinausgeworfen und ihre Einrichtung beschlagnahmt. Nachdem die Besitzer nach einem Jahr Suche eine Ausweichunterkunft gefunden haben, müssen sie ihre Schädiger submissest bitten, wieder existieren zu dürfen.

Dann die Übersetzung eines Rundschreibens des Kommandanten vom Flugplatz Oberpfaffenhofen. Er fordert unverzüglich 700 Häuser bester Ausstattung, im Notfall auch solche, in die sich fehlende Installationen leicht einbauen lassen. Außerdem müssen die Häuser an guten Straßen liegen usw. Das Ganze in einer wahren Ganovensprache abgefaßt, sodaß uns schon von der Diktion übel wurde.

Der Staatskommissar für die Betreuung der Juden, der Christlichsoziale Aumer, ist von den Amerikanern dienstenthoben worden. Amtsenthebungen von Regierungspräsidenten, Landräten, Bürgermeistern, leitenden Beamten sind etwas Alltägliches. Aber wo sie einen hinauswerfen, warten schon zehn andere darauf, dessen Stuhl einzunehmen.

Wenigstens gibt es auch für die Arrivierten jederzeit das Risiko des In-Ungnade-Fallens, Ausgestoßenwerdens. Auf welche Schwierigkeiten stößt vollends das Seßhaftwerden. Meine Schwägerin weiß davon ein Lied zu singen. Wie lange brauchte ich, ehe ich die Reisemarken für sie besorgt hatte! Sie möchte ihre Eltern besuchen. Auch den Interzonenpaß hätte sie ohne meine Hilfe nicht bekommen.

Die Berliner Universität steht völlig unter sowjetischem Einfluß. Jüngst bekam sie die erste deutsche Dekanin.

Am 13. d. M. ist im Alter von 79 Jahren H. G. Wells[213]) gestorben,

213) *Herbert George Wells* (1866—1946), englischer Erzähler, berühmt durch seine utopisch-technischen Romane „Die Zeitmaschine", „Der unsichtbare Mann", „Der Kampf der Welten" sowie den autobiographischen Roman „Kipps", worin er die Erfahrungen seiner Tischlerlehrzeit schildert. Nach dem Ersten Weltkrieg verfaßte er eine vielgelesene Weltgeschichte. Er war sehr bestürzt über den Frieden von Versailles, setzte eine Zeitlang seine Hoffnung auf den russischen Kommunismus, sah in der Zukunft einen Wettlauf zwischen Erziehung und Katastrophe und starb in tiefem Pessimismus über die Entwicklung „Mind at the End of Its Tether" 1945.

dem Erich Kästner in der „Neuen Zeitung"[214]) einen langen Nachruf widmet.

Donnerstag, 22. 8. 1946

Mutter erzählt, wie vor einem Jahr die Russen die ČSR ausplünderten und die Ernte zügeweise nach dem Osten transportierten; dafür warf die UNRRA Lebensmittel auf den Markt. Mein Freund H. klagt über die Versorgung in den Kleinstädten. Wenn seine Frau nicht alteingesessen wäre und er der Familie durch seinen Übersetzungsdienst nicht Nahrungsquellen erschlossen hätte, die seine Frau nun reihum abschöpft, müßten sie hungern. Als H. und sein Bruder erfuhren, daß ihr 61jähriger Vater aus russischer Kriegsgefangenschaft zurückgekehrt war, haben sie die Hälfte ihrer Fleisch- und Lebensmittelmarken eingelöst und Päckchen nach Berlin geschickt. „Einen guten Teil wird man auf der Post stehlen", sagte H. resigniert, „aber der andere wird wohl ankommen." Ich brächte die Spannkraft der um drei und fünf Jahre Jüngeren nicht mehr auf, die beide noch eine lange Durststrecke vor sich haben, ehe sie im Beruf stehen.

Gestern war Dr. W. in Mittenwald, wo er die Pionierkaserne besichtigte. Sie wurde knapp vor Kriegsausbruch erbaut und wir könnten in dem Komplex 2000 Flüchtlingsfamilien unterbringen. Jetzt hausen 300 Türken darin. W. traf gerade ein, als sie ihr Abendbrot faßten: 8 kleine Schokoladetafeln, Butter, Weißbrot und Milchkaffee. Er wisse, daß da noch viel Platz sei, erklärte der Lagerleiter grob, aber die Deutschen sollen sich vorerst ruhig mit weniger schönen Orten begnügen. Ihnen gehe es hier gut und sie dächten an keine Heimkehr. Das gleiche gilt für 400 Polen, die einen ebenfalls riesigen Wehrmachtskomplex in der Nähe bewohnen.

Von Dr. H.:

„Schlimm, wenn man sich so abgerissen wiedersieht. Aber Sie sind jung und bringen es noch zu einer neuen Hose, vielleicht sogar zu einem Hemd. Wo schaffen Sie in München? Schule, Hochschule, Zeitung, Privatindustrie? Da ich Ihnen alles zutraue, ist Raten schwer. Haben Sie ein wenig Umgang? Natürlich einen, der dafür steht, meine ich. Können Sie prophezeien? Aus der Neuen Zeitung, die Sie wahrscheinlich auch lesen, werde ich nicht klug. Sie zeigt nur mit viel Farbe gemalte Kulissen.

Ich lebe hier mit meiner Familie und zwei sudetendeutschen Nachbarn zusammen, die natürlich auch auf Nahrungsjagd ge-

214) Die deutsch geschriebene Zeitung der Besatzungsmacht. Zu Beginn der fünfziger Jahre stellte sie ihr Erscheinen ein.

hen, also nicht viel Zeit haben. Augenblicklich arbeite ich für einen Verlag, doch war ich schon Knecht und Handlanger. Können Sie mir die Anschrift des Münchner Suchdienstes verschaffen?

Wissen Sie, wer sich aus einem Umsiedlungslager (was für ein feines Wort für eine handfeste Sache und wie human; ich empfehle seinen häufigen Gebrauch im kleinen und großen Kreise) in Rostock bei mir gemeldet hat? Unser junger Lyriker Josef Schneider[215]*). Also sind doch noch einige Leute Ihrer Generation übrig geblieben, um ein schon müder schlagendes Herz zu erfreuen."*

Aus der Antwort:

„Gestern hatte ich gerade Ihre Anschrift erfahren und schickte mich an, Ihnen zu schreiben, als der Briefträger Ihre Karte brachte. Nun bin ich Ihnen einiges Ausholen schuldig, denn wir haben uns seit dem Sommer 1939 aus den Augen verloren. Wie Sie wissen, hatte ich, den Krieg witternd, eine Hauslehrerstelle in Pommern angenommen, um in aller Stille noch ein Stück ostdeutschen Landlebens zu genießen.

Der Kriegsausbruch, obwohl diesmal mit Trauer und Angst erlebt — ich sah die Bilder auf den pommerschen Straßen — war die Konsequenz alles Vorangegangenen; ich jedenfalls fand damals keinen Grund mehr für eine bürgerliche Existenz. Zunächst wurde ich gleich nach dem Polenfeldzug zu einem Luftwaffen-Baubatallion in der Mark eingezogen und kam nach Beendigung des Frankreich-Feldzugs zum Luftwaffen-Horchdienst nach Berlin. Da man mich viel herumschickte — Paris, Sizilien, Warschau, Ungarn, Südfrankreich — und ich überall mit Menschen zusammenkam, die von der Welt mehr verstanden als ich, wurde mir die Hybris und das Fluchwürdige unseres Unterfangens schon im Sommer 1940 klar. 1943 sah ich als einzige Überlebenschance die Gründung einer Familie und heiratete ein Mädchen aus unserer Einheit.

Als das Ende herannahte, hatte ich es zu einem selbständigen Zug gebracht, den ich jeweils so rechtzeitig verlegen konnte, daß uns schließlich der Übergang in eine anonyme Existenz nicht allzu schwer fiel. Ein paar Tage vor der Kapitulation traf ich mich mit meiner Frau in der Nähe von München. Heimat und Habe waren verloren, aber uns gaben wir nicht auf, auch als ich zunächst den Amerikanern in die Hände fiel. Nach ein paar Tagen fand mich ein US-Oberst im Gefangenenlager Fürstenfeldbruck, der einen Forschungsauftrag hatte

215) *Josef Schneider* (1911—1969), Studienrat in Freising, sudetendeutscher Lyriker.

und dessen hauptsächlicher Helfer ich wurde. Nun begann für uns ein wunderbares halbes Jahr, denn ich konnte meine Frau zu mir nehmen und zwei Dutzend Freunde aus den Lagern befreien.

Im November 1945 war diese Herrlichkeit aus und auch für uns begann die Misere des deutschen Lebens. Irgendwie faßte ich Fuß; am wertvollsten erwies sich die Begegnung mit Schütz, für dessen Kreis ich arbeite. Mich wieder um eine Stelle an der Universität zu bemühen, habe ich nach den ersten Kontakten aufgegeben. Obwohl es schwierig ist, heute menschliche Beziehungen zu pflegen, fand ich sogar zu Kammermusikkreisen Zugang. Soweit es unsere Diät zuläßt, laden wir ab und zu Freunde ein. Das Nahe ist einigermaßen geregelt und weiter auszugreifen fehlt Kraft und Gelegenheit, zumal das Schlimmste noch lange nicht überwunden ist."

Samstag, 24. 8. 1946

Bösartiger Wind, Schauerregen. Wenig fürs Amt, nichts für mich getan. Manche Tage erbringen nichts, man mag sich mit noch so guten Vorsätzen versehen und ehrlich plagen. Dazu wächst wieder die allgemeine politische Verfinsterung.

Die Amerikaner mußten auf Druck der Sowjets ihre Marine-Attachés in Murmansk und Wladiwostock zurückziehen. Auch dem Ersuchen der USA um Errichtung von Konsulaten in den Großstädten der UdSSR hat Stalin nicht stattgegeben.

Die Jugoslawen haben eine amerikanische Verkehrsmaschine, die sich über ihrem Gebiet verflog, mit ihren Jägern heruntergeholt. In der amerikanischen Öffentlichkeit herrscht darob große Empörung. Nur der UNRRA-Chef La Guardia[216]) läßt sich mit Tito beim Schachspiel fotografieren und bezichtigt die Briten, die UNRRA-Lieferungen nach Jugoslawien zu plündern.

Carl Zuckmayer[217]) kommt als US-Theateroffizier nach Deutsch-

216) *Fiorello Henry La Guardia* (1882—1947), amerikanischer Politiker. La Guardia war der Sohn eines italienischen Kapellmeisters. Mit der Familie übersiedelte er 1898 von New York nach Ungarn, wo er beim US-Konsulat beschäftigt wurde. 1907 kehrte er in die USA zurück; im Ersten Weltkrieg diente er als Fliegerleutnant. 1922—33 war er Kongreßabgeordneter, 1933—45 Bürgermeister von New York, 1946 wurde er Generaldirektor der UNRRA. La Guardia gehörte in der NS-Propaganda zu den meist gehaßten Amerikanern.

217) *Karl Zuckmayer* (1896—1977), Dramatiker und Erzähler. Seinen ersten großen Erfolg errang er mit dem „Fröhlichen Weinberg" 1925. Da seine Stücke das Mißgefallen der Nazis erregt hatten, emigrierte er 1933 nach Österreich und 1938 nach den USA, wo er in Vermont 1940—46 eine Farm bewirtschaftete. Nach dem Zweiten Weltkrieg wurde sein Drama „Des Teufels General", in dem ihm Udet als Modell diente, der größte deutsche Theatererfolg der Nachkriegszeit.

land zurück. Es gelang ihm 1933, erst nach Österreich, dann nach der Schweiz zu emigrieren. Schließlich ließ er sich in Vermont nieder.

Die Münchner Straßenbahnen werden im Winter bei Einbruch der Dunkelheit ihren Betrieb einstellen müssen, da die Glühbirnenreserven aufgebraucht sind und in Bayern keine hergestellt werden.

Degrelle[218]), der Spanien aufgrund eines Ausweisungsbefehls innerhalb einer Woche verlassen sollte, ist aus dem Militärkrankenhaus von San Sebastian, wo er interniert war, in der Nacht zum 22. August geflohen.

Die Einschränkungen des Reiseverkehrs zwischen der britischen und der US-Zone wurden aufgehoben. Nun ist vorgesehen, die Gültigkeit der Lebensmittelkarten auf beide Zonen auszudehnen.

21 unserer Werke der optischen, chemischen, elektrotechnischen und Rüstungsindustrie sind von der Interalliierten Reparationskommission auf die verschiedenen Mitgliedstaaten dieser Kommission verteilt worden.

Abends Quartett bei Prof. Husler. Anschließend fragte ich ihn über Säuglingsprobleme aus. Wir hatten in letzter Zeit an unserem Kleinen eine zunehmende Reizbarkeit beobachtet. „Wieviel Erwachsene sind bei Ihnen um den Säugling“, fragte H. „Vier“, erwiderte ich. „Das ist gerade das Umgekehrte, was richtig wäre.“

Er schilderte die Belastung, die das ständige Zusammensein mit Erwachsenen für ein Kleinkind bedeute. Kinder beobachten unentwegt wie Tiere. Auch wenn sie Gesprächen nicht folgen können, das eine oder andere Wort bleibt haften, entzündet eine Vorstellung; er könne aus dem Aussehen eines zwei- bis fünfjährigen Kindes mit Bestimmtheit schließen, ob es aus einer harmonischen oder zerrütteten Ehe stammt. Fast die Hälfte der Kinder dieses Alters leiden heut an Schlaflosigkeit, Nervenüberreizung und schreckhaften Zuständen als Folge unserer Wohnverhältnisse.

Ein kleines Kind ermüde gar nicht in der Gesellschaft von seinesgleichen. Aber ein Zusammensein mit mehreren Erwachsenen bedeute einen ständigen Strom von Eindrücken, auf die ein Kind empfindlich reagiert. Oft beobachtet er an seinen kleinen Patienten, daß sie innerhalb kurzer Zeit, wenn sie aus der Pflege einer ruhigen und freundlichen Schwester in die Hände nervöser und reizbarer Mütter geraten, selber nervös und schreckhaft werden.

Nach einigen Monaten erwache beim Säugling der Sinn für Gefahr, differenziere sich seine Eindruckswelt so weit, daß er z. B. beim Anblick von Brillen Angstzustände bekäme. Täglich habe er mit Müttern zu tun, die heulend berichten, daß ihr aus der Klinik zurückgekehrtes

218) *Léon Degrelle,* geb. 1906, belgischer Politiker. D. gründete 1930 die Rex-Bewegung und war im Zweiten Weltkrieg Kommandeur der wallonischen Legion. Er floh 1945 nach Spanien, von dort nach Argentinien und lebt nun in Spanien.

Kind die Flasche verweigere. Die Lösung sei einfach; man müsse so lange warten, bis der Hunger stärker geworden sei als die Antipathie. Er sprach von der Gedächtnisschwäche, über die heute die Lehrer klagen, die nichts anderes ist als die chronische Überbelastung eines noch zu schwachen Hirns. Die gesündesten und aussichtreichsten Kinder sind nicht die aufgewecktesten, meinte er.

Meine Kindheit, erzählte er, fiel noch in den Ausklang der großen amerikanischen Gründerzeit. Ich entsinne mich genau, daß die tycoons[219]) ihre 17jährigen und oft noch jüngeren Söhne mit einem kleinen Taschengeld aus dem Hause jagten — to make their way. Damals, vor der Jahrhundertwende, waren Sozialgesetze in den USA unbekannt und jede Fürsorge verpönt. Und ich beobachte nun fast ein halbes Jahrhundert die Expansion des Sozialismus, der einer der Totengräber unserer Zivilisation ist. Jeden bemuttern, betreuen, versorgen wollen ist der sicherste Weg, dem Menschen die Gelegenheit zur Entfaltung seiner Lebenskraft zu nehmen. Die Sozialgesetzgebung wird uns zugrunde richten. Augenblicklich ist England dran und in nicht ferner Zeit wird sie auch in den USA ihren Einzug halten.

Die Verelendung beginnt

An Col. S., Washington (Übersetzung):

„Seit zwei Wochen leben meine Eltern bei uns. Mein Vater ist für seine 62 Jahre noch recht rüstig; den ganzen Tag rodet er im Wald Baumstümpfe. Wir werden in diesem Winter nicht frieren, sagt er, wenn ich einwende, daß diese Arbeit für sein Alter und unsere Ernährung viel zu schwer ist. Alle Leute in der Kolonie und ein guter Teil der Stadtbevölkerung verbringen ihre Freizeit mit Holzsammeln. Der Wald sieht auch wie leergefegt aus und man muß schon weit hineingehen, um am Boden noch einen trockenen Ast zu finden. Am Abend sieht man ganze Scharen mit hochbeladenen Karren heimwärts ziehen.

Die Mutter führt uns den Haushalt. M. und ich widmen uns der Schreiberei, meist Übersetzungsarbeit. Ich verwerte die mir über die Militärregierung zugänglichen Zeitschriften und übersetzte gelegentlich auch Erzählungen auf Vorrat, wenn ich an fremde Bücher herankomme. Ab und zu haben Bekannte noch welche gerettet. Außerdem führen wir einen ausgedehnten Briefwechsel. Täglich, entweder auf dem Wege zum Amt oder

219) Ein chinesisches Wort, das „großer Prinz" bedeutet. In den USA bezeichnete man damit um die Jahrhundertwende Großunternehmer, die durch hemmungslose Ausnutzung ihrer Machtstellung Milliardenvermögen erwarben. Die Gesetzgebung unter Theodore Roosevelt machte dieser Entwicklung ein Ende.

auf der Rückkehr, grase ich die Märkte ab, ob es nicht Gemüse zu kaufen gibt, während meine Freunde mit ländlichen Verbindungen auf der Jagd nach Kartoffeln sind, deren Transport mit der Eisenbahn oder mit Lastwagen durch ein unbegreifliches Gesetz verboten ist.

Trotz dieser Beschwernisse verinnen die Tage für uns nicht trübselig. Wir genießen die Ungestörtheit und Ungebundenheit. Im Ministerium gibt mir die Arbeit Einblick in die wesentlichen Vorgänge, da alle Akten von Belang der Militärregierung vorgelegt und daher ins Englische übersetzt werden müssen. Da ich konzentriert und schnell zu arbeiten gewohnt bin, finde ich Zeit zu Lektüre und verwende das zusammengetragene Material für abendliche Diktate.

Ihre Zuversicht, was Europas Zukunft angeht, kann ich schon wegen meines beruflichen Engagements in der Flüchtlingsverwaltung kaum teilen. Sie haben hier selbst genug gesehen und wissen aus den Ihnen zugänglichen Berichten, welches Elend die 12 000 000 Deutschen jenseits der Oder/Neiße getroffen hat. Nun sollen sie in einem völlig zerstörten Land mit leeren Händen von Grund auf neu anfangen, ohne Hilfsmittel und ohne die Möglichkeit, angesichts der engen Tätigkeitsbeschränkung ihre Fähigkeiten zu entwickeln. Von Zeit zu Zeit komme ich in ein Flüchtlingslager oder besuche ein Dorf, wo Flüchtlinge einquartiert sind. Ich bin ja auf bescheidenste Weise motorisiert. Die Menschen werden in die Dörfer gepreßt, weil es in den zerstörten Städten keine Unterkünfte für sie gibt. Oft weigern sich die Bauern, sie gegen Verpflegung mitarbeiten zu lassen, weil sie nicht kräftig genug sind. Denn die Leistungsfähigen werden von den Vertreibern zurückgehalten und zu jenen Arbeiten herangezogen, für die sich diese nun, unter den gewandelten Umständen, zu gut halten.

Aber auch diejenigen, die durch den Luft- oder Bodenkrieg, durch Plünderung und Entnazifizierung ihre Habe eingebüßt haben, sind nicht viel besser daran. Langsam, aber unentrinnbar fallen auch sie der Verelendung anheim, wenn sie nicht sehr zäh, lebenskräftig und erfindungsreich sind. Für die in Ihrem Alter Stehenden, die 50- bis 60jährigen, ist die Aussicht gering, bessere Tage zu erleben. Und was haben sie alles durchgemacht! Den Ersten Weltkrieg, die Niederlage, die Inflation, die Weltwirtschaftskrise mit ihren 7 000 000 Arbeitslosen in Deutschland, die Nazi-Zeit, den Zweiten Weltkrieg und den zweiten Zusammenbruch. Was haben sie zu erwarten? Daß ihr Land Kampfplatz zwischen den Weltmächten wird. Es ist wirklich kein gutes Los und sie sind um ihre gestiegene Lebenserwar-

tung nicht zu beneiden. In letzter Zeit hatte ich Gelegenheit, einige vor wenigen Jahren noch prominente Leute kennen zu lernen; Bildhauer, Schriftsteller, Verleger, Universitätslehrer. Über ihren Lebenstrümmern liegt kein Hoffnungsschimmer.

So bleiben meine Jahrgänge, reduziert durch den Krieg, aber dank geringerer Vergangenheitsbelastung lebensgierig um jeden Preis. Der Krieg hat sie realistisch und pragmatisch gemacht. Ihre soziale Verpflichtung fassen sie enge; zunächst wollen sie, daß ihre Familien überleben. Wie sollen sie Leuten gegenüber überschwengliche Verpflichtungen hegen, welche die Jahre, die sie hingeben mußten, viele höchst unfreiwillig, nun unterschiedlos kriminalisieren? Sie halten die Augen offen und warten ab. Das Überleben ist schon schwierig genug, auch für sie. Ein Engagement wird man ihnen erst abgewinnen, wenn man allen Chancen gibt und keine bloß negative Besatzungspolitik praktiziert.

Leid tun können einem die Kinder, die in diesem Milieu heranwachsen. Von Zeit zu Zeit veröffentlichen unsere Zeitungen die Ergebnisse der städtischen Schuluntersuchungen (ob es so etwas auf dem Lande gibt, weiß ich nicht, doch dürfte dort angesichts der vielen Flüchtlinge die Lage der Kinder noch trostloser sein). So hieß es gestern in einem Bericht aus Nürnberg, daß dort nur 14 % der Schulkinder als zureichend ernährt bezeichnet werden können; 30 % leiden an Hungerödemen. Vorige Woche besuchte uns mein 26jähriger Vetter, den ich das letzte Mal, als er vom Kreta-Urlaub kam, gesehen hatte. Er ist noch merklich größer als ich, breitschultrig und strotzte damals vor Gesundheit; er war wirklich ein stattliches Exemplar von einem jungen Mann. Nun hätte ich ihn auf der Straße bestimmt nicht wieder erkannt; er wirkt wie ein Schatten seines einstigen Selbst und sieht weitaus älter und ausgezehrter aus als ich, dessen Kissinger Fülle längst abgeschmolzen ist. Er kam aus Göttingen, wo er Medizin studiert, um seine Eltern zu besuchen, die sich aus einem Flüchtlingslager im Landkreis Memmingen gemeldet hatten und die er alt und völlig verfallen vorfand, ohne daß er etwas für sie tun konnte.

Mit großem Interesse lasen wir die Schilderung Ihrer letzten Reise. Wie wunderbar muß es sein, sich in einem so gewaltigen Kontinent frei zu bewegen! Glauben Sie, daß es in Europa in einer für uns noch erlebbaren Zeit auch möglich sein wird?

Oswald Spenglers[220]) ‚Untergang des Abendlandes' las ich gleich

220) *Oswald Spengler* (1880—1936), Kulturphilosoph, erst Gymnasiallehrer, dann Privatgelehrter. S. verglich in den beiden Bänden „Untergang des Abendlandes"

nach dem Abitur, während der längsten Ferien eines europäischen Studenten. Die düstere Selbstgewißheit seines Vortrags, die Spannweite seines Wissens, die Riesenhaftigkeit seiner Perspektiven schlugen mich völlig in Bann. Ich entsinne mich noch des Sommermorgens, da ich, um völlig ungestört zu sein, mit dem Wälzer in den Wald ging und mich dort auf einer Lichtung niederließ. Als die Sonne schon tief stand, brachte mich der Hunger in die Wirklichkeit zurück. Da erst merkte ich, daß ich mich in einen Sumpf gesetzt hatte und unten völlig durchnäßt war. Später, an der Universität, ging ich der Spengler-Literatur nach und las auch das Buch von Manfred Schröter[221]) *über ihn. Die meisten seiner gelehrten Zeitgenossen fühlten sich durch seine Prognosen gestört, seinen Stil beleidigt und verdammten ihn. In der Tat teilte er das Schicksal selbsternannter Propheten; der Untergang des Abendlandes hat eine sehr andere Wendung genommen als er vorhersagte.“*

Mittwoch, 28. 8. 1946

Am Morgen schrieb ich den Bericht vom Todesmarsch der Saazer[222]) auf Matritze. Mit jedem Blatt kroch mir das Grauen über die Greueltaten tiefer ins Blut. Hat bei Umstürzen dieser Art Bestialität immer einen Freibrief? Als Schüler liebäugelte ich mit der Revolution; nun, da ich einer mit knapper Not entgangen bin und einen winzigen Bruchteil von deren Protokollen aufarbeite, habe ich wohl lebenslang genug davon.

Mittags hatte ich die acht Matritzen geschrieben und war rechtschaffen müde. Hoffentlich hält die ehrliche Anspruchslosigkeit hier noch eine Weile vor. Was wir tun, erlittenes Unrecht festzuhalten

die Kulturen mit Lebewesen, welche die Phasen der Geburt, des Aufwachsens, Reifens und Absterbens durchmachen müssen. Die beiden Bände erregten nach dem Ersten Weltkrieg ungeheures Aufsehen. Den Nationalsozialismus lehnte S. schroff ab. Er hat in den letzten 20 Jahren nichts mehr diesem Werk Vergleichbares hervorgebracht.

221) *Manfred Schröter* (1880—1877), Philosoph, befaßte sich mit den Wechselbeziehungen zwischen Philosophie und Technik. Sch. lehrte in München. Das erwähnte Buch „Der Streit um Spengler“ erschien 1922.

222) Von den 15 000 Deutschen der böhmischen Stadt Saaz mußten sich am 3. 6. 1945 alle männlichen Einwohner von 13—65 Jahren am Marktplatz einfinden. Von dort wurden sie unter ständigen Mißhandlungen nach dem 13 km entfernten Städtchen Postelberg getrieben. Die Frauen und Kinder konzentrierten die Peiniger in einen Kasernenkomplex, der für 600 Soldaten bestimmt war. In dem Bericht wird das Töten, Schinden und Quälen der Gefangenen beschrieben, das sich über Monate hinzog. Die Vorgänge sind in Bd. IV/2 der Dokumentation der Vertreibung der Deutschen aus Ost-Mitteleuropa, die 1957 vom Bundesministerium für Vertriebene herausgegeben wurde, im Bericht Nr. 59 und Nr. 60, S. 307—316, geschildert.

und menschliches Leid der Vergeßlichkeit zu entreißen, ist auf bescheidene Weise nützlich. Man sollte nicht nur von den Opfern der anderen sprechen.

Auf der Kirchlichen Hilfsstelle traf ich diesmal nur meinen alten Studienkollegen Dr. K. an. Vor einigen Wochen half ich ihm, seine Eltern nach Bayern zu holen. Nun ist sein Vater dabei, sich in Garmisch eine Arbeit zu suchen. Ob er die Eltern nicht unterstützen könne, fragte ich. Die Hilfsstelle zahle ihm 200 RM, das reiche kaum für eine Person in München. Dabei sitzt er bis tief in die Nacht an der Erledigung der einströmenden Elendsbriefe und sieht entsprechend versorgt aus. Obwohl er kaum drei Jahre älter ist als ich, wird sein Haar an den Schläfen schon grau. Als ehemaliger „Parteianwärter" kommt er nirgendwo unter und muß froh sein, als „Hilfsarbeiter" diesen Unterschupf gefunden zu haben.

Das Bayerische Staatsministerium für Unterricht und Kultus hat den Universitätsbesuch für Bewerber unter 21 Jahren gesperrt. Grund dafür ist der Andrang von sieben Jahrgängen, die wegen des abzuleistenden Kriegsdienstes das Studium entweder unterbrochen haben oder gar nicht beginnen konnten.

Wegen Zusammenarbeit mit den Deutschen verurteilte ein Osloer Gericht die Frau Knut Hamsuns zu drei Jahren Zwangsarbeit und einer Geldstrafe von 75 000 Kronen. Die Anklage gegen den 89jährigen Dichter wurde fallen gelassen, da er angeblich nicht mehr im Vollbesitz seiner geistigen Kräfte ist.

Samstag, 31. 8. 1946

Aus einem Bericht, an dem wir fast den ganzen Tag übersetzten, geht hervor, daß in unseren Lagern über 100 000 Flüchtlinge auf unabsehbare Zeit werden leben müssen, da in den nächsten Monaten die letzten Kammern der Einödhöfe mit Ausgewiesenen belegt werden. Zur Zeit gibt es für diese 100 000 nur 4 % der notwendigen Tische, 6 % der Stühle, 15 % der Matratzen und 20 % der Bettstellen. Den Fehlbedarf kann nur die Besatzungsmacht decken. Besonders Bettstellen und Strohsäcke sind bald nötig, da die Menschen im Winter nicht wie im Sommer auf den Boden schlafen können.

Die Kammermusik fiel abends aus, da unser Pianist wegen eines Engagements nach Nürnberg gefahren war. Der alte Herr verlor an der Hochschule für Musik seine Stelle, denn er ist bei der Partei gewesen. Nun interessieren sich die Juden in Nürnberg für ihn. Die Juden sind die einzigen, die unseren tätigen Leuten Chancen geben, erzählte H. Nicht selten kämen welche zu ihm und bäten, ihnen entlassene tüchtige Krankenhausärzte oder Schwestern zu nennen, die sie, unbekümmert um die Entnazifizierungsvorschriften, in ihren Krankenhäusern einstellen.

In Stuttgart haben jüngst gegen eine Verfügung der Militärregierung 500 Frauen protestiert. Natürlich trieb sie Militärpolizei auseinander. Aber als das in der USA ruchbar wurde, regnete es Interpellationen im Senat und die Stühle der hiesigen Machthaber begannen zu wanken. Aber wer hat unter heutigen Lebensumständen zum Aufbegehren noch Kraft?

Vor einem Monat ließ die Zensur eine Nachricht passieren, daß Marschall Schukow, als Oberbefehlshaber der Sowjetzone seit längerem abgelöst, nun Befehlshaber im Militärdistrikt Odessa geworden sei. Die sowjetische Presse verbeitete sich darüber nicht, aber im Ausland erregte die Nachricht das größte Aufsehen. Gleichzeitig mit der Degradierung des berühmtesten russischen Heerführers im Zweiten Weltkrieg läuft eine Presse-Kampagne, um den Einfluß der Kommunistischen Partei in Armee und Flotte zu verstärken. Der „Rote Stern"[223]) plädiert dafür, Tausende von Offizieren zu belangen, die eine ernstliche politische Erziehung vermissen lassen. Der Grund ist klar; Stalin wünscht, daß die Russen glauben, er persönlich habe den Krieg gewonnen, daß sie spüren, nur er regiert und daß die Generale wieder in den Hintergrund zu treten haben.

Byrnes' Stuttgarter Rede

Mittwoch, 4. 9. 1946

Der Herbst schenkt uns einige sonnige Tage, aber ich bin vor Sorgen und Müdigkeit krank. Die Eltern verfallen und was kann ich tun, daß sie wieder zu Kräften kommen? Trotz allem Betteln bei sämtlichen mir bekannten Marktfrauen in der Halle ist es mir auch heute nicht gelungen, Kartoffeln heranzuschaffen. „Warum hast du ihren Wohnortwechsel so überstürzt", fragt M. unerbittlich, wenn ich meiner Verzweiflung Luft mache. „Aber hätten sie es im Dorf auf weite Sicht besser gehabt?" Meine dort verbliebene zweite Tante schreibt gerade, daß in die 30 Häuser abermals 19 Flüchtlinge eingewiesen wurden.

Auch Jaenickes Vertreter Dr. A. brachten die Gesinnungsjäger nun zur Strecke. Soeben habe ich seine umfangreiche Verteidigungsschrift übersetzt. Er war ein paar Monate Mitglied der Sudetendeutschen Partei[224]) gewesen. Von seiner jüdischen Frau hatte er sich knapp vor der Besetzung Österreichs pro forma scheiden lassen. Sie überlebte in Italien und hat umfangreiches italienisches Material zu seiner Entlastung beigesteuert. Der Tod seines Vaters verwehrte ihm, ihr nach

223) Die sowjetische Armeezeitung.

Italien nachzureisen; bei Kriegsausbruch ging Dr. A. in die Wehrmachtsverwaltung und lief vor der Übergabe Roms zu den Amerikanern über, nachdem er vorher im Vatikan Zuflucht gefunden hatte. Aber das alles ist für unseren Personaldiktator noch keine einwandfreie antifaschistische Vergangenheit. Ich bin neugierig, wie sich die Militärregierung zu Dr. A.s Fall stellen wird.

Meinen Gönner Dr. W. besucht, der einen bekannten Tiefbau-Fachmann zu Gast hatte. Dieser besitzt noch Vermögenswerte in der Sowjetzone, um die er sich jetzt kümmern möchte. „Dann schreiben Sie mir doch eine Karte aus dem Ural", meinte Dr. W. ironisch. Angeblich verschleppen die Russen alles, was nach Technik riecht. Die beiden erwähnten eine ganze Reihe gemeinsamer Bekannter, die nachts aus den Betten oder während einer Reise aus dem Zug herausgeholt wurden, ohne daß ihre Familien über ihr weiteres Schicksal je etwas erfahren hätten.

Nahe bei W.s Haus liegt das Syphilitiker-Hospital, ein großer Komplex. Das Vorderhaus ist mit Weibern belegt, während die Rückgebäude für geschlechtskranke Ausländer reserviert sind. Fast täglich passieren hier aufregende Zwischenfälle. Kürzlich fuhren zwei Neger in einem Jeep vor, schlugen den deutschen Polizisten vor dem Tor nieder, holten sich ihre kranken Dirnen und verschwanden auf Nimmerwiedersehen. Um die sprichwörtliche Gutherzigkeit der Farbigen zu demonstrieren, drückten sie dem aus seiner Benommenheit erwachenden Posten beim Verlassen des Baus ein Päckchen Lucky Strike in die Hand. Gestern erschienen andere Amerikaner, entfalteten ein Sprungtuch, worauf ihre Freundin kühn aus dem zweiten Stock heruntersprang. Abends tönt die Gegend von Gesang wider. Die blau bekittelten Dirnen liegen in den Fenstern und grölen Landserlieder, während aus den Rückgebäuden das schwermütige Geheul der Ausländer schallt.

Aus Byrnes[225]) Rede ergibt sich:

1. daß die USA nun doch unsere Gefangenen entlassen werden,
2. daß die Amerikaner das Zonenwesen satt haben und auf die Schaffung einer deutschen Zentralgewalt hinarbeiten,

224) Nach dem Anschluß Österreichs am 12. 3. 1938 lösten sich die bürgerlichen deutschen Parteien der Tschechoslowakei, die Christlichsozialen und der Bund der Landwirte, auf und die Abgeordneten traten zur Henlein-Partei über. Gleichzeitig erhielt die Sudetendeutsche Partei starken Zulauf an Mitgliedern.

225) Es handelt sich um die Rede des amerikanischen Außenministers vom 6. September 1946 vor deutschen Regierungsvertretern und Politikern, die den Wendepunkt der amerikanischen Deutschlandpolitik ankündigt: „Das amerikanische Volk will dem deutschen Volk helfen, seinen Weg zurückzufinden zu einem ehrenvollen Platz unter den freien und friedliebenden Nationen der Welt."

3. daß sie die Besatzungstruppen gern zurückzögen, es wegen der Russen aber nicht können,
4. daß sie sich nach der Annexion der deutschen Ostgebiete ganz energisch gegen eine Abtrennung des Rheinlands wenden, die das Restgebiet vollends zerstückeln würde,
5. daß sie einen Friedensvertrag mit dem ganzen Deutschland anstreben und dabei eine Korrektur der Ostgrenze versuchen wollen, was ich für illusorisch halte.

Donnerstag, 12. 9. 1946

Da zwei meiner Verabredungen nicht zustande kamen, besuchte ich die Tochter unseres Prager Germanisten, Assistentin am Historischen Seminar der Münchner Universität, an die mir Professor Weizsäcker Grüße aufgetragen hatte. Immer fühle ich mich beklemmt, wenn ich die zusammengeschlagene Ruine der Universität betrete. Niemand in dem Trümmerlabyrinth kann Auskunft geben; schließlich fand ich das Seminar unter dem geborstenen Dach des Dritten Stockwerks. Zwei mäßig große Räume, an den Wänden Bücherregale, an Tischen einige Studenten, emsig lesend, im kleinen Nebenzimmer Dr. G., ein kräftiges, hübsches Mädchen, ein paar Jahre jünger als ich.

Die Lähmung unseres Geisteslebens dürfte diesmal von längerer Dauer sein, sagte sie. Seit 1940 stockt unsere wissenschaftliche Produktion. Walter Götz[226]), der jetzige Ordinarius für Geschichte, 80 Jahre alt, möchte die Allgemeine Deutsche Biographie fortsetzen. In einigen Fällen gibt es Material. Aber in der Regel stößt jeder Versuch, sich Literatur zu verschaffen, auf unüberwindliche Hindernisse. Dabei verschwindet von den geringen Beständen, die wieder verfügbar gemacht werden, vieles durch Diebstahl.

Es gibt noch keine historische Zeitschrift. Alexander Müller[227]), der letzte Herausgeber der „Historischen Zeitschrift", sammelt Kräuter am Tegernsee, wo er ein hübsches Haus besitzt. Vor einigen Tagen bekam der Verlag Oldenbourg die Erlaubnis, zu publizieren. Der 84jährige Friedrich Meinecke[228]) schrieb ein Bändchen über die deutsche Katastrophe. Sie will es mir borgen.

226) *Walter Goetz* (1867—1958), Historiker. Lehrte in Leipzig, Tübingen, Straßburg, München. 1920—28 Reichstagsabgeordneter der demokratischen Partei, 1946—51 Präsident der Bayerischen Akademie der Wissenschaften. Herausgeber der Propyläen-Weltgeschichte.

227) *Karl Aelxander von Müller* (1882—1964), Historiker, 1917—45 Professor für Geschichte in München. Herausgeber der Historischen Zeitschrift.

228) *Friedrich Meinecke* (1862—1954), Historiker. Lehrte in Straßburg, Freiburg, Berlin. Herausgeber der Historischen Zeitschrift. Hauptwerke „Die Idee der Staatsraison" und „Weltbürgertum und Nationalstaat". Sein Buch „Die deutsche Katastrophe" ist der erste deutsche Versuch nach 1945, Bilanz zu ziehen und Wege der inneren Regeneration aufzuzeigen.

Der Lehrkörper der Universität ist völlig überaltert. Ins Amt zurückberufen wurden Emeriti oder solche, die 1933 aus Altersgründen bereits ausgeschieden waren. Wohl bringen die Studenten einen wahren Fanatismus fürs Studium mit, aber außer den Hilfsmitteln, den bekannten Lebensumständen fehlen so viele biologische Zwischenschichten, daß eine Traditionsübermittlung mehr als fragwürdig erscheinen muß, zu schweigen von der Gesinnung, die uns die Besatzer vorschreiben. So sieht das Mädchen die Zukunft ziemlich pessimistisch, zumal unser Tiefpunkt noch vor uns liegt.

Die ungarische Friedensdelegation wird von den sowjetischen Herren sorgfältig instruiert, auf keinen Fall eine Herabsetzung der Kriegsentschädigung von 300 000 000 Dollar an die UdSSR, ČSR und Jugoslawien zu fordern. Die Madjaren beten nun, daß Byrnes diese Frage anschneiden wird.

Anläßlich von Unruhen in Salerno, die von den Resten der dort stationierten Anders-Truppen[229]) ausgingen, erneuerten die USA ihre Vorstellungen bei den lateinamerikanischen Ländern, heimatlose Polen aufzunehmen, die entschlossen sind, sich überall niederzulassen, nur nicht in ihrer von den Russen besetzten Heimat.

Byrnes ist überzeugt, daß die Osteuropäer, die in der Zwischenkriegszeit die Luft der Freiheit gekostet haben, nie zur Ruhe kommen werden, ehe sie diese nicht wiedergewonnen haben. Sie werden sich mit der Vormundschaft der Sowjets nicht abfinden. Er meint weiter, daß diese Völker zu den USA in der Hoffnung aufblicken, durch sie ihre Freiheit erneut zu gewinnen.

Nach einer Rundreise durch Europa erklärt UNRRA-Chef La Guardia, daß von allen kriegsbetroffenen Ländern die Tschechoslowakei einem relativen Friedenszustand am nächsten gekommen sei.

Aus Berlin wird berichtet, daß das gesellige Leben zwischen den Westmächten und den Russen, das in Eisenhowers Tagen blühte, fast aufgehört hat. Angeblich sind Schukow und Smirnow[230]) wegen ihrer Verbrüderung mit den Exponenten der Westmächte abgelöst worden. Nun wagt kein maßgeblicher Russe mehr ohne allerhöchste Genehmigung sich in westliche Gesellschaft zu begeben. Ist es dennoch der Fall, dann benimmt er sich äußerst zugeknöpft und vorsichtig.

229) *Władyslaw Anders* (1882—1970), polnischer General, kämpfte 1920 unter Pilsudiski gegen die in Polen eingefallene Rote Armee. 1939 geriet er in sowjetische Gefangenschaft und wurde 1941 nach seiner Freilassung Oberbefehlshaber der polnischen Armee in der UdSSR. Er führte sie 1943 über Persien nach Nord-Afrika und kämpfte in Italien, u. a. bei der Erstürmung Monte Cassinos. Seit 1945 lebte er im Londoner Exil.

230) *Andrej Andrejewitsch Smirnow*, geb. 1905, sowjetrussischer Diplomat. Smirnow weilte während des kommunistischen Putsches im Februar 1947 in Prag, nach 1955 war er sowjetischer Botschafter in Bonn, 1963 stellvertretender Außenminister.

Schütz erzählte von der Verhaftung eines Prager Theologen durch den tschechischen Geheimdienst. Drei Anklageschriften lagen gegen ihn vor; zwei stammten aus den Archiven der Prager Gestapo, die dritte warf ihm vor, unsere Münchner Hilfsstelle besucht zu haben; Tag und Stunde waren genau angegeben. Mit Hilfe des Prager Polizeipräsidenten, der den Professor aus dem KZ kannte, gelang es ihm, freizukommen. Dabei machten ihm die Russen drei Angebote: Entweder er setzt seine Lehrtätigkeit in Prag fort und schreibt für sie Berichte über die Tschechen oder er läßt sich in die Sowjetzone ausweisen, wo er unter ihrer Kontrolle verbleibt. Als Drittes sollte er als ihr Agent in die US-Zone gehen.

Nun wurde auch mein Freund Dr. W. angeschossen. Im „Simpl", der ordinären und geistlosen Fortsetzung des „Simplizissimus", wird er als Militarist und Verbindungsmann zwischen der Organisation Todt[231]) und dem OKH denunziert. Dr. W. wird sich seiner Haut zu wehren wissen.

Die USA und Großbritannien kamen überein, eine Geschichte der deutschen Außenpolitik von 1918 bis 1945 nach den erbeuteten Akten und den Vernehmungsprotokollen führender Beamter des auswärtigen Dienstes herauszugeben.

„Newsweek" vergleicht die Haltung der fünf Satelliten, die in der UNO einen slawischen Block bilden, mit fünf Zwergen, die für Schneewittchen Molotow[232]) arbeiten. Ihr genau aufeinander abgestimmter Beifall für ihren Gebieter sei das einzige Vergnügen der von den Sitzungen gelangweilten Besucher.

Gelegentlich kommandieren Molotow und Wyschinski[233]) die Fünf in grober Weise. (Gemeint sind Jugoslawien, die ČSR, Polen, Weißrußland und die Ukraine.) Manchmal gerät einer aus dem Konzept

231) *Fritz Todt* (1891—1942), Ingenieur, baute in Hitlers Auftrag die Reichsautobahnen und 1937/38 den Westwall. Im Kriege stand er der nach ihm benannten technischen Organisation vor, die sowohl hinter der Front als auch im Bombenkrieg Hervorragendes leistete. 1940 wurde er Reichsminister für Bewaffnung und Munition. Er stürzte mit dem Flugzeug ab.

232) *Wjatscheslav Michailowitsch Molotow*, eigentlich Skrjabin, geb 1891, sowjetischer Politiker. Seit 1906 Bolschewik, Redakteur der Partei-Zeitung Prawda. 1921—57 Mitglied des Zentralkomitees, 1921—30 Sekretär des Zentralkomitees, 1926—57 Mitglied des Politbüros der KPSU. 1931—40 Vorsitzender des Rats der Volkskommissare, 1939—49 sowie 1953—56 Außenminister. Engster Mitarbeiter Stalins. Als Kritiker Chruschtschows 1957 aller Ämter enthoben, lebt in Moskau.

233) *Andrej Januarewitsch Wyschinski* (1883—1954), sowjetischer Jurist. Ursprünglich Menschewist (1903—1920), schwenkte er nach Lenins Sieg zu den Bolschewisten über, lehrte an der Moskauer Universität und war Vorstand des Rechtsinstituts der Sowjetischen Akademie der Wissenschaften. 1931—34 amtierte er als Generalstaatsanwalt und führte in Stalins Auftrag die Schauprozesse gegen die alte Garde des Bolschewismus durch. 1936—38 war er abermals Hauptankläger in den Säuberungsprozessen, denen ein großer Teil des russischen Offizierskorps zum Opfer fiel. 1944—45 brachte er Rumänien unter sowjetische Kontrolle. 1949—53 war er Außenminister.

wie der jugoslawische Delegierte, der bei der Abstimmung über Verfahrensfragen mit Ja stimmte und dann erklären mußte, daß er Nein gemeint habe. Der unglücklichste Zwerg ist Jan Masaryk[234]), wie sein Vater ein ausgesprochener Westler und nun auch nur eine sowjetische Marionette.

Aus einem Brief:

„In Ergänzung der gestrigen Sendung schicke ich Ihnen folgende Übersetzungen nach:
1. The Expulsion of the Sudetengermans, A Risk for the ČSR
2. Europe on the Way to the Jungle
3. Migration Within Germany
4. Misery of East German Children.

Wie ich Ihnen schon schrieb, musiziere ich nun regelmäßig mit Münchens führendem Kinderarzt. Als Leiter eines großen Krankenhauses hat er viel mit Amerikanern und UNRRA-Leuten zu tun. Dabei macht er als kluger Mann seine Beobachtungen. Am auffälligsten für ihn ist der Wandel der Juden uns gegenüber seit Kriegsende. Ursache dürften die Pogrome in Polen und Rumänien sein. „Die Russen schlagen uns alle tot“ berichten ihm Ostjuden, die hier frisch eintrafen. Nach Auffassung der Stalinisten muß jeder Jude, den Hitler nicht vernichtete, ein deutscher Spion gewesen sein.

Auf meinen Einwand, daß in den obersten Rängen des Kreml genug Juden vorhanden sind, erwiderte er, vielleicht komme Stalin damit der antisemitischen Stimmung bei den Ostvölkern wie auch in der Sowjetunion entgegen. In den Verlustlisten der US-Armee sollen die Juden angeblich nicht einmal mit einem Prozent ihres Bevölkerungsanteils vertreten sein.

Die Juden hier kennen keine Fragenbogenvorurteile und stellen sogar mit Vorliebe Belastete ein, da sie von ihnen größere Loyalität erwarten. So beschäftigen sie in ihren Krankenhäusern Pflegepersonal, das in den unsrigen nie eine Arbeitserlaubnis bekäme. Neulich hatte in solch einem Krankenhaus eine Frau Zwillinge, deren Mann und Sippe vergast worden waren. Der deutschen Oberschwester, einer besonders tüchtigen Frau,

234) *Jan Masaryk* (1886—1947), tschechischer Politiker, Sohn des ersten tschechoslowakischen Staatspräsidenten. Er vertrat sein Land 1925—39 als Gesandter in London und wurde 1945 Außenminister der Nachkriegs-Tschechoslowakei. Nach dem kommunistischen Putsch verblieb er als der einzige Bürgerliche in der Regierung. Jan M., Sohn einer Amerikanerin und eines Vaters, der zu seiner Zeit das beste Rußlandbuch in deutscher Sprache geschrieben hat, war ein ausgesprochener Westler. Am 25. Februar 1947 fand man ihn aus einem Fenster des Außenministeriums gestürzt, eine in bewegten Zeiten traditionelle Prager Art, sich politischer Gegner zu entledigen.

passierte das Mißgeschick, daß eine Wärmflasche, die den kleinen Geschöpfen ins Bett gelegt worden war, aus unerfindlichen Gründen platzte.

Beide Kinder wurden schwer verbrüht, ein Säugling starb, der andere schwebt in Lebensgefahr. Man müßte nun meinen, daß sich die ganze Verzweiflung der Betroffenen gegen die Schwester gekehrt hätte. Das Gegenteil war der Fall; Ärzte und Schwestern haben die Unglückliche in einem Ausmaß gedeckt, wie dies in normalen Zeiten selbst bei uns kaum der Fall gewesen wäre. Natürlich wurde mein Bekannter zu Rate gezogen. Vorher mußte er sich verpflichten, der schwer getroffenen Mutter den Sachverhalt nicht aufzudecken, da man Rückwirkungen im Lager befürchtete, wenn der Fall bekannt würde. Man legt Wert darauf, daß sich die Stimmung gegen die Deutschen nicht verschlechtert.

Haben Sie den letzten Münchner Polizeibericht gelesen? Neun Überfälle und Einbrüche an einem Tag, wobei in sechs Fällen Ausländer die Täter waren. Meine Frau verbietet mir nachts das Motorradfahren. Anläßlich der Byrnes-Rede fanden in Warschau Demonstrationen statt.“

Die durch „Volksentscheid“ in Sachsen enteigneten Fabriken werden, soweit sie Eigentum der Landesverwaltung bleiben und nicht in sowjetische Regie übergehen, in Industrieverwaltungen zusammengefaßt. Die Industrieverwaltungen sind in Branchen eingeteilt und umfassen jeweils 20 bis 25 Betriebe gleicher Art. An der Spitze jeder Industrieverwaltung steht ein Direktorium, das sich aus einer technischen, einer kaufmännischen und einer Personalabteilung zusammensetzt. Bisher wurden 65 solcher Industrieverwaltungen errichtet.

Samstag, 21. 9. 1946

Vor einigen Tagen bin ich ernsthaft erkrankt. Der Arzt stellte Gastritis mit Gelbsuchtverdacht fest, doch fühle ich mich bereits auf dem Wege der Besserung. Heut konnte ich zur Not erledigen, was liegen geblieben war; zu energischem Griff freilich langt die Kraft nicht.

Aus einem Brief aus Washington (Übersetzung):

„... sicherlich wird es nicht immer abwärts gehen. In absehbarer Zeit wird sich auch Deutschland erfangen. Daran glaube ich und Sie sollten diesen Glauben teilen.

Wenn sich erst die Ernährungslage bessert, werden andere Normalisierungen auf dem Fuße folgen. Ich lese, daß es fast überall auf der Welt reiche Ernten gab. Sicherlich wird es noch zu Engpässen kommen, aber keinen so schlimmen wie in den letzten 12 Monaten. Prognosen besagen, daß auch Europa im Herbst 1947 genügend Nahrungsmittel erzeugen wird. Ich hoffe sehr, daß sie richtig sind. Haben Sie mein CARE-Paket schon erhalten? Ich nehme an, daß Ihr nächster Brief den Empfang bestätigen wird.

Ich kann nur immer wieder darauf hinweisen, daß Amerikaner wie Briten nun eingesehen haben, daß Deutschlands Wirtschaftskraft voll wiederhergestellt werden muß; die Aufrechterhaltung des gegenwärtigen Zustands ist für Europa ein Unglück und für die Deutschen eine Katastrophe. Leider ist Ihr Land jetzt das Opfer des ideologischen Krieges geworden, der zwischen Ost und West tobt. Weitere Hemmnisse sind die französische Haltung, der Kartellneid einflußreicher amerikanischer und britischer Kreise und die Nachwirkungen der Kriegspropaganda. Aber auch ohne all diese Einwirkungen würde das Leben in Deutschland einfach deswegen hart sein, weil es den Krieg verloren hat. Man kann darüber streiten, ob der einzelne Deutsche dafür verantwortlich gemacht werden soll, daß Deutschland den Krieg erklärte und Greueltaten beging; wir werden darin übereinstimmen, daß dieser Reinigungsprozeß Unruhe schafft und die Genesung aufhält. Aber alles geht vorüber. Und der Mensch ist nicht nur ein ungemein zähes Geschöpf, er vermag sich auch in ungünstigsten Verhältnissen einzurichten und das Notwendige zu beschaffen. Wenn man die Fähigkeiten der Deutschen in Rechnung stellt, kann man hinsichtlich ihrer Zukunft optimistisch sein. Zudem wird von ihnen nicht nur ihr eigenes, sondern zu einem guten Teil auch das Schicksal der westlichen Welt abhängen.

Ich weiß, daß ich Sie vor der bolschewistischen Gefahr nicht zu warnen brauche. Wovor ich Sie aber warnen möchte — und Ihre skeptischen Bemerkungen über die Sozialdemokraten geben mir dazu Veranlassung — das sind die Sirenenklänge der Konservativen, im besonderen der CSU. Im Wesentlichen hängen auch die Christlichsozialen an einer Internationale mit absolutistischer Spitze. Aber gerade Deutschland war der Mutterboden der Reformation, aus der die große Leistung des deutschen Idealismus hervorging. Diese Tradition stellt die klerikale Rechte ebenso in Frage wie der Kommunismus. Die amerikanische Demokratie ist ein Sproß der Reformation, deren Quellen in der englischen evangelischen Erweckungsbewegung des 18. Jahrhunderts erneuert wurden. Halten Sie einen Mittelweg ein. Ich sehe nicht ein, weshalb es ein demokratisches Deutschland nicht geben sollte, da die Deutschen genau so gute demokra-

tische Traditionen besitzen wie andere europäische Völker. Nach allem, was gesagt und geschehen ist — und es wurde sehr Hartes gesagt und es ist viel Böses geschehen — verbleibt die Tatsache, daß die Zukunft Deutschlands in erster Linie von den Deutschen abhängt. Geht man von den geistigen und kulturellen Grundlagen aus, die schließlich allein zählen, wird dies niemand widerlegen können. Hitler war eine Episode; Goethe ist das, was von Deutschland bleibt.“

Churchill:

„Die Vorstellung, das jüdische Problem durch Masseneinwanderung nach Palästina zu lösen, ist zu dumm, um darüber ein Wort zu verlieren. Während wir uns mit dieser Frage abquälen und große Opfer bringen, sehen die Amerikaner zu und kritisieren die Fehler, die wir dabei machen. Die USA müssen hier Verantwortung übernehmen! Weigern sie sich, dann soll Großbritannien sein Mandat zurückgeben und seine Truppen aus Palästina abziehen.“

Portät-Skizzen von Max Dessoir[235]), der als 80jähriger im Taunus an seinem „Buch der Erinnerung“ schreibt. Er erzählt darin seine Begegnungen mit Zeller[236]), Dilthey[237]), Kuno Fischer[238]), Troeltsch[239]), Rathenau[240]), Maximilian Harden[241]) und Stefan George[242]). Es wäre

235) *Max Dessoir* (1867—1947), Philosoph und Psychologe, lehrte in Frankfurt und Berlin, arbeitete über Grenzgebiete der Psychologie, Physiologie und okkulte Phänomene.

236) *Eduard Zeller* (1814—1908), Theologe und Philosoph, lehrte in Heidelberg und Berlin. Z. schrieb eine dreibändige „Philosophie der Griechen in ihrer geschichtlichen Entwicklung“.

237) *Wilhelm Dilthey* (1833—1911), Philosoph und Historiker, lehrte in Basel, Kiel, Breslau, Berlin. Begründer der Erlebnisforschung mit starkem Einfluß auf die Geisteswissenschaften.

238) *Kuno Fischer* (1824—1907), Philosophiehistoriker, lehrte in Jena und Heidelberg. Sein Buch über Kant schuf die Grundlage für den Neukantianismus; er schrieb Systemdarstellungen der neueren Philosophen von Descartes bis Schopenhauer.

239) *Ernst Troeltsch* (1865—1923), Theologe, Philosoph, Historiker, lehrte in Bonn, Heidelberg, Berlin. 1919—21 Unterstaatssekretär im Preußischen Kultusministerium. T. führte die Methoden der historischen Forschung in die Theologie und die Geisteswissenschaften ein. Er war der erste deutsche Gelehrte nach dem Ersten Weltkrieg, der eine Einladung zu Vorlesungen in England erhielt.

240) *Walther Rathenau* (1867—1922), Direktor der elektrochemischen Werke Bitterfeld, Staatsmann, Schriftsteller. Sein Vater Emil führte das Telefon und die elektrische Glühlampe in Deutschland ein und gründete die Allgemeine Elektrizitätsgesellschaft (1887), der Sohn war Vorstand in 100 Unternehmen. Im Ersten Weltkrieg organisierte er die Rohstoffversorgung im Kriegsministerium, sodaß der Nachschub für die Front gesichert war. Als Außenminister vertrat er Deutschland auf der Londoner Konferenz von 1921 und schloß in Rapallo einen Vertrag mit der Sowjetunion. Am 24. Juni 1922 wurde er von zwei Fanatikern erschossen.

241) *Maximilian Harden* (1861—1927), politischer Schriftsteller. In seiner Zeitschrift „Die Zukunft“ nahm er für Bismarck und gegen Wilhelm II. Partei, brachte den

zu begrüßen, wenn noch andere dieser nun rasch versinkenden Generation ihre Erinnerungen aus der Zeit der Geltung unseres Geistes und unserer Wissenschaft festhielten.

Dienstag, 24. 9. 1946

Gerade habe ich nach kurzen Ferien den ersten Arbeitstag im Amt hinter mir. Der Ozean von Not, in dem man da wie ein ruderloses Boot treibt, läßt kaum andere als trübe Gedanken aufkommen. Diesmal war der Bericht unserer Fürsorgereferentin über die schulentlassenen und schulpflichtigen Flüchtlingskinder besonders deprimierend, weil darin die Zusammenhänge zwischen Flüchtlingselend, Wohnungselend, Kinderelend und Ausbildungselend besonders deutlich wurden. Leider ist das Rotwelsch der Sozialpfleger kaum verständlich, aber in der Übersetzung bemühten wir uns, die Leitgedanken herauszuschälen und den Eindruck vehementer Weltverdüsterung nicht durch einen verderbten Fachjargon abzuschwächen.

Kürzlich erzählte mir ein Freund von einem Artikel in der Wochenschrift LIFE, der kühl und genüßlich unsere Misere konterfeite unter dem Motto „Nur ein toter Deutscher ist ein guter Deutscher". Die Amerikaner verfügen in der Ausrottung anderer Rassen über Tradition. So wenig tragisch man solch journalistische Gemeinheit auch nehmen sollte, sie beweist, wie sehr uns noch der Wind ins Gesicht bläst und wie viel Grund wir haben, vorsichtig zu sein und in die nächste Zeit wenig Hoffnungen zu setzen.

TIME über Jugoslawien:

„Hinter der fadenscheinigen Tarnung einer pseudoliberalen Verfassung formte Tito die südslawischen Länder zu einem kommunistischen Muster-Polizeistaat. Seine von der NKWD geschulte Geheimpolizei, die OZNA, liquidierte zusammen mit den Partisanen schätzungsweise 200 000 Menschen und warf weitere 100 000 in die Gefängnisse. In allen Balkanländern und in Italien

Fürsten Eulenburg zu Fall, befehdete den Dramatiker Sudermann, vertrat im Ersten Weltkrieg zunächst imperialistische, dann pazifistische Anschauungen. In den zwanziger Jahren sank sein Stern, doch war er um die Jahrhundertwende einer der einflußreichsten Literaten.

242) *Stefan George* (1868—1933), Dichter. G. versuchte, gestützt auf französische, holländische und englische Vorbilder und in Reaktion auf den Naturalismus und die ihm folgenden Literaturmoden eine Erneuerung der deutschen Literatur und Sprache. Er gab seit 1892 die „Blätter für die Kunst" heraus und sammelte um sich einen Kreis Gleichgesinnter, aus dem bedeutende Historiker und Literaturhistoriker hervorgegangen sind. In seinen Gedichtbänden pflegt er das Gesuchte und Erlesene; er übersetzte Dante, Shakespeare, Baudelaire, Rimbaud, Rossetti, Swinburne und übte auch auf die um 1930 heranwachsende Generation einen starken Einfluß aus, fand aber nach dem Zweiten Weltkrieg keinen Wiedererwecker.

sitzen ihre Agenten. Chef der OZNA ist der berüchtigt grausame Alexander Rankovic[243]*), ein ehemaliger Schneidergeselle.*

Tito hält ein stehendes Heer von 800 000 Mann, das von Offizieren der Sowjetarmee ausgebildet wird, mit russischem Material ausgerüstet ist und dessen Soldaten mit russischen Medaillen ausgezeichnet werden. Dabei sind die verschwörerischen Gewohnheiten in der Armee so tief verwurzelt, daß heute noch in den Gebirgen große Waffenlager gegen mögliche Feinde verborgen gehalten werden.

Belgrads Intellektuelle spötteln, Tito stehe einer Regierung von Ignoranten vor, da die neuen Funktionäre, die von der KP sorgfältig ausgesucht werden, zur Hälfte halbe Analphabeten sind. In Wahrheit verfügt die Regierung über ein beachtliches Kontingent kommunistischer Theoretiker. Titos Hauptberater ist der peinlich genau und humorlose Vizepremier Edward Kardelj[244]*), ein 36jähriger Schulmeister mit einem Goebbels'schen Hinkefuß und einem Molotow-Schnurrbart, der sechs Jahre in jugoslawischen Gefängnissen wegen kommunistischer Pamphlete zubrachte. Später floh er nach der Sowjetunion, wo er Leiter der Revolutionsschule für den Balkan in Odessa wurde.*

Ein zweiter dieses Gehirntrusts ist der jüdische Vizepräsident des machtlosen Parlaments, Moses Pijade[245]*), ein buckliger Zwerg mit einem Walroß-Schnurrbart, der in seinen 55 Jahren Journalist, surrealistischer Maler und Belgrader Salonlöwe war, bevor man die Kommunisten ernst nahm. Dann wanderte er ins Gefängnis, wo er Chinesisch studierte, vor seinen Mitgefangenen Vorträge hielt und Marxens Kapital ins Serbische übersetzte.*

Tito und seine Paladine haben sich zunächst den Wirtschaftsaufbau zum Ziel gesetzt. In vielen Dörfern tragen die Männer Säcke statt Hosen und die Frauen können wegen Mangel an

243) *Alexander Ranković*, geb. 1909, serbischer Politiker, gelernter Schneider. R. trat mit 20 Jahren der KP bei, kam mehrfach ins Gefängnis und organisierte in Serbien 1941 den Partisanenkrieg. 1944—66 war er Chef des jugoslawischen Geheimdienstes. Da er auch Tito bespitzeln ließ, enthob ihn dieser 1966 aller Funktionen und schloß ihn aus der Partei aus.

244) *Edvard Kardelj* (1910—1979), slowenischer Politiker. K. stieß ebenfalls früh zur KP, saß 1930—32 in jugoslawischen Gefängnissen, weilte 1934—36 in der UdSSR und organisierte nach der Besetzung Sloweniens 1941 den Widerstand in seiner Heimat. K. gilt als der führende Theoretiker der jugoslawischen KP. 1963—66 war er Präsident des Bundesrats.

245) *Mosche Pijade* (1890—1957), jugoslawischer Politiker. Ursprünglich Maler und Journalist, schloß er sich der KP an und verbrachte die Jahre 1925—34 im Zuchthaus. Er nahm am Partisanenkrieg teil und spielte 1948 eine bedeutende Rolle beim Bruch Jugoslawiens mit dem stalinistischen Rußland. 1954 wurde er als Nachfolger von Djilas Präsident der Nationalversammlung.

Kleidungsstücken das Haus nicht verlassen. Trotzdem sind die Verhältnisse in Jugoslawien schon besser als in manchem anderen kriegsverwüstetem Land. Die UNRRA lieferte seit April 1945 für 327 000 000 Dollar Waren und Lebensmittel. Tito bringt es fertig, die meisten Leute darüber in Unwissenheit zu halten, woher diese Gaben kommen. Neulich demonstrierten in Belgrad Jugendliche in amerikanischen Hemden und britischen Schuhen, wobei sie brüllten: ‚Gebt uns Waffen! Wir wollen gegen die Amerikaner und Briten kämpfen'!"

Deutsche Wiederaufrüstung?

Mittwoch, 25. 9. 1946

Im Amt die übliche Knochenarbeit; nachmittags fuhr ich zu Frau L. und hackte ihre Holzzuteilung klein. Abends gab es Kammermusik bei Husler; Beethoven, Brahms und zwei Haydn-Trios. Dann unterhielten wir uns.

Er erzählte von der Abschiedsfeier des Chefarztes vom Schwabinger Krankenhaus, eines Amerikaners meines Alters, der bei den Deutschen sehr beliebt war. Einige Tage zuvor hatte ihn H. zu einer Fahrt nach Rott am Inn und Gars[246]) eingeladen. Beim Anblick des prunkvollen Barocks sei der sonst zurückhaltende und schweigsame Mann aufgetaut und hat H. seine Ansichten über die europäischen Verhältnisse anvertraut.

In US-Führungskreisen sei man sich klar darüber, daß Europa in seiner gegenwärtigen Verfassung einem russischen Angriff nicht wird standhalten können. Daher werde nichts anderes übrig bleiben, als den an den Westen gefallenen Teil Deutschlands aufzurüsten, wie es die Sowjets in ihrer Zone bereits tun. Die Schwierigkeit läge darin, daß die amerikanische Öffentlichkeit an Europa immer uninteressierter werde. Die ganze Aufmerksamkeit der Publizistik gelte Ostasien. In China soll eine amerikanische Armee Gewehr bei Fuß stehen. Ein weiteres Hindernis sind die innereuropäischen Spannungen, mit denen die Amerikaner rechnen und durch die sie sich hindurchlavieren müssen.

Husler berichtete ferner von einem bayerischen Schloß, in dem alte italienische Instrumente für ein Kammerorchester ausgelagert waren, welche die Reichsregierung mit riesigen Mitteln zusammengekauft hatte. Als die Amerikaner die Gegend besetzten, drangen sie auch in das Schloß ein und zertrampelten sie. Dann schalteten sie das Gegröhl ihres Soldatensenders ein und sagten: Das soll in Zukunft eure Kultur sein. H. findet den Mord an den Instrumenten, die etwas Unwiederholbares darstellen, genau so schlimm wie die Greueltaten

246) Bedeutende Barockklöster in Oberbayern.

an Menschen. Neulich habe er das gleiche Orchester, das früher auf diesen alten Italienern gespielt habe, auf neuen Instrumenten gehört. Die Musiker selbst konzertierten mit gewohnter Meisterschaft, aber er habe sich bei der Erinnerung an vormals kaum der Tränen erwehren können.

Vom Vetter aus Braunschweig:

„Während der Hochschulferien habe ich die mir angebotene Stelle eines Flüchtlingsbetreuers angenommen. Zu meinen Aufgaben gehört, die vom Wohnungsamt eingewiesenen Flüchtlinge aufzusuchen, Mißstände und Mängel festzuhalten, Schwierigkeiten zwischen Vermietern und Mietern zu schlichten und sie dem Amte zu melden, wenn ich erfolglos bleibe. Ich tue, was ich kann und das ist begreiflicherweise wenig, denn diese ganze Aktion ist nur der bekannte Tropfen auf den heißen Stein. 30 000 Schlesier sollen noch in der überfüllten Stadt untergebracht werden; unsere Militärregierung hat pro Person 4 qm Wohnfläche vorgeschrieben. Dabei hausen in den weitläufigen Braunschweiger Kasernen Polen und andere Ausländer. Einzelschilderungen erspare ich Dir; bei Deiner Erfahrung kannst Du sie Dir ausmalen. Ein Päckchen Cello-Saiten lege ich bei.

Donnerstag, 26. 9. 1946

Starker Nebel, verfärbtes Laub, aber die Tage sind noch golden und warm und ich lasse mir's im Sonnenschein wohl sein. Abends besuchte ich meine Kollegin, die mich mit einem entfernten Verwandten zusammenbrachte, einem etwa 27jährigen ehemaligen Berufsoffizier, der mir in seiner verkrampften Selbstsicherheit und Wirklichkeitsferne ein typisches Produkt unserer jüngsten Vergangenheit zu sein schien. Solche Leute wären bereit, auch in eine dritte Katastrophe blindlings hineinzurennen. Sie kennen keine Demut und Einkehr, ohne die es für uns nicht weitergeht.

Ohne für die Garnitur, die der Umsturz in die Amtssessel hob, viel Sympathie zu empfinden, da zu viel hochgeschwemmt wurde, das späterer Prüfung nicht standhalten wird, bin ich mir doch darüber klar, daß wir viele Prätentionen werden über Bord werfen müssen, wenn wir in der neuen Ära bestehen wollen und daß uns nur eine entsprechende Friedensleistung retten kann. „Gerichtstag halten über sein eigenes Ich" sagt Ibsens[247]) Brand — es fragt sich nur, inwieweit ein Volk solcher metanoia fähig ist.

Im übrigen war wissenswert, was der Junge über seine Gefangenschaft in Rußland berichtete. Am furchtbarsten waren die ersten

247) *Henrik Ibsen* (1828—1906), norwegischer Dramatiker, der sich lange in München aufhielt und dessen spätere psychologische Gesellschaftsdramen das europäische Theater aller Nationen stark beeinflußten.

Wochen, die Gefangennahme, der Abtransport, die Arbeitsaufnahme. Nur ein Teil überstand sie. Hatte sich der Körper an die Ernährung und die Anforderungen der Umwelt erst einmal gewöhnt, dann kamen bald die Unterschiede in den Temperamenten und Charakteren zum Vorschein und es gab auch unter den Gefangenen Männer, die sich bei den Russen Respekt zu verschaffen wußten. Die törichte Furcht, die man im Westen vor uns hegt, ist auch im Osten verbreitet. Im großen und ganzen behandelte man unsere Gefangenen nicht schlechter als die Zivilbevölkerung. „Menschen? Von diesem Dreck haben wir genug", sagte Litwinow[248]), als er noch Außenminister war. In der Sowjetzone soll ein freiwilliger Aufbaudienst für die Sowjetunion propagiert werden. Im allgemeinen sind die klimatischen Lebensverhältnisse in Mittel- und Nordrußland für uns kaum zu ertragen, wenn wir auf dem dortigen Durchschnittsniveau leben müssen. Nur in gewissen Lagern der Ukraine soll das Leben leichter sein. Aber das wußte er nur vom Hörensagen.

Freitag, 27. 9. 1946

Im Wald gibt es Pilze; sie schießen in nie dagewesener Menge aus dem Boden und wir ernten sie schubkarrenweise. Von Frau Bleekers Gemüsefrau brachte ich heute zwei große Kürbisse heim. Bis tief in die Nacht waren wir mit der Verarbeitung der seltenen Tagesernte beschäftigt.

Die dänischen Sozialdemokraten lehnten jede Grenzveränderung zuungunsten Deutschlands ab und sprachen sich für die Beibehaltung der Grenze Schleswigs von 1919 aus.

In Belgrad wurde das Amerika-Haus geschlossen. Der US-Informationsdienst muß seine Tätigkeit in der jugoslawischen Hauptstadt gleichfalls einstellen.

Die Beschießung zweier amerikanischer Transportmaschinen über jugoslawischem Gebiet, bei der auch einige Menschen das Leben verloren, hat die amerikanische Öffentlichkeit aufgeschreckt. Die US-Presse, die in Tito bisher einen gütigen, mutigen und nur ganz nebenbei dem Kommunismus zugehörigen Marschall gesehen hatte, erkennt plötzlich, daß er einer der fanatischesten und aggressivsten Prokonsuln des Kreml ist. Ich habe den einschlägigen TIME-Artikel übersetzt, zur eigenen Erbauung wie zur Aufklärung des von der Kirchlichen Hilfsstelle aus erreichbaren deutschen Publikums.

248) *Maksim Maksimowitsch Litwinow* (1876—1951), sowjetischer Diplomat und Politiker. L. schloß sich 1898 der sozialdemokratischen Partei an und trat 1903 zu Lenin über. 1917—19 war er der Vertreter der Sowjetunion in London, 1930—33 Volkskommissar des Äußern, 1941—43 Botschafter in Washington, seit dem Eintritt der UdSSR in den Genfer Völkerbund ein eifriger Verfechter der kollektiven Sicherheit.

Montag, 30. 9. 1946

Der Nebel liegt wie ein nasses Fell auf dem Lande; erst am Nachmittag wird die Sonne seiner Herr. Aber dann wärmt sie doch noch ein wenig, sodaß man wehmütig werden könnte, die letzten schönen Stunden des Jahres im Keller versitzen zu müssen.

Bedauernswert das Pech eines Professors unserer Universität, dem die Tschechen die Mitnahme seines Mobilars gestatteten. Kaum hatte er sich in dem netten Häuschen in Gauting damit eingerichtet, das ihm die Regierung zur Verfügung stellte, so wurde es samt der Einrichtung von den Amerikanern beschlagnahmt.

Nach einer Untersuchung der Kruppschen Krankenanstalten beträgt bei der Arbeiterbevölkerung des Ruhrgebiets das durchschnittliche Untergewicht bei Erwachsenen 20 kg, da täglich mindestens 500 Kalorien zum Existenzminimum fehlten.

Von Dr. B., Eichsfeld:

„Wir kultivierten unser bißchen Gartenland wie die Chinesen und hatten eine leidliche Obst-, Beeren- und Gemüseernte. Jedenfalls kann ich mittags ein schmackhaftes Essen auf den Tisch stellen. Wieviel Kalorien wir verzehren, weiß kein Mensch. Böse Zungen sagen, es wären 950. — Täglich stehen uns 350 gr Kartoffeln zu. Bisher wurden wir auch in der schlimmen Übergangszeit ohne Stocken beliefert. An Nährmitteln gibt es für Erwachsene Nudeln aus Schwarzmehl; Kinder erhalten Puddingpulver und Gries. Vor dem Winter graut allen.

Soweit unsere Industrie produziert, arbeitet sie für Rußland. Am schlimmsten wirkt sich das bei den Schuhen aus. Wer Kinder hat, kriegt graue Haare. Aber wahrscheinlich soll das so sein, damit wir merken, wie herrlich man anderswo lebt.

Haben Sie Scholochows[249]) *‚Neuland unter dem Pflug' gelesen? Die Sowjetische Militäradministration hat für die Verbreitung einer deutschen Übersetzung gesorgt. Unserem Empfinden ist diese Welt fremd, aber man erfährt darin viel von der russischen Psyche (neueren Datums).*

Die Wahlen sind mittlerweile vorbei. Von den 30 Sitzen unseres Stadtrats kommen 22 auf die CDU; die SED erhielt 7, die NPD einen. Ähnlich fielen die Wahlen in Weimar, Eisenach, Erfurt und Jena aus. Mit gleicher Post schicke ich Ihnen ein paar Zeitungsausschnitte (sie sind nie angekommen). *Gespannt bin ich auf die Wahlen in Berlin, wo die Menschen so Schlimmes*

249) *Michail Alexandrowitsch Scholochow,* geb. 1905, sowjetischer Schriftsteller. Sch. stammt von den Donkosaken ab, deren Epos er in dem Roman „Der stille Don" geschrieben hat. 1965 erhielt er den Nobelpreis für Literatur.

mitgemacht haben. Mich interessiert, wie sie darauf mit dem Stimmzettel reagieren."

Montag, 7. 10. 1946

Bleeker erzählte uns heute, wie Hitler zu seinem Leibbaumeister Troost[250]) gekommen war. Die Vermittlerin war die Frau eines hiesigen Verlegers, eine geborene griechische Prinzessin und eine der schwärmerischen Verehrerinnen des Demagogen. Als sie ihn einmal in seiner Wohnung besuchte, schauderte sie, wie geschmacklos er hauste. Sogleich schrieb sie ihm einen Scheck aus, damit er sich ordentliche Möbel kaufe. Der Ramsch, den er sich im nächsten Möbelgeschäft zusammengesucht hatte, bewog sie, die Sache selbst in die Hand zu nehmen.

So ging sie mit ihm zu den Deutschen Werkstätten, wo gerade eine Ausstellung des Innenarchitekten Troost lief. Die brachten eine Saite seines verhunzten Wesens zum Schwingen; er ließ sich Troost vorstellen und gab ihm 1933 den ersten Großauftrag, den Bau des Hauses der Kunst. Troost lag das gewaltsam Monumentale gar nicht; er ist an seinen Aufträgen zugrunde gegangen. Seine Frau aber, eine herrschsüchtige Person und der Fotograf Hoffmann bestimmten, was in dem braunen Kunsttempel ausgestellt werden durfte. Sie waren die Kunstdiktatoren des Dritten Reichs (und am Rande Goebbels). Man greift sich an den Kopf, sinnierte Bleeker, was in den letzten Jahren bei uns alles möglich war.

Aus einem Brief von Col. S., Washington (Übersetzung):

„Ihre Schilderung der Stagnation des geistigen und kulturellen Lebens wegen der herrschenden Hungersnot (obwohl sie nicht die einzige Ursache ist) erinnert mich an den Talmud-Spruch: ‚Wo es kein Brot gibt, da fehlt es auch an Gelehrsamkeit'. Ich hoffte so sehr, die heurige gute Ernte würde den Hunger in der Welt vermindern. Nun lese ich, daß es infolge der riesenhaften sozialen Umschichtungen, die der Krieg verursachte, doch noch zwei bis drei Jahre dauern wird, ehe sich die Welternährungslage einigermaßen stabilisiert. Ich kann Ihnen versichern, daß wir in den USA heroische Anstrengungen unternehmen, das Hungerelend in der Welt zu lindern. Besonders schlimm sieht es in Indien und China aus. Namentlich in Indien rechnet man bis zum Jahresende mit Millionen Verhungerter.

250) *Paul Ludwig Troost* (1878—1934), Innenarchitekt, T. entwarf die Innenarchitektur für Dampfer des Norddeutschen Lloyd. Für Hitler baute er das Haus der Kunst und die Parteibauten am Königsplatz.

Ich kann Sie nur in Ihrem Entschlusse bekräftigen, die nächsten schweren Zeiten zu bestehen und nicht nachzugeben. Ihre historische Erfahrung und Ihre Einsicht in die Natur des Menschen werden Sie den Glauben an ein besseres Leben nicht verlieren lassen. Dies ist nicht der erste wirtschaftliche Zusammenbruch, von dem weite Gebiete Europas betroffen sind. Sie kennen aus Ihrem Studium die Zustände, die nach dem Dreißigjährigen Krieg, die Erschöpfung, die nach der Niederringung Napoleons herrschte. Sicherlich haben die Schäden des letzten Krieges noch andere Dimensionen; dafür verfügen wir heute über andere technische Mittel und technologische Kenntnisse als vor 25 Jahren.

Mit Genugtuung bemerke ich bei der täglichen Lektüre der New Yorker und Washingtoner Zeitungen, wie gründlich wir über die europäischen Verhältnisse unterrichtet und wie treffend sie von unseren besten Kolumnisten kommentiert werden. Leider ist Mitteleuropa nun zum Schlachtfeld rivalisierender Ideologien geworden und Sie scheinen in Bayern eine Menge davon abzubekommen. Seien Sie nachsichtiger mit uns Amerikanern! Wir haben uns erst jüngst nachdrücklich für die Wiederherstellung der deutschen Einheit verwandt und Vorschläge für die Gesundung Europas unterbreitet. Aber unsere Bemühungen scheiterten an Kräften, die der Demokratie zwar Lippendienste leisten, aber tatsächlich etwas ganz anderes im Schilde führen.

Ich weiß, daß Sie nach Ihren Erfahrungen in der Tschechoslowakei keinen großen Glauben in die Demokratie setzen. Außerdem haben die Nazis viel Energie an den Nachweis gewandt, daß die Demokratie keine lebensfähige Herrschaftsform mehr ist. Unsere Besatzungspolitik trägt nach Ihrer Schilderung das ihrige dazu bei, das Mißtrauen wach zu halten. Umso mehr freut mich, daß Sie trotz großer Existenzschwierigkeiten sich unentwegt mit amerikanischer Politik und Tradition beschäftigen. Ich kann Sie zu dieser Arbeit nur ermutigen; versuchen Sie weiter, die Übersetzungsrechte für die Geschichte Steele/Commagers zu bekommen. Es gibt zwar noch einen besseren Grundriß amerikanischer Geschichte von Charles und Mary Beard; ich kann ihn Ihnen schicken. Wichtig ist, daß Sie sich nicht entmutigen lassen. Zwar liegt noch eine unabsehbare Durststrecke vor Ihnen, aber das Europa in der zweiten Hälfte des 20. ist nicht die Alte Welt des 5. nachchristlichen Jahrhunderts. Die Zeiger der Geschichte gehen nicht rückwärts.

Dienstag, 6. 10. 1946

Heut besuchte uns ein ehemaliger deutscher Offizier, der mich bat, ihm eine polonisierte Adresse eines Ortes bei Hirschberg[251]) zu übersetzen. Er war erst vor kurzem von den Russen entlassen worden und sucht nun die Reste seiner Familie zusammen. Auch er betonte, daß in Rußland nur die vom Tode gezeichneten Gefangenen eine Chance haben, heim zu kommen. Vor jeder Tür in unserem Amt stehen Schlangen solcher verelendeter Menschen, in deren Gesichtern alle Leiden und Demütigungen der letzten anderthalb Jahre eingezeichnet sind. Nach Möglichkeit vermeide ich es, in den oberen Flur zu gehen.

Bleeker besuchte uns. Es ist bitter zu sehen, wie sich dieser 63jährige mit drei kleinen Kindern ärger durchfretten muß als ich junger Dachs. Bereits lange vor den Nazis galt er als der legitime Erbe Adolf von Hildebrands und wenn er es nicht zu europäischem Ruhm brachte, so lag das daran, daß die französischen Kunstvermittler geschäftstüchtiger und weltläufiger waren als die deutschen. Ich staune, wie der alte Mann die Entbehrungen erträgt, monatelange dürftige Gasthauskost, Tag um Tag Jagd nach elementarsten Dingen. Dabei sieht er viel vitaler aus als mein noch kräftiger Vater. Jetzt hofft Bleeker, entnazifiziert zu werden. Er hatte 1939 die Gestapo im Haus und mit der Partei zunehmend Schwierigkeiten.

Aus einem Brief:

„Vor einigen Tagen wurde die Flüchtlingsabteilung bei OMGB der Wohlfahrtsabteilung eingegliedert und bekam damit einen neuen Chef, der noch vorsichtiger ist als der aus den USA zurückgekehrte und zum Zivilisten beförderte ehemalige Cpt. R., sodaß der US-Beitrag zu unserem Problem endgültig darin bestehen dürfte, jeglicher Verantwortung kunstvoll aus dem Wege zu gehen. Ich mache keinen deutschen Beamten oder Politiker den Vorwurf, daß er sich nicht exponiert; jeder von uns kann jeden Augenblick seinen Stuhl mit einem amerikanischen Gefängnis vertauschen, wenn ein Denunziant geschickt zu Werke geht. Bei den Amerikanern verwundert es. Die meisten Deutschen wissen nicht, daß dort die öffentlich Bediensteten zu den minder geachteten Berufsgruppen zählen, auf denen jeder korrupte Politiker oder Publizist herumtrampelt.

Ihr Vorhaben, den armen Leuten, deren Angehörige in der ČSR gefangen gehalten werden, durch Ihre Verbindungen zu helfen, bitte ich unverzüglich in Angriff zu nehmen, da OMGB

251) Stadt in Schlesien.

hier sicherlich nichts für sie tut und ich es daher für sinnlos halte, solche Ansuchen an die Amerikaner zu richten. In Zukunft schicke ich Ihnen Durchschläge der hier eingereichten Schreiben dieser Art.“

Samstag, 12. 10. 1946

In der letzten Sitzung mit den Regierungskommissaren, die robuste Naturen sind und in den Bezirken eine sehr starke Machtstellung besitzen, soll es hoch hergegangen sein, erzählte Dr. W. Wenn er nicht bald bei der Militärregierung größere Kontingente durchsetze, haben sie dem Staatskommissar gesagt, dann solle er gleich statt der Baracken Friedhöfe bauen. Angeblich beabsichtigen die Tschechen, zur Aufrechterhaltung der Wirtschaft in den böhmischen Grenzgebieten 400 000 Sudetendeutsche zu behalten. Im Wesentlichen sollen es Facharbeiter sein. Die Amerikaner, froh, über eine halbe Million Esser weniger zu haben — denn die Familien würden auch drüben bleiben —, hätten dem Vorschlag zugestimmt. So soll die Aussiedlung, wie es euphemistisch heißt, zu Ende des nächsten Monats auslaufen.

Aus einem Brief:

„Gestern übersetzten wir für die Frau des ehemaligen Leiters der Landesstelle Chemie bis tief in die Nacht Empfehlungsschreiben. Mitten aus der Arbeit haben die Amerikaner ihren Mann geholt, weil er als KZler in Dachau für den berüchtigten Arzt Rascher[252]) arbeiten mußte, der u. a. die Abkühlungsversuche an russischen Gefangenen durchgeführt hat. Es gab sehr interessante Schreiben der Münchener Universitätsmediziner darunter. Angesichts der Verfilzung von Herrschsucht, Machtgier, Grausamkeit könnte man Fatalist werden.

Der Vater der Dame, ein ehemaliger General, lebt in Garmisch. Ihr erster Mann wurde als Jagdflieger abgeschossen. Ihr sechsjähriger Junge liegt mit einer Mittelohrentzündung im Krankenhaus. Ihren zweiten Mann lernte sie als Häftling in einer Klinik kennen. Er wog damals nur noch 44 kg. Nach endlosen Bemühungen bekam sie ihn frei; die letzten beiden Jahre vor dem Zusammenbruch waren für sie überschattet von der Drohung einer neuerlichen Verhaftung. Als ihrem Manne nach dem Umsturz ein verantwortungsvoller Posten übertragen wurde, kam dieser aus der Unruhe auch nicht heraus, da es ständig Machtkämpfe und Reibereien gab. Dabei überarbeitete er sich dermaßen, daß er eines Morgens über dem Wasch-

252) Arzt im KZ Dachau, der an männlichen und weiblichen Gefangenen medizinische Experimente vornahm. R. wurde kurz vor Kriegsschluß auf Befehl Himmlers beseitigt.

becken zusammenbrach und so unglücklich stürzte, daß er sich einige Wirbel brach. Kaum war er wieder hergestellt, holte ihn der CIC. Sie wisse nicht, für wieviel Verbrecherleben sie büßen müsse, meinte die Frau fast beiläufig.

In Agram findet gegen das Haupt der katholischen Kirche Kroatiens, den Erzbischof Stepinac[253]), ein Schauprozeß statt. Er wird angeklagt, „Verbrechen gegen das Volk" begangen zu haben. Im gleichen Prozeß wird gegen 18 katholische Geistliche verhandelt, denen vorgeworfen wird, mit der Ustascha[254]) zusammengearbeitet zu haben. Der Papst und amerikanische Kardinäle protestierten.

Geist und Wirklichkeit

Montag, 14. 10. 1946

Wieder Papierschwemme. Dann fuhr ich zur Militärregierung, wo aber alles Kopf stand, da Eisenhower zu Besuch gekommen war. Schließlich fand der Tag aber doch einen vernünftigen Abschluß. Ich bekam einen Fahrer, der mir die Dachpappe für unsere Hausreparatur hinaus schaffte. Dabei entdeckte ich einige Dachreiter, die ich mitgehen ließ. Nun können wir den First abdecken und brauchen nicht zu befürchten, daß es uns in die Betten regnet, wenn das Schlechtwetter einsetzt. Sogar eine Glühlampe konnte ich auftreiben!

Von Dr. B., Eichsfeld:

„Es gibt Optimisten, die nach dem Stalin-Interview auf eine Besserung der Weltlage hoffen. Ich gehöre nicht dazu, aus Gründen, über die ich lieber nicht schreiben möchte. Ich halte bei einer derart verschiedenen Mentalität eine Dauereinigung für ausgeschlossen. Erst müßten die Begriffe geklärt werden; man braucht nur an das Wort ‚Demokratie' zu denken.

Gestern hörten wir den ganzen Tag nur von den Nürnberger Urteilen. Ich muß feststellen, daß sie mich eigentlich wenig berühren. Es ließe sich so viel dazu sagen, was man lieber

253) *Alojzije Stepinać* (1898—1960), kroatischer Kardinal. Zögling des Germanicum in Rom, 1930 Priester, 1934 Titularerzbischof von Agram. Wegen der Tolerierung des Pavelić-Regimes verurteilten ihn die Kommunisten zu 16 Jahren Kerker. Es war der erste Schauprozeß gegen einen hohen kirchlichen Würdenträger im Ostblock. S. wurde später auf freien Fuß gesetzt, durfte aber seinen Heimatort Krasić nicht verlassen.

254) Terror-Organisation in Kroatien, die 1929 nach Errichtung der jugoslawischen Königsdiktatur entstand. Sie wurde vom faschistischen Italien unterstützt. 1934 fiel einem Ustascha-Attentat in Marseille der serbische König und der französische Außenminister Barthou zum Opfer. 1941 konnte Ustascha-Führer Ante Pawelić einen kroatischen Staat unter deutsch-italienischem Protektorat errichten. Pawelić gelang die Flucht nach Argentinien, wo er noch lebt.

nicht von sich gibt, da es unpraktisch ist. Sie können doch ein Lied davon singen! Schließlich sind die Vertriebenen nicht in Salonwagen mit all ihren Habseligkeiten nach hier verfrachtet worden. Wieviel unserer Frauen haben die Hölle im Osten unversehrt überstanden? Ich hörte gerade wieder von einer Berliner Künstlerin, die nach wiederholter Vergewaltigung viehisch ermordet wurde. Mir wird schon vom Anhören solcher Erlebnisse physisch übel, die in meinem Bekanntenkreis über die armen Frauen hinweggegangen sind. Der Tod ist in solchen Fällen eine bessere Lösung als das Leben mit Syphilis und Gonnorhoe. Und mit Erinnerungen, die für eine Frau bedeutsamer sind als für einen Mann. Glauben Sie außerdem, daß eine Ehe weiter gehen kann, wenn die Frau 50 und 100 mal mißbraucht worden ist?

In der Göttinger Universitätszeitung las ich einen Artikel über die Ernährungslage in den nächsten Jahren. Der Verfasser meint, daß bei 1500 Kalorien als Dauerzustand mit dem Hungertod von 20 000 000 zu rechnen ist. 2500 Kalorien reichen gerade zum Vegetieren ohne ernstliche Arbeit aus. Eine ausreichende Ernährung setzt in unserer Situation den Export von Industriewaren voraus.

Der Verfasser schätzt die Kriegsverluste auf 4 000 000 Menschen einschließlich der Opfer des Bombenkrieges, wozu noch 3 000 000 Vertreibungsopfer plus Verstorbene in Kriegsgefangenschaft kommen.

Wenn man in diesem Winter hier außer seiner eigenen Zunge Fleisch im Munde haben will, wird man sich in den Daumen beißen müssen. Warum denken Sie nicht an eine Kaninchenzucht? Ihr Herr Vater ist doch anstellig. Holz allein macht es nicht. Wenn im Topf nichts kocht, nützt das schönste Herdfeuer nichts. Habe ich Ihnen schon erzählt, daß es uns glückte, einen zweiten Garten zu mieten? Meine Mutter bearbeitet ihn mit der Schwester. Wir wollen hauptsächlich Mohn pflanzen zur Aufbesserung unserer Fettration. 50 kg Mohn ergeben 16 l Öl. Das fällt schon ins Gewicht.“

Aus der Antwort:

„Eigentlich tragen wir an diesem Leben nicht schwer. Wir haben unser Auskommen, und obgleich ich den kommenden Winter vor ein paar Wochen noch zu optimistisch eingeschätzt habe, hoffen wir doch, ihn ohne Substanzverlust zu überstehen. Eigentlich ist mir in den letzten Jahren nie etwas richtig schwer gefallen. Man teilt sich die Dinge ein, umgeht Schwierigkeiten und erledigt das Lösbare schön hintereinander. Vor allem aber

hat man gelernt, sich in Gegebenes zu schicken und das Beste daraus zu machen.

Wir halten Sinn und Herz für das unmittelbar auf uns Zukommende offen; dabei suche ich die einzelnen Aufschreie der Geschundenen im Osten in schlichte Berichte zu fassen. Ich stelle meine Sprachkenntnisse in den Dienst dieser Sache. Ob das Weltgewissen, das wir anrufen, uns Gehör schenkt? Manche Woche bewältige ich auf diese Weise viel Papier, obwohl die stets wach gehaltene Sorge um das Ergehen der mir Anvertrauten jede ungesunde Einseitigkeit ausschließt. Man kann heute über den Alltag kaum hinaussehen.

Trotz meiner Bedeutungslosigkeit trage ich manches fremde Gepäck mit. Manchmal wickelt sich vor unserem entlegenen Dienstzimmer ein regelrechter Parteiverkehr ab. Wie dankbar sind die armen Menschen für jeden praktischen Wink. Freundlichkeit ist rar geworden und daher mache ich sie mir zur Pflicht allen gegenüber, die auf dem schwankenden Boden unserer Wirklichkeit noch nicht so gut stehen können wie ich. Ich habe auch eine ganze Reihe alter und neuer Freunde gefunden. In letzter Zeit kam sogar ein CARE-Paket aus den USA. Zum üppigen Leben langte es freilich nicht, da wir uns darin zu sechst teilen mußten.“

Von Fritz Usinger[255]), Friedberg/Hessen:

„Ich kann sehr gut verstehen, daß man manches anders sieht, wenn man das Schicksal eines Grenzland-Menschen an sich selbst erfahren hat. Der Breslau-Bericht, den Sie mir schickten, ist dafür ein grausames Zeugnis. Das ist das Europa von 1946. Sie haben vollkommen Recht, wenn Sie schreiben, daß die Bekundungen des Geistes machtlos sind bei Zuständen der primitivsten körperlichen Not. Ich bin überhaupt skeptisch gegenüber den Auswirkungen des Geistes, mögen sie nun aus der Dichtung oder Wissenschaft kommen. Das ist alles sehr ätherischer Natur und bricht vor dem Zugriff der Wirklichkeit meist rasch zusammen. Das einzige, das standhält, ist ein handfester religiöser Glaube, den heute fast kein Mensch mehr hat. Daß es zu anderen Zeiten anders gewesen sein mag, kann uns leider nicht helfen.

Wie wird die Dichtung diesem Sachverhalt gerecht? Denn sie muß, um ihre Existenzberechtigung nachzuweisen, die Seelen ergreifen. Ist es nicht der Fall, dann ist sie langweilig, mag sie auch noch so gut geschrieben sein. Das Verhältnis der

255) *Fritz Usinger*, geb 1891, Lyriker und Essayist. Lebt in Friedberg, Hessen.

Dichtung zur Wirklichkeit und die Grade der Verschmelzung, das ist eines der schwierigsten Probleme der Dichtung überhaupt.

Beinahe wäre ich neulich nach München gekommen, da ich in der Universitäts-Aula einen Vortrag hätte halten sollen. Wegen der entsetzlichen Reiseverhältnisse habe ich abgesagt. Aber wenn ich in München bin, rufe ich Sie an, damit wir uns in Ruhe unterhalten können."

Montag, 21. 10. 1946

Regen; dafür hat sich die Temperatur so weit erwärmt, daß ich auf die Vermummung verzichten kann. Als erstes fuhr ich zur Bosch-Werkstätte, um mir den Abreißer an meinem Krad richten zu lassen. Die Halle stand voller großer Laster und der Meister dachte nicht daran, sich mit einer solchen Kleinigkeit abzugeben. So kam ich mißmutig ins Amt, denn es machte schon beim Krad wenig Spaß, es im ersten Gang anzuschieben; völlig unmöglich wird es, wenn ich es mit einem Zentner Kartoffeln belade, was heut meine Absicht war.

Aber H., der immer sehr nett ist und dem ich mein Leid klagte, schickte mir sogleich einen Gefangenen aus Stadelheim, der wegen seines Fragebogens einsitzt und ihm zur Dienstleistung zugeteilt wurde, ein alter Panzer-Oberfeldwebel, der die elektrische Anlage losschraubte, den Abstand der Hämmer verstellte, die Zündkerze zurechtklopfte, sodaß der Motor beim ersten Antreten ansprang. Ich gab ihm ein paar Zigaretten; der gute Mann hat mir viel Zeit und Lauferei erspart.

Gestern besuchten wir die Ausstellung deutscher und niederländischer Meister im Haus der Kunst, das zur Zeit neben dem amerikanischen Offizierskasino noch eine Exportschau beherbergt. Man hat die Spitzenbilder der Pinakothek aus ihren Depots nach so viel Jahren wieder hervorgeholt, sodaß die Schau beweist, daß München trotz seiner gräßlichen Zerstörung immer noch eine der sieben kostbarsten Kunstsammlungen der Welt birgt. Jedenfalls konnten wir uns daran nicht satt sehen ...

Aus einem Brief:

„*Die politische Lage ist sehr undurchsichtig, zumal die wirtschaftliche Schrumpfung anhält und ihren Tiefpunkt noch nicht erreicht hat. Der kommende Winter wird viel pessimistischer beurteilt als der letzte; in den vielen hundert Flüchtlingslagern sind die Zustände schon heute unhaltbar. Viele Gräber, die voriges Jahr offen blieben, können diesmal gefüllt werden. Die Rationen wurden zwar mit dem Blick auf die kalte Jahreszeit erhöht, können aber nur vorübergehend auf dem vorjährigen Stand gehalten werden, da unser Export der notwendigen Einfuhr in keiner Weise nachkommt und den Besiegten niemand etwas schenkt. Die schwersten Sorgen drohen vom Flüchtlingsproblem und dieses dämpft spürbar das politische Treiben, da auch der letzte Politiker inzwischen weiß, daß es hier um das nackte Überleben oder elende Zugrundegehen von einigen Hunderttausenden geht.*

Im entlegensten Dorf können Sie heute Flüchtlinge finden; sie füllen die elenden Lager, die man uns überließ, in denen oft die Fensterscheiben fehlen und keine Öfen stehen, ohne daß viel Hoffnung besteht, hier Abhilfe zu schaffen. Auch für den, der ein Dach über dem Kopf hat, wird die Herbeischaffung des Lebensnotwendigen schwieriger. Nicht nur meine Frau, auch mich hält die Versorgung der Familie weitgehend in Atem. Zwar ist in Bayern der Hunger nicht so kraß wie in anderen deutschen Ländern. Aber noch vor einem Monat habe ich die Verhältnisse optimistischer eingeschätzt als sie jetzt aussehen, und es stehen mir noch viel Kradtouren bei schneidender Kälte bevor, ehe ich meine relativ große Familie vor Entbehrungen gesichert weiß."

München erscheint wenig aufgeräumt, obwohl es als eine der deutschen Städte gilt, in denen die Schuttbeseitigung am weitesten gediehen ist. Diese Schuttaktion, die gut anlief, mußte nach wenigen Wochen abgeblasen werden, da die Amerikaner das Treibstoffkontingent für die Stadt um 30 % herabgesetzt haben. Wie schon in der letzten Kriegszeit bestimmen die Ausländer weitgehend das Straßenbild. Sie schauen nun viel besser gekleidet und genährt aus als wir, eine seltsame Oberschicht. Das öffentliche Verkehrswesen liegt seit Monaten in den letzten Zügen und man staunt, daß sich die archaischen Garnituren der Münchner Straßenbahn immer wieder zusammenflicken lassen. Neue Wagen werden zwar gebaut, aber für Italien. Ich danke Gott und dem Wirtschaftsministerium für mein Krädchen, obwohl die tägliche Fahrt von 16 km zwischen meiner Wohnung und dem Büro im Winter ohne zweckmäßige Kleidung ein recht gesundheitsschädigender Sport sein wird. Aber ich lasse mich lieber zu Tode frieren als zu Tode trampeln. Bewundernswert ist die urwüchsige Zähigkeit der Leute, die der Totalabstumpfung entgegenwirkt.

Nachmittags fuhr ich zu Husler, der sich beim Hämmern auf den Finger geklopft hatte, sodaß unser Quartett ausfallen muß. Ich übte daher in der Wohnung der Frau L. zwei Stunden Cello. Aber die Kälte im großen Wohnraum war so arg, daß sich die Rückenschmerzen von voriger Woche wieder einstellten. Sie waren verflogen, als ich daheim vernahm, daß bei meinen Freunden 10 Zentner Kartoffeln und zwei Säcke Möhren unserer harren. Auf der Stelle kehrte ich um und bepackte mein winziges Fahrzeug mit einer Riesenladung. Die Brüder helfen uns in selbstlosester Weise. Niemand hat uns in letzter Zeit so viel Gutes erwiesen; dabei kann ich für sie so gut wie gar nichts tun. Sogar ein Säckchen Mehl haben sie mir mitgegeben, über das sich M. mehr freute als über die lebenswichtigen Kartoffeln. Acht Zentner dieser deutschen Hungerfrucht stehen noch auf unseren Karten; wir können sie beim Kaufmann abholen, sechs lagern wohl noch in unserem Keller. Mit fünf zusätzlichen kämen wir über den Winter und die werde ich noch auftreiben.

Es heißt, daß das gegenwärtige Hauptproblem nicht so sehr der Mangel an Nahrungsvorräten, sondern die Verteilung der Lebensmittel ist. Die Versorgung der Bevölkerung wird durch die fehlenden Güterwagen gefährdet. In Unterfranken sind die Getreidespeicher überfüllt und der Roggen geht zugrunde, weil er nicht abgefahren werden kann. Auf den Bahnhöfen häufen sich die Kartoffelberge. Früher sind in München täglich 200 Waggons mit Kartoffeln eingetroffen, jetzt nur mehr ein Zehntel davon. Der Ausgleich durch LKW-Transporte scheitert am Spritmangel.

An der Münchner Universität studieren 7000 Hörer. Da in den Wintermonaten nur 40 % der Hörsäle verwendbar sind, hat das Kultusministerium die Zahl der Neuzulassungen auf 1000 begrenzt.

Vom Verleger Willy Droemer, Wiesentheid:

„... ich freue mich, daß auch Sie das bittere Ende einigermaßen überstanden haben und wieder in den Kreis Ihrer Familie zurückkehren konnten. Eine Überraschung war es für uns beide nicht, es stand schon vor Jahren allen Einsichtigen klar vor Augen. Ich bin froh, daß dieser Spuk vorüber ist, auch wenn man heute hart um seine Existenz zu kämpfen hat und weiß, daß die Zeit noch schwieriger wird.

Vielen Dank für ihre Vorschläge, deren zweiter mich interessieren würde. Aber ich muß bekennen, daß mein Programm schon bis zum Ende des nächsten Jahres übervoll ist, sodaß das von Ihnen angebotene Manuskript erst 1948 Veröffentlichungschancen hätte. Daher halte ich es für besser, wenn Sie es bei einem anderen Verlage unterbringen, obwohl auch bei diesem die Papiernot die gleiche ist.“

Herbstbilder

Dienstag, 29. 10. 1946

Wir hatten wie so oft ein Gefühl der Vernutztheit und der versäumten Gelegenheiten und arbeiteten, immer wieder unterbrochen und behelligt, mürrisch vor uns hin. Da kam Schütz als lieber Besuch. Gewiß machte er uns keine Hoffnungen, aber er zeigte uns am eigenen und fremden Beispiel, wie lebenswert dieses verzweifelte Leben noch sein kann. Er erzählte vom CDU-Fraktionsvorsitzenden Jakob Kaiser, der im russischen Sektor Berlins wohnt, obwohl er bei Köln ein hübsches Häuschen mit Frau und Kind besitzt, obgleich in Berlin die GPU jeden seiner Schritte bewacht und er nie weiß, ob der Bissen Brot, den er gerade ißt, von ihr vergiftet wurde. Er erzählte von einem Arbeiterfreund, der mit fünf Kindern aus der ČSR ausgewiesen wurde, sie klaglos in Thüringen durchbringt und ihm ganz positive Briefe schreibt; er sprach von seiner Frau, die sich das ganze Tschechenjahr so tapfer hielt, daß er fast täglich Dankbriefe von Leuten erhält, denen sie geholfen hat.

Er verwies mich scharf, als ich einwand, er unterschätze den Haß der andern. Drei Viertel der Welt haben wir in Waffen gegen uns gehetzt; zu diesen Waffen gehörten Herzen, gehörte ein organisierter Haß, den man in jahrelanger Arbeit angefacht hat. Glaube ich, daß sich dieser auf Befehl in Liebe wandeln ließe? Noch in zehn Jahren werden wir zu spüren bekommen, daß wir den Krieg verloren haben. Auch in weiter Zukunft wird uns niemand helfen, unsere Opfer nachzuzählen. Wir müssen schon zufrieden sein, wenn wir einem ersten Dämmern von Verständnis begegnen, wie dies bei Beveridge[256]) der Fall ist, der die Sprengung unserer Werften bedauert. Klarer sehen wir in unseren Existenzfragen erst dann, wenn wir unsere Friedensbedingungen erfahren. Je länger sich diese hinausziehen, umso entschiedener wird der Westen für uns eintreten, weil er einsehen muß, daß es den Sowjets um eine weitere Verlagerung ihrer Grenze nach dem Westen geht. Nur vom Westen können wir auch eine Fortsetzung unserer bisherigen Lebensart erhoffen. Unsere Demokratie verteidigte er mit dem Argument: „Stellen Sie sich vor, wenn alle Lumpen, die heut oben sitzen, Diktatoren wären!"

Auf einer Konferenz in Genf, die Marcel Raymond[257]) und Ansermet[258]) einberufen hatten und an der für Deutschland Karl Jaspers

256) *William Henry Lord Beveridge* (1879—1963), britischer Nationalökonom, 1919—1937 Direktor der London School of Economics. 1908 hatte er im britischen Handelsamt nach dem Studium der deutschen Arbeiterversicherung diese in England eingeführt. Im amtlichen Auftrag arbeitete er 1942 eine Denkschrift über Sozialversicherung und verwandte Gebiete aus, die der Labour-Regierung nach ihrem Wahlsieg 1945 zur Grundlage einer tiefgreifenden Sozialreform diente.

teilnahm, erklärte Stephen Spender[259]), daß der Riß, der durch Europa gehe, nicht Sieger und Besiegte, sondern die kriegsverwüsteten armen Länder von den intakt gebliebenen reichen trenne. Bernanos[260]) erklärte: Das einzige Wirkliche an Europa ist heute sein Schwarzmarkt. Warum besitzen wir eine Bombe, die in einer Minute eine ganze Stadt zerstört, warum keine Maschine, die sie in gleicher Zeit aufbaut? Die Welt wird weder durch Maschinen noch Massen gerettet werden. Das können nur freie Menschen tun.

Die Russen haben die Einladung zu dieser Konferenz ignoriert oder abgelehnt. Ilja Ehrenburg[261]) schrieb den Veranstaltern: „Was wollt Ihr? Wir in der UdSSR dilettieren nicht, wir haben Männer, die handeln. Euer Kongreß interessiert mich nicht. Ihr wollt nur einen neuen Krieg zusammenbrauen."

Allerseelen 1946

Wenn ich morgens, ein wenig verspätet, in die Schwanthalerstraße einbiege, begegne ich den verurteilten Zwangsarbeitern, meist verhärmt aussehenden älteren Leuten in der Rußlandwintertracht der letzten Kriegsjahre, die von grünberockten Landpolizisten begleitet werden, die sich ihrer Rolle sichtlich schämen und meist ein wenig hinter der Kolonne auf dem Gehsteig gehen. Das Bild ist trister als die Ruinenlandschaft. Nun werden wahrscheinlich auch die Frauen der Hauptschuldigen zur Zwangsarbeit verurteilt.

Diskussion über die Bombenzeit. — Wenn man zurückblickt auf das, was hinter uns liegt, könnte man meinen, wir hätten die schlimmsten Zerreißproben schon bestanden.

257) *Marcel Raymond*, geb. 1897, Genfer Romanist. R. schrieb über Ronsard, Baudelaire, Valéry, Rousseau.

258) *Ernest Ansermet* (1883—1969), Schweizer Dirigent. A. studierte bei dem Komponisten Ernest Bloch und dem deutschen Dirigenten Arthur Nikisch und Felix Mottl. Als Dirigent setzte er sich namentlich für die Musik des 20. Jahrhunderts ein; Strawinsky, Prokofiew, Hindemith, Bartók und Honegger.

259) *Stephen Spender*, geb. 1909, englischer Lyriker und Schriftsteller, Mitherausgeber der Zeitschrift Encounter 1953—66. Er begann als radikaler Linker, nahm am Spanischen Bürgerkrieg teil, wandte sich dann vom Kommunismus ab und wirkte nach dem Kriege im Rahmen des Kongresses für kulturelle Freiheit. Nach Audens Tode ist er der bekannteste unter den lebenden britischen Lyrikern.

260) *Georges Bernanos* (1888—1948), französischer Schriftsteller, einer der Hauptvertreter der katholischen Tradition in Frankreich. Während des Zweiten Weltkrieges lebte er in Südamerika. Sein Roman „Die großen Friedhöfe unter dem Mond", 1948, ist eine scharfe Auseinandersetzung mit Franco-Spanien.

261) *Ilja Grogorjewitsch Ehrenburg* (1891—1967), russischer Schriftsteller. E. emigrierte 1908 nach Paris, wo ihn ein pikaresker Roman berühmt machte. Bei Ausbruch des Zweiten Weltkrieges kehrte er nach Rußland zurück, hatte als Kriegsberichterstatter großen Erfolg und wurde mit dem Stalinpreis ausgezeichnet. Sein Roman „Tauwetter", 1952, leitete die kurzfristige literarische Entstalinisierung unter Chruschtschow ein.

Ein Mann verklagt seine Frau wegen Ehebruchs und verlangt die Scheidung. Das Landgericht gibt ihr statt, denn die Frau hat sich mit einem Neger eingelassen, der das Verhältnis nicht leugnet. Die obere Instanz hebt das Urteil auf, da deutsche Gerichte nicht befugt sind, Fälle zu behandeln, in die Besatzungsangehörige verwickelt sind.

Mittwoch, 6. 11. 1946

Die Kälte ist zu ertragen. Anscheinend hat sich der Körper auf die tieferen Temperaturen eingestellt. Ich fuhr zunächst zum Dorfschmied, der mir das abgebrochene Auspuffrohr anschweißte und sah wartend zu, wie ein Gaul beschlagen wurde. Das Tier hatte ein Gewächs am linken Hinterfuß, der dick wie ein Wäschetopf angeschwollen war und mächtig stank. Diese Krankheit sei unheilbar, meinte der Schmied, mache aber das Pferd nicht unbrauchbar. Nur wenn sie die andern Glieder auch befalle, müsse man es schlachten. Mächtig fest, wohlgenährt stand der Mann da; er ist durch politische Konjunkturen gewiß nicht zu unterspülen.

Das lebhafte Gold der jungen Buchen hebt sich zauberhaft vom Hintergrund der dunklen Fichten und braunen Eichen ab. Der Wald steht in letzter Buntheit, die Alleebäume sind schon kahl. Wir werden den Winter überstehen, wenn nicht Krankheit nach uns faßt. Den ganzen Tag jagte ich heute hinter den Gummischläuchen her, für die ich gleich am Morgen um Bezugscheine gekämpft hatte. Trotz dem Empfehlungsschreiben der Dienststelle war mein Bemühen erfolglos. Doch ergatterte ich zwei neue Fahrraddecken, sodaß mein Bestand an diesen Artikeln für das kommende Jahr gesichert ist. Um all die Dinge hätte ich mich zeitiger bemühen sollen. Aber augenblicklich steht das Dienstkrad zu meiner Verfügung, sodaß ich ganz gut daran bin.

Gestern las ich wieder ein wenig in den „Frankfurter Heften". Kogon ist gewiß gescheit, aber seine Psychologie will mir nicht einleuchten. Ich verweigere mich seiner Prämisse, daß wir erst dann ein Anrecht haben, über unser Schicksal zu rechten, wenn weitere 10—20 000 000 von uns krepiert sein werden. Mir imponiert auch die Großmütigkeit nicht, die argumentiert, ein ehemaliger Soldat mit einem EK I müsse noch kein Kriegsverbrecher sein. Auch diese Ideologie werden wir überleben; aber nach dem, was hinter uns liegt, hätten wir Besseres verdient.

Eine Amerikanerin, die vor dem Kriege einen Medizin-Professor an der Universität in Sofia geheiratet hatte, schreibt an ihre in München lebende Schwester:

„Natürlich läßt sich unsere Hungerei nicht mit der Eurigen vergleichen. Unser Rationierungssystem besteht aus einer regel-

mäßigen Zuteilung von Brot — alles übrige ist Glückssache. Aber mit einigen Schwierigkeiten und viel Geld (obwohl es, gemessen am Dollarkurs, nichts wert ist) kann man alles kaufen. Lebensmittel sind in Sofia schwierig zu bekommen, weil es an Transportmitteln fehlt und an der Stadtgrenze Kontrollen stattfinden. Außer Lebensmitteln aber gibt es nichts, da die Importe aus Deutschland aufgehört haben. Vor allem fehlt es an Medikamenten, d. h. praktisch gibt es keine mehr ...“

Der Kontrollrat in Wien hat die Briefzensur innerhalb Österreichs aufgehoben.

Der US-Vertreter hat die zwangsweise Deportierung von 200 000 Madjaren aus der Tschechoslowakei abgelehnt.

Deutsche und japanische Spielsachen für den Weihnachtsmarkt gehören zu den ersten Ausfuhrartikeln aus den ehemaligen Feindländern.

Ein US-Armeebefehl bestimmt, daß Essensreste, die in amerikanischen Küchen übrigbleiben, durch die örtlichen deutschen Behörden an Kinder verteilt werden sollen. Dies geschehe nur ausnahmsweise, betont das Hauptquartier, um nicht den Eindruck entstehen zu lassen, daß die Amerikaner für die deutsche Jugend sorgen. Das Sparprogramm der US-Armee sei keinesfalls Deutschlandhilfe.

Bis Mitte September 1946 kamen täglich 1000—3900 Ostjuden in die US-Zonen Deutschlands und Österreichs. Jetzt ist ihre Zahl auf 150 zurückgegangen. Rabbi Bernstein, McNarneys Berater in Judenfragen, beklagt sich, daß Amerikaner Jüdinnen genau so wenig heiraten dürfen wie deutsche Frauen. Nach Bernstein sind von den 800 000 DP's in den beiden US-Zonen (der deutschen und österreichischen) 174 000 Juden, von denen 143 000 in Deutschland wohnen.

Samstag, 9. 11. 1946

Je weiter wir uns von der Hitler-Zeit entfernen, umso tiefer dunkelt sie in der Erinnerung nach als Ursprung und Wurzel all unserer Übel. Sie zu überwinden, in uns selbst, in unserer Gesellschaft, in der Welt müßte man unablässiger und härter denn je arbeiten. Vielleicht, daß es dann unsere Kinder besser haben werden ...

Bei Husler das erste Rasumowsky-Quartett gespielt, in das ich mir vorher rasch die Fingersätze eingeschrieben hatte. Zum Üben war keine Zeit geblieben. Danach erzählte er von seinen Erlebnissen während der Nazi-Zeit. 1942 nötigte man ihn, der Partei beizutreten. Zugleich wurde aber nicht er, sondern ein SS-Mann zum Direktor des großen Krankenhauses ernannt. In H.s Personalpapieren stand die feine Bemerkung „Schwarzes Schwein“.

Mit vielen andern Unterlagen fielen auch diese Papiere den Amerikanern in die Hände, die nach dem Zusammenbruch das Krankenhaus übernahmen. Als zur gleichen Zeit in Dachau der Typhus ausbrach, holte man ihn und beauftragte ihn mit der Leitung des Spitals. Auch bekam er drei Clearance-Schreiben von den Amerikanern. Dennoch fürchtet er um sein Haus, das von Beschlagnahmungen umgeben ist. Natürlich hat er sich, sowie es angängig war, aus dem verantwortlichen Posten zurückgezogen.

Ob er in den zwanziger Jahren den späteren Machthabern oft begegnet wäre, fragte ich. Er schilderte die Einstellung der Kreise, in denen er verkehrte. Es sei eine Lüge, sagte er, wenn jemand behaupte, er hätte das Kommende vorausgesehen. Natürlich wurden die Hellsichtigen und Feinfühligen bald stutzig. Er nannte einen seiner Freunde, einen Gutsbesitzer, der sich beim Marsch auf die Feldherrnhalle hervorgetan hatte. Nach 1933 vermutete jeder, der ihn kannte, er werde nun eine führende Rolle im öffentlichen Leben spielen. Statt dessen zog er sich völlig zurück, da er Hitler durchschaut hatte.

Einmal, in den frühen zwanziger Jahren, hatte er mit Berrsche musiziert und anschließend waren sie in eine Wirtschaft gegangen. Plötzlich bemerkten sie in einer Nische Hitler mit seiner engeren Gefolgschaft. Das Gelage war drüben im vollen Gange, sodaß Berrsche[262]), eine sensible Natur voller Witterung des Kommenden, H. erregt am Arm faßte und ihm zuflüsterte: „Sehen Sie sich doch diese fürchterlichen Landsknechttypen an! Europa ist verloren, wenn uns das Schicksal denen überantwortet!"

Aus einem Brief:

„Gestern fuhr ich nach Ismaning um Kraut. Es war ein richtiges Herbstbild, der bleierne Himmel, das im Schmutz der aufgeweichten Wege versinkende Dorf und die zahllosen Wagen mit den leuchtenden, schön gehäufelten Krautköpfen, die fast in jedem Hof standen oder stadteinwärts zogen. Halb München war unterwegs, meist Frauen, aber auch viel alte Leute, die sich, von Hof zu Hof ziehend, Krautkopf um Krautkopf zusammen bettelten. Die Bauern standen herrisch und gönnerhaft inmitten ihres Reichtums, von ihren Flüchtlingsarbeitern umgeben, die wie Haussklaven wirkten. Wieviel Elend und Entbehrung stand den Städtern im Gesicht geschrieben! Aber auch manche Bauernfrau zehrt die Arbeit auf. Solange die Besatzung dauert, rechne ich nicht mit halbwegs erträglichen Lebensbedingungen. Unser augenblickliches Problem heißt: Wie kann man ein weiteres Absacken verhindern?

262) *Alexander Berrsche* (1883—1940), Münchner Musikkritiker, der sich namentlich für Reger und Pfitzner engagierte.

Als ich gestern abends mit meiner Arbeit fertig war und die Sachen für den nächsten Tag vorbereitete, während meine Frau den Kleinen abfütterte, fiel mir die ‚NEUE ZEITUNG' in die Hände, die ich sonst nur sonntags lese. Schon wollte ich sie weglegen, da verfängt sich mein Blick an der Titelüberschrift ‚Krise der politischen Säuberung'. Sofort wußte ich — jetzt hat es dich wieder einmal getroffen. Richtig stand darin klipp und klar: ‚Ich gebe heute eine Anordnung heraus, nach der keiner, der von der Militärregierung aus seinem Amte entfernt wurde und darauf ein Spruchkammerverfahren durchlaufen hat, ohne Genehmigung der Militärregierung wieder in sein Amt eingesetzt werden darf.' Dies sagte Clay in einer Stuttgarter Rede am 5. 11. 1946. — Ich gehe arbeiten, wenn man dich entläßt, tröstete mich M. tapfer."

Im Amt wußte noch niemand von dieser Neuigkeit. Dr. A., Jaenickes Vertreter, hat vom Rundfunkkommentator Gessner einen Fangschuß erhalten und muß heute gehen. U.s Stellung schwankt, da der Minister seiner Ernennung zum Stellvertreter nicht zustimmen will. Man raunt, daß U.s Doktortitel erschwindelt ist. Es ist schon alles so, wie es nach einer solchen Niederlage sein muß.

Der Wahlsieg der Republikaner wird in den USA als möglicher Auftakt zu einem neuen Isolationismus gewertet. Vielleicht wäre es zweckmäßig, sich auf die Russen vorzubereiten. M. fürchtet sie sehr; wahrscheinlich bedeuteten sie das Ende unserer Familien-Idylle. Mich bedrückt der Gedanke, daß uns die Vielregiererei, verbunden mit entsprechender Rechtlosigkeit, so herunter bringt, daß uns selbst eine bolschewistische Herrschaft auf weite Sicht als das geringere Übel erscheint.

Aus einem Brief von Col. S., Washington (Übersetzung):

„Ich rate Ihnen, weder Verlockungen noch dem Opportunismus zu erliegen. Vor allem aber hüten Sie sich vor Zynismus und Verzweiflung. Mir ist bewußt, daß Sie die Prinzipien unserer Demokratie erst in jüngster Zeit kennen gelernt haben; vielleicht haben die letzten 18 Monate in Ihnen einige Erfahrungen reifen lassen. Sicherlich werden Ihnen die Unterschiede zwischen diesen Grundsätzen und dem Kommunismus aufgegangen sein. So brauche ich nicht eigens darauf hinzuweisen, daß wir Amerikaner letztlich in der besten europäischen Tradition stehen, von der sich selbst Deutschland zu seinem Schaden abwandte. Da ich weiß, wie sehr Sie an den Traditionen Ihres Erdteils hängen, beschwöre ich Sie, sich für den amerikanischen Weg zu entscheiden.

Ich räume ein, daß wir auf Europäer etwas naiv und unreif wirken, wenn auch bei näherem Hinsehen deutlich wird, daß wir die Dinge nüchtern erfassen, das Herz auf dem rechten Fleck tragen und daß bei uns letztlich der gesunde Menschenverstand obsiegt. Gerade für junge Deutsche sollte dies eine sehr wichtige Lektion sein, so schwierig sie ihnen auch fallen mag. In diesem Zusammenhang weise ich auf die Ankündigung des Staatssekretärs Byrnes hin, daß die USA in Deutschland so lange zu bleiben gedächten, wie die anderen Besatzungsmächte. Sie teilen doch sicherlich meine Meinung, daß die Amerikaner unbedingt in Deutschland bleiben müssen. Das bedeutet für Leute wie Sie und mich freilich, daß wir kämpfen müssen. Wenn sich Leute wie Sie dafür nicht engagieren, wird es für Amerikaner wie mich sehr schwierig sein, unsere Regierung unter Druck zu setzen, damit unsere Truppen in Deutschland bleiben.

Sollten sich die Verhältnisse in Europa weiterhin verschlechtern, werden sich bei uns die Stimmen mehren, die dafür plädieren, Europa seinem Schicksal zu überlassen. Natürlich überzeichne ich die Verhältnisse, beziehungsweise sehe die Wirklichkeit undifferenziert. Aber die Lage erfordert Einsicht, Toleranz, guten Willen und Entschlossenheit, vor allem Entschlossenheit. Was diese betrifft, könnten wir von den Gegnern jenseits der Oder einiges lernen. Jedenfalls liegen die Fronten nun fest und der Preis des Konflikts ist nicht allein Deutschland, sondern vielleicht die Weltherrschaft.“

Ohne Zweifel hat er recht mit seinen Perspektiven und wir müssen uns danach ausrichten, wenn uns Enge und Dürftigkeit auch zuweilen die Luft abdrücken. Gestern hatten wir bei Professor Husler wieder ein Quartett. Die Atmosphäre war sehr sordiniert; rings um sein Haus sind jetzt alle Villen von den Besatzern beschlagnahmt; das seinige ist das einzige, das dem deutschen Besitzer verblieb. Die letzte Beschlagnahme umfaßte in Schwabing, nebenbei unserem zerstörtesten Stadtteil, 50 Einfamilienhäuser. Nach und nach verlieren wir auf diese Weise den Wohnraum, den uns der Luftkrieg noch übrig ließ. Die Situation der Lagerflüchtlinge soll vollends trostlos sein.

Heut fiel der erste Schnee dieses Winters. Die Motorradfahrten sind jetzt kein Vergnügen, und ich bin manchmal halbe Tage unterwegs, um noch etwas Futter aufzutreiben!

München hat wieder 740 000 Einwohner oder 88 % der Bevölkerung des Vorkriegsstandes. Da 29 % seiner Bausubstanz vollständig zerstört und die Hälfte der Häuser schwer beschädigt ist, kann man sich vorstellen, wie die Leute hausen. Eine Idee davon hat mir der Nachtdienst bei der Militärpolizei vermittelt.

Die Glühlampenbestände für die Münchner Straßenbahnen gehen zur Neige. Die Ersatzlieferungen sind völlig unzulänglich. Schon jetzt fallen täglich 35 Straßenbahnzüge, d. i. ein Drittel des gesamten Umlaufs, in den Abendstunden aus. Auch Reservewagen für die Hauptverkehrszeiten können nicht mehr eingesetzt werden. Unbeleuchtete Straßenbahnen kann man wegen der Unfallgefahr nachts nicht verwenden.

Scholochow in zwei Teilen

Aus einem Brief von Dr. B., Eichsfeld:

„Komisch, daß in revolutionären Zeiten die Bürokratie sofort anschwillt. Sämtliche Ämter quellen über. Dennoch sind wir im Eichsfeld der schwarze Fleck Thüringens, zu dem sich niemand hingezogen fühlt. Wirtschaftlich wie politisch waren wir immer nach Kassel und Göttingen orientiert; nach Erfurt und Jena fuhr kein Mensch. War man krank, ließ man sich von unseren Ärzten behandeln, wenn sie nicht weiter wußten, in eine Göttinger Klinik einweisen. Ich habe nie gehört, daß jemand zu diesem Zwecke nach Jena oder Halle gefahren ist.

Soeben komme ich von Besorgungen in der Stadt zurück. Man ist nachher immer wie gerädert. Kaufmann, Schlachter, Bäcker, Apotheker — gehe ich nicht selbst, bekomme ich nur die Hälfte, weil die Mädchen die Ausweichrezepte nicht kennen. Außerdem gibt es einen neuen Haushaltsausweis, der durch eine Stunde Stehen zu erwerben war. Da habe ich aber eine Helferin hingeschickt. Wir werden in fünf Kategorien eingeteilt: Ausgebombte, Flüchtlinge, Jungverheiratete (Trauschein mitbringen!) usw. Wenn sich dies nur bei der Verteilung auswirkte! Leider ist es so, daß diejenigen, die eine Sache am dringendsten brauchten, sie bestimmt nicht bekommen. So wartet meine Schwester seit März auf den Porzellanschein. Zugeteilt hat man ihr einen für eine Stielpfanne, die sie nie beantragt hatte. Die Kaufleute sagen, daß es die Regel wäre.

Wir haben keine Tasse mehr ohne Bruchrand. Ist eine angeschlagen, gebe ich sie der Technikerin, die mit nichtrostendem Stahl einen Verband drum macht. So gaben unsere Eltern ihre Bunzeltöpfe den Mausefallenhändlern zum Eindrahten, die einmal im Jahr in unsere Gegend kamen.

Daß Ihre Eltern abmagern, ist kein Wunder. Als sie im Dorfe von ihrem Bauer täglich einen Liter Milch bekamen, bedeutete das zusätzlich 20 gr Fett am Tag. Zu Ihrem Trost sei gesagt, daß so ein Gewichtsverlust einen gewissen Punkt nicht überschrei-

tet. Dann bleibt man bei gleichmäßiger Nahrungszufuhr auf demselben Niveau stehen.

Die Schwierigkeit, Ihnen den Scholochow zu schicken, liegt darin, daß nur Einpfundpakete befördert werden. Ich kann aber das Buch mitten durchreißen. Sie lesen erst den vorderen und dann den hinteren Teil der Schwarte, deren Übersetzung schlecht ist. Nach diesem Buche zu urteilen, wird es nie zu einer dauerhaften Übereinstimmung zwischen unseren Kriegspartnern kommen. Sie reden verschiedene Sprachen schon insofern, als sie mit den gleichen Worten etwas grundsätzlich Verschiedenes meinen. Will man zu einem Erfolg kommen, muß man erst diese Begriffsverwirrung klären. Wir Deutschen sind vorderhand die Hauptleidtragenden dieser Auseinandersetzung."

Donnerstag, 14. 11. 1946

Dickes Eis überzieht Tümpel und Lachen, aber die Sonne steigt klar über den Horizont und wirft scharfe Schatten in die Löcher meines Weges. Gestern habe ich ein Buch zur Rezension gelesen. Heute wollte ich mir in der wieder eröffneten Musikbibliothek Literatur besorgen. Ich fahre guten Mutes die Ludwigstraße entlang und biege über den Parkplatz der PX[263]) zur Briennerstraße ein, als mir mit hoher Geschwindigkeit ein großer amerikanischer Laster in der Kurve entgegenkommt, dem ich nicht mehr ausweichen kann. So reiße ich das Krad nach links und entgehe damit wenigstens dem Überfahrenwerden. Doch erfaßt das Hinterteil des Wagens noch das Krad und zerdrückt es, während ich hinschlage, glücklicherweise ohne unter die gewaltigen Reifen zu geraten.

Der Fahrer hält sofort, ein riesiger, gut aussehender Neger, der sich gewandt auszudrücken vermag. „Was willst du, fragt er, Geld oder cigarettes?" Augenblicklich wäre mir weder mit dem einen noch mit dem andern gedient, antwortete ich, zunächst solle er das Krad zu einem Mechaniker schaffen. Der Kerl wirft das Wrack auf den Lastwagen als wäre es gewichtslos. Mein Mechaniker prüft es sachverständig. „Die vordere Felge ist hin", stellt er fest, „die Gabel gestaucht." Der Schwarze zieht fünf Päckchen Zigaretten heraus; des Mechanikers Gesicht hellt sich auf, als ich sie an ihn weitergebe. Mir drückt der Fahrer 100 RM in die Hand. Wir tauschen unsere Adressen aus; am Samstag will er im Amt vorbeisehen. Erst als das Geschäft abgeschlossen ist, wird mir der Schock bewußt, den mein Körper erlitten hat. Die Knie sind geprellt, mühselig humple ich in die Dienststelle. Zum Glück steht mir zur Heimfahrt das Dienstkrad zur Verfügung.

263) Warenhaus für Amerikaner.

Das Quartett bei Husler fällt aus. Sie haben seit zwei Tagen kein Licht im Haus, sondern sitzen in der Bibliothek um eine Stallampe. Ich unterhalte mich mit dem Schwiegersohn, einem Mann der Praxis, der meine Ansichten über die Dinge weitgehend teilt und ebenso meine Lebensfreude und -zuversicht. M. sieht mich wider Erwarten früh; den Neger mußt du schröpfen, ist ihre Reaktion auf meine (beschönigende) Erzählung.

Freitag, 15. 11. 1946

Ein Glück, daß die Dienststelle ein Motorrad hat, sodaß sich der Ausfall des meinigen fürs nächste nicht bemerkbar macht. Im übrigen ist das geprellte Knie nicht schlimmer geworden, wie der Kraftfahrer vorhergesagt hatte, wenn ich auch elend humpeln muß. Die Morgen sind milchig neblig und eisig kalt; es dauert durchschnittlich bis zum Mittag, ehe ich aufgetaut bin.

In der britischen Zone ist nun der Hunger so groß geworden, daß selbst die willfährigen deutschen Beamten der Besatzungsmacht aus der Hand geraten. Anders sind die Erklärungen des Schleswig'schen Ernährungsministers über die deutsche Ostgrenze und des Hamburger Gewerkschaftlers über mögliche Aufstände unserer Arbeiter nicht zu verstehen. Den Zeitungen haben die Briten untersagt, über die Ernährung zu schreiben. Mit den Amerikanern verhandeln sie über die ihnen zu hohen Getreidepreise.

Nachmittags kam Weizsäcker, der kürzlich Berater des Hauptausschusses für Flüchtlinge wurde und damit so viel verdient, daß er und seine Frau knapp davon leben können. Ich entschuldigte mich, daß meine Bemühungen vergeblich waren, für seine Sudetendeutsche Geschichte einen Verleger zu finden. Er berichtete das Neueste von der Universität. Der neuen Reinigung der Amerikaner sind bisher wiederum 33 Mitglieder des Lehrkörpers zum Opfer gefallen, darunter auch solche, die schon von den Nazis wegen ihrer Gesinnung entlassen worden waren. Der Vorlesungsbetrieb in dem schauerlichen Rumpfgebilde ist immer noch nicht genehmigt worden.

Samstag, 16. 11. 1946

Unserem Strafgefangenen einige Gesuche aufgesetzt. Im Mai hat ihm die Militärregierung ein Jahr Gefängnis aufgebrummt, weil er in seinem Fragebogen verschwiegen hat, SA-Scharführer, also Korporal gewesen zu sein! Seine Frau mit drei Kindern soll nach Abzug der Miete und der Lichtrechnung mit 40 RM durchkommen. 38 kg wiegt sie noch; eines ihrer Kinder ist todkrank. Der Fahrbereitschaftsleiter hat dem Mann ein sehr gutes Zeugnis ausgestellt. Er würde den tüchtigen Mechaniker gern übernehmen, der in Afrika Rommels[264]) Fahrer gewesen ist.

Vor einiger Zeit hatten schwedische Konsumgenossenschaften uns große Lieferungen von Fett gegen Fertigwaren angeboten. Das Geschäft ist nicht zustande gekommen, weil den Besatzern die Grundsätze der Londoner Konferenz wichtiger waren als die Milderung unserer Hungersnot. Die Bestimmungen lassen eine Ausfuhr deutscher Waren nur gegen Devisen zu.

Die letzten US-Zeitungen waren sehr inhaltslos. Das einzig Bemerkenswerte schien mir darin der Nachdruck zu sein, mit dem jetzt von oben her die Durchführung eines deutschen Jugendprogramms gefordert wird. Ich sehe das mit gemischten Gefühlen. Allerdings müssen wir froh sein, daß die Besatzer wenigstens unsere Jugend nicht verkommen lassen. Bezeichnend sind die Vorsichtsmaßnahmen, die jeden Anschein vermeiden sollen, als ob dieser Seelenfang eine Vergünstigung für Deutsche wäre.

Der allgemeine Eindruck unserer Presse vermittelt düstere Hoffnungslosigkeit. Niemand zweifelt, daß das kommende Jahr noch trüber sein wird als das nun bald abgelaufene. Was wird von uns in einem Dezennium übrig bleiben, wenn dieser Raubbau anhält? Noch ist nirgends eine Kraft sichtbar, der Verwüstung Einhalt zu gebieten.

Wie erst jetzt bekannt wird, ist der Schauspieler Heinrich George[265]) am 27. 9. 1946 im Alter von 52 Jahren in einem sowjetischen Lager zugrunde gegangen.

Um ihrer Forderung nach Erhöhung des Ernährungssatzes auf 1500 Kalorien und der Ausgabe von Bekleidungsstücken Nachdruck zu geben, demonstrierten 4000 Frauen vor dem Sitz der Landesregierung in Innsbruck.

Hölderlin auf dem Index

Mittwoch, 20. 11. 1946

Mittags mit Droemer[266]) bei Humplmayr. Viel verlebtes Volk, Schwarzhändler und Halbwelt. D. schien dort ein alter Bekannter zu sein. An unserem Tisch saßen eine ganze Reihe von Leuten bei-

264) *Erwin Rommel* (1891—1944), Generalfeldmarschall. Populärster deutscher Soldat des Zweiten Weltkrieges. R. führte das Afrika-Korps, mit dem er die Briten bis nach El Alemain zurückdrängte. Nach der Niederlage in Afrika begann er an Hitlers Führungsqualitäten zu zweifeln und näherte sich dem Widerstand. Nach einer schweren Verwundung genesen, wurden seine Zusammenhänge mit den Männern des 20. Juli aufgedeckt und er zum Selbstmord gezwungen.

265) *Heinrich George* (1893—1946), Schauspieler. G. war 1936—45 Intendant des Berliner Schillertheaters. Er wirkte auch an vielen Filmen mit. Unvergessen sind seine Rollen in Goethes „Götz" und Calderons „Richter von Zalamea".

266) *Willy Droemer,* geb. 1913, Erbe des Knaur-Verlages und Inhaber der Droemerschen Verlagsbuchhandlung in München.

sammen. Ich unterhielt mich hauptsächlich mit Z., der Sohn eines Pfarrers aus Stanislau ist und den ich für Charles Beard interessierte. Ich soll mich bei ihm melden, wenn ich mir das Buch verschafft habe.

Nachmittags rief mich der Staatskommissar; ich habe ihn lange nicht gesehen. Die vielen Pakete seines Sohnes aus den USA haben sichtlich Wunder an ihm getan; Frau L. nannte ihn ehrfurchtslos dick. Er residierte hinter seinem Schreibtisch wie ein Maharadscha und die Zahl dienender Vorzimmergeister hat den Vorkriegsstand fast wieder erreicht. Zur Debatte stand eine Rüge des Innenministers wegen meines Besuches beim Town Major. Seifried[267]) benutzte den Vorwand, um Jaenicke, den er offenkundig nicht mag, eins auszuwischen.

J. übergab den Wisch dem gerissenen Dr. U., der genau die Antwort wußte, die den Minister ärgern würde. J. las uns sodann ein ihm übersandtes Gedicht vor, das vor Beleidigungen gegen die „Saupreißn" strotzte; ein ähnliches Machwerk hat ihm auch der Oberbürgermeister zugeschickt. „Wie kann nur der Scharnagl so etwas unterschreiben", fragte der alte Mann fassungslos, „er ist doch sonst klug und manierlich."

Die öffentliche Unsicherheit nimmt weiter zu. Neulich überfielen bewaffnete Polen in den Abendstunden den regulären Autobus im Englischen Garten und beraubten die Passanten ihrer Mäntel und Brieftaschen. Ich gehe wie ein Stromer angezogen, wozu ich schon wegen des Motorrads gezwungen bin, sodaß bei mir nichts zu holen ist. Die Eltern verlassen unsere ländliche Umwelt nur höchst ungern und Vater ist tagelang mißmutig, wenn er in die Stadt fahren muß. Nur M. erledigt dort einmal in der Woche ihre Einkäufe und besucht gelegentlich mit mir eine Ausstellung. Die öffentlichen Verkehrsverhältnisse entsprechen den Voraussagen, die wir vor einigen Monaten gemacht haben.

Beim Besuch eines Verlegers fand ich auf dessen Tisch den neuen Index librorum prohibitorum, den er mir zum Durchblättern mitgab. Die neuen Dominikaner haben die Publikationskataloge der letzten 12 Jahre genau studiert. Um neun Zehntel der angeprangerten Literatur ist es kaum schade, aber daß sie Ernst Jünger, August Winnig[268]), Friedrich Griese[269]) und sogar Hölderlin auf die schwarze

267) *Josef Seifried*, vgl. Anmerkung 121 auf S. 127.

268) *August Winnig* (1871—1956), Politiker und Schriftsteller, ursprünglich Maurer. 1913 Vorsitzender des Bauarbeiterverbandes, 1918 Bevollmächtigter des Reiches für die baltischen Lande, 1919 Oberpräsident von Ostpreußen. 1920 aus der SPD ausgeschlossen. In den meist autobiographischen Büchern Winnigs schildert er seinen Weg vom Sozialisten zu einem positiven Christentum.

269) *Friedrich Griese*, geb. 1890, Mecklenburgischer Erzähler, der durch seine an Knut Hamsun anknüpfenden Romane in den dreißiger Jahren ein breites Publikum fand. Seine nach dem Kriege erschienenen autobiographischen Bücher umgreifen ein Stück ostdeutscher Sozialgeschichte.

Liste setzten, stellt ihren Eifer auf eine Stufe mit dem ihrer Vorgänger.

Abends Klaviertrio bei Husler. Danach erzählte er, wie die Universität entnazifiziert wurde. Zu diesem Zwecke war eigens eine Kommission des Kontrollrats nach München gekommen, wobei die Amerikaner alle entfernten, von denen eine antisemitische Äußerung bekannt war, die Briten es vornehmlich auf Professoren mit hervorragender wissenschaftlicher Leistung abgesehen hatten, die Franzosen wenig hervortraten und die Russen die Entlassung aller Personen verlangten, die adliger Abkunft oder mit Adligen versippt waren.

Er berichtete von der US-Rechtssprechung in Bayern. Ein fetter Richter eines niederen US-Gerichts verurteilt in einer Stunde, lässig in einer Illustrierten blätternd, 50 Angeklagte. Eine Frau erhält 14 Jahre Gefängnis, weil sie einen abgeschossenen US-Flieger mit Fäusten bedroht hat. Ein Mann namens Weiß, der fälschlich verhaftet wurde, muß ein halbes Jahr einsitzen, weil er den Namen eines von den Amerikanern Gesuchten trägt. Eine schwangere Frau wird vom Richter gefragt, wie lange sie es bis zur Entbindung habe. Noch zwei Monate, sagt sie. Er verurteilt sie zu einem Vierteljahr. Ein Mann, der zwei Flaschen Wein gestohlen hat, erhält ein Jahr aufgebrummt, ein anderer, der 500 entwendete, kommt mit vier Monaten davon. Gegen keines dieser Urteile ist Berufung möglich.

Er erzählte von einem Arzt, der kürzlich aus einem britischen Lager in Süditalien entlassen wurde. Sie hätten es dort leidlich gut gehabt. Aber in ihrer Nähe wäre ein großes Internierten-Lager für SS-Leute gewesen, die man verhungern und von Seuchen hinwegraffen ließ.

Er hat den Rückzug der Südarmee erlebt, in die Einheiten der vom Westen vorstoßenden Armee Koenig[270]) stießen. Zu Hunderten wurden die großenteils Waffenlosen von den Franzosen niedergeknallt; er war gerade mit einem Kindertransport in der Gegend unterwegs und hat die Leichen in den Straßengräben liegen sehen, auch die Bevölkerung über diese Untaten ausfragen können. Schließlich fuhren zwei Amerikaner, die Zeugen waren, ins nächste Hauptquartier, wo sich ein US-General der Sache annahm und Truppen gegen die Marodeure einsetzte. Die französischen Offiziere wurden gezwungen, sich bei den betroffenen Familien zu entschuldigen, was sie sogleich mit Möbelbeschlagnahmungen verbanden.

Abends fand ich einen Brief vom Oberst vor. Erstmalig hat der Zensor einige Sätze daraus weggeschnitten, die sich auf ein Schreiben

270) *Pierre Koenig*, geb. 1898, französischer General. K. schloß sich 1940 de Gaulle an und wurde 1942 Oberbefehlshaber der Freien Verbände und der Résistance. 1945—49 war er Oberbefehlshaber der französischen Besatzungstruppen in Deutschland, 1954/55 Verteidigungsminister.

von mir bezogen, das gleichfalls Mißfallen erregt haben mochte. Von den Sendungen, die ich ihm über London hatte zugehen lassen, ist nichts angekommen.

Aus einem Brief von HN, Jahrgang 1920, Medizinstudent:

„... ich bedanke mich für den reichhaltigen Lesestoff. Bringen die einzelnen Artikel Wissenswertes, so bietet Deine Rezension von Meineckes ‚Deutscher Katastrophe' vor allem Anlaß zum Nachdenken. Es wird jetzt viel gedruckt, um Hitler in Grund und Boden zu verdammen und man riskiert eine Magenverstimmung, wollte man das alles verdauen. Wie anders sind Meineckes Betrachtungen und Erinnerungen! Ich will versuchen, mir das Buch zu beschaffen.

Ein röhrenförmiges Gesichtsfeld, das war das Produkt der NS-Erziehung. Du kanntest meine frühere Einstellung, die Du verächtlich ‚Gesinnung' nanntest. Ich wiederum grollte Dir, allerdings steckte dahinter die Angst, daß Du recht haben könntest. Ich faßte es einfach nicht, daß mit einem ganzen Volk derartig Schindluder getrieben werden konnte. Wenn ich überlege, was uns, die jüngste Generation, in H.s Bann zog, so war es doch zweifellos der Umstand, daß er mehr forderte als alle Autoritäten vor ihm und wir nur zu bereit waren, dieser Forderung zu entsprechen, mitgerissen von der Dynamik der erfolgreichen Feldzüge und der Kritik entwöhnt. Mir wurde erst 1945 der destruktive Kurs bewußt und damit der Widerstreit zwischen soldatischer und moralischer Pflicht, bis ich zuletzt das Kriegsende in völliger Resignation erlebte, deren Überwindung immer aussichtsloser wird.

Ich lege Dir die Göttinger Universitätszeitung bei. Ein sehr billiges Paß-Foto soll Dir meine Wandlung von der Dir erinnerlichen Schattengestalt zu rundlicheren Formen verdeutlichen. Ich hoffe, daß die kommenden Monate keinen neuerlichen Substanzverlust bringen. Junge Menschen sind in der Lage, das abgebaute Eiweiß ihrer Muskeln zu ersetzen. Bei alten ist es schwierig, daher bin ich in großer Sorge wegen meines Vaters, der demnächst 57 Jahre wird. Mutter geht es jetzt besser."

Samstag, 23. 11. 1946

Bleeker wurde von der gleichen Spruchkammer, die mich für nicht betroffen erklärte, in die Gruppe der „Mitläufer" eingereiht und zur Zahlung einer Geldbuße von 20 000 RM sowie zu dreijährigem Lehrverbot verurteilt. (Dann ist ohnedies seine Emeritierung fällig). Seine künstlerische Arbeit unterliegt keinen Beschränkungen.

Meine US-Entnazifizierung hat die Militärregierung zurückgestellt mit dem Hinweis, daß es zu Clay's Weisung noch keine Ausführungsbestimmungen gäbe. Ich baue nach Kräften vor; heute würde mich die Entlassung nicht mehr so hart treffen wie vor wenigen Monaten, obwohl ich natürlich traurig wäre, wenn ich diesen nützlichen Posten verlieren würde.

Samstag, 30. 11. 1946

Wieder schlug das Wetter um. Nun regnet es, sodaß auf den Straßen nicht nur das Glatteis, sondern auch die Nässe zur Gefahr wird.

Fast den ganzen Vormittag saß Dr. Wieland bei uns und erging sich in Überlegungen zur politischen Lage. Seine stereotypen Thesen: Wir können ohne fremde Rohstoffe nicht leben. Die zu beschaffen, sind nur die Gewerkschaften mit ihren internationalen Beziehungen in der Lage. Daher bedeutet CSU Reaktion und wir müssen der SPD unsere Stimme geben. Zoll- und Ländergrenzen in Europa sind anachronistisch; anzustreben wäre ein westeuropäischer Handelsstaat. Wir müssen uns nach dem Kapital orientieren, das aus Amerika kommt.

Es zeugt von der Kurzsichtigkeit unserer Politiker, daß sie den Juden keine heiklen und verantwortungsvollen Posten anbieten. Wie gut wäre beispielsweise der massige Auerbach, der jedes Problem wie ein Stier angeht, in unserem Ressort. Aber die Durchtriebenheit unserer Politiker reicht gerade für ihre persönlichen Händel aus. Einzig in Schumacher[271]) scheinen wir eine Persönlichkeit zu besitzen, „von außerordentlicher Vitalität, durchgeistigt und von nationalem wie konstruktiven Willen beseelt" wie die „Neue Zeitung" in einem Anfall von Objektivität schrieb.

Aus einem Brief:

„Gestern begab ich mich auf Reisen. Ich fuhr mit unserem Baubeauftragten nach Röthenbach bei Nürnberg, um den Collecting Point[272]) zu besichtigen, aus dem wir jetzt Material erhalten sollen. Die Gegend wirkt brandenburgisch, Kiefern und Sand; ich war überrascht, solch einen Landstrich in Bayern anzutreffen. Im Collecting Point bedeckt der Schrott weite Flächen. Darüber wacht die zähe und undurchsichtige US-Bürokratie und so können noch Wochen vergehen, ehe wir die so dringend benötigten (beschädigten) Maschinen herausbekommen.

271) *Kurt Schumacher*, vgl. Anmerkung 147 auf S. 151.
272) Sammelstellen, welche die Amerikaner für Beutegut einrichteten. In diesem Falle waren es Maschinen.

Wir durchquerten das Städtchen Lauf. — Dort arbeitet eine unserer größten Möbelfabriken nur für die Amerikaner. Eine Nürnberger Porzellanfabrik stellt wöchentlich 18 000 Zähne sechs verschiedener Tönungen für die USA her. Ich werde nie ein Wort Eisenhowers vergessen, das er gleich nach seinem Amtsantritt als Oberbefehlshaber sprach. Bayern ist verhältnismäßig gut daran, sagte er. Es wird sich durch seine Heimindustrie ernähren können, d. h. Spielzeug herstellen und Pfeifendeckel schnitzen (wofür wir wahrscheinlich in den USA die Messer kaufen dürfen).“

Montag, 2. 12. 1946

Kürzlich, als ich ziemlich abgespannt war, las ich einen Roman Hermann Hesses[273]), der mich gar nicht ansprach. Dagegen war urvernünftig, was der 72jährige über seine politische Einstellung kürzlich in einer Zeitschrift schrieb.

Von Botschafter Dirksen:

„Haben Sie vielen Dank für Ihre freundlichen Zeilen sowie die ausgezeichneten Übersetzungen, die für unsere Arbeit sehr wertvoll sind. Dankbar bin ich auch für die Übersendung weiterer Aufsätze und Denkschriften aus dem Kreise der Kirchlichen Hilfsstelle in Frankfurt. Sie sind besonders wirkungsvoll und erschütternd, wie die Ausarbeitung über das Flüchtlingsproblem und den kommenden Winter, über das Thema ‚Nach dem Urteil in Nürnberg‘ sowie die Berichte über tschechische Grausamkeiten. Sicherlich werden sie den Eindruck auf die Gegenseite nicht verfehlen. Sehr gern werde ich von Ihrem Anerbieten Gebrauch machen und Ihnen weitere Aufsätze übersenden, damit Sie die Ihnen offen stehenden Möglichkeiten ausnützen, sie in Übersetzung den geeigneten britischen und amerikanischen Persönlichkeiten zuzuleiten.“

Der finnische Generalstabschef Karhu ist in Verbindung mit der Auffindung größerer Waffenlager am 21. 11. 1946 verhaftet worden.

Dienstag, 3. 12. 1946

Im Amt Dr. Kaps[274]) kennen gelernt, der ein enger Mitarbeiter Kardinal Bertrams[275]) war. Ein Mann mit einem Totenkopf, aber

273) *Hermann Hesse* (1877—1962), deutscher Dichter. Seit dem Ersten Weltkrieg lebte er in der Schweiz, 1946 erhielt er den Nobelpreis.

274) *Engelbert Kaps,* Sekretär Kardinal Bertrams. K. war nach dem Kriege in München ein Sammelpunkt der katholischen Schlesier und hat das Buch „Vom Sterben schlesischer Priester“ geschrieben.

275) *Johann Adolf Bertram* (1859—1945), Kardinal, 1884 Mitglied der bischöflichen Behörde in Hildesheim, seit 1914 Fürstbischof von Breslau, 1916 Kardinal, Vorsitzender der deutschen Bischofskonferenz.

zweifellos guten Verbindungen; er hat mich für morgen eingeladen. Nachmittags mit M. in der Stuck-Villa bei der Franz Marc-Ausstellung gewesen. Die kalten und provisorisch hergerichteten Räume waren verhältnismäßig gut besucht, das Publikum unterschiedlich. An der Kasse lagen Fragebogen auf, die viele ausfüllten. Auch wir nahmen einen mit. Anschließend ins Kino gegangen. Es gab einen britischen Film, der eine Schularbeit guten Willens darstellte, im übrigen aber so talent- und einfallslos war, wie die UFA auch zur Nazi-Zeit nie gewesen ist. Ebenso war die Wochenschau über alle Maßen miserabel, als ob wir auch innerlich ein heruntergekommenes Kolonialvolk wären.

An Dr. KW, Frankfurt:

„Heut begegnete ich Dr. Kaps. Er kennt und schätzt Sie. Hingegen gesteht er freimütig, daß er mit Ihrem Monsignore nicht zusammenarbeiten könne. Ich habe den Eindruck einer sehr aktiven, ehrgeizigen und energischen Persönlichkeit von starkem Wirklichkeitssinn. Mich beeindruckt, wie die Schlesier um ihre Heimat kämpfen. K. hat die schlesischen Pfarrer im Exil organisiert, die für ihn die Chronik ihrer Sprengel seit dem Zusammenbruch schreiben. Er gab mir einen Faszikel über Oberschreiberhau und eine Geschichte von Elbing, aus der sich mehr machen ließe als aus unseren Saazer Berichten, da deren Verfasser über eine ganz andere Sprachbeherrschung verfügen.

Eine weitere Quelle erschloß sich mir in der vorläufig nur theoretischen Bekanntschaft mit Dr. A., Wiesbaden, einem ehemaligen amerikanischen Austauschstudenten, der die erste mir bekannte, genau auf die amerikanische Mentalität abgestellte Verteidigungsschrift in unserer Sache verfaßt hat. Er ist Hauslehrer bei einem amerikanischen Obersten und will nächste Woche nach München kommen. Bei dieser Gelegenheit will ich mit ihm zusammentreffen.

Der vom Zensor entfernte Artikel war eine Zusammenstellung aller bisherigen Leistungen der Auslandshilfe für Deutschland. Es steht kaum dafür, ihn Ihnen nochmals zu schicken. Mir ist unerfindlich, daß jemand an der Liste Anstoß nehmen konnte. Wer in Not Geratenen hilft, soll doch des Beifalls jedes anständigen Menschen sicher sein. Unser Zensor diskreditiert sich selbst und seine Motive, wenn er auf diese Weise seinem Mißfallen an den Hilfsaktionen Ausdruck gibt.“

Soeben war wieder einmal der Neger bei mir, den es immer wieder zum Ort seiner Tat zurücktreibt und der mich in einer anständigen Weise zu entschädigen sucht (mein Krad ist immer noch nicht repariert, aus Mangel an Ersatzteilen). Gelegentlich unserer Gespräche fragte er mich nach meinem Gehalt. „400 RM“, sagte ich. „Am Tage“, fragte er? „Nein, im Monat!“ Darauf machte er die ungläubigsten Negeraugen, in die ich je gesehen habe und zog ein Bündel 1000 RM-Scheine aus der Tasche, um seiner Aussage Nachdruck zu geben. „Ich komme auf 7000 RM pro Tag — mit Schwarzhandel.“

Eine Schreibmaschine für 27 000 Gesuche

Montag, 9. 12. 1946

General Clay hat gestern wieder eine Rede gehalten. Dabei kam er auf die deutschen Patente zu sprechen, die auch in Zukunft weiter bezahlt werden müßten. Allerdings soll der Erlös nicht uns, sondern den Siegermächten zugute kommen. Die Amerikaner klagen, daß sie für die Besatzung jährlich 2 000 000 000 Dollar ausgeben müssen. Allein die Patente der IG-Farben haben mehr eingebracht. Die kleinen Leute, die nahe der Erde sitzen und den Kohl selbst anbauen, den sie essen, werden bleiben, aber wir andern gehen einer rücksichts- und endlosen Ausplünderung entgegen.

Samstag rief ein Oberst aus der Militärregierung an. Ein Flüchtlingskommissar habe in der Villa eines Pg, in der er verkehrte, einige Zimmer beschlagnahmt. Er wünsche, daß die Maßnahme sofort aufgehoben werde, denn er sehe nicht ein, daß in einem Haus, in dem er verkehre, nicht einige Räume für ihn freigehalten werden, ehe nicht bei den umliegenden Bauern der letzte Wohnraum ausgenützt sei. Widerwillig hat Jaenicke die Anweisung erteilt, die Beschlagnahme rückgängig zu machen. Wir mußten sie sofort übersetzen und sein Büroleiter fuhr nach der Tegernseer Landstraße, um dem alten Herrn die Unantastbarkeit seiner Schäkerecke zu bestätigen.

Aus einem Brief:

„Das Facit der Woche ist trübe. Ich verliere ganze Tage damit, daß ich Leute anhöre, die mit den Ämtern nicht fertig werden. Manchmal führt meine Vermittlung zum Erfolg; allerdings muß ich den Referenten Gegenleistungen anbieten. Es ist alles aussichtslos. Die drei Sachbearbeiter für die Zuzugsgenehmigung sollen mit 27 000 Gesuchen fertig werden; dazu verfügen sie über eine Schreibkraft mit einer Kofferschreibmaschine. Ganz ähnlich geht es beim gehaßten Städtischen Zuzugsamt zu. Als wir nach München kamen, brauchte ich für die Zuzugsgenehmigung eine halbe Stunde, als im März d. J. meine Schwägerin zu uns zog, ging dafür schon ein halber Tag darauf. Als im Sommer meine Eltern zu uns übersiedelten, dauerte es einen Monat, ehe

ich nach Einschaltung unserer beiden Abteilungsleiter den grünen Schein erhielt. Ich kann mir daher gut vorstellen, wieviele Leute in München schon monatelang ohne Lebensmittelkarten dahinvegetieren, weil sie das Papierchen des Wohnungsamtes nicht bekommen können, obwohl sie einwandfrei Ostflüchtlinge sind. Diese teuflische Grausamkeit des rationierten Lebens springt jenen, welche die bürokratischen Klippen überwunden haben oder gar nicht darauf geworfen wurden, nicht in die Augen; aber wenn man täglich sieht, wie damit Leben gebrochen werden, kann man nicht gleichgültig bleiben oder sich gar achselzuckend auf seine mangelnde Kompetenz berufen, zumal wenn es sich um alte Leute handelt, denen die brutale Entschlossenheit fehlt, die heute allein Erfolg verspricht.

Wir haben hier alle ein Päckchen mit Bürsten, ein weiteres mit Korinthen und amerikanischen Nüssen bekommen; das große Weihnachtsgeschenk ist aber die Erfüllung von Bezugscheinwünschen, sodaß wir allgemach normal ausgestattet werden. Ähnlich sorgt jedes Amt für seine Leute und daher ist es gut, in einem solchen Stall zu sitzen. Denn die meisten von uns haben daheim kalte Wohnungen und dehnen ihre Amtsstunden gerne aus, zumal es jetzt auch abends ein ganz ordentliches Essen gibt. Ihre Frauen daheim zogen zweifellos das schlechtere Los. So sind wir die Kollektivierung des Nazismus keineswegs los geworden, vielmehr zwingen uns Not und Elend zu immer unpersönlicheren und schaleren Lebensformen."

Sonntag, 15. 12. 1946

Am Mittwoch kam der Neger und brachte mir ein schönes Paar Schnürschuhe; nächste Woche will er M. ein Säckchen Mehl verehren. Das Krad ist immer noch nicht in Ordnung; vergeblich versuchte ich, beim Autoglaser das zugepaßte Scheinwerferglas zu erhalten. Ebenso freute sich M. umsonst aufs Radio; die Handwerker behandeln einen wie einen aufdringlichen Bettler, wenn man nicht in einer feindlichen Uniform daherkommt oder sogleich Sachwerte vorzeigt.

Donnerstag hat uns ein Troppauer Schauspieler, dem ich für seine Schwester aus der russischen Zone die Zuzugsgenehmigung verschaffte, zwei Karten für Molnars[276]) Komödie „Olympia" geschenkt, in der er die Rolle des Generals spielt. Das Publikum bestand vorwiegend aus Polen und Juden, die schauspielerische Leistung war gut,

276) *Ferencz Molnár* (1878—1952), madjarischer Schriftsteller, dessen witzige Komödien seinerzeit viel gespielt wurden. Im Ersten Weltkrieg fand sein Kriegstagebuch besondere Beachtung.

der Inhalt antiquiert, aber geschickt im Dialog. Die Nacht schliefen wir auf dem Sofa des Staatskommissars, da es keine Straßenverbindung zu unserer entlegenen Wohnung mehr gab.

Nachmittags diktierte ich einige Seiten Zeitglossen. Die Presse ist leicht auf Optimismus gestimmt — den Amerikanern wird es ungemütlich unter dem hungernden Volk. Die Nachricht von unserem Elend macht langsam die Runde um die Welt; McNarney wirbt um gute Stimmung für uns bei seinen Soldaten. Leider wird der Wandel für manche Opfer dieses Winters zu spät kommen.

Gustav Noske[277]) ist 78jährig an einem Schlaganfall gestorben. 1944 war der Greis im Zusammenhang mit dem 20. Juli verhaftet und in mehreren Gefängnissen und KZs eingesperrt worden. Bei der Einnahme Berlins haben ihn alliierte Truppen befreit.

Frankreich hält immer noch über 600 000 Kriegsgefangene zurück, von denen mehr als ein Drittel in der Land- und Forstwirtschaft, 56 000 im Bergbau, 37 000 im Baugewerbe, 12 000 beim Brückenbau, 10 000 in der Eisenindustrie arbeiten und 30 000 Minen räumen. Im ganzen gibt es dort 115 Gefangenenlager, die den ehemaligen Gefangenenlagern in Deutschland ähnlich sind. Daß die französische Regierung sich von den billigen Arbeitskräften nicht so bald zu trennen gedenkt, beweist die Tatsache, daß sie neuerdings Universitäten für Kriegsgefangene aufbaut.

Aus einem Brief an eine Verwandte, deren Mann in rumänische Kriegsgefangenschaft fiel:

„Über das Schicksal der in Rumänien in Gefangenschaft Geratenen wissen wir leider nichts Zuverlässiges. Bekannt ist lediglich, daß die Russen (nicht die Rumänen) zu Weihnachten 1944 alle arbeitsfähigen Deutschen in Siebenbürgen und im Banat verschleppt haben. Wenn über das Russische Rote Kreuz keine Nachricht zu bekommen war, mußt Du weiterhin Geduld haben. Wir verfolgen aufmerksam die Nachrichten und werden an Deinen Mann denken, sowie sich ein Weg zeigt.

Indessen wünschen wir vom Herzen, daß Dein Sohn bald freigelassen wird. Ich bin überzeugt, daß wenigstens die Angelsachsen schon wegen der Konsolidierung der Lebensverhält-

277) *Gustav Noske* (1868—1946), sozialdemokratischer Politiker. Schriftleiter sozialdemokratischer Zeitungen, 1906—18 Reichstagsabgeordneter, Fachmann für Heeres- und Kolonialfragen. 1918 bemühte er sich als Beauftragter der Reichsregierung erfolgreich um Eindämmung der Revolution. Als Volksbeauftragter war er für das Verteidigungsressort zuständig. Als Reichswehrminister schlug er mit regulären Truppen 1919/20 verschiedene Aufstände nieder, was ihm bei den Spartakisten den Beinamen „der Blutsäufer" eintrug. Seine Partei verweigerte ihm bei der Wahl von 1920 ein Mandat. Er wurde Oberpräsident von Hannover. Die Nationalsozialisten entließen ihn und sperrten ihn wiederholt ein. 1945 wurde er aus einem KZ befreit.

nisse in ihren Zonen die noch zurückbehaltenen Gefangenen schneller als geplant entlassen werden. Wenn dann Dein Junge auch vor den Schwierigkeiten unseres Lebens stehen wird, so hat er doch sein Selbstverfügungsrecht wiedergewonnen und braucht keine Verschleppung mehr zu befürchten, wie das östlich der Elbe durchaus der Fall sein könnte."

Donnerstag, 19. 12. 1946

In der Amtsstube schreckliche Kälte; wir rückten so nahe an unseren Elektro-Ofen, daß unsere Kleider zu rauchen anfingen. Mittags versuchte ich vergeblich, etwas zu erledigen. Die verhungernden und frierenden Leute, die in den Geschäften herumstanden, taten mir leid.

Nachmittags der Besuch eines Schauspielers, der seine Erlebnisse im US-Gefangenenlager Heilbronn erzählte. Sie waren den Tschechen-Greueln durchaus ebenbürtig, die wir durch Monate übersetzt hatten. Zu Hunderten ließ man die Gefangenen verhungern, während die Wachen die ihnen abgenommenen Lebensmittel vernichteten. Armlose, Beinamputierte versanken im Morast, ohne daß man den Gesunden gestattete, ihnen beizustehen — und das nicht etwa im Rachetaumel der ersten Wochen, sondern Monate hindurch, in systematischer Vernichtungswut. Die Ereignisse in einem besiegtem Land sind wahrlich nicht dazu angetan, das Schuldgefühl des Besiegten zu stärken. Daher war auch der Nürnberger Prozeß für die re-education-Leute kein Erfolg.

Freitag, 20. 12. 1946

Wiederum ganz paralysiert durch die Kälte, die sich um —15° C bewegt und entgegen den Voraussagen weiter anhält. Seit vorgestern besteht unsere Heizung wieder ausschließlich aus dem kleinen elektrischen Ofen, in den wir abwechselnd hineinkriechen. Frau L. überlegt, ob es nicht doch ratsam wäre, die amerikanische Staatsbürgerschaft anzunehmen. Auch ich rede ihr mit halb abgestorbenem Leibe zu; sie hat von den nächsten Jahren hier nicht viel Gutes zu erwarten. Wir hocken im Büro eingemummt wie zwei winterliche Marktweiber.

Morgens mit Vater beim Arbeitsamt. Die Angestellten, in Mantel und Hut, verheizten alte Karteien. Ein Einarmiger gab Vater für die nächsten zehn Monate die Stempel auf seine Arbeitskarte. Wenn das Stempeln wiederum fällig wird, ist er 62 Jahre alt und der Gefahr der Zwangsarbeit enthoben. Ich war sehr glücklich über diese Erledigung, während Vater am liebsten das Leben von neuem beginnen möchte.

Weihnachtsfeier im Amt. Auf jedem Platz stand eine Flasche Wein und ein Teller mit einem Striezel und vier Äpfeln. Dann bekamen wir ein gutes Abendessen und eine Tasse echten Kaffee. Wenn es in der Kantine nur wärmer gewesen wäre! So hatte jeder Mühe, zunächst aufzutauen. U. hielt in seiner glatten Art die Weihnachtsansprache, der Vertreter des Betriebsrates schwamm in Solidarität, aber mit den Weihnachtsliedern stellte sich eine gewisse Stimmung ein, die sich steigerte, als die gut geleitete Versteigerung der Spenden 1000 RM für unsere Flüchtlinge ergab. Als der Präsident aus Frankfurt eintraf, fand er in dieser Atmosphäre sofort den richtigen Ton; er schien sichtlich beglückt, seine Leute in solcher Harmonie beisammen zu finden. Inzwischen war der Raum auch wärmer geworden. Zwar lauerte in jedem die Sorge um die Heimfahrt; ich vertraute mich Dr. Wieland an, dessen netter Fahrer mich nach Hause fuhr. Die Nacht war noch frostiger als die vorhergehenden.

Mehrere hundert Deutsche überquerten den zugefrorenen Bodensee und verschwanden in der Schweiz. Diese hat jetzt Wachen in der Mitte des Sees aufgestellt, die ein Einsickern unerwünschten Bevölkerungszuwachses verhindern sollen.

Von 4000 Gefangenen eines nordfranzösischen Lagers machten nur 30 von dem Angebot Gebrauch, als Zivilarbeiter in Frankreich zu bleiben.

Der Stettiner Hafen ist vom Sowjetischen Kommandanten an die polnische Verwaltung übergeben worden.

Kriegsgefangene in England — ihre Verpflegung ist zureichend, ihre Unterkünfte warm, die Behandlung korrekt. Aber durch die politische Beeinflussung, der sie unterworfen sind, werden die Opportunisten und die Charakterlosen begünstigt. Alle Gefangenen versuchen, so rasch wie möglich nach Hause zu kommen.

Alle Stadtgebiete Hamburgs erhalten fortab am Tage nur zwei Stunden lang elektrischen Strom.

An Dr. KW, Frankfurt:

„Die Woche ging ergebnislos zu Ende. Dies wird verständlich, wenn ich Ihnen sage, daß unsere einzige Wärmequelle ein spannhohes elektrisches Öfchen ist. Dazu habe ich, wenn ich im Büro eintreffe, bereits eine 16 km lange Kradfahrt bei —13° bis —19° hinter mir, sodaß der Vormittag mit dem Auftauen der Glieder ausgefüllt ist. Jetzt schreibe ich, eingehüllt in einen riesigen Pelz, den Rücken an unseren Küchenofen gedrückt, der gleich mir an mangelnder Ernährung leidet, denn er ist auf Holzfeuerung nicht eingerichtet.

Ein weiteres dauerndes Arbeitshindernis ist der unterbrochene Materialnachschub. Zwar gibt es wieder drei Matritzen am Tag und auch die Abziehmaschine ist repariert, dafür aber trocknete das einzige Fläschchen Korrekturlack aus, in das ich mich mit allen Schreibdamen der Dienststelle teilen muß. Durch Zusammengießen der Restbestände hatten wir schließlich so viel dieser kostbaren Flüssigkeit zusammengebracht, daß sie die am Kork befestigte Feder gerade befeuchtete; aber damit mußte zuerst die Weihnachtszeitung korrigiert werden! (Augenblicklich bemüht sich das elektrische Licht auszugehen. Es kommt nicht wieder und meine Frau spendet Ihnen eine unserer drei Weihnachtskerzen, damit Sie der Brief noch am Weihnachtstag erreicht.)

Ich hatte Ihnen schon wiederholt von Dr. W. geschrieben, der ein Ingenieurbüro unterhält und dem Amt lediglich durch einen Stundenvertrag verbunden ist. Gerade erzählte er mir, er wäre gestern bei Auerbach[278]*), einem drei Zentner schweren Kerl, gewesen, der im gleichen Hause wie wir als Staatskommissar für die politisch Verfolgten residiert. Von Beruf ist er Chemiker und soll in Spanien und den Niederlanden Fabriken besitzen. Er gilt als der eigentlich starke Mann der Regierung; seine Direktheit und Entschiedenheit, wenn er etwas durchsetzen will, sind der Schrecken aller Beamten. Dafür sind ihm die kleinen Leute ob seiner Fürsorglichkeit ergeben. Dieser Auerbach habe nun McNarney wegen der Neubildung des bayerischen Kabinetts seine Vorschläge gemacht; wir können zwar wählen, aber Minister wird man in Bayern über Auerbach! Ich bin neugierig, ob sich Dr. W.s Vorhersage als richtig herausstellt.“*

Bayerns erste gewählte Regierung

Samstag, 21. 12. 1946

Am Abend wurde die neue Ministerliste durchgegeben; sie stimmt mit Dr. Ws Angaben genau überein! Es ist eine Koalition von CSU

278) *Philipp Auerbach* (1906—1952), Nachkriegspolitiker. Ursprünglich Industriechemiker und Kaufmann. A. begab sich nach der Machtübernahme der Nazis nach Frankreich. 1940 wurde er in Paris verhaftet und in ein KZ gebracht. In Auschwitz stellte ihn die SS als Lager-Desinfektor an. Nach dem Kriege wurde er zunächst Oberregierungsrat bei der Regierung in Düsseldorf und 1946 Staatskommissar für die rassisch, religiös und politisch Verfolgten in Bayern. Als solcher übte er 1948 scharfe Kritik an der Entnazifizierung. Nach erbitterten Auseinandersetzungen mit dem damaligen Justizminister Müller legte er sein Amt nieder und wurde Generalanwalt für die Wiedergutmachung. Als im November 1949 das Landesentschädigungsamt geschaffen wurde, amtierte er als dessen Präsident. 1952 lief gegen ihn ein Strafverfahren, das mit seiner Verurteilung zu zweieinhalb Jahren Gefängnis endete. Da beging er Selbstmord.

und SPD; Ehard[279]) wird Ministerpräsident, Hoegner Justizminister und sein Stellvertreter. Das wenig begehrte Entnazifizierungsministerium gab man Loritz[280]), ein kluger Schachzug der großen Parteien. Damit stopfen sie dem Schreier den Mund und präparieren ihn für die öffentliche Kompromittierung. Der Zusammenschluß der großen Parteien gibt dem neuen Ministerpräsidenten gegenüber der Besatzung eine stärkere Stellung als sie Hoegner hatte.

Murphy[281]) wurde für die Londoner Vorverhandlungen über Deutschland zu Byrnes Stellvertreter ernannt. Der 52jährige stammt aus dem diplomatischen Dienst, spricht Deutsch, Französisch und Italienisch, was für US-Diplomaten ungewöhnlich ist, kennt Deutschland aus den zwanziger Jahren und wird als irischer Katholik allzugroßen Verständnisses für Faschisten bezichtigt, wie ich vor einem Jahr in der US-Soldatenzeitung las. Die Tschechoslowakei wurde zu den Vorverhandlungen eingeladen.

Zum ersten Mal haben wir ein Päckchen Zigaretten zum Schwarzmarktpreis abgestoßen. Da die Frankfurter Sendungen wegen der Kälte ausblieben und wir für die ganze Familie Kleideranschaffungen hatten, kamen wir diesen Monat mit unserem Geld nicht aus, sodaß wir uns zu diesem widerlichen Schritt entschließen mußten.

Spät abends die Violin-Sonate von César Frank und anschließend Beethovens Romanze op. 96. Eine verzauberte Welt, die ich so nahe haben könnte, wenn uns nicht unser Elend zur Primitivität verdammte.

279) *Hans Ehard*, geb. 1887, bayerischer Politiker. Ehard war 1923 im Hitler-Prozeß Staatsanwalt, später im Bayerischen Justizministerium, 1933—45 Senatspräsident am Oberlandesgericht München. 1945 berief ihn Hoegner als Staatssekretär ins Justizministerium, 1946—54 und 1960—62 war er Bayerischer Ministerpräsident. Am 6. Juli 1947 lud Ehard alle deutschen Ministerpräsidenten nach München ein, um gemeinsame Maßnahmen zur Abwendung der Not und zur Erhaltung der deutschen Einheit zu beschließen. 1962—66 war Ehard Justizminister.

280) *Alfred Loritz*, geb. 1902, Münchner Nachkriegspolitiker. Loritz wurde 1926 Rechtsanwalt und ging zwei Jahre später zur Wirtschaftspartei. 1933 mußte er in die Schweiz fliehen, da er versucht hatte, eine Widerstandsgruppe aufzubauen. In Abwesenheit wurde er zum Tode verurteilt. 1945 gründete er die Wirtschaftliche Aufbauvereinigung, die mit 13 Abgeordneten in den ersten bayerischen Nachkriegslandtag einzog. Im Kabinett Ehard erhielt er das Sonderministerium, mußte es aber 1947 auf Protest aller Parteien und Gewerkschaften gegen seine Amtsführung aufgeben. Im gleichen Jahre war er in einen Meineidprozeß verwickelt. 1949 wurde er abermals zum Vorsitzenden seiner Partei gewählt und gehörte 1949—1953 dem Bundestag an. Schon im Juni 1951 hatte ihn seine Partei wiederum ausgeschlossen. 1959 kam es gegen ihn zu einem Prozeß in Bremen, der in seiner Abwesenheit zu drei Jahren Zuchthaus und fünf Jahren Ehrverlust endete. Er verschwand; es wurde im In- und Ausland vergeblich nach ihm gefahndet.

281) *Robert D. Murphy*, geb. 1894, amerikanischer Diplomat. Er nahm an der Pariser Friedenskonferenz 1919/20 teil und kannte die Weimarer Republik aus eigener Anschauung. Während des Zweiten Weltkrieges wurde er zu heiklen Missionen verwendet. Er beriet Eisenhower als Oberkommandierender in Deutschland in politischen Angelegenheiten.

Die argentinische Regierung plant, 4 000 000 europäischer Flüchtlinge aufzunehmen. Ein Bevollmächtigter soll in nächster Zeit in Rom eine Zentralstelle für Einwanderer nach diesem fast ausschließlich weißen Lande Südamerikas errichten.

In einer Berliner Friedhofskapelle trauerte ein Mann mutterseelenallein am Grabe seines Freundes. Warum waren die andern nicht erschienen? Es klopfte. Aus dem Sarge? Nein, aus der Sakristei. Der Mann schloß die versperrte Tür auf. Da standen der Geistliche und die Trauergäste. Gangster hatten sie eingesperrt und bis auf die Unterwäsche ausgeplündert.

Eine Umfrage in Hamburger Schulen ergab, daß die Hälfte aller Mädchen noch nie eine Puppe gehabt hat und mehr als die Hälfte aller Kinder kein Bilderbuch kannten. Zwei Drittel haben noch nie mit einem Buntstift gemalt — alles Dinge, die Kinder in anderen Zeiten, auch wenn sie aus armen Familien kamen, immer erfreuten. Eines wußten aber alle: Wie man einen Kohlenwagen ausraubt und welche Ausreden man gebraucht, wenn man dabei erwischt wird.

Sonntag, 22. 12. 1946

Heut haben wir nur —9° C Kälte; dafür versagt die Wasserleitung, was für unseren großen Haushalt beschwerlicher ist als die Stromsperren. Zum Glück liegt draußen hoher Schnee und so können wir uns behelfen. Aber das Schneeschmelzen ist nicht nur zeitraubend, sondern bedeutet für unsere nur überschlagene Küche einen argen Wärmeverlust. Im übrigen ist die Leitung, wie Vater gerade feststellte, diesmal nicht eingefroren, sondern die Quelle versiegte; ganz Forstenried soll ohne Wasser sein, für die frierenden Dörfler eine schöne Weihnachtsbescherung.

M. fing gestern bitterlich zu weinen an, als ich mich beim Diktat ärgerte, daß sie nie den Namen Joseph Conrad[282]) gehört hatte. Aber woher sollte sie ihn wissen? Während man in unserem Vielvölkerstaat von Abiturienten verlangte, daß sie sich in der zu prüfenden Fremdsprache frei ausdrücken konnten und damit Zugang zu den verschiedenen Mentalitäten und Literaturen hatten, war der Sprach-

282) *Joseph Conrad*, eigentlich Józef Teodor Korzeniowski (1857—1924), englischer Erzähler. Er entstammte einer verbannten polnischen Adelsfamilie, ging mit 16 Jahren zur See, fuhr zunächst auf französischen, dann auf britischen Seglern, wurde 1886 Kapitän eines eigenen Schiffes und kreuzte hauptsächlich im Indischen Ozean, Südamerika und im Pazifik. Vier Jahre stand er im Kongo in belgischen Diensten. Dann widmete er sich der Schriftstellerei. Obwohl seine überragende Begabung von den bedeutendsten Dichtern seiner Zeit bereits nach Erscheinen des ersten Romans anerkannt wurde, erzielte er erst 1913 mit dem Roman „Chance" den Durchbruch beim breiten Publikum. Seit dieser Zeit gehört er zu den am meisten bewunderten Gestalten der modernen englischen Literatur.

unterricht hier für den praktischen Gebrauch nicht ausreichend. Damit entfiel der Anreiz, sich mit der Literatur anderer Völker abzugeben. Außerdem ist die Verelendung zu berücksichtigen, die Aussichtslosigkeit des Nachwuchses in einem Staat, der 7 000 000 Arbeitslose aufwies. Ms Mitschüler konnten von Glück reden, wenn sie nach der Reifeprüfung als Polizisten eine Stelle fanden. Die physischen Anforderungen waren dabei so hoch wie später bei Flugzeugführern. Sie selbst mußte sich mit Notlösungen bescheiden, bis sie zum Arbeitsdienst eingezogen wurde und später in der Grubenverwaltung eine Anstellung fand. Daß man sich die Welt aus eigener Kraft erschließen kann, hat sie erst durch mich erfahren.

In Bayern gibt es 120 000 Schwerbeschädigte; 1559 sind Frauen. Von den 146 000 tb-Kranken leiden 46 000 an offener Tuberkulose. Die Seuche soll stark zunehmen.

Die Frankfurter Militärregierung hat die Beschlagnahme weiteren Wohnraums für Besatzungszwecke untersagt, da sich bereits 2,8 Menschen einen Raum teilen müssen.

Früher kostete eine Kücheneinrichtung 350 RM; heut bekommt man im freien Handel um das gleiche Geld eine Puppenküche.

In Schwerin wurde allen Kindergärtnerinnen und Heimleiterinnen verboten, mit den Kindern Weihnachtslieder zu singen oder Weihnachtsspiele aufzuführen, in denen Engel vorkommen.

Weihnachten mit Brahms

Dienstag, 24. 12. 1946

Zuerst schien die Kälte noch ungebrochen, aber plötzlich ging ein Klingen durch den Wald und die Temperatur stieg bis zum Gefrierpunkt. Das war für uns das schönste Weihnachtsgeschenk.

Ich habe die Zeit sehr gemächlich vertan — ein wenig geschrieben, spazieren gegangen, übersetzt, den Christbaum geschmückt, den wir aus dem Wald holten. So nahte der Abend heran. Vater hatte den ganzen Tag mit Freude im Hause gewerkt, während Mutter plötzlich böse Laune überkam, was wiederum M. kopfscheu machte. Mit dem Frauenvolk hat man schon seine liebe Not. Aber der Abend wurde trotzdem schön.

Wir zogen die besten Sachen an, dann richtete M. allein die Geschenke. Für jeden stand ein Teller mit Gebäck und Äpfeln auf dem Gabentisch, Mutter bekam einen Schürzenstoff und eine Scheuerbürste, Vater seine Zigaretten, mir buk M. ein großes Herz mit einem Mäuschen darin. Vater trug das Kind auf dem Arm, das ziemlich verdutzt auf das ungewohnte Schauspiel blickte. Dann sangen wir Weihnachtslieder, in die der Kleine hineinzirpte.

Es gab Bratwürste als Weihnachtsessen, wie es in Ms Familie in Schlesien üblich war. Später traf ihre Schwester ein, erfüllt von ihren Erlebnissen im Arzthaushalt, die sich die Eltern mit ungewohnter Teilnahme gefallen ließen. D. hat viel zu tun, wird aber geschätzt und gut gehalten, seit sie sich ihrer Haut zu wehren versteht.

Als sich die Eltern schließlich zurückgezogen hatten und auch D. schlafen gegangen war, erwischten wir im wieder funktionierenden Radio das Violin-Konzert von Brahms. So löschten wir das Licht, damit der Kleine Ruhe gab und hörten im Dunkeln das wunderbare Werk in der mangelhaften Wiedergabe des kleinen Apparats — soviel Ausblicke in beseligende Landschaften! Satt und glücklich wie schon lange nicht haben wir einen Tag abgeschlossen.

Mittwoch, 25. 12. 1946

D., meine Schwägerin, gewinnt an Vernunft und Einsicht. Wie dankbar sie für den ruhigen Tag bei uns war! Im Arzthaushalt muß sie arbeiten wie ein Pferd, bekommt dafür allerdings ausreichend zu essen. Nun denkt sie nach über das, was sie sieht und vergleicht es mit dem, was sie erlebte. Mit welcher Gier stürzt sie sich jedesmal auf unsere Bücher.

Wir fragten, welche Krankheiten in der Praxis am meisten vorkämen. Augenblicklich stehe Lungenentzündung obenauf. Es handelt sich fast ausschließlich um Kinder, die wegen der erbärmlichen Wohnverhältnisse krank werden, wobei die Eltern den Tod eines solchen Geschöpfes manchmal mit Gleichmut, ja mit einem gewissen Gefühl der Erleichterung hinnehmen. Sehr häufig kommen ferner Vereiterungen, Phlegmone und Furunkulose vor, die auf mangelnde Hygiene und mangelhafte Ernährung zurückzuführen sind. Vor einiger Zeit gab es Diphteriefälle.

Ein neuer Rundfunk-Kommentator, der mit dem Vorschlag ankam, als Zeichen unserer völlig friedlich und demokratisch gewordenen Gesinnung sollten wir durch Volksentscheid jeden Versuch, die allgemeine Wehrpflicht wieder einzuführen, als verbrecherisch brandmarken. Er soll sich doch mit solchen frommen Wünschen zunächst an den Genossen Stalin wenden!

Aus einem Brief an Dr. KW, Frankfurt:

„Über den Originalitätswert unserer Arbeiten denke ich geringer als Sie. Schließlich sind es keine Dichtungen, deren kritischer Text eine Gewissensfrage wäre, sondern Schilderungen der Zeitlage, wo man im Ausdruck zuweilen nachhelfen muß. Ich ändere nie willkürlich, es sei denn, ich hätte mich verschrieben und will den knappen Korrekturlack sparen. Im Englischen ergibt sich zumeist selbst eine Verdichtung, und

wenn Sie sich die Mühe nehmen wollen, in einem Exemplar das Deutsche mit dem Englischen zu vergleichen, werden Sie merken, daß wir manche Stellen kompakter und prägnanter gefaßt haben.

Ich sagte Ihnen schon einmal, daß ich unsere Neigung, die westliche Welt für einen Haufen von Ignoranten zu halten, für verderblich halte. Mir ist ihr Verteiler zwar nicht bekannt, doch werden es kaum Hilfsschulen und obskure Konventikel sein die sie beschicken, sondern Leute, die einen gewissen Einblick und Einfluß besitzen und der ist an Hand von offiziellem amerikanischen Material auch über die deutsche Lage eher zu gewinnen als aus dem, was wir ohne nachrichtentechnische Mittel aus unserem Elend zusammenstümpern. Ich möchte Sie sehr bitten, von der Meinung abzurücken, daß wir das Weltniveau gepachtet haben und uns regelmäßig hinabbeugen müssen, wenn wir mit Amerikanern oder Briten verkehren. Die Artikel sind fast immer breit und eingängig geschrieben (zuweilen bewegt sich Ihr Gewährsmann geradezu auf der Stelle) und sie gewinnen nicht das geringste, wenn man sie auswalzt."

Sonntag, 29. 12. 1946

Vormittags las ich Churchills Jugendbiographie aus, nachmittags gab es ein Festkonzert, das unser kleiner Apparat fast erträglich wiedergab; Haendels Concerto grosso op. 87, Mendelsohns Violinkonzert und die Dritte Symphonie von Brahms. Das Arbeitsergebnis dieser Ferientage bleibt dürftig, in Speise und Trank lebten wir über unsere Verhältnisse, sodaß Vater bemerkte, daß er sich nach den Kartoffeln zurücksehne. M. behauptet, ich hätte mich erholt.

Aus dem Bericht eines 60jährigen Rußland-Heimkehrers:

„In Frankfurt/Oder wurden wir neu ausgestattet. Ich mit weißer Drillichhose, dreimal geflickt und einer neuen Tropenjacke, ohne Hut. Nach Abschreiten der Front durch Herrn Pieck, bei welcher Gelegenheit Zurufe fielen wie ‚Mensch, du bist aber gut durch den Winter gekommen' wurden die Dicksten von uns für die Wochenschau herausgeklaubt (ich war nicht darunter). Es gab wirklich noch Dicke unter uns! Dann fuhren wir weiter in Richtung Berlin. Gegen 1.30 Uhr setzte man uns auf freier Strecke ab. Mühsam sprangen wir von Schwelle zu Schwelle, bis wir Rummelsburg erreichten. In der Ferne ein Licht — der Bahnhof Ostkreuz. Dort ‚übernachteten' wir, bis morgens der erste Zug fuhr. Am Bahnhof Zoo rieb ich mir die Augen. Es kam mir vor, als hätte ich einen vergeblichen Hamsterausflug hinter mir.

Kurz vor 6 Uhr landete ich vor meinem Haus. Haus? Was ich vorfand, hatte keine Fassade, keinen Erker, keine Balkons, kein Treppenhaus. Nur große Löcher grinsten mich an. Ich vermutete meine Frau im hinteren Teil der Wohnung, ging die Wendeltreppe hoch und — fand ein Vorhangschloß vor der Tür. Noch zu früh, um irgendwo klopfen zu können, spazierte ich auf der Straße auf und ab.

Gegen 7 Uhr klopfte ich die Hausmeisterin heraus, die hocherfreut war, als sie meinen Namen hörte. Sie warf einen Mantel über — ich wurde auch künftig nur im Hemde empfangen — und brachte mich einige Häuser weiter zu meiner Frau, die sich bei einer netten Familie einen Schlafraum gemietet hatte. Ersparen Sie mir die Schilderung des Wiedersehens; Sie wissen, daß Freude töten kann.

Wie es mir ergangen ist? Am besten illustriert dies mein Gewicht; ich habe fast 40 kg, d. h. die Hälfte eingebüßt. Mehr als die winzigen Rationen ist daran die einseitige Kost schuld. Dabei war die Zivilbevölkerung noch schlechter dran; oft bettelten uns Kinder um Brot an. Schwerarbeiter und Spezialisten bekamen bis zu einem Kilogramm, wir im Lager 500—670 gr. Hätten wir die uns zustehende Fett- und Fleischration erhalten, die man ‚verkochte', wären unsere Zuteilungen größer gewesen als die hiesigen deutschen.

Von kleinen Abweichungen abgesehen, war die Behandlung immer korrekt. Zur Ehre der Russen muß ich sagen, mir ist niemand nahe getreten. Ich habe mich entsprechend verhalten und in die ‚Wiedergutmachungsfront' mit meinen schwachen Kräften eingereiht. Das erkannte man an und ließ mich in Ruh bis zum Schluß.

Die Verhältnisse sind freilich von Lager zu Lager sehr verschieden. Wenn jemand das genaue Gegenteil erzählt, stimmt es auch, für alle Gebiete des Lebens. In Rußland ist Gut und Schlecht eng beieinander. Soweit ich das winzige Stück davon, das ich kennenlernte, zu beurteilen vermag, hat sich der Kommunismus positiv ausgewirkt.

Der Analphabetismus ist verschwunden, in vielen Schulen wird Deutsch gelernt. So konnte sich fast jeder Russe in verantwortlicherer Stellung mit uns verständigen. Das öffnet günstige Perspektiven, denkt man. Wenn nur die Politik eine andere wäre! Nachdem der Krieg schon so lange aufgehört hat, wartete man auf eine menschliche Regung. Aber nach wie vor wird nur von unserer ‚Schuld' und ‚Pflicht der Wiedergutmachung' gesprochen, um die Fron zu rechtfertigen, die man uns auferlegt."

Montag, 30. 12. 1946

Früh, als ich auf schneeglatter Straße zum Amt fuhr, hatte ich einen Zusammenstoß mit einem Polizisten, dem das fehlende Nummernschild an meinem Fahrzeug auffiel. Ich wies dem Manne das Schreiben vor, das ich mir vom Amte wegen dieses Verlustes hatte ausstellen lassen. Schließlich ließ er mich weiterfahren. Unseren Öffentlichkeitshütern ist das Selbstbewußtsein gründlich ausgetrieben worden, nachdem vormals der deutsche Polizist fast eine Karikatur war ob seines pseudomartialischen Wesens. Nun ist vom alten Eifer wenig übriggeblieben. Gegen ausländische Verbrecher dürfen sie ohnedies nicht vorgehen, die unseren Alltag noch immer unsicher machen. Erst vor einigen Tagen war einem Bauer bei Hohenlinden eine Kiste ins Haus geliefert worden, die sein Hofhund hartnäckig verbellte, sodaß der gute Mann stutzig wurde und die Polizei holte. Als diese die merkwürdige Lieferung öffnete, fand sie darin einen schwer bewaffneten Polen, der einen Überfall auf das Haus vorbereiten sollte.

Das Amt lag noch im Weihnachtsschlaf, aber Dr. W. besuchte uns, was die Arbeit im wahrsten Sinne „stunden“ hieß. Der gegenwärtigen Regierung gibt er nur bis zum April Lebenszeit. Ob wir dann zum Arbeitsministerium kommen, ist noch nicht ausgemacht, desgleichen, ob trotz amerikanischen Drängens Jaenicke Staatssekretär wird. Auerbach ist zu Truman zur Berichterstattung gefahren. U. nennt ihn den eigentlichen Regenten Bayerns. Was für seltsame Regenten sich dieses Land nach den Wittelsbachern ausgesucht hat; Heim[283]), Hitler, nun der dicke Auerbach. Der werde hier nie eine klerikale Regierung zulassen, meint W. in seltsamer Übereinstimmung mit Schütz. (Auerbach ist Sozialdemokrat.) Die Amis fürchten, der Konservativismus könne in Bayern die alten, völkischen Kräfte entfesseln.

Der ehemalige Reichskanzler Luther[284]) brachte Jaenicke eine Denk-

283) *Georg Heim* (1865—1938), bayerischer Bauernführer. Ursprünglich Lehrer, übernahm H. 1907 die landwirtschaftliche Zentralgenossenschaft des Bayerischen Bauernverbandes. 1897 wurde er Mitglied des Zentrums, später der Bayerischen Volkspartei. 1898—1912 und 1920—24 saß er im Reichstag. Er galt als der ungekrönte König Bayerns. Lion Feuchtwanger hat in seinem Schlüsselroman „Erfolg“, der Hitlers frühes Auftreten in Bayern behandelt, die Gestalt Heims nachgezeichnet.

284) *Hans Luther* (1879—1962), Verwaltungsjurist, Politiker. 1913—18 Geschäftsführer des Preußischen Städtetages, 1919—22 Oberbürgermeister von Essen, 1922/23 Reichsernährungsminister, 1923/25 Reichsfinanzminister. Als solcher stabilisierte er mit Hjalmar Schacht die deutsche Währung und legte einen ausgeglichenen Staatshaushalt vor. 1925/26 war er Reichskanzler und schloß mit seinem Außenminister Stresemann den Vertrag von Locarno ab. 1930/33 war er Reichsbank-Präsident, 1933—37 Botschafter in Washington. 1953 übernahm er den Ausschuß zur Neugliederung der Länder in der Bundesrepublik. 1958 wurde er Vorsitzender des wiederbegründeten Vereins für das Deutschtum im Ausland.

schrift, die dieser uns zur Übersetzung weitergab. Luther sieht vier Möglichkeiten, aus unserer Misere herauszukommen: Produktionssteigerung, Export, Zurückgewinnung deutschen Bodens und Auswanderung. Keine dieser Möglichkeiten genüge für sich allein; nur bei zielstrebiger Verfolgung aller bestehe für uns Hoffnung. Zur Besatzung heißt es: „Die trotz allem Unheil der Hitlerzeit behauptete innere Struktur und Ordnung unseres Volkes ging in einem erheblichen Ausmaß zu Bruch. In allen Besatzungszonen besteht bei sehr vielen Deutschen der Eindruck, daß Kräfte am Werk sind, die überhaupt nichts Demokratisches sondern lediglich Zerstörung wollen." Sehr vernünftig weist er auf die Notwendigkeit einer richtigen Auslese hin. Die Feststellung, daß gegen diesen fundamentalen Grundsatz jedes geordneten Gemeinwesens die Alliierten noch gröber als Hitler verstoßen, sind in seinem Munde eine außerordentlich kühne Feststellung angesichts des Schuldbekenntnisses, mit dem er beginnt.

Auch seinen Vorschlag, Denunzianten zu bestrafen, halte ich für beachtenswert, da sonst bei uns nie Friede und Recht einziehen werden. „Alle Bürger würden aufatmen, wenn nach der Aufforderung zur Denunziation in der Nazi-Zeit jetzt das genaue Gegenteil, nämlich ein fester Wahrheits- und Ehrenschutz sowohl gegenüber dem einzelnen wie in den Massenmedien eingehalten würde. Damit wäre auf dem Wege zur Demokratie ein großer Schritt vorwärts getan."

Dankbarer Rückblick

Dienstag, 31. 12. 1946

Nachdem wir den Vormittag vertrödelt hatten, sind wir nachmittags nach Starnberg zu meinem Schulfreund J. gefahren. Die Sensation: J. ist heute von der Militärregierung entlassen worden, nach einem neuesten Befehl General Mullers, der alle entfernte, die jemals bei irgendeiner NS-Organisation gewesen sind (J. hat das NSKK[285]) angegeben). Wir fanden ihn aber guten Mutes; er hat in den anderthalb Jahren vorgebaut und muß nicht betteln gehen. Seinen Spruchkammerbescheid als Entlasteter besitzt er bereits.

Ich erzählte ihm von der Luther-Denkschrift. Er sprach sich scharf gegen die Auswanderung aus. Nachdem man uns aus der Heimat vertrieben hat, läge hier unsere Aufgabe. Sind wir in der Donaumonarchie nicht genug lang Völkerdünger gewesen? Fürs nächste Jahr sieht er keinen Hoffnungsschimmer — Rußland und Amerika sind zu ver-

285) Nationalsozialistisches Kraftfahrer-Korps, dem im allgemeinen die beitraten, die mit dem Partei-Betrieb wenig zu tun haben wollten.

schieden, um sich auf einen konstruktiven Gedanken zu einigen. Auch übersehen wir nicht ihr Engagement in der Welt in unserem Hungerpferch. Unser Elend wird 1947 weiter andauern. Dabei wären wir trotz Kriegszerstörungen und der anderthalbjährigen Ausplünderung in wenigen Monaten wieder produktions- und lebensfähig, wenn die Besatzer abzögen. Aber weil sie das wissen, hüten sie sich, uns diese Chance zuzugestehen.

Ich sehe dankbar auf das scheidende Jahr zurück. Wir besitzen Heim und Kind, die Eltern sind uns wiedergeschenkt worden und wir haben uns in der Ruinenwelt behauptet. Ich bin zufrieden, wenn diese Entwicklung anhält trotz der dunklen Prognosen, die ich nicht entkräften kann.